Dr Marks   770-41

VISIÓN y VOZ

Vicki Galloway   Angela Labarca

Georgia Institute of Technology

Heinle & Heinle Publishers
A Division of Wadsworth, Inc.
Boston, Massachusetts 02116 USA

Vice-President and Publisher: **Stanley J. Galek**

Editorial Director: **Carlos Davis**

Assistant Editor: **Kimberly Etheridge**

Editorial Production Manager: **Elizabeth Holthaus**

Production Editor: **Patrice Titterington**

Manufacturing Coordinator: **Jerry Christopher**

Developmental Editor/Project Manager: **Kristin Swanson**

Internal Design: **Susan Gerould/Perspectives**

Cover Design: **Ligature**

Illustrator: **Jane O'Conor**

End Matter Maps: **Deborah Perugi**

Composition: **NovoMac Enterprises**

Galloway, Vicki.
    Visión y voz / Vicki Galloway, Angela Labarca.
    p. cm.
    ISBN 0-8384-3453-3 (Student Ed.)
    1. Spanish language—Textbooks for foreign speakers—English.
I. Labarca, Angela. II. Title.
PC4129.E5G35 1993   92-38488
468.2'421—dc20 CIP

Manufactured in the United States of America
ISBN 0-8384-3453-3 (Student Edition)

Heinle & Heinle Publishers is a division of Wadsworth, Inc.

10 9 8 7 6 5 4 3 2 1

Contents

■ iii

Visión y voz is an interactive and learner-centered program of beginning-level Spanish that enables students to enter the world of Spanish and Spanish-speaking peoples while responding to their personal, social, and strategic needs as learners. Through guided and integrated use of authentic reading, visual, listening, and cultural materials, this program offers students a fresh and engaging approach to language learning and cultural exploration.

With *Visión y voz,* your students will develop their communicative skills in Spanish through carefully designed and interwoven activities that are both focused and open-ended, allowing for personal expression and guided language development. Realistic practical contexts for language use are coupled with durable learning and communication strategies to invite full, active, and purposeful participation. The thematic organization of *Visión y voz* provides the springboard for rich, authentically contextualized learning opportunities. Functional language clusters are woven and rewoven into high-interest topics such as cities and environment, health and nutrition, and work and leisure, with careful attention paid to situational protocols of language use and to the mature and realistic development of cultural and strategic insights.

Beginning-level Spanish courses attract students with varied backgrounds, a wide range of interests and linguistic experiences, diverse career goals, different learning styles and motivational needs, and a variety of language-study motives — from the most tentative to the most eminently practical. Thus, each learner has a story to tell. This program is dedicated to each learner's story and to you, the instructor who guides its realization.

Visión y voz is learner centered, not only in its facilitation of functional use of the language, but also in its attention to affective, social, procedural, and strategic needs of learners. This program has been carefully designed to respond to the learner's sense of manageability and accomplishment and to the learner's development of skills and strategies in learning *how* to learn. The following section describes some of the aspects of this learner-centered program.

Visión y voz is also designed for you, the instructor, in awareness of your needs, the complexity of your task, and the limits on your time. You will find that the textbook activities not only accommodate a wide variety of teaching styles and language and cultural backgrounds, but also differences in pedagogical preparation and classroom experience. Carefully developed presentations and practice tasks are accompanied by margin annotations that support, guide, adapt, or expand their implementation with your students. Another feature of *Visión y voz* is its Instructor's Manual. This section, found at the beginning of the book, provides additional classroom activities for warm-up, expansion, substitution, and supplementation, as well as helpful information and tips for lesson preparation. Items in this section are referenced to a specific activity of the student text to facilitate their use in lesson planning. Above all, you will find that *Visión y voz* makes your job easier because its learner-centered approach helps learners help themselves.

Learner-Centered Approach

The authors of *Visión y voz* have striven to provide a text that is manageable in scope, practical in terms of real-life learning and language use, and straightforward in instructions and functional explanations that do not burden students with linguistic terminology. Clear, focused tasks provide the guiding framework for output while offering students open-ended choice as to what to say. This element of free choice and personal control is essential to the development of the learners' abilities to communicate and to feel ownership of their messages. In addition, you will notice the following features incorporated in *Visión y voz* with the aim of promoting confidence in performance, variety in experiences, and enjoyment of the learning process.

- *Systematic recycling. Visión y voz* reflects deliberate and systematic attention to the recycling, recombination, and gradual expansion of previously learned vocabulary, grammatical structures, and cultural concepts. This approach encourages learners to transfer and form connections within the language and thus to develop greater flexibility and variety in communication. Presentation and practice of new language elements reflect the same careful weaving of new into known. Activities provide steps and component parts whenever necessary for ease of performance.

- *Authenticity of language and culture.* Throughout *Visión y voz* students are carefully guided through a series of "passes" to approach and comprehend authentic written and oral texts in which native speakers communicate naturally with other native speakers. Such input not only reflects the real culture and the person within the culture, but also the union of thought and word — language within its original cultural context. Extensive use of written texts, including ads, realia, articles, and literature, serves to develop important comprehension skills while fostering cultural awareness. Semi-scripted and non-scripted oral texts, provided through the teacher tape and the audio and video programs, correspond to the themes and functions of each chapter. Interactive, multi-skill activities guide students in cultural analysis and in the personal discovery of their own notions that is prerequisite to cross-cultural understanding. This focus on authenticity is not limited to input, however, but is also a prominent feature of oral and written language development.

- *Pair and group interaction. Visión y voz* is designed to foster a sense of "community" in the classroom and to promote the use of language for its intended communicative purpose, as a social interactive activity that connects people to each other through shared responsibility. Throughout *Visión y voz* you will notice deliberate attention to the cooperative learning process and environment. In groups or pairs students interview and survey classmates, exchange opinions and recommendations, and collect, report, and summarize exchanges through oral and written modes. Both procedures and outcome expectations are clearly delineated to stimulate and energize thought and action and to ensure successful performance.

◑ *Pair*   ● *Group*

- *Learning how to learn: Strategy use and awareness.* Perhaps the most distinctive and unique feature of *Visión y voz* is its careful attention to the use and targeted development of good strategies for learning and language use. *Strategy* is the term applied to those actions taken by individuals to make thinking and learning more effective, more efficient, more independent, more stable and transferrable, more personally relevant and controllable, and much more enjoyable. Strategies are the lasting skills that equip students for autonomy and continued learning beyond your classroom. As you use *Visión y voz* with students you will notice the deliberate attention to fostering good thinking skills through strategy use throughout. This attention is evident in both the sequencing and organization of presentation and the progression and design of practice. Students not only read, write, speak, listen, and explore cultural perspective, but they learn *how* to read, write, speak, listen and *how* to interpret cultural inferences and apply cultural insights. The following are just some of the types of strategies students are directed to use throughout the program:

—**memory strategies,** such as grouping, associating, mapping, elaborating and transferring contexts, using key words, linking new to known.

—**cognitive strategies**, such as recognizing and using formulae and cognates, identifying patterns, recombining, locating and classifying salient information, summarizing, highlighting, using clues for guessing, organizing and planning, creating structure for input and output by activating appropriate experiential, cognitive, and linguistic frameworks.

—**social and affective strategies**, such as peer collaboration and interaction, risk-taking and hypothesis-testing, conversation planning, personal and cross-cultural reflection and introspection.

—**communicative and discourse strategies**, such as connection and elaboration of ideas, circumlocution, development of flexibility, acceptance and comprehension of regional variation.

In addition to the integration of strategy use throughout the activities in *Visión y voz,* at the end of every unit (two chapters), students will find a section of the *En cámara lenta* review devoted to strategy use. This section labels and describes the learning strategies they have used in reading and listening, speaking and writing, and provides additional practice of these strategies in Spanish on themes and functions corresponding to the unit.

Chapter and Unit Organization

Visión y voz lives up to its title. Students learn through carefully selected readings and realia, through colorful and illustrated pages, through video captured on-site, through the artistic artifacts of Hispanic peoples, and through the voices and timeless quotes of Hispanic individuals and communities. All have been selected with deliberate attention to their reflection of Hispanic perspectives and their use as resources in fostering the learning of Spanish and Hispanic cultures.

Throughout the pages of the textbook you will see and hear the Hispanic world through both *Visión* and *Voz* boxes. *Visión* boxes present photos with informational captions carefully selected for their relatedness to the chapter theme.

Voz boxes present famous quotes, proverbs or popular wisdom, lines of poetry, or other representation of the thought and expression of Hispanic cultures. Captions and activities accompany each to sensitize students to renowned artists and writers and personalize through reflection and self-exploration, cross-cultural understanding, and creative application.

Visión y voz comprises eight units of two chapters each. Each of the sixteen chapters is divided into the following sections. At the end of each unit (after each even-numbered chapter) is the *En cámara lenta* section.

Unit openers, chapter openers

Fine art pieces by Hispanic artists introduce the theme and provide a contextual and functional summary of the unit/chapter.

Quiero aprender a...

Summarizes the primary language functions, structures, and grammar used in the chapter.

A simple vista

Provides a global orientation to the chapter theme. Authentic texts focus on the chapter's major cultural concepts, lexical categories, functions, and structures.

En voz alta (i)

Listening comprehension sections are tied to chapter-specific segments of the Teacher Tape. Appears twice per chapter, at varying levels of difficulty.

Imágenes y palabras

Core vocabulary is introduced in context. Abundant practice supports the acquisition of the main vocabulary.

Con teleobjetivo

Grammar explanations and practice help students communicate more effectively in Spanish and develop conversational and writing skills. Appears 2-3 times per chapter.

¡Última hora!

In some chapters replaces one *Con teleobjetivo* section. Focuses on idiomatic or cultural language use related to chapter theme and functions.

En voz alta (II)

A second set of listening activities encourages students to delve further into the listening segment they heard in *En voz alta (I)*.

Otro vistazo

Provides authentic reading texts, including literature, and guides students through a four-step process *(Piensa..., Mira..., Lee...,* and *Aplica...)* to aid in their comprehension and analysis.

Video Program

Appears at the end of each chapter. Each 10-minute video program introduces a different cultural theme and promotes cross-cultural comparison and recycling of language functions.

Mi diccionario

This list organizes chapter vocabulary into semantic groupings and classifies words and phrases as either productive *(Para hablar)* or receptive *(Para reconocer)*.

En cámara lenta

Appears at the end of each unit (every two chapters). Reviews linguistic functions learned in the unit while listing and practicing the strategies used throughout the two chapters.

Para escribir con soltura

Part of *En cámara lenta,* this section focuses step by step on the process and strategies of independent composition.

Activities

Activities are coded in the Instructor's Annotated Edition. These symbols are used:

Pair   Student work in pairs.   *Group*   Students work in small groups.

Writing   Involves individual or group writing.

Chapter Organization

I. **Chapter opener.** These openers target the theme, provide a contextual and functional summary of what is to follow, and engage students in an activity related to the visual depiction.

II. **Quiero aprender a...** This section opens the chapter with a summary of 1) the primary language functions to be addressed in the chapter and 2) the structural and grammatical formulas that will be targeted to perform these functions.

III. **A simple vista.** The purpose of this section is to provide global orientation to the chapter theme as well as specific focus on the major cultural concepts, lexical categories, and prominent functional and structural aspects of the chapter. An authentic text, such as a document, advertisement, magazine article, etc., serves to establish the cultural and topical orientation of the chapter, as well as the lexical field and structural focus. Here, the content of authentic readings or realia is anticipated through a series of experiential and discovery stages that focus both on the information value and strategies of the reading process. This section primes learners for the more structured introduction of vocabulary and grammar of the chapter.

IV. **En voz alta.** Listening comprehension activities are provided at the end of each *A simple vista* section for use with the Teacher Tape, which is provided free to instructors. Taped segments focus on functional and topical aspects of the chapter theme and deliver natural language use performed by native speakers of Spanish. Activities are provided in two listening passes with this taped material: 1) At this first stage of listening, students listen for global comprehension and gist of the message. 2) You will also find another *En voz alta* section before the *Otro vistazo* section at the end of the chapter which prompts students to listen to the tape again for fuller and more detailed comprehension.

V. **Imágenes y palabras.** This section introduces, through context, the core vocabulary of the chapter, a set of useful words, phrases, and idiomatic expressions presented in context and illustrated by realia and art. In *Visión y voz,* vocabulary is not merely presented, but *taught.* A variety of strategies is used to weave new items into known vocabulary, to group and associate lexical items, and to instill new learning with personal value. Abundant contextualized and meaningful practice supports the acquisition of the main vocabulary as well as the development of efficient techniques to retain and retrieve it. Additional vocabulary learning activities are included in the Instructor's Manual.

Vocabulary learning is also aided by two additional factors: 1) the lexical field has been carefully pre-introduced in the *A simple vista* section and 2) words and phrases have been selected for presentation not only for their frequency of use, but for their high interest level.

VI. **Con teleobjetivo.** The purpose of this section is to help students communicate more accurately in Spanish and to structure the development of their conversational and writing skills. Grammar explanations are written in functional, student-centered terms that avoid technical terminology or more advanced aspects of the point in question. Each grammar explanation is preceded by a review of the familiar, reminding students, for example, that they have used this structure lexically, or that they have used some aspects of it in previous lessons. More complex structural features are broken down for gradual and spiraled entry throughout the chapter or across more than one chapter in order to lessen learning load and increase proficiency in use. Unlike most other basal programs, important and frequent grammar constructions never drop out of sight in *Visión y voz.* This can be easily seen as you follow the progress of any vocabulary or grammar presentation.

The presentation of structures is followed by a carefully sequenced progression of speaking and writing activities that guide students in personalized and contextualized use of these structures while helping them weave these new grammatical elements into previously learned material. These activities motivate students to express their ideas in the context of the chapter topic and language functions while focusing their attention on specific accuracy features.

Each chapter contains two or three *Con teleobjetivo* sections. In some chapters, one of these may be replaced by a section entitled *¡Última hora!* This section appears whenever necessary and typically focuses on such aspects as the linguistic and cultural protocols of certain high-frequency situations. For example, students learn in this section the appropriate social rejoinders (written and spoken) for events such as birthdays, weddings, or a death in someone's family.

VII. **En voz alta.** At the end of the final *Con teleobjetivo* section is a second set of listening activities to encourage more detailed comprehension of the chapter's Teacher Tape segment.

VIII. **Otro vistazo.** The purpose of this section is twofold: to help students become more proficient readers of Spanish and to help them develop further cultural and linguistic insights into the chapter theme. Authentic written texts in this section may be popular, journalistic, or literary. The multi-skill activities that accompany the reading selection not only allow further practice with the functional language skills of the chapter, but provide stu-

dents the keys to unlock the culture as reflected in its written product. This "cultural discovery" approach is both affectively rewarding and cognitively challenging for the creation of the learner's sense of accomplishment. *Otro vistazo* is divided into four steps, each of which is composed of several multi-skill activities. Sometimes these steps are combined, depending upon how the reading tasks are developed.

- **Piensa...** contains thinking or pre-reading activities to help establish a mental framework for anticipating the content of the text.

- **Mira...** provides a preliminary exposure to the information and ideas in the selected piece while training students in useful skimming and scanning techniques that yield data for further comprehension and appreciation.

- **Lee...** guides the reader through the main reading selection, focusing on discovering and categorizing salient information, paraphrasing, and using clues to infer meaning. In some cases marginal glosses or cultural notes are provided to facilitate comprehension and enjoyment.

- **Aplica...** This final step invites students to use what they have discovered in new ways, to explore their own cultural or personal attitudes, or to express themselves in their own creative

work. New material is integrated with learned material, thus facilitating the retention and enjoyment of both.

IX. **Mi diccionario.** Each chapter concludes with a vocabulary list of new words and phrases introduced in the chapter. This list organizes the vocabulary into semantic groupings and designates words and phrases as either for productive *(Para hablar)* or receptive control.

X. **Activity symbols.** Activities in the *A simple vista, Imágenes y palabras, Con teleobjetivo, ¡Última hora!,* and *Otro vistazo* sections are accompanied, when applicable, by symbols that designate them as paired (◗), group (◉), or writing activities (✎).

Unit Organization

At the end of each thematic unit, or two chapters, the following two sections are included.

I. **En cámara lenta.** This section appears after every two chapters, at the closing of a thematic unit, and therefore accompanies all even-numbered chapters. As its name indicates, this section provides much needed reflection on the learning just completed. Unlike traditional programs that focus only on the product achieved, *Visión y voz* seeks to sharpen students' awareness of *how* the process was carried out. This focus on the identification of strategies stabilizes their continued use and transfer to new contexts.

En cámara lenta is divided into two subsections, *¿Qué aprendimos?* and *Estrategia*. As their names indicate, the former reviews the linguistic functions and the notions learned in the unit, while the latter lists, reviews, and practices the varied strategies students used under guidance in order to learn the new material.

II. **Para escribir con soltura.** While writing activities are abundant throughout each chapter, this section provides additional focus on the process and strategies of independent composition through a step-by-step approach. Odd-numbered units focus on the development process and guide students to use strategies to plan, organize, outline, integrate, and expand. Even-numbered units focus on the editing process and guide students to use various graphic and non-graphic techniques for checking, self-correcting and revising.

Suggested Syllabus

Visión y voz was written so that it could be realistically completed in one academic year. The following suggests how the sixteen chapters could be divided for both quarter and semester systems.

Quarter system:
First ten weeks: *Para empezar* – Chapter 6
Second ten weeks: Chapter 7 – Chapter 11
Third ten weeks: Chapter 12 – Chapter 16

Semester system:
First semester: *Para empezar* – Chapter 8
Second semester: Chapter 9 – Chapter 16

Program Components

The entire *Visión y voz* package includes the following items free upon adoption of the student textbook:

- Teacher Tape, consisting of 16 chapter-related scripted and authentic segments.

- Instructor's Manual, including supplementary classroom activities, tips on planning and teaching each chapter, information about the artists featured in the textbook, and tapescripts for the Teacher Tape.

- Testing Program, consisting of a test for every chapter and a test for every unit of the program. In total, the program includes 24 tests, all of which include reading, writing, listening comprehension, grammar and culture.

- Test Bank, an electronic version of the Testing Program that allows the instructor to edit and modify the existing tests to meet the needs of the class and includes simple word processing functions as well as answer keys and printer commands.

Additional components available for purchase:

- Laboratory Tape Program and Tapescript, taped material from scripted and authentic sources, including pronunciation practice. Tapescript also includes answer key for Workbook and Laboratory Manual.

- Workbook and Laboratory Manual, controlled through open-ended practice, carefully integrated to the textbook. The Workbook practices chapter material and emphasizes composition. It is cross-referenced to *Atajo*, Heinle's writing assistant software. The Laboratory Manual's exercises guide students to listen to chapter-related Laboratory Tape segments at varying levels of detail and for different listening tasks.

- Transparency Masters, featuring the illustrated vocabulary presentations from the textbook.

- Videotape and Video Guide, 160 minutes filmed in five Spanish-speaking countries as well as Hispanic cities in the U.S. It is divided into 16 thematically focused ten-minute programs. The Video Guide contains segment scripts and pre- and post-viewing student activities.

- *Atajo,* writing assistant software

Let us know what you think about the *Visión y voz* program. The most important information we receive about our textbooks comes from instructors who are using the materials in the classroom. We sincerely value your comments and suggestions about this program! Please send them to us, in care of Heinle & Heinle Publishers, 20 Park Plaza, Boston, Massachusetts, 02116, or call toll-free: 1-800-237-0053. Your ideas make a difference!

Vicki Galloway   Angela Labarca

◼ ACKNOWLEDGMENTS

Many students, colleagues, and editorial staff helped us envision and create this program. We are above all indebted to our developmental editor and friend, Kristin Swanson, who not only provided editorial direction, but also creative solutions to problems and constraints. We also thank Carlos Davis, our editor, who provided constant support in keeping proposals doable and problems solvable. Additional thanks to Patrice Titterington, Kimberly Etheridge, and Erika Skantz, who helped with so many aspects of production and development.

We are also grateful to the many people involved in the production of this program: to Raquel Halty Pfaff, for her thoughtful and careful work as a native reader; to Kari Easton, for researching the fine art pieces used in the text, and to Carl Spector, for cheerfully persevering in tracking them down; to Sandra Dixon, for her work in literary research; to our proofreaders, Kelly Zajechowski, Lois Poulin, and Jan Underwood; to Mary Lemire and Rosemary McGrath, for their help with the index and glossaries; to Kate O'Connor, for her work on literary permissions; to the native speakers on our tape program; to Sue Gerould, our text designer; to Jane O'Conor, our illustrator, and to Vivian Novo-MacDonald of NovoMac Enterprises, our compositor.

Our sincere gratitude also goes to Gilda Álvarez-Evans, Olgalucía González, Elmer Rodríguez, and Jorge Cubillos, our ancillary authors, as well as to our many reviewers. Their consistently positive and supportive reviews encouraged our efforts, and their ideas for improvement contributed greatly to the development and realization of *Visión y voz*.

Vicki Galloway   **Angela Labarca**

John Akers
North Carolina State
Debra Andrist
Baylor University
Alex Bindowski
University of Illinois at Urbana/Champaign
Ben Christensen
San Diego State University
David Darst
Florida State University
Agnes Dimitriou
University of California
Tom Douglass
University of Iowa
Rosa Fernández
University of New Mexico
Joseph Feustle
University of Toledo
Mary Margaret Foreman
Purdue University
Diana Frantzen
Indiana University
Carmen García
Miami University of Ohio
Graciela Gilman
University of California at Santa Barbara
Raquel González
University of Michigan at Ann Arbor
Robert Granberg
University of Kansas
Gail Guntermann
Arizona State University

Ellen Haynes
University of Colorado at Boulder
Lizette Laughlin
University of South Carolina
John Lipski
University of Florida
Myriam Met
Montgomery County Public Schools
Robert J. Morris
Texas Technical University
Raquel Halty Pfaff
Simmons College
Robert Quinn
Virginia Military Institute
Karen Reader
Ohio State University
Laura Riesco-Luszczynska
University of Maine at Orono
Carmen Rogers
Louisiana State University
Victor Rojas
SUNY College of Brockport
Ivette Romero
Cornell University
Nancy Schumaker
Georgia Southern University
Karen Smith
University of Arizona
John Underwood
Western Washington University
Gayle Vierma
University of Southern California

¡Hola!, ¿qué tal?

En esta lección preliminar vas a aprender a saludar a tus amigos y profesores y hablar de la universidad y tus estudios. También vas a ver que ya puedes reconocer muchas palabras del español.

■ «El Observatorio», 1986, Humberto Calzada, acrylic on canvas, 60" x 45" Miami University Art Museum Oxford, Ohio, gift of Ricardo Pau-Llosa, by permission of the artist

Quiero aprender a...

- saludar a mis amigos
- hablar de la universidad y de la clase de español

ways to greet and say good-bye
Hay + nouns, necesito + nouns or verbs, ¿Dónde está...?

A simple vista

A. ¡Qué fácil! As you begin studying Spanish, you will notice many *cognates*, Spanish words that look very similar to English words you know. The words are formed from the same roots as the Spanish words they look like. Provide the English cognate for the following:

información / televisión / lección
universidad / responsabilidad / especialidad
clase / residencia / cafetería / computadora / examen / profesor / calculadora / estudiante / béisbol
artículo / objeto / aparato / máquina

B. Para empezar. Look at the ads below and on page 3. With a partner, make a list of all the cognates you find.

2.

1.

3.

FLORERÍA
"CLAVELITO"

INT MERCADO B. JUÁREZ PUESTO No. 5

Teléfono: 6-68-21

Y LAS CASAS No. 214 INT.

ORIGINALES ARREGLOS FLORALES Y DE FRUTAS
- ADORNOS PARA BODAS
- CARROS MATRIMONIALES
- PRIMERAS COMUNIONES
- QUINCE AÑOS

CORONAS Y OFRENDAS FLORALES
(ORQUÍDEAS, CRISANTEMOS,
AVES DEL PARAISO)

AMPLIA EXPERIENCIA AL SERVICIO DE UD.
SURTIMOS PEDIDOS A DOMICILIO

OAXACA, OAX.

4.

¡Consígalo Ahora Mismo en REMCO!
Sin Crédito Usted Puede Alquilar Fácil:

TVs • Estéreos
- Muebles de Sala y Recámara
• Estufas • Micro-Ondas
• Refrigeradores
• Lavadoras y Secadoras
• Marcas Prestigiosas como:
RCA, Zenith, Fisher, JVC,
Whirpool, GE, y muchos
más.

REQUISITOS FÁCILES:
1. Tener Empleo
2. 6 Meses en su Residencia
3. 4 Referencias locales

Remco

HABLAMOS SU IDIOMA -
LLÁMENOS O VISÍTENOS HOY MISMO

5.

ÉSTA ES LA NUEVA IMAGEN
DE LA TECNOLOGÍA

Las apariencias no engañan. ►
Debajo del diseño y la perfección
de líneas de un K-100 se esconde la
tecnología más vanguardista. ► Y
una vez conectado, es difícil decidir
cuál de sus extraordinarias carac-

Mando a distancia con teletexto y funciones VCR

terísticas es la mejor. ► Su calidad
de imagen y su increíble capacidad
para reproducir los colores más brillantes. ► Su excelente sonido estéreo Nicam, con la calidad digital de
un Compact Disc. ► O su capacidad para memorizar hasta 90 pre-
sintonías, incluidas las provenien-
tes de Satélite. ► Cualquier Televisor Philips K-100 está definitiva-
mente preparado para el futuro.
► Su diseño lo refleja inmediatamente.

6.

inglés

en todos los niveles

EN VERANO

MAÑANA: 8.30 - 10:30 HRS.   TARDE: 18.00 - 20.30 HRS.
          10.00 - 12.30 HRS.   18.30 - 21.00 HRS.

SEDE CENTRAL
STA LUCÍA 124
♦♦♦STA LUCÍA

SEDE PROVIDENCIA
DARÍO URZÚA 1933
P DE VALDIVIA/E YAÑEZ

SEDE LAS CONDES
AMÉRICO VESPUCIO SUR 631
♦♦♦ESC MILITAR

**INSTITUTO PROFESIONAL
CHILENO - BRITANICO**

7.

el faro
restaurante

El restaurante español
más antiguo de la
ciudad de Nueva York

823 Greenwich St.
(hace esquina con Horatio)

Teléfono: (212) 929-8210

★★★ New York Times

8.

STONE

POLOS
Y
"TANK TOPS"

Para combinar
con los Pantalones
Cortos Tallas
7 al 14
Regular 8.99 c/u

$7 c/u

PANTALÓN
CORTO

• Propio para
"Field Day"
Regular 6.99

$5

BELLOS
CONJUNTOS
DE FALDA O
PANTALÓN

• En variedad
de diseños
• Tallas 4 al 6X
• En poly-cotton
Regular 8.99

$6

C. ¡A clasificar! Now organize your list of cognates into categories, according to the form of the word. What conclusions can you draw about the endings of these words and their correspondence to English word endings?

▨ **Por ejemplo:** *florería*   *especialidad*   *teléfono*   *impresión*
                 fotografía   *actividad*   *fotógrafo*   *comunión*

Ch. Temas. These ads represent some of the themes and topics that are presented in *Visión y voz*. With your partner, identify by number the ads that correspond to the following themes.

identidad, intereses y estudios   **restaurantes y alimentos**
excursiones y aventuras   **ropa, por ejemplo, sombreros y**
eventos importantes de la   **blusas**
 familia   **salud y atención médica**
residencias y su decoración   **tecnología, ecología y el futuro**

 # En voz alta

A. Listen to the first dialogue and circle the two names you hear.
Lola   Jorge   Juan   Jaime   Olga

B. Now write the names you hear in the remaining dialogues.

Imágenes y palabras

Para saludar a diferentes personas

Saludos *(greetings)* **entre amigos**

Tú...   **Tu amigo...**
—**¡Hola! ¿Qué tal?** *(What's new?)*   —**(Muy) Bien / Regular, gracias.**
—**¿Cómo te va?** *(How's*   —**Bien, fenomenal. / Fatal, no**
 it going?)   **muy bien.**
                                             —**Excelente. Y tú, ¿cómo estás?**
                                              (How are you?)

Saludos a un señor, una señora, una señorita

Tú: **La otra persona:**
—**Buenos días, señor... .**   —**Bien, gracias. ¿Y usted?**
 ¿Cómo está usted?   **¿Y por su casa?** *(And your family?)*
—**Bien, gracias.**

Buenas tardes *(Good afternoon)*, **señora.**

Buenas noches *(Good evening)*, **señorita.**

Para presentarse *(introduce yourself)* **a señores, señoras y señoritas**
- —**¿Cómo se llama usted?**
  (What's your name?)
- —**Mucho gusto** *(A pleasure)*.

—**Me llamo... .**
  (My name is... .)

Para presentarse a compañeros y amigos
- —**¿Cómo te llamas?**

—**Me llamo... .**

Despedidas *(Goodbyes)*
- —**Bueno, hasta luego.**
- —**Pues, hasta mañana.**

—**Chao.**
—**Hasta mañana.**

Cortesía
- —**Por favor** *(Please)*.
- —**(Muchas) Gracias.**

—**Sí, cómo no.**
—**De nada** *(You're welcome)*.

VOZ

Marco Denevi, escritor argentino contemporáneo, tiene un humor crítico muy fino. **¿Y tú?** Escribe un saludo entre gente famosa.

—¿Cómo te llamas?—le preguntó.
—Eva—contestó la joven.—¿Y tú?
—Adán.

-Marco Denevi

A. Saludos. Greet and find out the name of one of your classmates. Then, introduce this person to the class.

■ **Por ejemplo: Tú:**

	La otra persona:
Hola, ¿qué tal?	*Muy bien, y tú, ¿cómo estás?*
Bien, gracias. ¿Cómo te llamas?	*Me llamo Mark. ¿Y tú?*
Me llamo Eric. Mucho gusto.	*Mucho gusto.*
Bueno, hasta luego.	*Chao.*

A la clase: *Mi amigo se llama Mark.*
or: *Mi amiga se llama... .*

B. Buenos días. Say how you would greet each of the following people.

■ **Por ejemplo:** profesor (profesora)
Buenos días. ¿Cómo está usted?
amigo
Hola ¿qué tal? (¿Cómo te va? ¿Cómo estás?)

Sr....	Miguel	compañera
Sra....	Srta....	policía
Doctora...	compañero	amiga

C. Todo depende. Keeping the differences between **tú** and **Ud.** in mind, complete the following exchanges using the following phrases.

Tú phrases	**Ud. phrases**
¿Cómo **estás**? ¿Cómo **te llamas**?	¿Cómo **está Ud.**? ¿Cómo **se llama**?
Y **tú**, ¿cómo **estás**? ¿Cómo **te va**?	Y **Ud.**, ¿cómo **está**? ¿Y por **su** casa?
Hola, ¿qué tal? Chao.	

1. **Sr. Cooper:** Hola, ¿qué tal? ¿Cómo _____, Jerry?

   Jerry: Bien, gracias. Y _____, ¿cómo _____, señor Cooper?

   Sr. Cooper: Bien, gracias.

   Jerry: ¿Y por _____ casa?

   Sr. Cooper: Todos bien, gracias.

2. **Antonio:** Hola, Jerry, ¿cómo _____ va?

   Jerry: Excelente. Y _____, ¿cómo _____?

   Antonio: Mira, el bus. Chao.

   Jerry: _____ .

3. **Sra Wilson:** Señor Cooper, ¿_____?

   Sr. Cooper: No muy bien. ¿Y _____?

4. **Profesora Pérez:** ¿Cómo _____ llama Ud.?

   Alumno Schwartz: Me _____ Ralph Schwartz. ¿Y_____, ¿cómo se _____, doctora?

   Profesora Pérez: _____ Lucinda _____ y soy la profesora de español básico.

Ch. ¿Cómo se llama...? Use the expression **se llama** to give the names of the following people. If a title (**señor, señora, doctora,** etc.) is needed, use it as in the example.

▨ **Por ejemplo:** tu supervisor

   ***Se llama** Doctor Goldstein.*

1. tu mejor *(best)* amigo(a)
2. tu profesor (profesora) de...
3. un señor muy importante
4. una señora muy importante
5. un(a) compañero(a) de la clase
6. el presidente

D. ¿Qué dices? What would you say in response to the following?

1. Muchas gracias.
2. ¿Cómo te va?
3. Chao.
4. Buenas tardes
5. ¿Cómo te llamas?
6. ¿Cómo estás?
7. Me llamo...
8. Por favor...

Palabras y frases para hablar de las clases de la universidad

   Aquí en la universidad hay *(there is / are)...*

salas
(classrooms)

pizarra(s)

sillas

residencia(s)

biblioteca(s)

laboratorio(s)

cafetería(s)

partidos de...

fútbol americano

básquetbol

cursos
mucha gente *(people)*:
   profesores y alumnos *(students)*,
   doctores, directores

fútbol

béisbol

¿Qué tal las clases? En las clases de la universidad hay...

pruebas *(tests)*.	**conversaciones.**
notas *(grades)*.	**televisores y computadoras.**
ayuda *(help)*.	**chicos y chicas** *(young men and women)*.
exámenes *(finals)*.	**muchos amigos y amigas** *(friends)*.
lecturas *(readings)*.	**alumnos** *(students)* **con becas** *(scholarships)*.
trabajo *(work)*.	**algunos** *(some)* **problemas.**
horarios *(schedules)*.	**tareas** *(assignments)*.

Pero no hay...
   mucho descanso *(much rest)*.
   ratos libres *(free time)*.
   cursos sin matrícula *(courses without tuition)*.
En mis clases es fácil *(it's easy)***...pero es difícil** *(difficult)*...
   aprender *(to learn)*, **hacer tareas** *(to do homework)*...

leer

escribir

hablar español

escuchar

estudiar mucho

¿Necesitas tu (tus)...?   Por favor, necesito mi (mis)...

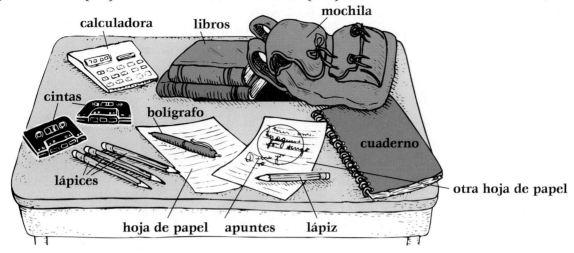

¿Dónde está? *(Where is it?)* **No sé dónde está.** *(I don't know where it is.)*
¿Cómo se dice... ? *(How do you say?)* **No sé la palabra.** *(I don't know the word.)* **Necesito mi diccionario.**

E. Asociaciones. With a partner, list as many words as you can that are associated with the following.

▨ **Por ejemplo: trabajo**

     problemas, aprender, escribir...

1. prueba	**4.** ratos libres	**7.** beca	**10.** mochila	**13.** lectura
2. ayuda	**5.** cuaderno	**8.** notas	**11.** partido	**14.** papel
3. residencia	**6.** biblioteca	**9.** sala	**12.** gente	**15.** escuchar

F. Lo bueno y lo malo de la universidad. What are the good points (**lo bueno**) and the bad points (**lo malo**) of university life? Follow the model and list as many as you can.

▨ **Por ejemplo:**

Lo bueno es que hay...	**pero**	**lo malo es que hay...**
amigos,	*(but)*	*muchos cursos.*
Lo bueno es que no hay...	**pero**	**lo malo es que no hay...**
problemas,		*ratos libres.*

G. Mi horario. Choose from the following classes and write your schedule, including free time. For each course, state whether it is easy, very (**muy**) easy, difficult, or very difficult.

              muy fácil   fácil   difícil   muy difícil

Bellas artes:	arte, música, teatro, danza
Ciencias básicas:	biología, física, química *(chemistry)*
Ciencias matemáticas:	cálculo, geometría, trigonometría, álgebra
Ciencias aplicadas:	sicología, ingeniería *(engineering)*, tecnología
Ciencias sociales:	antropología, sociología
Letras:	inglés, literatura (comparada), historia, filosofía

H. ¿Fácil o difícil? Divide the words and expressions on pages 7–8 into two lists: **lo fácil** and **lo difícil**.

■ **Por ejemplo: lo fácil**   **lo difícil**
            hablar español   *problemas de cálculo*

I. No sé dónde está. Tell your partner you need the following. Your partner will tell you where it probably is. Follow the example.

■ **Por ejemplo:** *—Necesito ayuda, por favor. No sé dónde está mi libro de*
                español.
             —Está en tu mochila.

1. mi bolígrafo
2. otra hoja de papel
3. mi tarea
4. una colección de los dramas de Shakespeare

5. mi cinta de español
6. una computadora
7. mi diccionario
8. un atlas

Ideas: la biblioteca / tu sala de clase / tu mochila / tu cuaderno / tu residencia / el laboratorio / la cafetería

J. ¿Dónde está? Your roommate is missing. The only evidence you have as to your roommate's whereabouts is the list you found of things she or he had to do. Speculate on where your roommate could be according to each item on the list. Follow the example.

■ **Por ejemplo:** *leer dramas de Shakespeare*
          ¿Está en *la biblioteca / el teatro / la residencia?*
   or: **¿Está con** *el profesor de teatro / su amiga / un alumno?*

Lo que necesito hacer:

estudiar para examen de historia   *escribir composición*

hablar con profesor de matemáticas   *fútbol*

escuchar cinta de español   *hamburguesa con Irene*

programa de tele, canal 3   *experimento de química*

K. ¿Qué necesitas? With a partner, take turns telling each other what you need to do. In each case, you will help each other by offering certain items needed for the activity.

■ **Por ejemplo:** estudiar historia
             Tú: *Necesito estudiar historia.*
    Compañero(a): *¿Necesitas **tu libro? ¿tus apuntes?***
             Tú: *Sí, gracias.*
    Compañero(a): *De nada.*

1. escuchar español
2. estudiar para un examen
3. escribir una composición
4. hacer problemas de matemáticas
5. tomar apuntes
6. tomar una prueba
7. saber *(to know)* la definición de una palabra
8. hacer la tarea de física
9. aprender bien *(well)*
10. conversar

||⊕ Ideas prácticas

Although you have noticed many word similarities in Spanish and English, the two languages are quite different. This section provides some tips for learning the Spanish language.

A. You may have noticed a pattern to some of the Spanish cognates you have seen. Can you find examples of the following?

- words ending in **-ción**   correspond to the English *-tion*
- words ending in **-sión**   correspond to the English *-sion*
- words ending in **-dad (-tad)**   correspond to the English *-ty*
- words ending in **-or (-ora)**   correspond to the English *-er / -or*
- words ending in **-mente**   correspond to the English *-ly*
- words ending in **-ista**   correspond to the English *-ist*

1. Guess what the following might mean: **hablador, trabajador, beisbolista, futbolista, fácilmente, lector.**
2. What other "patterns" have you seen? List some with a partner. For example, verbs end in **-ar, -er,** and **-ir: hablar, aprender, escribir.**
3. Most of the instructions for activities in *VISIÓN Y VOZ* will be given in Spanish. Some of the words in these instructions are "guessable."

   - With your partner, guess what the following might mean.
     capítulo / página / párrafo / línea / número / otra persona / lee / escribe / copia / toma apuntes / haz una lista
   - Some words are not as easy to guess. With your partner, refer to the list below for the following activity.

agrega	*add*	**busca**	*look for*	**ubica**	*locate*
di	*say, tell*	**da(le)**	*give (him / her)*	**subraya**	*underline*
mira	*look at*	**cuenta**	*count or tell*	**borra**	*cross out*

Mira la página 141. Busca la palabra número 3 de la línea 15. Di la palabra. Cópiala en una hoja de papel. Luego, en la página 10, ubica la primera palabra de la Actividad **H**. Agrega esta palabra a la otra. Entonces, en la página 1, en la primera línea, busca la palabra número 7. Por fin, en la página 44, ubica la palabra número 8 de la sección *Las nacionalidades.* Ahora, subraya la segunda *(second)* palabra de tu frase. Dale la hoja de papel a otra persona que necesita leer la frase a la clase.

B. Keep in mind, as you study Spanish, that languages are *systems of communication and thinking* and that each system is different. For example, in Spanish, there are two ways to address a person:
Use *tú*... to address a friend or peer, someone your age or younger, someone you know well, someone with whom you are on a first-name basis, or someone you want to include in your group.

Use *usted (Ud.)*... to show respect to someone who is older or in a position of authority, someone you do not know well, or someone you address with a title **(Sr., Sra., Srta.,** or **don Jaime, doña María)**.

Good language learners have a high tolerance for difference. They help themselves learn by guessing, taking chances, asking questions to clarify, looking for patterns *within* the language they are learning, *thinking* and *practicing*. In other words, they use *strategies*. In this preliminary lesson, you have already used some strategies to learn and practice vocabulary, and to comprehend the written word.

- In reading, you looked for *cognates*, relied on your experience and knowledge to *guess* and *anticipate,* relied on pictures and illustrations for *clues to context and meaning,* and looked for *patterns and similarities* within Spanish to guide your comprehension. What Spanish words are the following derived from?

  librería amigable bibliotecario ayudante estudios papelería

- In learning vocabulary, you *categorized and classified* words according to their meanings, practiced new words in a *context* in which they would be used in real life, and *associated* words with other words to lock them in memory. For example, with the question **¿Dónde?** you might associate words such as: **en, está, biblioteca, cafetería, sala, residencia**.

What words do you personally associate with **estudiar español**?

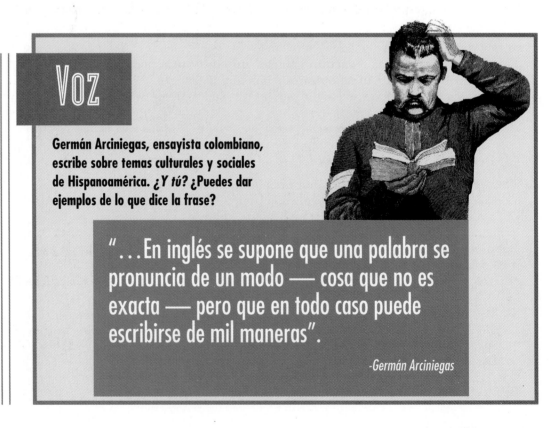

VOZ

Germán Arciniegas, ensayista colombiano, escribe sobre temas culturales y sociales de Hispanoamérica. ¿*Y tú?* ¿Puedes dar ejemplos de lo que dice la frase?

"...En inglés se supone que una palabra se pronuncia de un modo — cosa que no es exacta — pero que en todo caso puede escribirse de mil maneras".

-Germán Arciniegas

VISIÓN Y VOZ

«Frida y Diego», 1931, Frida Kahlo, oil on canvas, 39" x 31", San Francisco Museum of Modern Art, Albert M. Bender Collection, gift of Albert M. Bender

¿Cuántas palabras reconoces de este anuncio?

En voz alta
Listen to one dialogue of the tape at a time. After each dialogue, refer to the corresponding activity.

A. First dialogue. Listen to the first conversation and write the question you hear. Then, mark **sí** or **no** regarding the relationship of the speakers.

They just met each other: **sí no**   They are good friends: **sí no**

They are about the same age: **sí no**   Their relationship is formal: **sí no**

B. Second dialogue. Copy and complete the following with the words you hear.

—Hola, Jaime, ¿_____? Qué gusto verte.

—Hola, ¿qué tal, Lola? Hacía días que no nos veíamos.

—Sí, demasiado tiempo.

—Eh, eh… preséntame a tu _____.

—Ah, perdona. Ustedes _____ se conocen. Lola, te presento a Roberto. Roberto, Lola.

—Hola, Roberto, _____. Encantada.

—_____, Lola.

C. Third dialogue. Notice how the speakers say good-bye. Then, identify the relationship: **¿amigos?, ¿estudiante y profesor?, ¿señor y doctor?**

Ch. Fourth dialogue. Write the title(s) of respect the speakers use with each other.

D. Fifth dialogue. What is the relationship of these speakers? How do you know? **¿amigos? ¿señor y señorita? ¿alumno y profesora? ¿compañeros?**

Mi diccionario

Para hablar

Saludos — Greetings

¡Hola! ¿Qué tal?
¿Cómo estás?
¿Cómo te va?
¿Y tú?
¿Y usted?
¿Cómo está Ud.?
¿Y por su casa?

Bien.
Muy bien.
Regular.
Fatal.
Fenomenal.
Excelente.
Bien, gracias.

Buenos días.
Buenas tardes.
Buenas noches.
señor
señora
señorita

Presentaciones

¿Cómo se llama usted?
Me llamo… .
Mucho gusto.
¿Cómo te llamas?

Cortesía — Courtesy

Por favor.
Sí, cómo no.
(Muchas) Gracias.
De nada.

Despedidas — Farewells

Bueno…
Pues…
Adiós.
Hasta luego.
Hasta mañana.
Chao.

La universidad

bibliotecas
cafeterías
laboratorios
pizarras
residencias
salas — rooms
sillas — chairs

Gente

alumnos universitarios
compañeros
chicos y chicas
directores / directoras
doctores / doctoras
mucha gente
muchos amigos y amigas
profesores / profesoras

Partidos

de básquetbol
de béisbol
de fútbol
de fútbol americano

Las clases

alumnos
aprender
apuntes — notes
ayuda — scholarships
becas — tuition
bolígrafo
cinta
conversaciones
cursos — course
chicos (chicas)
escribir
escuchar
estudiar mucho
exámenes
hablar español
hacer tareas
hoja de papel (otra hoja)

horarios
lápiz (lápices)
lecturas — readings
leer
libros
matrícula — tuition
mucho descanso — a lot of rest
notas — grades
problemas
pruebas
ratos libres — spare time
tareas
televisores y computadoras
trabajo

Otras palabras y expresiones

alguno(a)
¿Cómo se dice?
de
difícil
fácil
hay
mi(s)
su(s)
tu(s)
¿Necesitas?
Necesito…
No sé.
pero
sin
con
tú
usted (Ud.)

¿Dónde?

Está…
…aquí.
…en la universidad.

Para reconocer

Otras palabras y expresiones

actividad
agregar
alimentos
aparato
artículo
aventuras
copiar
da
di
empezar
escribe una lista
especialidad
estudios
excursiones
ideas
identidad
intereses
lee
lo bueno
lo malo
máquina
mira la página
muy
objeto
para
pero
práctica
restaurante
tecnología
tema
toma apuntes
ubicar

I DON'T CARE

1

Tú y yo

MIRA A ESTAS DOS PERSONAS. ¿Cómo son en cuanto a sus características físicas? Y, en tu opinión, ¿cómo son en cuanto a sus personalidades?

En los Capítulos 1 y 2, vas a aprender cómo hablar de las características físicas y las personalidades de la gente. Esta unidad se llama «Tú y yo». ¿Cómo somos?

Así soy yo

¿Cómo es la señorita del cuadro? ¿Y tú, cómo eres? En el Capítulo 1 vas a aprender a describir tus características físicas y tu personalidad.

■ «Woman before Mirror», Antonio García, collection of the artist

Quiero aprender a...

hablar de mí y de otros en cuanto a

- la nacionalidad
- la personalidad y las características físicas

- las aspiraciones profesionales
- los gustos y disgustos

forms of <u>ser</u> + nationality

forms of <u>ser</u> + adjective
<u>tengo</u> + physical features
<u>quiero ser</u> + profession
<u>gustar</u> + infinitive

A simple vista

You have more background to read in Spanish than you may think. Complete the following activities to activate this knowledge.

A. Correspondencia. In many newspapers and magazines, you will find entire columns devoted to people who want to meet or correspond with other people. If you were placing such an ad, which of the following types of information would you include about yourself?

mi educación	mi religión	mis aspiraciones	mi nacionalidad
mi personalidad	mis pasatiempos preferidos	mis características físicas	mi familia
mi sexo	mi profesión	mi dirección *(address)*	mi salud *(health)*
mi edad *(age)*	mis intereses y habilidades	mi número de teléfono	

Americana, 21, busca amigos o amigas hispanas con quienes hablar y practicar español. Llamen al 201-555-0128 de día.

Hombre bilingüe, colombiano. Blanco, 24, alto, delgado, atlético, bien parecido, con trabajo. Busca señorita delgada, atractiva. Para fines serios. 212-555-2895 después de las 18 hrs.

Elba Rojas Lázaro. Divorciada, 39 años, escritora, mexicana. Soy una mujer bastante atractiva, a pesar de mi edad. Me gusta viajar, pasear, divertirme y leer. Me gustaría una relación seria, amistosa, tal vez matrimonio, con un hombre de buena posición económica, ya que yo ofrezco lo mismo. Tlaxcala 75 — depto. 31. Colonia Roma Sur. México, D.F.

Latino, paraguayo, 25, profesional, residente, negocio propio. Interés en dama entre 18-22 años, paraguaya o uruguaya. Para amistad y posible matrimonio. 718-555-1489.

Negro sincero, 25, cubano, soltero, busca amistad con mujer latina 18-23 años que hable inglés. Si quieres relación que dure, llámame. David, 718-555-3943.

B. Son similares. Look at the first two ads in «Correo del Corazón» above and on page 21. You will notice that there are many words that look familiar. List as many of these words as you can on a separate sheet of paper.

C. ¡A leer! Now quickly skim through the rest of the ads. Don't try to understand every word. Just concentrate on getting the basic idea of each ad. Don't be afraid to guess at possible meanings of words you don't know.

Ch. Clasificaciones.

1. Look over the ads quickly and find one that interests you. Then, see what kinds of information *(datos)* it provides and sort the description into the following categories, as in the example.

2. Use the example as a model to describe to the class the person you selected. Use the language provided in the description; don't try to present everything in the ad, just as much as you can for now. See if your classmates can guess who he/she is.

■ **Por ejemplo:**

Categorías	Datos	Descripción
nacionalidad:	*argentino*	**Es** (is) *argentino.*
profesión:	*fotógrafo*	**Es** *fotógrafo.*
características:	*agradable, sincero, ambicioso*	**Es** *agradable y…*
pasatiempos:	*ir a la playa, caminar, explorar*	**Le gusta** (He likes) *ir a la playa…*
aspiraciones:	*conocer chicas, mantener correspondencia, ser bueno en mi carrera*	**Quiere** (He wants) *conocer chicas, mantener…, y ser bueno en…*

Joven peruano, 22 años, con buen trabajo en el Hotel Sheraton. Desea conocer dama puertorriqueña, humilde, cariñosa, 18–30 años, fines matrimoniales. Llamar 8:00 p.m. en adelante, preguntar por Antonio. 718–555–8137.

Laurentino Pérez Torres. Panameño, 24 años, profesor de electrónica. Ojos café, piel trigueña clara, cabello negro lacio. Deseo establecer amistad con chicas entre 18 y 24 años, con fines de matrimonio. Me considero muy romántico, sentimental y trabajador. Soy un admirador de la mujer estudiosa, emprendedora y con visión futurista. Me gustaría encontrar a una chica alta, de tez blanca, cabello rubio o castaño, con deseos de casarse. Cra. 15, 2° piso, Bogotá, Colombia.

Gustavo Adolfo Mariscal. Argentino, soltero, fotógrafo profesional, 24 años. Me gustaría mantener amistad con chicas de diferentes nacionalidades, entre 18 y 30 años. Soy sincero, amigable, ambicioso en mi carrera; me gusta la playa, caminar y explorar ciudades desconocidas. Creo ser agradable a las mujeres. Busco a la compañera de mi vida. 11 River St., Cambridge, MA, EE.UU.

Martha C. Prego. Soltera, 27 años, sicóloga. Nicaragüense. Me gustaría relacionarme con personas de ambos sexos, de mi edad o un poco mayores. Conocer sus culturas. Me gusta leer, pasear. Trabajo como *clerk* en un banco, con aspiraciones a más. Tengo un hijo de 3 años y me gusta pasar el fin de semana en la playa. 1215 Trocadero, San Francisco, CA, EE.UU.

Sonia Angélica Sandoval del Villar. Chilena, soltera, 28 años, secretaria en idiomas (inglés, francés, alemán, castellano). Me gustan el cine, la TV y el teatro, la música, los libros, el arte. Pinto y hago artesanías: cerámicas, porcelanas. Soy buena ama de casa. Delgada, atractiva, pelo rojizo, ojos verdes, alta. Deseo encontrar una persona similar a mí, que me quiera y respete. Cueto 319, Santiago, Chile.

Antonio Cortés. Puertorriqueño, soltero, 26 años, gerente de ventas, ansioso de contraer matrimonio con una mujer independiente, sencilla y hogareña. Alto, de ojos verdes. Me gustan el cine y el baile. Los Coroneles 755, Hato Rey, Puerto Rico.

Mercedes Núñez. Soltera, 24 años, asistente de enfermera. Soy dominicana. Tengo un hijo de 4 años. Soy alta y delgada, ojos y pelo negro, piel clara. No me gusta la calle, soy un poquito tímida y muy hogareña. No tengo ningún vicio. Me gustaría encontrar un señor serio y estable para casarme. 644 76th St., Brooklyn, NY, EE.UU.

D. ¡A ordenar palabras! On a sheet of paper, write down four categories: **personalidad, pasatiempos** (pastimes), **profesiones, nacionalidades**. Then scan the ads above and on page 20 and list the words that belong in each of these categories. Make sure you have at least five items in each category.

■ **Por ejemplo:**

personalidad	**pasatiempos**	**profesiones**	**nacionalidades**
sincero	*explorar*	*fotógrafo*	*argentino*

Then, choose words from these categories that relate to:
1. dos (2) pasatiempos interesantes
2. una (1) profesión interesante
3. cuatro (4) aspectos importantes (personalidad)

E. Palabras para mí. In the following list are more words that can be used to describe people. Copy all the words that describe you on a separate sheet of paper. If you are female, choose words with the ending **-a** or **-ora** if given the choice in parentheses; if male, choose words ending in **-o** or **-or**. All other words can be used for both men and women.

Soy...

dinámico(a)	responsable	realista
tranquilo(a)	agradable *(pleasant)*	pesimista
organizado(a)	sociable	optimista
desordenado(a)[1]	adaptable	deportista[2]
romántico(a)	independiente	artista
serio(a)	paciente	materialista
sincero(a)	impaciente	egoísta
aventurero(a)	inteligente	idealista
introvertido(a)	interesante	entusiasta
extrovertido(a)	liberal	
conservador(a)		
estudioso(a)		

[1] Hint: **orden** = *order, organization*
[2] Hint: **deporte** = *sport*

F. Soy yo. Exchange your list with a classmate and compare your two personalities.

■ **Por ejemplo:** **Soy** *desordenado, romántico, independiente* **y** *deportista.*
Kelly **es** *ordenada, organizada, responsable* **y** *realista.*

G. Carreras y personalidades. From the list in Activity **E,** choose characteristics you associate with ten of the following professionals and write a sentence for each.

■ **Por ejemplo:** deportista
Un deportista es independiente y... .

deportista	matemático(a)	dentista	fotógrafo(a)	sicólogo(a)
secretario(a)	científico(a)	médico(a)	artista	profesor
policía	mecánico(a)	músico(a)	arquitecto(a)	(profesora)

H. Compañero(a) de mi vida. Using the words you have learned and ideas from the ads you read, write a personal ad for a boyfriend or girlfriend. Use some of the categories in Activity A and make a chart with your personal information. Then write an ad describing yourself as fully as you can. Make it sound interesting so you get many replies! If you are female, remember to use -**a** endings whenever you have the choice.

imaginativo(a)	tolerante	responsable
perseverante	inteligente	entretenido(a) (interesante)
tranquilo(a)	serio(a)	reservado(a)
extrovertido(a)	divertido(a) *(funny)*	creativo(a)
activo(a)	sociable	
artístico(a)	agradable	

NOMBRE *(NAME)* _____

DIRECCIÓN *(ADDRESS)* _____

_____

TELÉFONO _____

TEXTO DEL ANUNCIO *(AD)*: _____

_____

_____

En voz alta

A. You will hear a caller leave a message on an answering machine. Listen for the first time to determine for which of the following reasons the person is calling.
Necesita...
1. trabajo   2. amigos   3. compañera de habitación   4. ayuda

B. Now listen again and write down **one** item about the caller.

⫼⫼⫼ Imágenes y palabras

Now that you have learned how much Spanish you can recognize, you will want to start building a supply of words to use in conversation.

Aquí tienes algunas expresiones útiles para hablar de ti.

Soy estudiante universitario(a).
En cuanto a *(Regarding)* **mi personalidad,**
soy *(I am)*... **activo(a), dinámico(a), práctico(a), bien educado(a)** *(well mannered)*, **entretenido(a) / interesante, sincero(a).**

| **inquieto(a)** | **tranquilo(a), ordenado(a), desordenado(a)** | **amistoso(a)** |

| **romántico(a)** | **impulsivo(a)** |

También soy (algo) *(I'm also [a little])*... **deportista, artista, realista, optimista, pesimista, independiente, sociable, responsable, adaptable, agradable** *(pleasant)*...

| **divertido(a)** | **materialista** | **alegre** | **paciente, impaciente** |

En cuanto a mi nacionalidad,
soy... estadounidense / americano(a), canadiense, japonés (japonesa), italiano(a), inglés (inglesa), alemán (alemana) *(German)*, **español (española), israelí, vietnamita, chino(a), coreano(a), indio(a), polaco(a), salvadoreño(a), hondureño(a), puertorriqueño(a), colombiano(a), mexicano(a), cubano(a), hispano(a)** *(Hispanic)*.

**En cuanto a mi físico,
soy...**

morena

pelirroja

moreno

rubio

trigueña

de estatura
mediana

joven   mayor   delgado   **(algo)** *(somewhat)*   alta   baja
grueso(a)

Tengo...   **los ojos** *(eyes)* **claros** *(light)*   **y**   **el pelo** *(hair)* **rubio** *(blond).*
                oscuros *(dark)*   **y**   **negro** *(dark).*
        la piel *(skin)* **clara** *(white).*
                mate *(dark or brown).*
                morena *(black).*

En cuanto a mis intereses,
me gusta *(I like)...* **ir al centro estudiantil** *(to go to the student union).*
                salir con amigos *(to go out with friends).*

escribir
a máquina

conversar y escuchar música

bailar

SOY
IMPULSIVA

SOY
ROMÁNTICA

comer

leer

trabajar en la
computadora

mirar la tele   dibujar

cocinar

ir de compras *(to shop)* **hacer deporte / ejercicio**

ir a la playa **nadar**

sacar fotografías

escribir cartas *(letters)*

comer

viajar *(to travel)*

ir al cine

En cuanto a mi ocupación,
soy estudiante *(student)* universitario(a).
Quiero ser *(I want to be)*... **artista, dentista, periodista** *(journalist)*, **terapista, policía, gerente** *(manager)*, **especialista en...relaciones internacionales / banca internacional / justicia criminal.**

programador (programadora), médico(a), escritor (escritora), profesor (profesora), contador (contadora) *(accountant)*, **trabajador (trabajadora) social.**

técnico(a) de laboratorio, arquitecto(a), abogado(a) *(lawyer)*, **ingeniero(a)** *(engineer)*, **enfermero(a)** *(nurse)*, **tecnólogo(a), científico(a), politólogo(a)** *(political scientist)*, **sicólogo(a), geólogo(a).**

A. Éste(a) soy yo. Classify the words from pages 24–26 into the following four groups as they apply to you. Within each group, place each word in order of importance or preference to you. Now describe yourself using the words you listed. Follow the example.

■ **Por ejemplo:** *Soy algo mayor, moreno y alto. Soy activo, ordenado y práctico. Soy estudiante universitario y quiero ser enfermero. Me gusta... .*

palabras asociadas con la personalidad:
palabras asociadas con el físico:
profesiones preferidas:
pasatiempos / intereses:

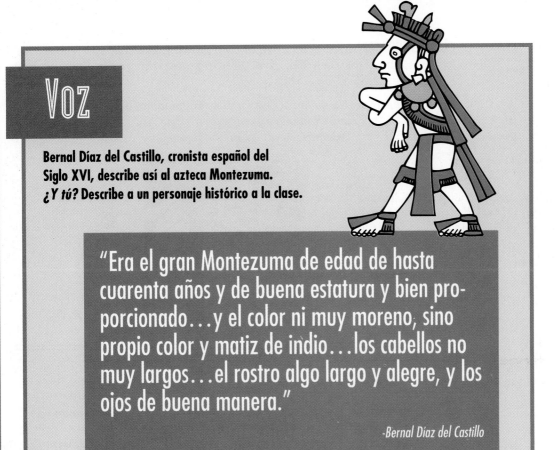

VOZ

Bernal Díaz del Castillo, cronista español del
Siglo XVI, describe así al azteca Montezuma.
¿Y tú? Describe a un personaje histórico a la clase.

"Era el gran Montezuma de edad de hasta
cuarenta años y de buena estatura y bien pro-
porcionado…y el color ni muy moreno, sino
propio color y matiz de indio…los cabellos no
muy largos…el rostro algo largo y alegre, y los
ojos de buena manera."

-Bernal Díaz del Castillo

B. Éste(a) no soy yo. Now describe yourself carefully to a partner in terms
of things you are not, following the example.

■ **Por ejemplo:** *No soy delgado(a);* ***no*** *soy deportista;* ***no*** *soy muy dinámico(a).*
No me gusta bailar; ***no*** *me gusta cocinar.*

C. ¿Qué se necesita? From the words you have learned, choose six careers
or occupations and write them down. Then, give at least six personal characteristics needed for the jobs. Follow the example.

■ **Por ejemplo:** *Para ser piloto* ***es necesario ser***…*responsable, ordenado, algo*
delgado, … .

Ch. Soy realista. For each of the occupations you selected in Activity C,
follow the example to tell a partner whether or not you have what it takes to do
the job.

■ **Por ejemplo:** *Quiero ser…***porque** *(because) soy amistoso(a), sociable… .*
No quiero ser…porque ***no*** *soy puntual.*

D. ¡Qué esperanza! Select five of the following jobs that you would *least* like to have. Then, for each job, give three reasons why you would not want it. Follow the example.

■ **Por ejemplo:** *No quiero ser explorador (exploradora) del Amazonas porque soy tranquilo(a), tímido(a) y…y no soy… .*
*Además (Besides), **no** me gusta viajar…y no me gusta explorar… .*

misionero(a)	profesor (profesora)	artista de cine
pediatra	universitario(a)	astronauta
presidente de los	senador (senadora)	sicólogo(a)
Estados Unidos	explorador (exploradora)	artista
(EE.UU.)	deportista	periodista

Visión

En la Plaza de España de Madrid se encuentra este monumento a Don Quijote y Sancho Panza, famosos personajes de la obra maestra de Miguel de Cervantes. ¿Y tú? En tu opinión, ¿cómo son estos personajes?

RETEVISION

ENTE PÚBLICO DE LA RED TÉCNICA
ESPAÑOLA DE TELEVISIÓN

PRESENTA CARACOL TELEVISION ▪ COLOMBIA

E. Para la agencia de modelos. A major television network is interviewing students on your campus in order to shoot a series on campus life. They are looking for typical students to appear in the program. Following the example, write an attractive description of your characteristics so you will be selected.

You can use...

algo, bastante *(quite a bit)*, **muy** *(very)*, **demasiado** *(too much)*

▪ **Por ejemplo:** *Soy africano-americano(a). Soy moreno(a), tengo los ojos muy oscuros y soy bastante alto.*
También... . Además,... .

F. Ficha personal. Copy the following card on a sheet of paper and fill it in with your personal data.

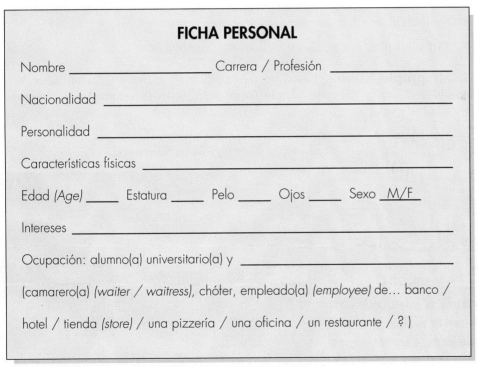

FICHA PERSONAL

Nombre _____ Carrera / Profesión _____

Nacionalidad _____

Personalidad _____

Características físicas _____

Edad *(Age)* _____ Estatura _____ Pelo _____ Ojos _____ Sexo _M/F_

Intereses _____

Ocupación: alumno(a) universitario(a) y _____

(camarero(a) *(waiter / waitress)*, chóter, empleado(a) *(employee)* de... banco /

hotel / tienda *(store)* / una pizzería / una oficina / un restaurante / ?)

G. Estereotipos. Read the short article on page 30, using the guessing strategies you developed in the *A simple vista* section. This article provides humor through overgeneralizations and an awareness of one's own weak points.

El latinoamericano ideal

Con una buena dosis de ironía, el periódico *Crónica Latina*, que circula desde Londres, publicó en su última edición una lista de «cualidades» del latinoamericano perfecto.

El latinoamericano ideal es...
- modesto como un argentino
- humilde (*humble*) como un brasileño
- franco como un peruano
- tranquilo como un chileno
- rápido como un paraguayo
- cortés como un venezolano
- puntual como un colombiano

- diligente como un panameño
- correcto como un cubano
- generoso como un costarricense
- divertido como un nicaragüense
- altruísta como un salvadoreño
- grave como un guatemalteco
- honesto° como un mexicano

Tomado de *Semana*, Colombia

honesto...reservado

H. ¿Qué quiere decir? Understanding another culture requires some understanding of ourselves. The writers who created the list in the previous activity are able to laugh at themselves by exaggerating their own traits through sarcasm. Explain what they are saying about themselves.

■ **Por ejemplo:** *Muchos brasileños no son muy humildes.*

I. Mi propia broma. Based on the reading in Activity **G,** what adjectives would you use to describe people from the U.S. in the same ironic fashion? Follow the example.

■ **Por ejemplo:** *Las personas del estado de... no* **son...** .
Los estadounidenses (americanos) no **somos...** .

Visión

Una cancha de pelota *(ball court)* de la antigua civilización azteca. En este juego de sentido religioso, la pelota tiene que pasar por un anillo de piedra *(stone ring).*

¿Cuántas palabras reconoces de este anuncio?

En voz alta

Listen to one dialogue of the tape at a time. After each dialogue, refer to the corresponding activity.

A. First dialogue. Listen to the first conversation and write the question you hear. Then, mark **sí** or **no** regarding the relationship of the speakers.

They just met each other: **sí no**   They are good friends: **sí no**
They are about the same age: **sí no**   Their relationship is formal: **sí no**

B. Second dialogue. Copy and complete the following with the words you hear.
—Hola, Jaime, ¿_____? Qué gusto verte.
—Hola, ¿qué tal, Lola? Hacía días que no nos veíamos.
—Sí, demasiado tiempo.
—Eh, eh… preséntame a tu _____.
—Ah, perdona. Ustedes _____ se conocen. Lola, te presento a Roberto. Roberto, Lola.
—Hola, Roberto, _____. Encantada.
—_____, Lola.

C. Third dialogue. Notice how the speakers say good-bye. Then, identify the relationship: **¿amigos?, ¿estudiante y profesor?, ¿señor y doctor?**

Ch. Fourth dialogue. Write the title(s) of respect the speakers use with each other.

D. Fifth dialogue. What is the relationship of these speakers? How do you know? **¿amigos? ¿señor y señorita? ¿alumno y profesora? ¿compañeros?**

▌📖 Mi diccionario

▌ Para hablar

Saludos — Greetings

¡Hola! ¿Qué tal?
¿Cómo estás?
¿Cómo te va?
¿Y tú?
¿Y usted?
¿Cómo está Ud.?
¿Y por su casa?

Bien.
Muy bien.
Regular.
Fatal.
Fenomenal.
Excelente.
Bien, gracias.

Buenos días.
Buenas tardes.
Buenas noches.
señor
señora
señorita

Presentaciones

¿Cómo se llama usted?
Me llamo… .
Mucho gusto.
¿Cómo te llamas?

Cortesía — Courtesy

Por favor.
Sí, cómo no.
(Muchas) Gracias.
De nada.

Despedidas — Farewells

Bueno…
Pues…
Adiós.
Hasta luego.
Hasta mañana.
Chao.

La universidad

bibliotecas
cafeterías
laboratorios
pizarras
residencias
salas — rooms
sillas — chairs

Gente

alumnos universitarios
compañeros
chicos y chicas
directores / directoras
doctores / doctoras
mucha gente
muchos amigos y amigas
profesores / profesoras

Partidos

de básquetbol
de béisbol
de fútbol
de fútbol americano

Las clases

alumnos
aprender
apuntes — notes
ayuda — scholarships
becas — tuition
bolígrafo
cinta
conversaciones
cursos — course
chicos (chicas)
escribir
escuchar
estudiar mucho
exámenes
hablar español
hacer tareas
hoja de papel (otra hoja)

horarios
lápiz (lápices)
lecturas — readings
leer
libros
matrícula — tuition
mucho descanso — a lot of rest
notas — grades
problemas
pruebas
ratos libres — spare time
tareas
televisores y
  computadoras
trabajo

Otras palabras y expresiones

alguno(a)
¿Cómo se dice?
de
difícil
fácil
hay
mi(s)
su(s)
tu(s)
¿Necesitas?
Necesito…
No sé.
pero
sin
con
tú
usted (Ud.)

¿Dónde?

Está…
…aquí.
…en la universidad.

▌ Para reconocer

Otras palabras y expresiones

actividad
agregar
alimentos
aparato
artículo
aventuras
copiar
da
di
empezar
escribe una lista
especialidad
estudios
excursiones
ideas
identidad
intereses
lee
lo bueno
lo malo
máquina
mira la página
muy
objeto
para
pero
práctica
restaurante
tecnología
tema
toma apuntes
ubicar

I DON'T CARE

ESTUDIAR ES TU DERECHO

BECAS

Este año, las becas y ayudas (libros, transporte, residencia, compensatoria y matrícula gratuita) para enseñanzas medias y universitarias son de mayor cuantía y para más alumnos.
Solicita la tuya hasta el 31 de Julio si has aprobado en Junio y hasta el 31 de Octubre si terminas el curso en Septiembre.
Becas. Porque estudiar es tu derecho.

Infórmate en tu centro o en el libro BECAS Ya a la venta en tu quiosco o librería

Ministerio de Educación y Ciencia

¿Para qué son las becas y ayudas? ¿Y tú? ¿Necesitas una beca?

«Frida y Diego», 1931, Frida Kahlo, oil on canvas, 39" x 31", San Francisco Museum of Modern Art, Albert M. Bender Collection, gift of Albert M. Bender

◈ Con teleobjetivo

Para hablar: To identify and describe people

The verb ser

You have used several forms of the verb **ser**: **soy, es, son,** and **somos** as well as the negative forms **no soy** and **no es**. Here are all the forms of **ser** in the present tense.

When you are addressing people (you), use **tú** for a person you call by first name and **usted** for a person you would address with a title and the last name. The plural for both of these forms is **ustedes**[1].

Ser *(to be)*		
One person (singular)		
(yo) soy	*I am*	
(tú) eres	*you are*	
(usted) es	*you are (formal)*	
(él / ella) es	*he / she / it is*	
More than one person (plural)		
(nosotros/as) somos	*we are*	
(vosotros/as) sois	*you are*	
(ustedes) son	*you are*	
(ellos / ellas) son	*they are*	

1. Notice that the subject pronouns **yo, tú, usted, él, ella, nosotros, ustedes, ellos,** and **ellas** are given in parentheses because in Spanish these words are used only for clarification, unlike English. For example, **soy** means *I am*; if you say **yo soy**, the meaning changes to *I* am. *(not you, he, etc.)*. Therefore, use these pronouns only for emphasis or contrast. Also, there is no direct Spanish equivalent of the English subject pronoun *it*:

    Es fácil leer, pero **es** difícil hablar.   ***It is*** *easy to read, but* ***it is*** *difficult to speak.*

Use **ser** when...		
you describe yourself:	**Soy** tranquila, intelectual y deportista.	*I* ***am*** *calm, intellectual, and athletic.*
and someone else:	Sergio **es** tranquilo también.	*Sergio* ***is*** *calm, too.*
and your commonalities:	**Los dos somos** diligentes.	*The two of us* ***are*** *diligent.*
you contrast the two of you:	**Yo** soy algo romántica, pero **él** es realista y práctico.	*I* ***am*** *a bit romantic but* ***he*** *is realistic and practical.*
you address a friend:	**¿Eres** supersticioso?	***Are you*** *superstitious?*
or you address more than one person:	**¿Son** supersticiosos también?	***Are all of you*** *superstitious, also?*
and you contrast others:	**Tú eres** supersticioso, pero **ellos son** muy prácticos.	***You are*** *superstitious, but* ***they are*** *very practical.*

---

[1] In Spain, in addition to the formal plural **ustedes**, the informal plural **vosotros / vosotras** is also used. The **vosotros / vosotras** form of **ser** is **sois**.

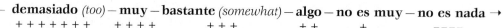

Voz

José Ortega y Gasset, filósofo español anticipó el existencialismo con esta frase. ¿Y tú? ¿quién eres?

"Yo soy yo y mi circunstancia."

-José Ortega y Gasset

2. To make your statement negative, put **no** before a form of **ser**. To add a second negative statement to the first negative statement, put **tampoco** (neither) before **ser**.

Soy paciente pero Sergio **no es** muy paciente.	*I am* patient but Sergio *is not* very patient.
No soy deportista, pero **tampoco** soy inactivo.	*I am not* athletic but *neither am I* inactive

3. **Quiero ser** is used to describe what people **want to be**, or **want to be like**.

Quiero ser piloto o capitán mercante.	*I want to be* a pilot or merchant marine captain.

4. **Ser** is used to describe or name...
- personality and physical characteristics with the following words:

← **demasiado** *(too)* – **muy** – **bastante** *(somewhat)* – **algo** – **no es muy** – **no es nada** →
  + + + + + +   + + + +   + + +   + +   +   – – – –

Mi amigo **es muy** romántico y **algo** sentimental; también **es demasiado** generoso y **no es muy** realista.	*My friend is very* romantic and a bit sentimental; he *is* also *too* generous and *is not very* realistic.
No soy muy ordenado. **Quiero ser más** responsable.	*I am not very* orderly. *I want to be more* responsible.

- occupation or profession

Mi papá **es** ingeniero.	*My father is* an engineer.
Yo quiero **ser** ingeniera también.	*I want to be* an engineer, too.

- nationality

Soy norteamericana, pero mi amiga **es** guatemalteca.	*I am* American, but my friend *is* Guatemalan.

5. To ask for identification, use **¿Quién es?, ¿Quiénes son?** To ask what a person is like, use **¿Cómo es?** To ask what a person is (profession / occupation), use **¿Qué es?**

¿Quién es Gabriela Sabatini?
Es una tenista hispana.
¿Cómo es Gabriela Sabatini?
Es muy activa, deportista,
 inteligente y perseverante.
Es algo baja.
¿Qué es?
Es tenista de fama internacional.

Who is Gabriela Sabatini?
She is a Hispanic tennis player.
What is Gabriela Sabatini **like**?
She is active, athletic, intelligent, and
 persevering.
She is a bit short.
What is she? (What does she do?)
She is a world-famous tennis player.

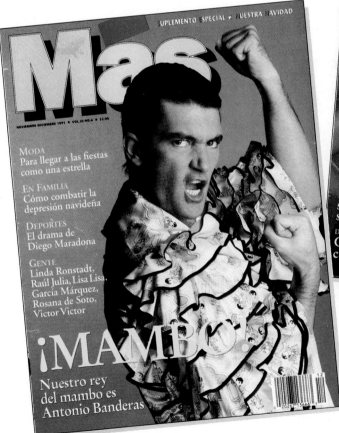

¿Reconoces a algunos de estos
hispanos famosos?

A. Un cumplido. How about giving your teacher a compliment today? Write him or her a flattering note. Then compliment somebody else in the class, too.

■ **Por ejemplo:**   *Señor (Señora)..., usted es muy... .*
                or: *Jim, tú eres muy... .*

B. ¡Mira cómo soy! Write out six words that best describe you. Give them to your partner who will compare himself / herself to you in terms of differences and commonalities. Then tell the class. Follow the examples.

■ **Por ejemplo:** *No soy como... . Él / Ella es..., pero yo soy... . No soy nada... .*
                or: *Los / Las dos somos...y..., pero yo soy...y él / ella es... .*

C. Inquietos. Do you want to know more about the people in your class? Prepare three questions to ask them using **quién.** Follow the example.

■ **Por ejemplo:**   Tú: **¿Quién quiere ser** ingeniero?
                    Otros alumnos: *Ella y yo,... . Nosotros... . También él... .*
                              Tú: **¿Quién es** deportista?
                    Otros alumnos: *Nosotros somos deportistas.*

Ch. Igualito(a) a... Say how you are similar to and different from your mother and / or father.

■ **Por ejemplo:** *Soy como mi papá porque soy... . No soy como mi mamá porque
                    ella es... y yo soy... .*

D. Lado bueno, lado malo. We all have strong and weak points. Think of yourself and somebody else you know and make a detailed contrast. Remember, you can do it with humor, and you do not necessarily have to be truthful! Follow the example.

■ **Por ejemplo:** *Soy demasiado estupendo(a) y muy alto(a). Y soy algo (no muy)
                    grueso(a). No quiero ser más estupendo(a) porque soy demasiado
                    popular.*
                    No soy nada inactivo(a).

⦿ Con teleobjetivo

Para hablar: To describe people, places, things, and ideas

Agreement

In Spanish, nouns change when you need a plural form, just like in English (*I have many classes*). However, when Spanish nouns become plural, they also make *other* words change. Compare the following singular and plural examples and count how many words change.

El **estudiante** puntual es muy responsable y organizado.

Los **estudiantes** puntuales son muy responsables y organizados.

La **alumna** de biología es muy organizada, práctica y responsable.

Las **alumnas** de biología son muy organizadas, prácticas y responsables.

The punctual student (masc.) is very responsible and organized.

The punctual students (masc. or masc. and fem.) are responsible and organized.

The biology student (fem.) is very organized, practical, and responsible.

The biology students (fem.) are very organized, practical, and responsble.

Changing **estudiante** to **estudiantes** and **alumna** to **alumnas** has triggered chain reactions in the sentences besides the use of the plural verb form **(son)**. This is called *agreement* and it requires that any noun, its article, and its adjective(s) all reflect the same *number* and *gender* of the noun itself.

	Article		**Adjective**
	1	2 or more	singular or plural
When the noun is masculine, use:	**el**	**los**	add **-s** or **-es** for plural
When the noun is feminine, use:	**la**	**las**	change to feminine (if there is a separate form), add **-s** or **-es** for plural

If you are female, you say: **Soy organizada, responsable y divertida.**

If you are male, you say: **Soy organizado, responsable y divertido.**

Using a feminine word: *La* **universidad es muy estructurada.**

Using a masculine word: *El* **curso es muy rápido.**

Using a feminine plural: *Las* **clases son entretenidas.**

Using a masculine plural: *Los* **alumnos son prácticos.**

When referring to a group of people, the plural is always masculine **(los estudiantes)** unless everybody in the group is feminine. When the group is entirely feminine, use the feminine form **(las estudiantes).**

1. **El** and **los** are the masculine forms of the definite article; **la** and **las** are the feminine forms. Pay attention to the article to learn a noun's gender.

2. Numerous feminine words end in **-a** (with some exceptions, of course). Masculine words are harder to recognize, but often end in **-o**. It is best to memorize the gender of new words as you learn them.

Masculine: **el coche, los deportes, el señor, el chico, los sombreros, los problemas, el teléfono, los exámenes**

Feminine: **las clases, la universidad, las chicas, la señora, la división, las artes plásticas, la geometría**

3. You can recognize plural forms easily because almost all plural nouns end in **-s** or **-es**. To form the plural of a noun or adjective in Spanish, add **-s** to the end of any word ending in a vowel **(a, e, i, o, u)** and **-es** to the end of any word ending in a consonant. Words ending in **z** change the final **-z** to **-c**, then add **-es**.

el profesor alt*o*	*las* tareas fácil*es*
la profesora alt*a*	*los* problemas difícil*es*
el peruano feliz *(happy)*	*el* estudiante liberal
la peruana feliz	*la* estudiante liberal
la tarea fáci*l*	*el* automóvi*l*
el problema difíci*l*	*el* lápiz
los profesores alt*os*	*los* estudiante*s* liberal*es*
las profesoras alt*as*	*las* estudiante*s* liberal*es*
los peruanos felic*es*	*los* automóvil*es*
las peruanas felic*es*	*los* lápic*es*

A. Fauna humana. Reread the ads on pages 20–21. Find all the people who mentioned the following characteristics and write their names by each category on a separate sheet of paper.

1. Son altos.
2. Son delgados.
3. Son jóvenes.
4. Son mayores.
5. Son de ojos oscuros.
6. Son de ojos claros.
7. Son atractivos.
8. Son morenos o negros.
9. Son de pelo negro.
10. Son de estatura mediana.
11. Son blancos.
12. Son agradables.

B. ¿Fáciles o difíciles? Say if the following things are easy or difficult for you.

■ **Por ejemplo:** las matemáticas
   Para mí, las matemáticas son difíciles.

1. la geometría
2. el español
3. los exámenes
4. el inglés
5. el chino
6. las pruebas

C. Estudiantes de intercambio. In Analucía's classroom, there are people from all over the world. Can you tell their nationalities?

■ **Por ejemplo:** Analucía y Martín: Cali → *colombianos*

1. Pilar y Mercedes: Madrid
2. Van *(f.)* y Baorong *(f.)*: Pekín
3. Teresa y María: San Salvador
4. Loreto y Jorge: Bogotá
5. Giannina *(f.)* y Renzo *(m.)* Roma

6. Kim y Pat *(f.)*: Seúl
7. Roberto y Anita: San Juan
8. Arturo y Edna: Nueva York
9. Greg: Toronto
10. Maribel: La Habana

when a word ends in an n or an s when it becomes plural add accent

Ch. Del horóscopo chino. What characteristics do you associate with these animals from the Chinese Zodiac? Write a line for each.

■ **Por ejemplo:** *Los caballos son muy rápidos y veloces* (fast). *Los conejos también son veloces.*
Or, (informally): *Los caballos son super veloces...*

most other consonants have no

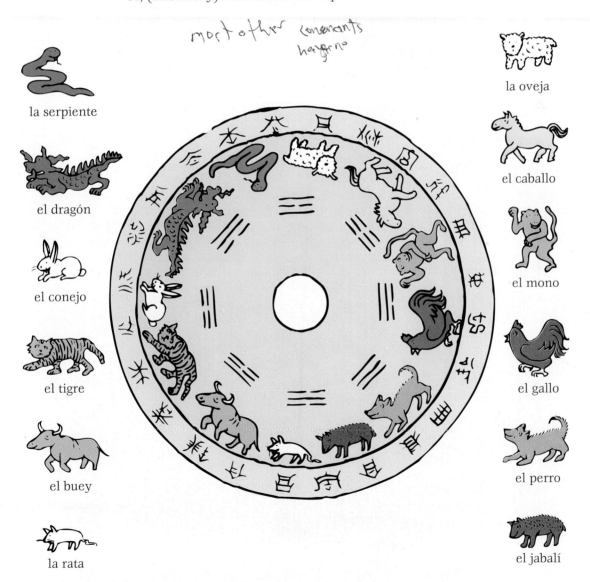

la serpiente

el dragón

el conejo

el tigre

el buey

la rata

la oveja

el caballo

el mono

el gallo

el perro

el jabalí

D. Este libro. Poets have a knack for saying things in an unusual way. Read this poem and then write a similar one of your own about one of your books, other possessions, or a person in your life. Don't forget to make the adjectives in your poem agree and even rhyme when possible. Follow the poem's model.

Objetos: coche / automóvil, lápiz, bolígrafo, universidad, tarea, música...
Personas: amigo(a), profesor (profesora), presidente, científico(a)...

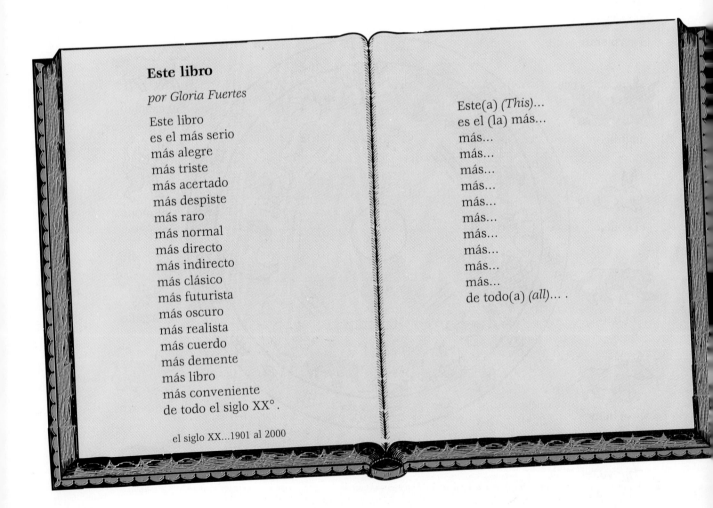

Este libro

por Gloria Fuertes

Este libro
es el más serio
más alegre
más triste
más acertado
más despiste
más raro
más normal
más directo
más indirecto
más clásico
más futurista
más oscuro
más realista
más cuerdo
más demente
más libro
más conveniente
de todo el siglo XX°.

el siglo XX...1901 al 2000

Este(a) *(This)*...
es el (la) más...
más...
más...
más...
más...
más...
más...
más...
más...
más...
de todo(a) *(all)*... .

⊕ Con teleobjetivo

Para hablar: To share likes and dislikes

The verb gustar

To describe what people like to do, use the verb **gustar**. You have already used two forms of this verb (**me gusta / no me gusta**) to talk about yourself and what you like to do. The use of **gustar** follows this model:

	Person	**Verb**	**Activity**
	Somebody	likes	something.
What I like to do:	**(A mí) me**	**gusta**	cocinar y bailar.
	Me	**gusta**	jugar béisbol, tenis y fútbol.
	No me	**gusta**	hacer ejercicios aeróbicos.

To talk about other people's likes and dislikes, use these forms of **gustar** and a pronoun, followed by the verb that indicates the activity.

	Person	*likes*	*activity.*
About someone else:	**(A Kim / A él / A ella)** *le*	gusta	bailar.
About more than one:	**(A ellos / A ellas)** *les*	gusta	viajar.
	(A los profesores) *les*	gusta	leer.
About me and someone else:	**(A Kim y a mí)** *nos*	gusta	nadar.
	(A nosotros / nosotras) *nos*	gusta	salir con amigos.
To a friend:	**(A ti)** *te*	gusta	dibujar.
To someone, formally:	**(A usted)** *le*	gusta	ir al cine.
To more than one (you all):	**(A ustedes)** *les*	gusta	mirar tele.
To more than one (Spain):	*(A vosotros / vosotras) os*	*gusta*	*escuchar música.*

1. Notice that when you are talking about what people like *to do*, the word **gusta** does not change.
2. To say what people do *not* like to do, put **no** before the pronoun **me, te, le, les, nos,** or **os.**

   A nosotros **no** nos gusta estudiar. *We **don't** like to study.*
   Y a él **no** le gusta leer. *And he **doesn't** like to read.*
3. To talk about activities someone likes a lot, use **mucho** or **muchísimo** with **gustar.** If you don't like to do something at all, say **No me gusta nada.**

   Me gusta **mucho** ir de vacaciones. *I like to go on vacation **a lot.***
   No me gusta **nada** estudiar cálculo. *I don't like to study calculus **at all.***
4. Clarification words such as **a mí, a ti, a él, a Kim, a mi amigo, a mi papá,** etc., are added when you want to emphasize or make a contrast.

   A mí me gusta leer, pero **a Kim** *I like to read, but **Kim** likes to*
   le gusta viajar. *travel.*
5. To ask people what they like to do, use the question:

   ¿**Qué** (**te** / **le** / **les**) gusta hacer? ***What do you** like to do?*

Primer capítulo

treinta y nueve ■ **39**

A. Encuesta estudiantil. Take a poll in your class about favorite activities. Express the results in terms of whether many students (**muchos**) or few students (**pocos**) like each activity. Then, describe the students in each group. Follow the example.

■ **Por ejemplo:** *A muchos les gusta bailar.*
Son activos y no son tímidos.
A pocos les gusta dibujar.
Son creativos, pero no son artistas.

A...les gusta mirar la televisión.	(No) Son... .
A...les gusta practicar deportes.	(No) Son... .
A...no les gusta estudiar.	(No) Son... .
A...les gusta viajar.	(No) Son... .
A...les gusta escribir cartas.	(No) Son... .
A...les gusta coleccionar cosas.	(No) Son... .
A...les gusta pintar.	(No) Son... .

B. Lo que me gusta hacer. Write two statements that describe you. Then support each statement by saying what you like and don't like to do.

■ **Por ejemplo:** *Soy muy tímida.* **Por eso** (Because of this), *no me gusta bailar.*

C. Y tú, ¿qué dices? Write down two things you like to do, and two things you don't like to do. Then go around the classroom asking **"¿Te gusta...?"** until you find at least one person in the class who likes to do each of the things on your list. Report back to the class on what you found.

■ **Por ejemplo:** A Jeff y a mí **nos gusta**... . A...y a...**les gusta**... . (Pero) a...**no le gusta**... .

Ch. ¿Y tus amigos? By now you probably know many things about the students in your class. Now, find out about their **amigos** (*friends*), **hermanos** (*brothers*), **hermanas** (*sisters*), and other people related to them. Ask them what these people like to do. Follow the example.

■ **Por ejemplo:**
Tú: *¿Cómo es tu amigo?*
Tu compañera: *Es tranquilo y muy deportista. No es muy estudioso, pero le gusta leer.*
Tú: *¿Qué quiere ser?*
Tu compañera: *Quiere ser periodista.*
Tú: *¿Qué le gusta hacer?*
Tu compañera: *Le gusta sacar fotografías, hacer ejercicio, leer, escuchar música y conversar.*

En voz alta

A. Listen *twice* to the message left by the caller and provide as much of the following as you can.

Nombre:	**Nacionalidad:**	**Gustos e intereses:**
Ocupación:	**Carrera o**	**Número de teléfono:**
Características:	**especialidad:**	

B. Now, read the ad to which the caller was responding.

> Alumna universitaria inquieta, amistosa y divertida, busca compañera de habitación deportista, alegre y adaptable. También ordenada y responsable. Por favor, sin animales. Anamaría Armas.
> Apartamentos Buena Vista. Tel. 32 69 04.

According to this ad, are the two young women compatible? Complete the following to give your opinion of their compatibility.

(No) Son muy compatibles porque Anamaría busca...y Rosa es... .
Anamaría (no) quiere...y Rosa (no) tiene... .

Otro vistazo

In this section you will practice the reading strategies you have already learned and increase your understanding of the Spanish-speaking world.

Piensa...

A. In the ads on pages 20–21, the individuals represent a variety of Spanish-speaking countries. Go back to the ads and list the countries these Spanish-speakers are from.

■ **Por ejemplo:** *Son de... .*

B. Spanish is spoken in more than twenty countries in the world. Look at the following map. How many of these countries where Spanish is spoken can you name?

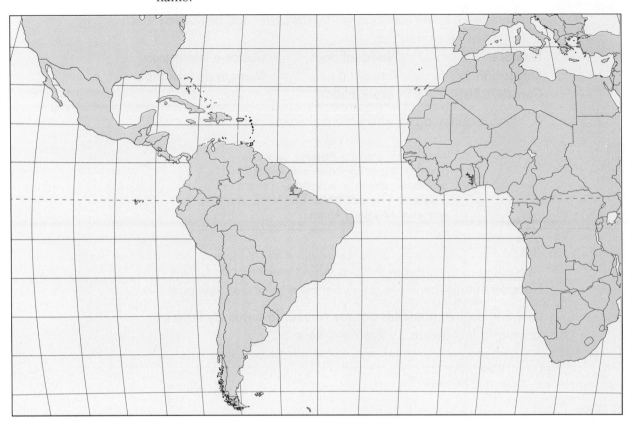

C. Look at your list of countries for Activity B. Did you include the United States?

Ch. What do we call people from Spain? Choose the correct answer and explain in English, if necessary.

hispánicos   españoles   hispanos

D. What do we call all peoples throughout the world who speak Spanish and have a Hispanic tradition? Choose the correct answer and explain.

españoles   latinos   hispanos

E. What do we call people from Mexico, the Caribbean, and Central and South America who speak Spanish? Choose the correct answer and explain.

latinoamericanos   hispanoamericanos

F. What do we call the large group of people from Mexico, the Caribbean, and Central and South America who speak Romance languages like French, Portuguese and Spanish? Choose the correct answer and explain.

latinoamericanos   hispanoamericanos

G. Name at least three cities in the United States where you know there are large Hispanic populations.

Mira...

H. Skim the following article for the main idea only. You do not need to understand every word to get the gist of this short passage. Then complete the activities that follow.

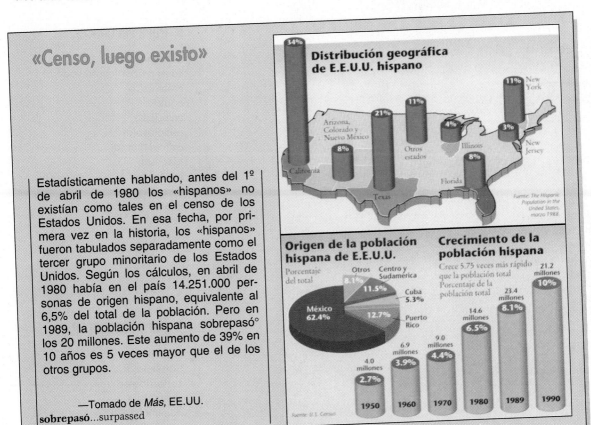

«Censo, luego existo»

Estadísticamente hablando, antes del 1º de abril de 1980 los «hispanos» no existían como tales en el censo de los Estados Unidos. En esa fecha, por primera vez en la historia, los «hispanos» fueron tabulados separadamente como el tercer grupo minoritario de los Estados Unidos. Según los cálculos, en abril de 1980 había en el país 14.251.000 personas de origen hispano, equivalente al 6,5% del total de la población. Pero en 1989, la población hispana sobrepasó° los 20 millones. Este aumento de 39% en 10 años es 5 veces mayor que el de los otros grupos.

—Tomado de *Más*, EE.UU.

sobrepasó...surpassed

Lee...

I. Now read the text and copy the information that relates to the following.

Dates:	Hispanic population before 1989:
Percentages:	Hispanic population after 1989:

Aplica...

J. Some **hispanos** have achieved a great deal of fame in the U.S. and around the world. Can you name famous **hispanos** in these fields?

la música	la literatura	los restaurantes y la comida
el baile	la política	la moda y los perfumes
el cine	la educación	

Los deportes como...

el golf	el béisbol	el fútbol americano
el fútbol	la equitación	el tenis

Video: Prog. 1, **A caballo**— the horse and the expansion of the Spanish empire

▌📖 Mi diccionario

▌ Para hablar

Las carecterísticas personales

activo(a)	inquieto(a)
adaptable	interesante
agradable	materialista
alegre	optimista
amistoso(a)	ordenado(a)
artista	paciente
bien educado	pesimista
deportista	práctico(a)
desordenado(a)	realista
dinámico(a)	responsable
divertido(a)	romántico(a)
entretenido(a)	sincero(a)
impaciente	sociable
impulsivo(a)	tranquilo(a)
(in)dependiente	

▌ Para reconocer

aventurero(a)
conservador (conservadora)
creativo(a)
egoísta
entusiasta
estudioso(a)
extrovertido(a)
idealista
inteligente
introvertido(a)
liberal
serio(a)
tolerante

▌ Para hablar

Las nacionalidades

alemán (alemana)	indio(a)
americano(a) / *estadounidense*	inglés (inglesa)
canadiense	israelí
colombiano(a)	italiano(a)
coreano(a)	japonés (japonesa)
cubano(a)	mexicano(a)
chino(a)	puertorriqueño(a)
español (española)	salvadoreño(a)
hispano(a)	vietnamita
hondureño(a)	

▌ Para reconocer

argentino(a)
brasileño(a)
costarricense
chileno(a)
dominicano(a)
ecuatoriano(a)
nicaragüense
panameño(a)
paraguayo(a)
peruano(a)
venezolano(a)

▌ Para hablar

Los intereses

bailar	mirar la tele
cocinar	nadar
conversar	sacar fotografías
comer	salir con amigos
dibujar	trabajar en la computadora
escuchar música	viajar
hacer deporte / ejercicio	
ir a la playa	
al centro estudiantil	
al cine	
de compras	

▶ Para hablar

Quiero ser...

abogado(a).
artista.
científico(a).
contador (contadora).
dentista.
enfermero(a).
escritor (escritora).
especialista en...
  banca internacional.
  justicia criminal.
  relaciones internacionales.
geólogo(a).
gerente.

ingeniero(a).
médico(a).
periodista.
policía.
politólogo(a).
profesor (profesora).
programador (programadora).
sicólogo(a).
técnico(a) de laboratorio.
tecnólogo(a).
terapista.
trabajador (trabajadora) social.

En cuanto a mi ocupación, soy estudiante universitario(a).

▶ Para reconocer

astronauta
artista del cine
explorador (exploradora)
fotógrafo
mecánico(a)
misionero(a)
músico(a)
presidente
senador (senadora)
empleado(a) de...

▶ Para hablar

En cuanto a mi físico, soy...

alto(a).
bajo(a).
(de) estatura mediana.
delgado(a).
grueso(a).
joven.
mayor.
moreno(a).
rubio(a).
trigueño(a).

Tengo ojos claros.
          oscuros.
pelo negro.
    rubio.
piel clara.
    mate.
    morena.
Soy pelirrojo(a).

▶ Para hablar

Otras palabras y expresiones

algo
bastante
¿Cómo es?
demasiado
estudiante universitario(a)
gustar
muy
nada
pero

¿Por qué?
¿Qué es?
¿Quién es?
Quiero ser...
ser
también
tampoco

▶ Para reconocer

con
mucho / muchísimo
muchos
pocos

2

Dime cómo eres

Mira este cuadro. ¿Qué les gusta hacer a estas personas? En el Capítulo 2 vas a aprender a describir tus planes y preferencias, según tu personalidad y tendencias. Así puedes conversar con tus amigos de cosas interesantes para Uds.

"The Musicians," 1979, Fernando Botero, private collection, courtesy of the Marlborough Gallery

Quiero aprender a...

■ hablar de mí y de otros en cuanto a...

la edad	tener + años
las características físicas	tener + features...
los intereses	tener interés en...
el origen nacional y regional	ser + de...
las obligaciones	tener + que + infinitive
los planes y actividades preferidas	querer + infinitive

■ comprender y poder decir algunas fechas   numbers + months
   y precios   Vale + 1–100 dólares
■ hacer preguntas   common question words

⏣ A simple vista

You have more background to read in Spanish than you may think. Complete the following activities to activate this knowledge.

A. Tarjetas *(Cards)* **de visita.** What kinds of information would you expect to find on a person's calling card or business card? Choose from the following.

el número de teléfono de la casa	la personalidad	la edad
el nombre de la compañía	la nacionalidad	la profesión
el número de teléfono de la oficina	la dirección	el nombre

¡Sólo para nuevos subscriptores!

SÍ, quiero **Más**

Sí, envíenme **GRATIS** una subscripción provisional de seis números de **Más**. Entiendo que si me gusta **Más**, tendré la oportunidad de extender mi subscripción al precio más bajo posible.

6 NÚMEROS GRATIS

Nombre _____
Dirección _____
Ciudad _____ Estado _____ Código Postal _____
► Teléfono ( ) _____
MUY IMPORTANTE: Firma _____

■ ¿Qué tipo de revista prefieres tú?

B. Información, por favor. Look over the following cards. Which of the information from Activity **A** can you find?

LA PAJARITA

música
revistas
libros

3125 16th St.
San Francisco, CA 94103
EE.UU.

Rosa Nolla Estrada

Sicóloga

Gran Vía de las Cortes, 524, 5º 3ª

Teléf. 253 01 27

Barcelona 11

Dr. Armando Yáñez Martínez

Abogado

Galicia 3505, 2º piso
Capital
69-0420
Rep. Argentina

**Cooperativa Agrícola y Ganadera
El Toro, Ltda.**

Rubén Hernández Massardo

Ingeniero Agrónomo

Avda. Chile 637   Teléfonos 223771
La Paz   222099

Mª Luisa García Bermejo

Bravo Murillo, 764, 7º dcha.

Teléf. 2338795   *28020 Madrid*

SCANIA   **M. Benz**

Ramón Bravo Sánchez

P. Manuel Bultó, 3868, 1er piso
Caracas   **Of.: 2794016**

LIBRERÍA VERDE

C/Hermosilla, 101
(G. Comercial, local 22, izqda.)
Tlf. 4359893   28006 Madrid

FERNANDO MANZANO SANTILLI

MÓNICA MOROSO DE MANZANO

FDO. CASTILLO VELASCO 1842

SANTIAGO   2202662

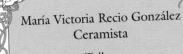

María Victoria Recio González
Ceramista

Taller:
Gª de la Parra 15

Col. Juárez   Teléfs. 715 79 82
10032 México, D.F.   207 95 04

C. ¿Cuál es su dirección? Hay muchas palabras abreviadas en las direcciones *(addresses)*. Encuentra abreviaturas de los siguientes tipos.

   Direcciones:
   Teléfono:
   Calle *(Street)*, Paseo, Avenida:
   Oficina:
   Izquierda *(to the left)* o **Derecha** *(right)*:
   Números ordinales *(for floors)*:
   Países: Abreviaturas de Estados Unidos y la República Argentina:

Ch. ¿Cómo se llama? Common names are also abbreviated on business and calling cards. What names or last names do you think are represented by the following abbreviations?

   Mª: ¿Mamá o María?   **Gª:** ¿Georgia o García?   **Fdo:** ¿Hernando o Fernando?

D. ¿De dónde es? Find the cards that correspond to the following people. Then give the country where each person is from, and the person's nationality.
■ **Por ejemplo:** Es de San Francisco de California.
   Es de Estados Unidos; ***es*** americano o estadounidense.

1. Es de Madrid; es una señorita.
2. Son de Santiago.
3. Es de Caracas.
4. Es de Madrid.
5. Es de Barcelona.
6. Es de México, D.F.
7. Es de Buenos Aires.
8. Es de La Paz.

Nacionalidades: chileno(a) / estadounidense / venezolano(a) / español (española) / boliviano(a) / argentino(a) / norteamericano(a) / mexicano(a)

E. Anuncios de nacimiento *(birth)*. Which of the following pieces of information would you expect to find in a birth announcement printed in a newspaper?

fecha *(date)* **de nacimiento**
nombres de los padres
nombre del hospital / clínica
nombre del médico

hora de nacimiento
nombre del bebé
dirección del hospital
color de los ojos

peso *(weight)* **del bebé**
color del pelo del bebé
estatura del bebé
color de la piel del bebé

F. Para verificar. Now, look at the following birth announcements from the newspaper *El Mercurio* (Santiago, Chile) and see which pieces of information are provided.

En la Maternidad Sara Moncada de Arias ha nacido Marcel Antoine, hijo de don Marcel De Laire González y de la señora Verónica Bastías de De Laire.

En la Maternidad Sara Moncada de Arias ha nacido Juan Pablo, hijo de don Juan César Aldea Solari y de la señora Edith Wachtendorff de Aldea.

En la Maternidad Sara Moncada de Arias ha nacido Cristián Ignacio, hijo de don Víctor I. Jara Jorquera y de la señora Gloria Mercasseau de Jara.

G. Nombres. Many individuals are given double first names. Look once again at the announcements and calling cards. What four double first names can you find in the announcements?

■ **Por ejemplo:** *Cristián Ignacio*

H. Apellidos. Notice that a Spanish-speaking person has two last names. Look at the cards and birth announcements and give at least three examples.

I. ¿Cuál es su apellido más importante? You have lost the calling card for Daniel Sánchez Solano from Oaxaca, Mexico, and must look him up in the telephone directory. Locate his full name on the directory page below. Under which last name is he listed?

RESTAURANTE YUBE-V TRUJANO 96 ZP 69 2-0819
REYES AZCOITIA ALEJANDRO-HIDALGO 9 2-0632
REYES CARRIZOSA BALTAZAR-MADERO 5 2-0052
REYES CONCEPCION GARCIA VDA DE
  V TRUJANO 20 1 2-0383
REYES FLORES GUADALUPE
  PUENTE DE CALDERON 24 2-1148
REYES GARCIA ALFREDO DR-AV MORELOS 23 2-1121
  AV V TRUJANO 20 2-1009
REYES FLORES GUADALUPE
  PUENTE DE CALDERON 24 2-1148
REYES GARCIA ALFREDO DR-AV MORELOS 23 2-1121
  AV V TRUJANO 20 2-1009
REYES GARCIA CARMEN ESTELA-MORELOS 23 2-0531
REYES GARZON ROGELIO 2-1131
  5 DE FEBRERO Y CJON DE LA HUERTA 2-0183
REYES GIL MA LUISA-1 VAZQUEZ 14 2-1038
REYES GLORIA ORTIZ DE
  LERDO DE TEJADA 56 2-0578
REYES GUERRERO FELIPE-ALLENDE 10 2-0361
REYES GUTIERREZ GABRIEL ING
  RIO SALADO 41-A 2-1412
REYES LUCILA LOPE DE-NUYOO 2 ZP 69 ....
REYES PACHECO LIBORIO
  FRAY B DE LAS CASAS 14 2-1065
REYES PAULA LOPEZ DE-ALLENDE 55 2-1066
REYES PEREZ PEDRO-DIAZ ORDAZ 9 ZP 69 2-1183
REYES SERDAN MA DEL CARMEN
  RIO BALSAS 13 2-0505
REYES VASQUEZ LORENZO-HIDALGO 15 2-0129
REYES VIVAR VICTOR-MOTOLINIA 3-B ZP 69 2-1584
REYES Y REYES CONSTANTINO PROF
  C RAMIREZ 12 ZP 69 2-0220
RIOS BAZAN SOLEDAD-CJON LA HUERTA S N 2-0408
RIOS BEATRIZ ABASCAL DE
  COLON 5-A ZP 69 2-1414
RIOS CIRIGO ANTONIO-COLON 5 2-0810
RIOS ELSI VAZQUEZ 16 ZP 69 2-1498
RIVERA CARRIZOSA JESUS-VAZQUEZ 11 2-0772
RIVERA GARCIA GABRIEL
  MORELOS 130 ZP ;69 2-1467
RIVERA GARCIA GERTRUDIS
  PROLG MORELOS 137 ZP 69 2-0942
RIVERA GONZALEZ JOSE PROF
  CAMPILLO 9-C ZP 69 2-1016
RIVERA GUADALUPE AMADOR DE-NUYOO 13 2-0082
RIVERA ORTIZ ANTONIO-NUYOO 13 2-0082
RIVERA ORTIZ ENRIQUE-NUYOO 2-0962
RIVERA ORTIZ JOAQUINA-NUYOO 60 2-1136
RIVERA REYES ALFONSINA
  MERC JUAREZ PTO 18 ZP 69 2--1307
RIVERA REYES JUAN FELIX-VICTORIA 13 2-1025
RIVERA ROSARIO CORTEZ DE
  16 DE SEPBRE 129 ZP 69 2-1339
RIVERA TOSCANO ALFONSO-2 DE ABRIL 90 2-0412
RIVERA TOSCANO FAUSTO PROFA
  2 DE ABRIL 98 2-1067
RIVERA VILLAGOMEZ SEBASTIAN-TRUJANO 74 2-0556
ROBLEDO DAZA JESUS-LA HUERTA 5 2-0714
ROBLES HERNANDEZ FRANCO AMARO
  PRIV M GONZALEZ GATICA 8 ZP 69 2-1574
RODRIGUEZ GONZALEZ GRACIELA-NUYOO 42 A 2-0040
RODRIGUEZ GONZALEZ JUSTO ELOY ING
  JUAREZ 20 ZP 69 2-1581
RODGIEUZ GONZALEZ RAUL
  JUAREZ 58 ZP 69 2-1517
RODRIGUEZ HERNANDEZ BERTHA
  VASQUEZ 5 ZP 69 2-1407
RODRIGUEZ HERNANDEZ GONZALO
  PROLG MINA 64-A ZP 69 2-1589

S

SABRITAS SA DE CV-DIAZ ORDAZ 26-B 2-1090
SALAZAR AGUIRRE LUIS REY LIC-P DIAZ 4 2-0880
  5 DE FEBRERO 23 2-0213
SALAZAR BAUTISTA ALFONSO ARQ
  MORELOS 24 ZP 69 2-1511
SALAZAR CARMELA MEJIA DE
  PIPILA 7 ZP 60 2-1533
SALAZAR ERNESTINA MARTINEZ DE
  ZARAGOZA 29 2-0775
SALAZAR JOAQUINA BAUTISTA VDA DE
  MORELOS 29 2-1286
  PIPILA 7 2-0030
SALAZAR MANUEL-5 DE MAYO8 2-0521
SALAZAR MARGARITA VALVERDE DE
  ZARAGOZA 15 2-1317
SALAZAR MARTINEZ MA DEL CARMEN
  ZARAGOZA 29 2-0270
SALAZAR MUNOZ GILBERTO-MORELOS 28 2-0509
SALAZAR NIÑO DE RIVERA JOSE MANUEL
  PROLG MINA 64 ZP 69 2-0260
SAMPEDRO LOPEZ AGUSTINA GLORIA
  5 DE FEBRERO 2 2-1228
SAN JUAN CARRERA J ENCARNACION
  MORELOS 40 2-0973
SAN JUAN ZAMORA JAVIER
  16 DE SEPTIEMBRE 69-8 ZP 69 2-1543
SANATORIO HUAJUAPAN-MORELOS 52 2-0931
.... 2-0079
SANCHEZ ANA MA RAMIREZ DE-URRUTIA 3 2-0575
.... 2-1538
SANCHEZ ARELLANO JORGE-JUAREZ 71 ZP 69 2-1042
SANCHEZ CARDOSO ARNULFO 5 DE MAYO 2 ....
SANCHEZ CARIÑO MARIA AURORA
  2 DE ABRIL 18 2-0881
SANCHEZ CARIÑO LUIS
  CDA 2 DE ABRIL 18 ZP 69 2-1278
SANCHEZ GLORIA SANCHEZ DE-TRUJANO 89 2-0576
SANCHEZ GONZALEZ LEONEL-PRIV MADERO 10 2-0588
SANCHEZ LOPEZ MARIO
  2 DE ABRIL Y VICTORIA 2-0362
SANCHEZ LOYOLA RAUL ARQ
  J LOPEZ ALAVEZ 1-C ZP 69 2-1451
SANCHEZ MEDARDA RODRIGUEZ VDA DE
  ALLENDE 46 ZP 69 2-1109
SANCHEZ OSORIO ARTEMIO-TRUJANO 13 2-0889
.... 2-0330
SANCHEZ PEÑA ELIA YOLANDA-20 DE NOV 10 2-0510
SANCHEZ QUIROZ RAUL-CAMPILLO 6 ZP 69 2-1480
SANCHEZ RAMIREZ BEATRIZ-GALEANA 43 2-0110
SANCHEZ REYES ISMAEL-PRIV MADERO 4 2-0792
SANCHEZ RIOS JAVIER-TRUJANO 63 2-0216
SANCHEZ SOLANO ALONSO R-GALEANA 37 A 2-0349
SANCHEZ SOLANO AQUILES
  TRUJANO 36 ZP 69 2-0957
  20DE NOV Y A CASTELLANOS 2-0305
SANCHEZ SOLANO DANIEL-JAZMIN 27 ZP 69 2-1030
SANCHEZ SOLANO EMMA-GALEANA 25 A 2-1316
  MERC P DIAZ PT 103 2-0335
SANCHEZ VELASCO RAUL
  2 DE ABRIL 25 ZP 69 2-0718
SANDOVAL CORRO GUADALUPE-M GALINDO 13 2-0948
SANDOVAL CORRO JOVITA-M GALINDO 13 2-0677
SANDOVAL SANDOVAL ELOY
  MORELOS 98-B- ZP 69 2-1402
SANDOVAL SANDOVAL ISMAEL-MORELOS 98-A 2-0433
SANDOVAL SANDOVAL MARIA-ALLENDE 44 2-0366
SANDOVAL VALLADARES SALVADOR
  L CARDENAS 12 2-1132
SANTIAGO CORTES MARTHA-5 DE MAYO 4 2 2-0337

SECRETARIA DE HACIENDA
Y CREDITO PUBLICO
  HIDALGO 17 2-1528
OFICINA SUBALTERNA
  FEDERAL DE HACIENDA 2-0184
SECRETARIA DE LA REFORMA
  AGRARIA
PROMOTORIA
  NUYOO 72 2-0198
SECRETARIA DE PROGRAMACION
Y PRESUPUESTO
  A DE LEON 4 2-1562
SECRETARIA DE SALUD
CENTRO DE SALUD Y SERVICIO PUBLICOS
  M GALINDO 14 2-0295
HOSPITAL GENERAL
  V CARRANZA 24 2-1088
SECUNDARIA TECNICA ANTONIO DE LEON
  A SERDAN 10 ZP 69 2-0733
SEGOBIANO EUFROSINA MENDOZA DE
  NUYOO 54 ZP 69 2-1242
SEMINARIO DIOCESANO-MORELOS 39 2-0636
SEMINARIO MENOR DE LA INMACULADA
  CONCEPCION-CONTINUACION DE MINA S N
  MATAMOROS 6 2-0725
SEPULVEDA MARTINEZ ADRIAN
  M GALINDO 58 ZP 69 2-0990
  M GALINDO 8-B ZP 69 2-0175
SERVICIO ERMITA-2 DE ABRIL 62 2-0675
SERVICIO POSTAL MEXICANO
ADMINISTRACION
  I VAZQUEZ 4 2-0692
SERVICIO RADIO CENTRAL-MORELOS 17 2-0340
SERVICIO TEPEYAC-16 DE SEPBRE 8 A 2-0757
SERVICIOS BONANZA-2 DE ABRIL 76 2-0579
SERVICIOS INDUSTRIALES Y COMERCIALES
  SA-MINA 64 ZP 69 2-0135
SIBAJA MARTINEZ OTHON LIC-MADERO 29 2-1006
SIERRA CARRIZA ANTONIO-PRIV MADERO 5 2-0028
SILVA LEON ROGELIO-V TRUJANO 1 ZP 69 2-0630
SILVA MIGUEL CELESTINO-JUAN DIEGO 2-A 2-1378
SILVA RIVERA ARTEMIO-21 DE MARZO 41 2-1064
SILVA ROGELIO-MORELOS 50 2-0109
SITIO DE AUTOMOVILES ANTONIO DE LEON
  V TRUJANO Y COLON 2-1195
SITIO DE AUTOMOVILES MOCTEZUMA 2
  NUYOO Y CARRANZA 2-0910
SITIO-HUAJUAPAN-COLON Y NUYOO 2-0292
SITIO MOCTEZUMA-PORTAL Y TRUJANO S-N 2-0239
SOLANA BARRAGAN EVA LUZ-MATAMOROS 15 2-0603
SOLANO AGUILAR RAFAEL
  CJON DE PROLONG LA HUERTA 12 2-1283
SOLANO BELLO AIDA-P DIAZ 15 2-0845
SOLANO BRAVO LORENZO-REFORMA 12 2-0886
SOLANO CASTILLO AURORA NICOLASA
  A DE LEON 4 2-0286
SOLANO CISNEROS ESAU-REFORMA 20 A 2-0610
SOLANO DURAN RODRIGO-RIO MIXTECO 8 2-1049
SOLANO ERNESTINA MORALES DE
  VICTORIA 16-A 2-0700
SOLANO MARQUEZ YOLANDA-J M IGLESIAS 9 2-1529
SOLANO ROSARIO BARRAGAN DE-NUYOO 10 2-0734
SOLANO ROSARIO JESUS-JUAREZ 63 ZP 69 2-1460
SOLANO RODARIO JESUS-JUAREZ 63 ZZP 69 2-0849
SOLANO VAZQUEZ BENITO-DIAZ ORDAZ 3 2-1139
SOLANO VAZQUEZ CARMELO-PIPILA 14 2-1188
SORIANO ACEVEDO ARNULFO
  FRAY B DE LAS CASAS 9 2--0373

J. Matrimonios. Now look at the cards and announcements on page 50 again and list the names of all the married couples you find.

■ **Por ejemplo:** *Don Víctor I. Jara Jorquera y la señora Gloria Mercasseau de Jara.*

K. ¿Cuál apellido? Now look at the name line of the following application form. Of the two last names in a Hispanic name, which one do you think is considered the primary one?

PROGRAMA DE INTERCAMBIO ESTUDIANTIL

SOLICITUD

Estadía:

País solicitado: _Estados Unidos_ Área: _California_ Ciudad: _San Francisco_

Fecha de llegada: _junio de 1993_   Fecha de retorno: _octubre de 1993_

Estudiante:

Nombre: _Carmen Elena_   _Rodríguez_   _Ortiz_
      (nombres)   (apellido paterno)   (apellido materno)

Fecha de nacimiento: _18 de abril de 1973_   Nacionalidad: _española_

Dirección: _C/Flor de Caña, 92 3° C drcha._   _18004_   _Granada_
    (calle   N°)   (CP)   (ciudad)

Teléfonos: _25 80 33_   _24 33 01_   _25 39 39_
    (particular)   (oficina padre)   (oficina madre)

Padres:

Nombre completo del padre: _Alberto Rodríguez Olmedos_

Profesión del padre: _abogado_   Edad: _46_

Autorización del padre para viajar: _____
(menores de edad [21])   (firma)

Nombre completo de la madre: _Josefina Ortiz Martínez_

Profesión de la madre: _arquitecta_   Edad: _45_

Estado civil de los padres: (casados)/ separados / divorciados / viudo(a)

Datos del alumno:

Curso o nivel: _1°_ Facultad o escuela: _Bellas Artes_

Carrera: _Artes plásticas_   Primer idioma: _español_   Segundo: _inglés_

Personalidad: Marque lo que corresponda.
(cortés)/ adaptable / tímido /(amistoso)/(serio)/ calmado / espontáneo / reservado /
(paciente)/(abierto)/ independiente /(sociable)/ optimista / impulsivo /(emotivo)/(sentimental)

Deportes:	aerobismo	atletismo	básquetbol	ciclismo
	esquí	excursionismo	footing	fútbol
	montañismo	(natación)	náutica	vóleibol
Artes:	pintura	canto y baile	(cine y vídeo)	danza
	colecciones de... _sellos_		teatro	música

Toca instrumento musical: flauta /(guitarra)/ piano / saxofón / violín

L. ¿Qué fecha es? The following types of information are included in a date: **año** *(year)*, **mes** *(month)*, and **día** *(day)*. Look at the birth date on the form. In what order is this information given in Spanish?

Ll. ¿Cuándo es su cumpleaños? For each of the birthdays in the left column, give the month of the year from the right column.

■ **Por ejemplo:** 22-12-92 → *diciembre*

02-04-93	enero
02-09-92	febrero (feb.)
15-08-90	marzo
17-12-95	abril
19-05-91	mayo
22-10-91	junio
04-03-92	julio
22-11-63	agosto
16-07-89	septiembre (sep.)
05-06-90	octubre (oct.)
02-02-87	noviembre (nov.)
01-01-93	diciembre (dic.)

M. ¿Qué datos personales hay? Which of the following types of information are requested on the form? Where?

1. ¿Cómo se llama el papá?
2. ¿Cuántos años tiene la estudiante?
3. ¿Cómo es la estudiante?
4. ¿Cuál es su nacionalidad?
5. ¿De dónde es la estudiante?
6. ¿Qué es la mamá?
7. ¿Qué le gusta hacer?
8. ¿Cuándo es su **cumpleaños** *(birthday)*?

N. Autobiografías. Now compare yourself to the person who filled out the form by completing the following statements.

■ **Por ejemplo:** *Ella es española **pero** yo soy norteamericana.*
*A ella le gusta (la natación)...y a mí **también** me gusta (la natación)..., pero a mí no me gusta... .*

1. Ella es...(nacionalidad) | pero / y | yo (también) soy... .
2. Su papá es...(profesión)   mi papá (también) es... .
3. Ella es...(personalidad)   yo (también) soy... .
4. A ella le gusta...   a mí (también) me gusta... .
5. Su cumpleaños es en (sep., etc.)...   mi cumpleaños (también) es en (sep., etc.)...
6. Ella quiere viajar a...   yo (también) quiero viajar a... .

En voz alta

A. Escucha una conversación entre dos personas para saber si es…
¿una entrevista? ¿una conversación entre amigos? ¿una clase?

B. Escucha otra vez y contesta si…
1. ¿Están en los EE.UU.? ¿en otro país?
2. El tema es… ¿un viaje? ¿un trabajo? ¿un curso?
3. Los dos son… ¿amigo y amiga? ¿alumno y profesora? ¿supervisor y ayudante?

II💬 Imágenes y palabras

Now that you have learned how much Spanish you can recognize, you will want to start building a supply of words to use in conversation.

Soy un(a) joven *(young person)* **interesante, un(a) estudiante universitario(a).**
¿De dónde eres? *(Where are you from?)*
Soy de…[1] Estados Unidos, la India, Alemania, China, Vietnam, Corea, Rusia, Inglaterra, México, España, Guatemala, Honduras, Nicaragua, El Salvador, Costa Rica, Venezuela, Colombia, Chile, Argentina, Cuba, Puerto Rico, la República Dominicana.
Soy del…[2] Japón, Ecuador, Perú, Uruguay, Paraguay, Caribe.

¿Cuándo es tu cumpleaños *(birthday)***?**
Mi cumpleaños

es el…		de	
primero[3] (1º), dos (2), tres (3),		**de**	**enero, febrero,**
cuatro (4), cinco (5), seis (6),			**marzo, abril, mayo,**
siete (7), ocho (8), nueve (9),			**junio, julio, agosto,**
diez (10), once (11), doce (12),			**septiembre, octubre,**
trece (13), catorce (14),			**noviembre,**
quince (15), dieciséis (16), etc.			**diciembre**

¿Cuántos años tienes? *(How old are you?)*
Tengo… diecisiete (17), dieciocho (18), diecinueve (19), veinte (20), veintiuno, veintidós, veintitrés, veinticuatro, veinticinco, veintiséis, veintisiete, veintiocho, veintinueve, treinta (30), treinta y uno (31), treinta y dos (32), treinta y tres (33)… cuarenta (40), cuarenta y uno (41), cuarenta y dos, cuarenta y tres…, cincuenta (50)… años, más de cincuenta años.

[1] The world map is on pages 514–515.
[2] These countries use the article **el** with their name. **De** combines with **el** to form **del**. In current usage, the tendency is to drop the **el** with country names.
[3] The first day of the month uses the ordinal number **primero**. When counting, the regular series begins: **cero** (0), **uno** (1), **dos** (2), etc.

¿Qué quieres para *(What do you want for)* **tu cumpleaños?**
Para mi cumpleaños, quiero *(I want)*...

un estéreo
una bicicleta
un perro
una suscripción
a una revista
unos discos
compactos
un televisor
un
radio
un
coche
una moto

¿Cuánto vale? *(How much is it?)*	**Vale más de...** *(It costs more than...)*.	
Un radio para correr	vale más de	cuarenta dólares.
Un libro técnico	vale más de	cincuenta dólares.
Una calculadora científica	vale más de	sesenta (60) dólares.
Una colección de discos compactos	vale más de	setenta (70) dólares.
Un perro raro	vale más de	ochenta (80) dólares.
Un radio con parlantes *(speakers)*	vale más de	noventa (90) dólares.
Un televisor grande	vale más de	cien (100) dólares.

En cuanto a mis intereses,
tengo *(I have)* **mucho interés en...la gente, los extranjeros** *(foreigners)*.

Tenemos *(We have)* **interés en**
nuestra *(our)* **comunidad... nuestra casa** *(house)*, **nuestra calle** *(street)*,
nuestro barrio *(neighborhood)*, **nuestra ciu-**
dad *(city)*, **nuestro estado** *(state)*, **nuestro**
país *(country)* , **nuestro mundo** *(world)*.

Tengo interés en muchas cosas *(things)*...

las películas
la música
popular
los
vídeos
las
discotecas
el
fútbol
los vídeo-
juegos
el béisbol
el básquetbol
el fútbol
americano

la comida *(food)* **mexicana, china, italiana...**
los deportes *(sports):* **(el footing** *[running]*, **la lucha libre** *[wrestling]*, **el**
aerobismo)
el arte, los animales.

¿Qué planes tienes? *(What plans do you have?)*
Tengo que *(I have to)* **trabajar** *(to work),* **hacer las tareas...,**

sacar buenas notas
(to get good grades).

**escribir
composiciones.**

¿Qué quieres hacer? *(What do you want to do?)*

¿Adónde *(To where)* **quieres ir?**

Quiero ir... al centro comercial *(shopping center),* **al parque, al centro de
estudiantes.**
    a comer algo: un *sándwich,* **una pizza, una hamburguesa.**

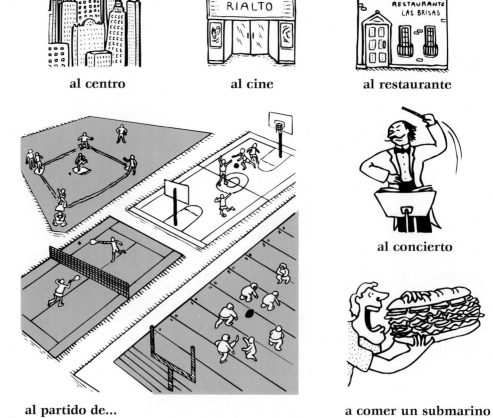

al centro   **al cine**   **al restaurante**

al concierto

al partido de...   **a comer un submarino**

Quiero salir... con mi novio(a) *(fiancé/e)*, **mis amigos del colegio** *(high school)*, **a comprar algo** *(to buy something).*

a dar una vuelta en auto / coche *(to cruise)*

a tomar un refresco *(soft drink)*

a tomar un café

a pasear *(to stroll around)*

a tomar helados

No quiero ir a ninguna parte. No quiero hacer nada.

A. Años locos. Match the following decades with descriptions of the events that characterized them. Add more events if you wish.

1. años de abundancia y prosperidad
2. materialismo, monetarismo, amoralidad
3. años de flores y cambios *(changes)* profundos
4. preocupación por la naturaleza
5. años de guerra y la bomba atómica
6. Watergate, desilusión moral

a. los años cuarenta
b. los años cincuenta
c. los años sesenta
ch. los años setenta
d. los años ochenta
e. los años noventa

VOZ

San Fermín es un día festivo muy popular en Pamplona, España. ¿Y tú? ¿Cuál es tu día festivo preferido?

Uno de enero,
dos de febrero,
tres de marzo,
cuatro de abril,

cinco de mayo,
seis de junio,
siete de julio,
¡San Fermín!

-Rima tradicional

B. Edades claves. Di cuántos años hay que tener para hacer lo siguiente.

1. votar en las elecciones
2. conducir *(to drive)* un automóvil
3. aprender a leer en primer grado
4. salir con un chico o una chica por primera vez
5. graduarse de la secundaria
6. tomar cerveza *(beer)*
7. contraer matrimonio *(to marry)*
8. graduarse de la universidad

C. Años importantes. Di los años más importantes de tu vida. Usa el ejemplo del modelo.

■ **Por ejemplo:** *Soy del setenta y tres. Mis padres son del cuarenta y cinco, más o menos. De mi colegio secundario, soy del noventa (noventa y uno, noventa y dos). En la universidad soy del noventa y... .*

1. year you were born: **Soy del...**
2. year your mother / father or both were born: **Es / Son del...**
3. year you graduated from high school: **Soy del...**
4. year you will graduate from college: **Soy del...**

Ch. ¿Cuántos años tiene? Más o menos, cuántos años tienen estas personalidades?

■ **Por ejemplo:** Michael Jackson.
　　　　　　　*Tiene **unos** treinta años.*

1. Cher
2. Madonna
3. Arnold Schwarzenegger
4. Bart Simpson
5. El Presidente de EE.UU.
6. Popeye, el marino

D. Fiesta. Ask your partner when his or her birthday is and what he or she wants to do to celebrate.

■ **Por ejemplo:** —*¿Cuándo es tu cumpleaños?*
　　　　　　　—*Es el 18 de septiembre.*
　　　　　　　—*¿Qué quieres hacer?*
　　　　　　　—*Quiero ir al centro comercial a pasear y comer.*

E. No soy así. Say what does not interest you, given your personality.

■ **Por ejemplo:** *No tengo interés en la música clásica porque soy un chico joven, moderno y extrovertido.*

F. Mi país preferido. Choose a country you want to visit and tell why.

■ **Por ejemplo:** *Quiero **viajar** (to travel) a Corea, porque tengo interés en la tecnología y la política de Corea.*

G. Páginas amarillas. Look at the list of stores and ask your partner for the phone numbers of three stores you are interested in. Then reverse roles. Read the numbers in pairs.

■ **Por ejemplo:** —*Quiero comprar una calculadora.* **¿Cuál es el número** *de la tienda?*
—*Es el seis, setenta y ocho, cero, cero.*

SONY • SAMSUNG
HITACHI • MAJESTIC
TELEVISORES COLOR, BLANCO Y NEGRO
EQUIPOS MODULARES

VIDEOGRABADORAS   RADIOGRABADORAS

ALMACENES ELECTRÓNICOS
DE OAXACA, S.A. DE C.V.
Tel. 6-08-02
AV. HIDALGO No. 1008

DISTRIBUIDORA GÓMEZ,
S.A. DE C.V.
C.M. BUSTAMANTE No. 312
Oaxaca, Oax.

MUEBLES Y EQUIPOS DE
ACERO Y MADERA PARA SU
OFICINA

TELÉFONOS:
678•00 641•53
CONMUTADOR CON 6 LÍNEAS

CALCULADORA ELECTRÓNICAS

VENTA DE MÁQUINAS Y ACCESORIOS
DE TODA LA LINEA   olivetti

ACCESORIOS

MÁQUINAS DE ESCRIBIR
ELECTRÓNICAS

AUTOS Y CAMIONES SAN JOSÉ, S.A. DE C.V.
El Mejor Surtido y los
Mejores Precios en
Autos, Camionetas y Camiones

A SUS ÓRDENES EN:
2•52•31

CUAUTLA, MOR
CARR. MEX-OAXACA
No. 512 COL. GABRIEL
TEPEPA

25 PAPELERÍA
DE LA 25
S.A. de C V
MAYOREO Y MENUDEO

ESCUELA
•CUADERNOS
•GOMAS
•LÁPICES
•SACAPUNTAS
•COLORES
•JUEGOS DE
GEOMETRÍA
•CARTULINAS
ETC

OFICINA
•PAPEL BOND
•PAPEL P/COPIADORA
•CINTA P/MÁQUINA
•BLOCKS TAQUIGRAFÍA
•DUREX
•CORRECTORES
•CLIPS
•FOLDERS
ETC

INDUSTRIA
•MASKING
•MARCADORES
•PLUMONES
•GISES
•PIZARRONES
•FOLIADORES
•CARPETA
C/ARGOLLAS
ETC

25 PONIENTE Y PRIV. 21 SUR
(LADA 91-22)
Llámenos **37-05-32 - 37-07-32**
PUEBLA, PUE.
Y RECIBIRA SU PEDIDO A LAS PUERTAS
DE SU ESCUELA, OFICINA O INDUSTRIA
REPARTO A DOMICILIO

XOCHICALCO
LIBROS-DISCOS-CASSETTES
FOTOSTÁTICAS
MAYOREO Y MENUDEO
ABRIMOS LOS DOMINGOS
RICARDO LINARES 101 (EL CALVARIO)
TELS.: **13-1521 • 13-0249**

H. Tengo interés en muchas cosas.

1. List on a separate sheet of paper each of the following categories. Beside each, provide specific examples of your interests.

   Tengo interés en...

la música de...	(Madonna, Gloria Estefan, los B-52...)
los libros de...	(García Márquez, Stephen King...)
las películas de...	(Dan Akroyd, Michael Douglas, Arnold Schwarzenegger...)
los programas como...	(«Los Simpson», «Oprah Winfrey», «Cheers»...)
los deportes como...	(el ciclismo, la natación, la náutica...)
la comida...	(italiana, mexicana, vietnamita, china...)

2. Find someone in the class who shares your interests and write the person's name.
3. Report back to class on those students who share your interest, using the following model.

▨ **Por ejemplo:** *...y yo tenemos interés en...*

I. ¿Quieres salir?
Find out what your partner likes to do, then invite him or her to go somewhere with you. Your partner will accept, but will also tell you what she or he has to do first.

▨ **Por ejemplo:** *—¿Te gusta bailar y escuchar música?*   *—Sí, muchísimo.*
—¿Quieres ir al Hard Rock Café?   *—Sí, pero primero tengo que hacer las tareas.*

ir a comer una pizza / ir al centro comercial a mirar las chicas (los chicos) / ir al restaurante italiano / ir al bar a tomar algo / ir al parque a jugar básquetbol / ir al cine a ver... / ir al partido de fútbol / ir a pasear por la calle... / ir a dar una vuelta en auto / ir al partido de...

J. Mis amigos.
Write your name and phone number on a piece of paper and exchange it with another student, who will exchange it with another, and so on. With the paper you receive, do the following:

1. Read the number you received aloud to the class, without giving the name. If possible, say the last four numbers in two-digit pairs: 232–1510 = **dos, tres, dos, quince, diez.**
2. When the owner of the number identifies him or herself, write down two characteristics of the person on the paper so you will remember who the person is: **Es alto. Tiene el pelo oscuro.**
3. Greet your classmate and find out some information about the person by asking the following questions. Take notes and report back to the class on what you have learned about your classmate and what the two of you have in common.

   ¿Cómo es tu nombre completo?

¿De dónde eres?	*(Soy de Chicago, San Diego, etc.)*
¿Cuántos años tienes?	*(Tengo...años.)*
¿Qué te gusta hacer?	*(Me gusta...bailar, etc.)*
¿Qué quieres ser?	*(Quiero ser...ingeniero(a), etc.)*

||⊕ Con teleobjetivo

Para hablar: To describe myself and others (age, physical appearance, interests, obligations)

The verb tener

Like the verb **ser**, the verb **tener** *(to have or possess, to be...years of age)* is very versatile. In the preceding activities, you have been using it in expressions such as **Tengo** el pelo oscuro, **Tengo** veinte años, or **Tengo** que hacer mi tarea. Here are all the present tense forms of this verb.

> Miguel **tiene** una raqueta de tenis estupenda; yo quiero **tener** una también. Ahora **tengo** una raqueta importada, pero no me gusta. Los dos **tenemos** mucho interés en el tenis.

Tener
Singular
I **(yo) tengo**
you **(tú) tienes**
you (formal) **(usted) tiene**
he / she **(él / ella) tiene**
Plural
we **(nosotros /nosotras) tenemos**
you **(vosotros / vosotras) tenéis**[1]
you **(ustedes) tienen**
they **(ellos / ellas) tienen**

1. Use the verb **tener** to...
   - give your age: *Tengo* **dieciocho años.**
   - ask someone's age: **¿Cuántos años** *tienes*?
   - give your interests: *Tengo* **interés en el arte moderno.**
   - ask for someone's interests: **¿Qué intereses** *tienes*?
   - give your physical features: *Tengo* **los ojos oscuros.**
   - say what you have or don't have: *Tengo* **una bicicleta en casa.**

2. Use the verb **tener** with the word **que** to...
   - express your obligations: *Tengo* **que estudiar mucho ahora.**
   - ask about someone else's obligations: **¿Qué** *tienes* **que hacer?**

3. When using **tener,** you will often need to express the notions of *a(n) / some, much / many* and *another / others.* There are four forms for each of these pairs as shown, depending on the gender and number of the noun they accompany. As with definite articles, pay particular attention to these words, because they can readily teach you the gender of new words. Study the following tables.

[1] In this and future examples, the **vosotros / vosotras** form will be in italics. Your instructor will tell you if you need to learn it.

	A(n)		Some
	One person, idea, or thing		**Some** people, ideas, or things
Masc.	**un** amigo, un curso		**unos** bebés, unos problemas
Fem.	**una** señora, una clase		**unas** chicas, unas ideas
	Much		**Many**
	A lot of one idea or thing		**Many** people, ideas, or things
Masc.	**mucho** interés, terror		**muchos** alumnos, errores, automóviles
Fem.	**mucha** habilidad, inteligencia		**muchas** amigas, raquetas
	Another		**Others**
	Another person, idea, or thing		**Other** people, ideas, or things
Masc.	**otro** alumno, coche		**otros** señores, cursos
Fem.	**otra** señora, fiesta		**otras** ciudades, revistas

A. Descripción. Describe las diferencias y parecidos *(similarities)* entre las siguientes personas.

■ **Por ejemplo:**   Parecidos: *Todos los chicos son altos y… .*
  Diferencias: *Un chico tiene el pelo…, pero otro tiene… .*

B. Intereses. Ask five of your classmates to tell you some of their interests and keep a record. Then, write a summary of your findings.

▨ **Por ejemplo:**

	Tú:	*¿Qué intereses tienes?*
	Tu compañero(a):	*Tengo interés en la música, el cine y el arte.*
	Tú:	*Muchos tienen interés en la música y en..., pero...tiene interés en el arte. A mí me gusta escuchar discos de...(rock, pop, Gloria Estefan, Miles Davis,...) pero a... le gusta...*

C. Una persona común y corriente. Describe the typical student in terms of her or his possessions. Then contrast yourself to that student.

▨ **Por ejemplo:** *Un alumno común y corriente tiene... . Pero yo (no) tengo... .*

un estéreo / un radio / un televisor / una (unas) calculadora(s) / una computadora / unos discos compactos de...(rock) / un coche / una bicicleta / una moto / una mascota *(pet)* **/ un álbum de fotografías / un mapa de Estados Unidos...**

Ch. Y tú, ¿qué tienes? Interview your partner about his or her possessions and how many (**¿Cuántos[as]?**) your partner has of each, when applicable. Then contrast your partner's possessions to your own and report to the class.

▨ **Por ejemplo:** *Tengo un (una)...y él tiene dos / tres... . Los dos tenemos..., pero yo no tengo... .*

D. ¡Soy tan materialista! Talk or write about the things you have and the things you want to get. Be as demanding as you wish!

▨ **Por ejemplo:** *Tengo una bici (bicicleta), pero también quiero tener una moto... .*

E. Un calendario atroz. Life can be complicated and many people often have things planned months ahead. Tell what you have to do in the next few months.

▨ **Por ejemplo:** *En noviembre, tengo que trabajar y estudiar bastante* **porque** *tengo pruebas.* **También** *tengo que ir a casa para Thanksgiving. En diciembre tengo que...y en enero, tengo que... .*

F. ¡Ud. tiene la palabra! Say what you think should be characteristics of the following individuals and groups of people. Don't be afraid to voice your opinion.

▨ **Por ejemplo:** un médico:
Tiene que ser agradable, curioso y... . También tiene que tener interés en la gente.

un(a) programador (programadora)	un(a) policía	un(a) periodista
la gente joven	la gente madura	los alumnos universitarios
un(a) artista de cine	un(a) dentista	
	un(a) profesor (profesora)	

‖✸ ¡Última hora!

Para hablar y escribir: To ask questions

You have learned that in Spanish a written question is both opened and closed by question marks, the first of which is inverted.

Asking a yes / no question in Spanish is simply a matter of using a questioning tone.

¿Eres estudiante?	*Are you a student?*
¿Te gusta la ciudad?	*Do you like the city?*
¿Quieres ir al centro?	*Do you want to go downtown?*
¿Tienes coche?	*Do you have a car?*

To receive a response to a question other than "yes" or "no," you will need to use a question word such as the following. Notice that these words require a written accent when used as questions.

¿Qué... ?	*(What... ?)*	¿Qué fecha es?
		¿Qué es Paul?
		¿Qué quieres hacer?
¿En qué... ?	*(In what... ?)*	¿En qué residencia estás?
¿Cómo... ?	*(How... ?)*	¿Cómo estás?
	(What...like?)	¿Cómo es Paul?
	(What's your name?)	¿Cómo te llamas?
	(What's your / his / her name?)	¿Cómo es tu / su nombre?
	(What's your last name?)	¿Cómo es tu apellido?
¿Quién... ?	*(Who... ?)*	¿Quién es María?
¿Quiénes... ?		¿Quiénes son tus profesores?
¿Dónde... ?	*(Where... ?)*	¿Dónde está el centro de estudiantes?
¿De dónde... ?	*(From where... ?)*	¿De dónde son ustedes?
¿Adónde... ?	*(To where... ?)*	¿Adónde quieres viajar?
¿Cuándo... ?	*(When... ?)*	¿Cuándo tienes que trabajar?
¿Cuántos / Cuántas... ?	*(How many... ?)*	¿Cuántos años tienes?
		¿Cuántas clases tienes?
¿Cuánto vale... ?	*(How much does...cost?)*	¿Cuánto vale el radio con parlantes?
¿Por qué... ?	*(Why... ?)*	¿Por qué no quieres ir?

Use **cuál** to ask a person's address.

¿Cuál... ?	*(What... ?)*	¿Cuál es tu dirección?

A. Mil preguntas. You are eager to find out as much as you can about one of your classmates. List as many questions as you can think of (at least ten) and use them to interview a classmate you have not yet had an opportunity to meet. Report back to class on what you learned.

B. ¿Quién soy? Assume the identity of a famous person about whom you have some information. Your classmates will have ten tries to guess your identity by asking pertinent questions.

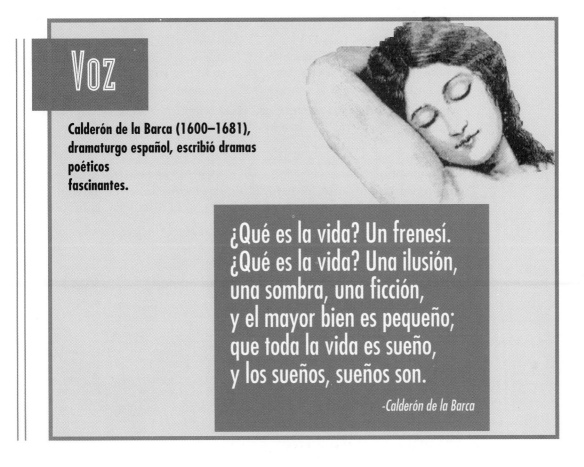

Calderón de la Barca (1600–1681), dramaturgo español, escribió dramas poéticos fascinantes.

¿Qué es la vida? Un frenesí.
¿Qué es la vida? Una ilusión,
una sombra, una ficción,
y el mayor bien es pequeño;
que toda la vida es sueño,
y los sueños, sueños son.

-Calderón de la Barca

Con teleobjetivo

Para hablar: To make plans and issue invitations

The verb querer

Another very useful Spanish verb is **querer** *(to want)*. You have already used some of its present tense forms. Here are all the forms for the present tense.

1. **Querer** is used for...

   expressing plans or desires:

   Quiero **ser ingeniera**.

   or asking about plans or desires:

   ¿Qué *quieres* **hacer?**

   and issuing invitations:

   ¿*Quieres* **ir a tomar helados?**

   If you want to invite somebody, say:

   ¿*Quieres* **+** *infinitive?*

   If you want to invite several people, say:

   ¿*Quieren* **+** *infinitive?*

Querer		
Singular		
I	**(yo) quiero**	
you	**(tú) quieres**	
you (formal)	**(usted) quiere**	
he / she	**(él / ella) quiere**	
Plural		
we	**(nosotros / nosotras) queremos**	
you	**(vosotros / vosotras) queréis**	
you	**(ustedes) quieren**	
they	**(ellos / ellas) quieren**	

—**Quiero salir** a tomar helados. —*I want to go out* to have ice cream.
Y tú, ¿qué **quieres hacer**? And you, what *do you want to do*?
—**Quiero tomar** helados también, —*I want to have* ice cream, too, but I
pero no me gusta dar vueltas don't like to go cruising. *Do you want*
en auto. ¿**Quieres ir** al centro? *to go* downtown?

2. When using **querer + ir a...**, use **ir al** when the name of the place you mention is masculine. Use **ir a la** when the name of the place is feminine.

$$a + el \rightarrow al$$

Some masculine names of places are: **el centro, el centro estudiantil, el parque, el restaurante, el café, el cine, el concierto, el partido.** Some feminine names of places are: **la plaza, la playa, la discoteca, la biblioteca.**

*En junio, **quiero ir al** Perú, porque **quiero ir** al centro indígena de Cuzco. También **quiero ir a la** capital, Lima.*

A. Buenos propósitos. Tell your resolutions for this year **(este año).**

▧ **Por ejemplo:** *Este año, quiero trabajar y... .*

B. Mi grupo. Tell your friends' or family's plans for next weekend or next vacation.

▧ **Por ejemplo:** *Para las vacaciones de abril, queremos ir al / a la...y queremos pasear y... . No queremos..., porque no tenemos interés en... .*

C. Mis planes. Describe yourself and your ambitions, following the example.

▧ **Por ejemplo:** *Soy activo(a), responsable, sociable y bastante divertido(a). Me gusta la gente y tengo mucho interés en mi comunidad. Quiero ser...sicólogo(a), siquíatra, médico(a), etc. Quiero trabajar en... Quiero tener... .*

Ch. ¡No hay más remedio! *(No way out!)* Often everything we want to do seems to have a price tag. Tell the class what you want to do and what you have to do first in order to make your plans come true.

▧ **Por ejemplo:** *¡No hay más remedio! Como quiero ir a México en junio, tengo que trabajar de enero a mayo en el restaurante (la clínica, la cafetería, etc.).*

D. ¿Por qué? Interview your partner about his or her plans. Find out what your partner wants to do and why.

▧ **Por ejemplo:**   **Tú:** *¿Qué quieres hacer en diciembre (mayo, etc.)?*
Tu compañero(a): *Quiero trabajar en el Cuerpo de Paz (Peace Corps).*
Tú: *¿Por qué?*
Tu compañero(a): *Porque quiero trabajar con gente de Hispanoamérica y también estudiar otros idiomas.*

Visión

Hay mucha gente en la Calle Huérfanos de Santiago de Chile. Tal vez algunos van al cine Huelén. ¿Y tú? ¿Qué te gusta hacer en tu tiempo libre?

E. ¿Qué quieres hacer? For each of the places given below, list with a partner as many activities as you can think of that could be done there. Then, invite your entire class to go to one of these places. Classmates will respond individually, telling either what they want to do there, or why they don't want to go.

■ **Por ejemplo:** —¿Quieren ir al centro de deportes?
—Yo, sí. Quiero jugar básquetbol.
—Yo, sí. Quiero jugar vóleibol.
—Yo, no, porque no me gusta hacer ejercicio.

Lugares posibles: al centro de deportes / al centro de estudiantes / al parque / al concierto / al cine / al centro comercial / a mi casa / al restaurante / a una fiesta

F. Quiero escribir una carta. Look through the ads on pages 20–21. Then, choose two or three persons to whom you would like to write letters and explain why.

■ **Por ejemplo:** Quiero tener una amiga **como**..., porque es universitaria, es de..., tiene 23 años y le gusta bailar y dibujar. A mí también me gusta bailar.

G. Estudiante de intercambio. Use the form on page 52 and write down questions you would need to ask in order to fill out the form for someone else. Next, with a partner, come to an agreement on how these questions would be asked in Spanish. Contribute your questions to a class list. Then, use these questions to interview another classmate. Take notes on your partner's responses and present a summary to the class. Keep your questions as a guide for *En voz alta*.

 En voz alta Escucha una o dos veces la conversación y en otro papel completa la ficha personal de la página 69 con toda la información que puedas.

⊪ 📷 Otro vistazo

In this section you will practice the reading strategies you have already learned and increase your understanding of the Spanish-speaking world.

Piensa...

A. Systems for names vary from culture to culture. The application form that you studied on page 52 suggested three parts for a full name (**nombre completo**): **nombres, apellido paterno y apellido materno.** Look at the following names and match the parents' last names to the student's last names. What do you notice?

FICHA PERSONAL

Datos personales del alumno:

Nombre completo: <u>*Loreto Aida*</u>   <u>*Manzano*</u>   <u>*Moroso*</u>
                   (nombres)   (apellido paterno)   (apellido materno)

Padres:

Nombre completo del padre: <u>*Fernando Augusto Manzano Santilli*</u>

Nombre completo de la madre: <u>*Mónica Amelia Moroso Flores*</u>

> Hispanic people's names are composed of (choose one):
>
> a. varios nombres y un apellido
> b. varios nombres y dos apellidos
> c. tres nombres y un apellido

B. Copy the form on the next page onto a card or sheet of paper and fill it in with your personal data, following the Hispanic name system and style for writing one's address.

FICHA PERSONAL

Nombre completo: _Eva_ _Writer_ _____
          (nombres)   (apellido paterno)   (apellido materno)

Carrera / Profesión: _____   Nacionalidad: _____

Fecha de nacimiento: _____   Edad: _____

Personalidad: _____

Características físicas: _____

Edad ____   Estatura _____   Pelo _____   Ojos _____   Sexo _M/F_

Intereses: _____

Dirección: _____
       (calle)   (número) (ciudad) (código postal) (estado) (país)

Teléfonos: _____
       (oficina)   (particular)

Año de estudios: primero / segundo / tercero / cuarto

Especialidad: _____

Ocupación: _____ (estudiante universitario[a] y...
camarero[a] / chofer / empleado[a] de... banco, hotel, tienda,...)

C. Hispanic people have a tradition of giving children, particularly boys, their own or their parents' names, so that both the first name and last name of a parent can be passed on to the next generation. Based on this system, what is this newborn boy likely to be called?

Padre: José Jaime Vial Correa   Madre: Teresa de Jesús Toro Guitart

Hijo: _____
    (nombres)   (apellido paterno)   (apellido materno)

Mira y lee...

Ch. Look again at the birth announcements from the *A simple vista* section on page 50 and write down each child's full name.

D. Hispanic people often select names that reflect their Catholic tradition. Taking this into account, select frequently chosen names from the following list. Then, list the religious names appearing in the announcements you read.

Jacqueline	Esther	María Jesús	Jesús	Rosa
María José	José Antonio	María Isabel	Elías	Patricio
José María	Yolanda	Heriberto	Ramón	Genoveva
Concepción	Mónica	Jesús del Carmen	César	Nelson

E. Probably the most common names for Hispanic girls are **Carmen** and **María**, abbreviated **Mª**. **María** is also used in numerous combinations with other names, which are often contracted in everyday use:

María (Mari, Maruja, Maruxa, Maru, Mariíta, Marita)

María Teresa (Maité o Marité)	María de la Concepción (Conchita)
María del Pilar (Maripili)	María del Carmen (Maricarmen)
María de los Ángeles (Mariángel)	María de la Luz (Marilú)
María Victoria (Mariví)	María Isabel (Maribel, Mabel)
María José (Marijose)	María Elena (Malena o Manena)

Scan the announcements and cards you read on page 48 and copy all the names containing **María** that you can find.

F. The most common names (everyday use or nickname given in parentheses) for boys are names of popular saints, such as:

José or **José María (Pepe), Juan (Juancho), Luis (Lucho), Pedro (Peruco), Pablo, Francisco (Paco, Pancho,** abbreviated **Fco.), Fernando (Feña,** abbreviated **Fdo.), Antonio (Toño)** and **José Antonio, Santiago (Chago), Diego (Yago), Jaime,** etc.

If given a popular saint's name, a person can celebrate the day of his or her saint.

G. Look at the list of saint's days on page 71. Find out the saint's day of your partner. (If you or your partner don't have one, say ***No tengo / tiene día del santo.***) Then, report to the class.

▨ **Por ejemplo:** *Mi santo es el... . El santo de... es el... .*

ENERO

- 1 l STA. M.ª M. de Dios -Sgda. Familia
- 2 m S. Macario
- 3 m S. Antero
- 4 j S. Rigoberto
- 5 v S. Simeón Estelita
- 6 s Epifanía
- 7 d S. Raimundo de Peñafort
- 8 l S. Apolinar
- 9 m Marcelino
- 10 m S. Nicanor
- 11 j S. Higinio
- 12 v S. Alfredo
- 13 s S. Hilario
- 14 d S. Malaquías
- 15 l S. Mauro
- 16 m S. Fulgencio
- 17 m S. Antonio Abad
- 18 j Sta. Prisca
- 19 v S. Mario
- 20 s S. Sebastián
- 21 d Sta. Inés
- 22 l S. Vicente
- 23 m S. Ildefonso
- 24 m S. Francisco de Sales
- 25 j Conversión de S. Pablo
- 26 v Stos. Timoteo y Tito
- 27 s Sta. Angela de Mérici
- 28 d Sto Tomás de Aquino
- 29 l S. Valerio
- 30 m S Feliciano
- 31 m S. Juan Bosco

FEBRERO

- 1 l S. Cecilio
- 2 v Presentación del Señor
- 3 s S. Blas
- 4 d S. Eutiquio
- 5 l Sta. Aqueda
- 6 m S. Pablo Miki y comp., mártires
- 7 m S. Teodoro
- 8 j S. Jerónimo Emiliano
- 9 v Sta. Escolástica
- 10 d Ntra. Sra. de Lourdes
- 11 l Sta. Eulalia
- 12 l Sta. Eulalia
- 13 m S. Agabo
- 14 m Sts. Cirilo, Metodio y Valentín
- 15 j S. Lucio
- 16 v S. Onésimo
- 17 s Stos. Fundadores de los Servitas
- 18 d S. Claudio
- 19 l S. Gabino
- 20 m S. Tiranión
- 21 m S. Pedro Damián
- 22 j La Catedral de San Pedro
- 23 v S. Policarpo
- 24 s S. Sergio
- 25 d S. Cesáreo
- 26 l S. Néstor
- 27 m S. Baldomero
- 28 m Día de Andalucía M.Ceniza

MARZO

- 1 l S. Cecilio
- 2 V S. Pedro Zúñiga
- 3 s S. Fortunato
- 4 d S. Casimiro
- 5 l S. Adrián
- 6 m S. Marciano
- 7 m Stas. Perpetua y Felicidad
- 8 j S. Juan de Dios
- 9 v S Sta. Francisca Romana
- 10 s Sta. Berenice
- 11 d S. Eutimio
- 12 l S. Inocencio I, papa
- 13 m S. Agabo
- 14 m Sta. Matilde
- 15 j S. Raimundo de Fitero
- 16 v S. Agapito
- 17 s S. Patricio
- 18 d S. Cirilo de Jerusalén
- 18 i S. José
- 20 m Sta. Alejandra
- 21 m S. Nicolás de Flüe
- 22 j S. Deogracias
- 23 v Sto. Toribio de Mogroviejo
- 24 s S. Marco mártir
- 25 d S. Anunciación del Señor
- 26 l S. Braulio
- 27 m S. Juan Damasceno
- 28 m Sta. Esperanza
- 29 j S. Victorino
- 30 v Ntra. Señora de la Estrella
- 31 s S. Amós

ABRIL

- 1 d S. Venancio
- 2 l S. Francisco de Paula
- 3 m S. Ricardo
- 4 m S. Benito
- 5 j S. Vicente Ferrer
- 6 v S. Celestino
- 7 s S. J. Bta de la Salle
- 8 d D. Ramos. S. Edesio
- 9 l Santa María Cleofé
- 10 m S. Ezequiel
- 11 m S. Ntra. Sra., del Milagro
- 12 j J. Santo. S. Zenón
- 13 v V. Santo. S. Hermenegildo
- 14 s S. Santo. S. S. Tiburcio
- 15 d P. Resurrección Sta. Basilisa
- 16 l Sto. Toribio de Liébana
- 17 m S. S. Elías
- 18 m S. Eleuterio
- 19 j S. León IX
- 20 v S. Teótimo
- 21 s S. Anselmo de Canterbery
- 22 d S. Cayó
- 23 l S. Jorge
- 24 m S. Fidel de Sigmaringa
- 25 m S. Marcos, evangelista
- 26 j S. Isidro
- 27 v Ntra. Sra. Montserrat
- 28 s S. Pedro Chanel
- 29 d Sta. Catalina de Siena
- 30 l S. Pío V, papa

MAYO

- 1 m S. José Artesano
- 2 m Día de la C. Madrileña
- 3 j Stos. Felipe y Santiago, apóstoles
- 4 v S. Silviano
- 5 s Sta. Irene
- 6 d S. Juan ante Portam Latinam
- 7 l Ntra. Sra. de la Victoria
- 8 m S. Eladio
- 9 m Ntra. Sra., de la Luz
- 10 j S. Juan de Ávila
- 11 v S. Sisinio
- 12 s Sto. Domingo de la Calzada
- 13 d Nta. Señora de Fátima
- 14 l S. Matías
- 15 m S. Isidro Labrador
- 16 m S. Juan Nepomuceno
- 18 v S. Juan I, papa
- 19 s S. Pedro Celestino
- 20 d S. Bernardino de Siena
- 21 l Santísima Trinidad
- 22 m Sta. Rita
- 23 m S. Desiderio
- 24 j Ascensión, Sta. Susana
- 25 v S. Gregorio VII, papa
- 26 s S. Felipe Neri
- 27 d S. Agustín de Cantorbery
- 28 l S. Luciano
- 29 m S. Maximino
- 30 m Día de Canarias
- 31 j Día de Castilla-La Mancha

JUNIO

- 1 v Ntra. Sra. Reina de los Apóstoles
- 2 s S. Erasmo
- 3 d Pentecostés. Ido. Corazón de María
- 4 l S. Francisco Caracciolo
- 5 m S. Bonifacio
- 6 m S. Norberto
- 7 j S. Sabiniano
- 8 v S. Gaudencio
- 9 s Día de R. Murciana - Día de la Rioja
- 10 d S. Timoteo
- 11 l S. Bernabé
- 12 m S., León III, papa
- 13 m San Antonio de Padua
- 14 j Corpus Christi
- 15 v Sta. M.ª Micaela del Smo. Sacramento
- 16 s S. Quirico
- 17 d Stos. Ismael y Samuel
- 18 l Sta. Marina
- 19 m S. Romualdo
- 20 m Sta. Florentina
- 21 j S. Luis Gonzaga
- 22 v S. Paulino de Nola
- 23 s Sta. Agripina
- 24 d Natividad de S. Juan Bautista
- 25 l S. Guillermo
- 26 m S. Pelayo
- 27 m Ntra. Sra. del Perpetuo Socorro
- 28 j S. Ireneo
- 29 v S. Pedro y S. Pablo
- 30 s S. Marcial

JULIO

- 1 d S. Casto
- 2 l S. Urbano
- 3 m Sto. Tomás, apóstol
- 4 m Sta. Isabel de Portugal
- 5 j S. Antonio M.ª Zacaría
- 6 v Sta. María Goretti
- 7 s S. Fermín
- 8 d S. Adriano III, papa
- 9 l S. Cirilo de Alejandría
- 10 m Sta. Rufina
- 11 m S. Benito
- 12 j S. Juan Gualberto
- 13 v S. Enrique
- 14 s S. Camilo de Lelis
- 15 d S. Buenaventura
- 16 l Ntra. Sra. del Carmen
- 17 m S. Keón IV, papa
- 18 m S. Federico
- 19 j S. Ambrosio
- 20 v Sta. Librada
- 21 s S. Lorenzo de Brindis
- 22 d Sta. María Magdalena
- 23 l Sta. Brígida
- 24 m Sta. Cristina
- 25 m Santiago, apóstol
- 26 j S. Joaquín y Sta. Ana
- 27 v Sta. Natalia
- 28 s S. Nazario
- 29 d Sta. Marta
- 30 l S. Pedro Crisólogo
- 31 m S. Ignacio de Loyola

AGOSTO

- 1 M S. Alfonso M.ª de Ligorio
- 2 j Ntra. Sra. de los Ángeles
- 3 v Sta. Lidia
- 4 s S. Juan M.ª Vianney
- 5 d Ntra. Sra. de las Nieves
- 6 l Transfiguración del Señor
- 7 m S. Sixto II, papa
- 8 m Sto. Domingo de Guzmán
- 9 j S. Secundino
- 10 v V. Santo. S. Hermenegildo
- 11 s Sta. Clara
- 12 d Sta. Hilaria
- 13 l S. Ponciano
- 14 m S. Marcelo
- 15 m Asunción de Ntra. Sra,
- 16 j S. Roque
- 17 v S. Jacinto
- 18 s S. Agapito
- 19 d S. Juan Eudes
- 20 l S. Bernardo de Claraval
- 21 m \S. Pío X, papa
- 22 m Sta. María Virgen Reina
- 23 j Sta. Rosa de Lima
- 24 v S. Bartolomé
- 25 s S. Luis, rey de Francia
- 26 d S. Adrián
- 27 l Sta. Mónica
- 28 m S. Agustín
- 30 j S. Silverio
- 31 v S. Ramón Nonato

SEPTIEMBRE

- 1 s S. Donato
- 2 d S. Antoine
- 3 l Ntra. Sra. de la Consolación
- 4 m S. Moisés
- 5 m Sta. Obdulia
- 6 j S. Germán
- 7 v Sta. Regina
- 8 s Día de Asturias -Día de Extremadura
- 9 d S. Pedro Claver
- 10 l Ntra. Sra. de las Maravillas
- 11 m Día de Cataluña
- 12 m S.Valeriano
- 13 j S Juan Crisóstomo
- 14 v Exaltación de la Santa Cruz
- 15 s Ntra. Sra. de los Dolores
- 16 d S. Cornelio, papa
- 17 l S. S. Roberto Belamino
- 18 m S. José de Cupertino
- 19 m S. Jenaro
- 20 j S. Agapito
- 21 v S. Mateo, evangelista
- 22 s S. Mauricio
- 23 d S. Constancio
- 24 l Ntra. Sra. de la Merced
- 25 m S. Eugenio
- 26 m Stos. Cosme y Damián
- 27 j S. Vicente de Paul
- 28 v S. Wenceslao
- 29 s Arcángeles Miguel, Gabriel y Rafaeli
- 30 d S. Jerónimo

OCTUBRE

- 1 l Sta. Teresa del Niño Jesús
- 2 m Stos. Ángeles Custodios
- 3 m S. Francisco de Borja
- 4 j S. Francisco de Asís
- 5 v S. Eutiquio
- 6 s S. Bruno
- 7 d Ntra. Sra. del Rosario
- 8 l S. Simeón
- 9 m Día C. Valenciana
- 10 m Sto. Tomás de Villanueva
- 11 j S. Soledad Torres Acosta
- 12 v Ntra. Sra. del Pilar
- 13 s S. Eduardo
- 14 d S. Calixto I, papa
- 15 l Sta. Teresa de Jesús
- 16 m Sta. Eduvigis
- 17 m S. Ignacio de Antioquía
- 18 j S. Lucas Evangelista
- 19 v S., Pedro de Alcántara
- 20 s S. Feliciano
- 21 d S. Hilarión
- 22 l Sta. María Salomé
- 23 m S. Juan de Capistrano
- 24 m S. Antonio M.ª Claret
- 25 j S. Crispín
- 26 v S. Feliciano
- 27 s Sta. Sabina
- 28 d Stos. Simón y Judas, apóstoles
- 29 l S. Maximiliano
- 30 m S. Macario
- 31 m S. Patricio

NOVIEMBRE

- 1 J Fiesta de Todos los Santos
- 2 v Conmemoración Fieles Difuntos
- 3 s S. Martín de Porres
- 4 d S. Carlos Borromeo
- 5 l S. Zacaríasl
- 6 m S. Severo
- 7 m S. Anastasio
- 8 j S. Victoriano
- 9 v Ntra. Sra., de la Almudena
- 10 s S. León Magno, papa
- 11 d S. Martín de Tours
- 12 l S. Aurelio
- 13 m S. Leandro
- 14 m S. José de Pignatelli
- 15 j S. Alberto Magno
- 16 v Sta. Gertrudis
- 17 s Sta. Isabel de Hungría
- 18 d S. Máximo
- 19 l S. Timoteo
- 20 m S. Félix Valois
- 21 m Presentación de Ntra. Sra.
- 22 j Sta. Cecilia
- 23 v S. Clemente I, papa
- 24 s S. Alejandro
- 25 d S. Gonzalo
- 26 l S. Juan Berchmans
- 27 m S. Primitivo
- 28 m S. Gregorio III, papa
- 29 j S. Saturnino
- 30 v S. Andrés, apóstol

DICIEMBRE

- 1 s S. Nahúm
- 2 d S. Marcelo
- 3 l S. Francisco Javier
- 4 m Sta. Bárbara
- 5 m S. Dalmacio
- 6 j S. Constitución Española
- 7 v S. Ambrosio
- 7 m S. Anastasio
- 8 s Inmaculada Concepción
- 9 d Sta. Leocadia
- 10 l Ntra. Sra. de Loreto
- 11 m S Dámaso
- 12 m Ntra. Sra. de Guadalupe
- 13 j Sta. LLucía
- 14 v S. Juan de la Cruz
- 15 s S. Lucio
- 16 d Sta. Albina
- 17 l S. Lázaro
- 18 m N. S. de la Esperanza
- 19 m S. Urbano V, papa
- 20 j S Sto Doming de Silos
- 21 v M.ª Floro
- 22 s S. Alejandro
- 23 d S. Juan de Kety
- 24 l S. Gregorio
- 25 m Natividad del Señor
- 26 m S. Esteban
- 27 j S. Juan, apóst. y evangelista
- 28 v Santos Inocentes
- 29 s Sto. Tomás Becket
- 30 d Traslación de Santiago Apóstol
- 31 l S. Silvestre, papa

H. You probably already know some common Hispanic last names. What do the following last names have in common?

Rodríguez, Márquez, Domínguez, Estévez, Fernández, Hernández, Álvarez, Jiménez, Juárez, Gutiérrez.

The ending **-ez** is equivalent to the ending *-son (Johnson)* in English. Give the last names that mean: the son of **Domingo**, **Rodrigo**, **Pero (Pedro)**, **Marco** *(Mark)*, **Esteban** *(Steve, Stephen)*, **Fernando**, **Hernando**, **Martín**, and **Álvaro.**

I. A married woman can choose whether or not to use her husband's last name and this varies from region to region. If she chooses to use her husband's last name, her own last names are *not* dropped. Instead, the husband's paternal last name is *added* with **de** to either a full or shortened version of her name.

Marcela Lucía Rencoret Valdivieso de Larraguibel can be abbreviated to **Marcela L. Rencoret V. de Larraguibel** or **Marcela Rencoret de Larraguibel.**

1. Look at the cards and announcements you read previously and copy five married women's names. Are they full or short versions of the names?

2. Write your mother's full name according to this system.

_____ *de* _____

(nombres)   (apellido paterno)   (apellido materno)   (apellido del esposo)

3. Although it is rare, a few celebrities or artists choose to use their maternal last names: **Pablo** Rodríguez **Picasso**, **Miguel** Domínguez **Bosé.** Also, you may have heard of famous writers with very common paternal last names that are virtually always referred to by their two last names: Gabriel **García Márquez**, Federico **García Lorca.**

J. As you may have already guessed, a great deal of value is attached to the preservation of last names in Hispanic cultures. Therefore, signatures receive a great deal of attention as well. Hispanic children start developing their intricate signatures at an early age and, of course, always sign their names with **both** last names — lest one of the grandparents feel ignored! **Hispanos** don't just sign a paper, but often add a flourish to it.

On a separate sheet of paper, practice your own **firma**. As a class, decide who has the most elaborate signature (including the two last names of course!).

Aplica...

K. Design your own calling card to include the following information: **Nombre, apellido paterno, apellido materno, dirección, teléfono,** and **profesión / ocupación.** Use appropriate abbreviations whenever possible.

L. Consider the following real-life problems and try to find an explanation based on what you have learned.

1. A telegram arrived promptly at a hotel in Cuernavaca, Mexico, but the guest never received it. It was addressed to Mr. Morris William Manning, correctly registered under Manning. What did the front desk clerk do?
2. There is a long line at the immigration counter in a major airport. A Hispanic woman is furious; she keeps repeating her name, **María Ángela Larrea Córdova de Salinas,** and pointing at the last names in her passport. She says that the immigration inspector wants to change her name. The officer is inflexible and will not listen. What does he want to do?

3. A young American couple is taken for brother and sister both at the bank and the post office. Why did the employees think this was the case?
4. At a Peruvian police station, the receptionist gets suspicious because an American called Robert Stanley Bailey seems to be wanting to change his name on the spot. The passport and the entry in the station's book don't match. What did the American tourist do?

Video: Prog. 2, **Latinos en los Estados unidos**—the growing presence of latinos in the U.S.

Visión

Bernardo O'Higgins Riquelme (1778–1842), el Libertador de Chile. O'Higgins no es un apellido hispano típico, ¿verdad? Aunque él nació en Chile, su papá era irlandés. Muchos apellidos reflejan orígenes muy variados.

Mi diccionario

Para hablar

Países y regiones

Soy de...

Alemania.	Guatemala.	del...
Argentina.	Honduras.	Caribe.
Colombia.	la India.	Japón.
Corea.	Inglaterra.	Ecuador.
Costa Rica.	la República Dominicana.	Paraguay.
Cuba.	México.	Perú.
Chile.	Nicaragua.	Uruguay.
China.	Puerto Rico.	
El Salvador.	Rusia.	
España.	Venezuela.	
Estados Unidos.	Vietnam.	

Para reconocer

África
Asia
Australia
Canadá
Francia
Italia

Para hablar

Los números

cero	doce	veinticinco
uno	trece	veintiséis
dos	catorce	veintisiete
tres	quince	veintiocho
cuatro	dieciséis	veintinueve
cinco	diecisiete	treinta
seis	dieciocho	cuarenta
siete	diecinueve	cincuenta
ocho	veinte	sesenta
nueve	veintiuno	setenta
diez	veintidós	ochenta
once	veintitrés	noventa
	veinticuatro	cien

Para reconocer

El nacimiento

anuncios de nacimiento
apellido materno
apellido paterno
fecha de nacimiento
hora de nacimiento
la dirección del hospital

Para hablar

Las cosas

los animales	el estéreo
el arte	los idiomas
la bicicleta	la moto
la comida	la música popular
el coche	las películas
los deportes	el perro
el aerobismo	el radio
el footing	la suscripción a una revista
la lucha libre	la televisión
los discos compactos	los vídeojuegos
las discotecas	los vídeos

Para reconocer

Los deportes y las artes

el arte	la natación
el baile	el piano
el canto	la pintura
la danza	el saxofón
el esquí	el teatro
el excursionismo	el violín
la flauta	el vóleibol
la guitarra	
el montañismo	

▶ Para hablar

Las personas

la gente
los extranjeros
el (la) novio(a)

La comunidad

la casa
la calle
el barrio
la ciudad
el estado
el país
el mundo

Los meses

enero	julio
febrero	agosto
marzo	septiembre
abril	octubre
mayo	noviembre
junio	diciembre

▶ Para hablar

Quiero ir...

a comer una hamburguesa.
        una pizza.
        un *sándwich*.
        un submarino.
a comprar algo.
a dar una vuelta en auto / coche.
a pasear.
al centro.
al centro comercial.
al centro de estudiantes.
al cine.

al concierto.
al parque.
al restaurante.
a tomar un café.
        helados.
        un refresco.
        yogur.

Tengo que...

escribir composiciones.
sacar buenas notas.

▶ Para hablar

Otras palabras y expresiones

¿Adónde quieres ir?
¿Cómo es tu apellido?
¿Cuándo es tu cumpleaños?
¿Cuánto vale (valen)?
¿Cuántos años tienes?
¿Qué planes tienes?
¿Qué quieres hacer?
¿Qué quieres para tu cumpleaños?
el colegio
el (la) joven
ningún (ninguna)
nuestro(a)
otro(a)
querer
tener
Tengo...años.
Tengo (mucho) interés en...
Vale más de...

▶ Para reconocer

el año
la cerveza
el día
el estado civil
  casado(a)
  divorciado(a)
  separado(a)
  soltero(a)
  viudo(a)

el mes
la ocupación
primero
la profesión
viajar

◼◻ En cámara lenta

In this section you will review your progress and the strategies you have used in the **Primer capítulo** and the **Segundo capítulo**.

¿Qué aprendimos?

En el **Primer tema**, aprendiste lo siguiente.

✓ hablar de mí y de otros en cuanto a...	
la nacionalidad	forms of <u>ser</u> + nationality
la personalidad y las características físicas	forms of <u>ser</u> + adjective, <u>tengo</u> + physical features
las aspiraciones profesionales	<u>quiero ser</u> + profession
los gustos y disgustos	<u>gustar</u> + infinitive
la edad	<u>tener</u> + <u>años</u>
los intereses	<u>tener interés en</u>...
el origen nacional y regional	<u>ser</u> + <u>de</u>...
las obligaciones	<u>tener</u> + <u>que</u> + infinitive
los planes y actividades preferidas	<u>querer</u> + infinitive
✓ invitar a otros a hacer algo entretenido	¿<u>Quiere(s)</u> / <u>Quieren</u> + infinitive?
✓ comprender y poder decir algunas fechas y precios	numbers + months <u>Vale</u> 1 → 100 + <u>dólares</u>
✓ hacer preguntas	common question words

Here are some other things you practiced doing in this unit, which will be part of your language use from now on.

You learned to...	by using...
distinguish one person or thing from a group:	**el** or **la, los** or **las**
address some people in a casual manner:	**tú** verb forms, (**vosotros / vosotras**)
and others more formally:	**usted** and **ustedes**
to intensify and soften an adjective:	**algo, bastante, muy, demasiado**
to express quantity:	**un, una, unos, unas, mucho, mucha, muchos, muchas otro / otra / otros / otras, numbers from 1 to 100**
to emphasize or clarify to whom you are referring:	**yo, tú, usted, él (ella), nosotros (nosotras), vosotros, (vosotras), ustedes, ellos (ellas),**
to express possession:	**mi(s), tu(s), su(s), nuestro(s), nuestra(s)**

to join your thoughts together:	...y...también; no... tampoco...; Además,...
to express differences or contrast:	...pero...
to give reasons for something:	...porque...
to express consequence:	...por eso...
to indicate *movement* to particular location:	...a la (al)...
to indicate *of / from* (part of, possession):	de, del
to indicate *in / at*:	en
to contrast (dis)likes of different people:	a...mí / ti / él / ella / nosotros / nosotras / ellos / ellas / Ud. / Uds.
to express negative ideas:	no...nada, no...ninguna parte, no + *verb form*

You also practiced asking some questions:

Yes / no questions:	¿quieres?, ¿tienes?, ¿te gusta?
Information questions:	¿qué?, ¿cómo?, ¿cuántos?, ¿por qué?, ¿de dónde?, ¿adónde?, ¿cuál?, ¿cuándo?, ¿quién(es)?

Estrategia

Remembering *how* you learned is just as important as remembering *what* you learned. This section of your textbook summarizes some of the strategies used in practicing the language in this unit.

A. You used strategies for speaking and writing the language.

1. **Combining.** You combined things you learned to expand your ability to express yourself. Always try to go beyond a simple utterance and expand your ideas, recombining pieces of language that you know how to use. How many ways can you expand the following statement?

No quiero ir al concierto...porque...
no me gusta... .
tengo que... .
no tengo interés en... .
soy... .
no soy... .
la música es (no es)... .

2. **Organizing thoughts**. You often made mental or written lists of your thoughts before you spoke. Some of these lists helped you decide *how* you were going to say something; others simply organized *what* you wanted to say. What notes might you jot down if you knew you:

- wanted to give excuses for not being able to accept an invitation?
- wanted to find out as much information as you could from another person about someone you saw and wanted to meet?
- wanted to represent yourself in the best possible manner in a description to another person?

B. You used some strategies for learning new words.

1. **Grouping.** You grouped words in terms of your personal opinions or reactions. Sort the following list of activities into two groups: what you want to do and what you have to do.

Quiero...   **pero**   **tengo que...**
bailar / leer / escribir / viajar / salir con mis amigos / trabajar / mirar la tele / ir al cine / cocinar / nadar / pasear

2. **Associating.** You associated some words with other words. What other adjectives (or people) do you associate with... ?

responsable   **optimista**   **tímido**   **entretenido**

What verbs do you associate with the following places?

el concierto	**la discoteca**	**la casa**
el restaurante	**el parque**	**el gimnasio**
el centro comercial	**el centro de deportes**	**las clases**

C. You used some strategies to recognize and understand words and structures you had not learned yet. You taught yourself by...

1. **Anticipating.** Before reading something, you were asked to think about the kinds of information you would expect to find. What type of information (choose from below) would you expect to find in:

- a registration form?
- a hotel card?
- an application form (for a scholarship)?
- a form to open a bank account?

nacionalidad / dirección / nombre completo / edad / fecha de nacimiento / lugar de nacimiento / intereses / ciudad preferida / nombre de los padres / profesión de los padres / profesión u ocupación / universidad / año de estudios / tarjetas *(cards)* **de crédito / dirección permanente**

2. **Transferring.** You looked for likenesses between Spanish and English (or another language). Some verbs may remind you of English words (**escribir** — *scribe*; **coleccionar** — *collection*; **pintar** — *paint*). What might the following mean?

comenzar / encontrar / construir / destruir / comprender / vender / necesitar / descubrir / matricular / fotografiar / inventar

3. **Associating.** For example, the months of the year are easier to remember if you associate them with other words. Read the following poem and then write your own following the **(abril) es...y...** pattern or any other one you want.

Los meses

Enero es un viejo que viste de° blanco
Febrero es un loco que viste de tul°.
Marzo llorón cuerdo°.
Abril es poeta.
Mayo es invertido°.
Y junio es la siesta.
Julio es arrogante.
Agosto sensual.
Septiembre es el mar°.
Octubre es un libro.
Noviembre una vela°.
Diciembre es un Niño°
  que nace° y que tiembla°.

Los meses

Enero es un(a)...que está en... .
Febrero es un(a)...que es de... .
Marzo tiene... .
Abril es...y... .
Mayo es...y... .

Tomado de *Obras incompletas*, Gloria Fuertes

viste de...dresses in
tul...a net fabric
llorón cuerdo...sensible complainer
invertido...upside down
el mar...sea
una vela...candle
un Niño...Jesús
nace...is born
tiembla...trembles

4. **Identifying words that look like English words you know.**
   a. List as many Spanish nouns as you can find in this chapter for each of the following categories.

En español...	En inglés...
-dad: nacionalidad, nacionalidades	*-ity: nationality*
-ción: emoción, emociones	*-tion: emotion, emotions*
-sión: división, divisiones	*-sion: division, divisions*
-ista: artista	*-ist: artist*
-or / -ora: supervisor, supervisora	*-or: supervisor*
-ico / -ica: mecánico	*-ic: mechanic*
-logo / -loga: tecnólogo, tecnóloga	*-logist: technologist*

Of these words, those ending in **-dad** or **-ción** / **-sión** will always be feminine.

b. Many adjectives were guessable because of their resemblance to words in English. Look through Chapters 1 and 2 and find at least two words for each of the following categories:

En español...	En inglés...
-ico(a): dinámico	*-ic; dynamic*
-able: responsable	*-ible / -able: responsible*
-ista (asta): materialista	*-istic / -astic: materialistic, enthusiastic*
-ido (a) or -ado (a): introvertido(a)	*-ed: introverted*
-ivo(a): creativo	*-ive: creative*
-ioso(a): religioso	*-ious: religious*
-ante(ente): interesante, inteligente	*-ing or -ant / -ent : interesting, intelligent*

Of the words above, those ending in **-e** or **-ista** will not change, regardless of whether they are describing a masculine or feminine noun.

c. Can you see some similarity to English in the following?

enérgico, energía **auto, automóvil, automovilismo**
intelecto, inteligente **ingeniero, ingeniería, ingenioso**
expansión, expandido **computadora, computación, computado**

While these words will be easy to recognize in reading, recognizing them in listening may take more practice as their sounds are quite different from those of English.

¿Cuáles de estas palabras puedes reconocer?

Para escribir con soltura:

Así soy yo
In this section, you will approach writing as a *process*, by using strategies for thinking, planning and organizing, elaborating, and editing.

A. Listing. Copy the following categories and list at least four Spanish adjectives you would use to describe yourself to each of these persons: **potential employer opposite sex same sex career advisor family abroad**

B. Anticipating. Now, choose two of the above persons from Activity A, and for each, give at least two questions that they would expect to have answered by your self-description.

Consejero *(career advisor)*	Una familia extranjera *(host family abroad)*
¿Qué quieres ser?	**¿Cómo eres?**
¿Dónde quieres trabajar?	**¿De dónde eres?**

C. Expanding. Expand by adding to each question two or more questions that require detail or justification. Then, answer these questions to describe yourself.

¿Qué quieres ser?
→ **¿Por qué?**
→ **¿Cuándo es tu graduación?**

¿Cómo eres?
→ **¿Qué te gusta hacer?**
→ **¿Cómo es tu personalidad?**

¿Dónde quieres trabajar?
→ **¿Por qué?**
→ **¿Con quiénes?**

¿De dónde eres?
→ **¿Cómo es tu ciudad?**
→ **¿De dónde son tus padres?**

■ **Por ejemplo:** Quiero ser ingeniera porque me gusta… . Mi graduación es en 199_ y quiero trabajar en… porque me gustan las ciudades…y también me gusta trabajar con gente… .

D. Integrating. For a richer and more complex portrait, weave the short descriptions into one longer one. Use the following connective devices.
- to provide reasons: **Quiero...porque...**   or results: **Soy... por eso...**
- to give examples: **Por ejemplo...; ...como...**
- to add: **y; también; no... tampoco; además...**
- to contrast: **pero; no soy como XX: a él (ella)...**

■ **Por ejemplo:** *Soy muy…, …y… . Quiero ser ingeniera porque **también** soy muy…y me gustan **las matemáticas y organizar…** . **Pero además tengo interés en la gente, el…, los idiomas…** . **No soy muy…pero me gusta el…** . Soy de la ciudad de…en Idaho y **mi familia es irlandesa y…** . Mi graduación es en… **y, como soy de una ciudad…,***

"Cabin Fever," 1984, Gronk
acrylic on canvas 72" x 95"
collection Daniel Boley

La civilización del ocio

¿CÓMO ESTÁ LA GENTE DEL CUADRO? ¿Está contenta? ¿Qué hacen en su tiempo libre?

En los Capítulos 3 y 4, vas a aprender cómo hablar de tus preferencias y también vas a ver cómo se divierte la gente hispana. Esta unidad se llama «La civilización del ocio» porque el tiempo libre es muy importante para nosotros ahora.

3

¡Viva el finsemanismo!

¿En qué piensas cuando miras este cuadro? ¿En el teatro? ¿En la música? ¿En qué piensas cuando tocas o escuchas tu música preferida?

■ "Blowing the Magic," 1987 (detail), Waldemar Zaidler
acrylic on canvas, 108" x 456"
© Indianapolis Museum of Art, gift of the Seagram Beverage Company and the National Wine and Spirits Corporation

Quiero aprender a...

- hablar de las cosas que yo (y otros) podemos hacer — *poder + infinitive*
- hablar de las cosas que yo (y otros) vamos a hacer — *ir + a + infinitive*
- hablar de mis gustos — *gustar + object*
- hablar de actividades habituales — *verbs in present tense*

A simple vista

You have more background to read in Spanish than you may think. Complete the following exercises to activate this knowledge.

A. Turistas. If you were preparing an ad to attract tourists to the United States, which of the following places would you include as attractions? Do you have a local attraction that falls into one of these categories?

- las grandes ciudades como Nueva York, Los Ángeles y Chicago
- los grandes almacenes como Bloomingdale's y Saks
- los parques de atracciones como Disneylandia y el Centro Epcott
- los lagos como el Superior, el Tahoe y el Gran Lago Salado
- los grandes ríos como el Colorado, el Misisipí y el Hudson
- las grandes montañas como las Apalaches y las Rocosas *(Rockies)*
- las maravillas de la naturaleza como el Gran Cañón y el Parque Yellowstone
- las playas como Malibú, Daytona y Myrtle Beach
- los sitios históricos como el Independence Hall de Filadelfia y el Fuerte Ticonderoga
- los grandes museos como el Museo Metropolitano de Nueva York o el Museo de Bellas Artes de Chicago

El Puente de la Puerta Dorada de San Francisco

La Estatua de la Libertad de Nueva York

B. El Nuevo Mundo. The following ad is promoting tourism to a certain region of the world. Skim the ad and list the words you find that tell you what region this is.

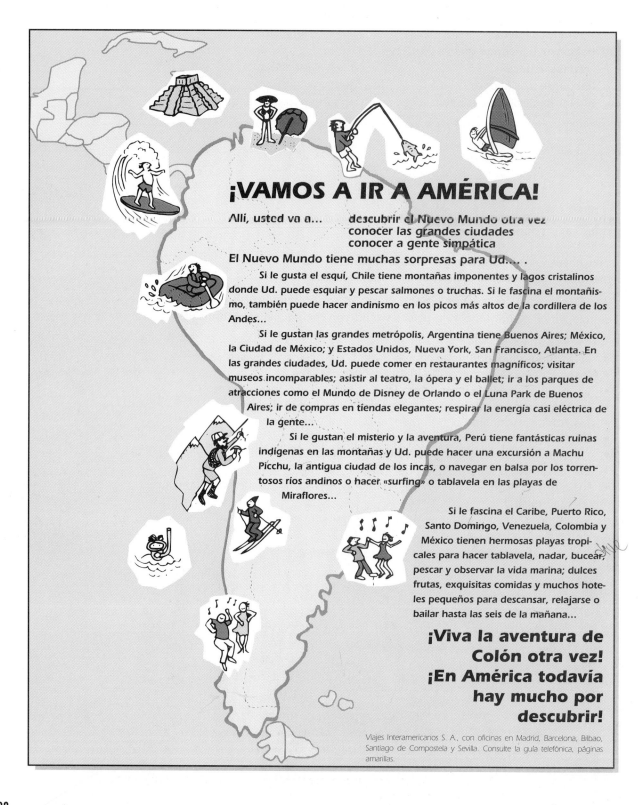

¡VAMOS A IR A AMÉRICA!

Allí, usted va a...   descubrir el Nuevo Mundo otra vez
conocer las grandes ciudades
conocer a gente simpática

El Nuevo Mundo tiene muchas sorpresas para Ud.... .

Si le gusta el esquí, Chile tiene montañas imponentes y lagos cristalinos donde Ud. puede esquiar y pescar salmones o truchas. Si le fascina el montañismo, también puede hacer andinismo en los picos más altos de la cordillera de los Andes...

Si le gustan las grandes metrópolis, Argentina tiene Buenos Aires; México, la Ciudad de México; y Estados Unidos, Nueva York, San Francisco, Atlanta. En las grandes ciudades, Ud. puede comer en restaurantes magníficos; visitar museos incomparables; asistir al teatro, la ópera y el ballet; ir a los parques de atracciones como el Mundo de Disney de Orlando o el Luna Park de Buenos Aires; ir de compras en tiendas elegantes; respirar la energía casi eléctrica de la gente...

Si le gustan el misterio y la aventura, Perú tiene fantásticas ruinas indígenas en las montañas y Ud. puede hacer una excursión a Machu Picchu, la antigua ciudad de los incas, o navegar en balsa por los torrentosos ríos andinos o hacer «surfing» o tablavela en las playas de Miraflores...

Si le fascina el Caribe, Puerto Rico, Santo Domingo, Venezuela, Colombia y México tienen hermosas playas tropicales para hacer tablavela, nadar, bucear, pescar y observar la vida marina; dulces frutas, exquisitas comidas y muchos hoteles pequeños para descansar, relajarse o bailar hasta las seis de la mañana...

¡Viva la aventura de Colón otra vez! ¡En América todavía hay mucho por descubrir!

Viajes Interamericanos S. A., con oficinas en Madrid, Barcelona, Bilbao, Santiago de Compostela y Sevilla. Consulte la guía telefónica, páginas amarillas.

C. Miremos el mapa. Mira el mapa en las páginas 514–515 y compáralo con el del anuncio. Copia los nombres de los países y de las ciudades que puedas reconocer en el anuncio.

Países   **Ciudades**

Ch. ¿Cómo es... ? Copia un adjetivo (o da tus propias palabras) para describir qué impresión tienes de cada uno de los países de tu lista.

misterioso / **romántico** / **cosmopolita** / **tranquilo** / **interesante** / **dinámico** / **hermoso** (*beautiful*) / **peligroso** (*dangerous*) / **exótico** / **grande** / **pequeño** (*small*) / **caótico** / **montañoso** / **tropical** / **fascinante** / **diferente**

D. El mejor lugar para.... Mira el anuncio de la página 6. Nombra por lo menos un país en que puedes hacer lo siguiente.

1. Puedo esquiar en... .
2. Puedo aprender algo de la historia de los incas en... .
3. Puedo escuchar música del Caribe en... .
4. Puedo navegar en... .
5. Puedo bailar hasta las seis de la mañana en... .
6. Puedo hacer andinismo (montañismo) en... .
7. Puedo hacer excursiones en... .
8. Puedo hacer «surfing» o tablavela en... .
9. Puedo ir al ballet, a la ópera, al teatro, en... .
10. Puedo bucear o nadar en... .
11. Puedo pescar salmones y truchas en... .
12. Puedo conocer a gente muy dinámica en... .

E. Vacaciones ideales. Di adónde se van de vacaciones las siguientes personas.

1. Es muy aventurera y le gustan las montañas. Va a... .
2. Es muy activa y le gusta el mar. Va a... .
3. Es muy artista y le fascinan los museos. Va a... .
4. Es muy romántico y le gusta bailar toda la noche. Va a... .
5. Es muy inquieta y le gustan las grandes metrópolis. Va a... .
6. Es muy simpático y le gusta la vida natural. Va a... .
7. Es muy activo y tiene once años. Va a... .

Objetivo común: Conocer América.

Después del 92 nosotros seguimos

Brasil • Argentina • Paraguay • Chile • Uruguay
Guatemala • Colombia • Venezuela • Perú
Ecuador • Panamá • San José • Santo Domingo
México • E.E.U.U. • Nicaragua • Salvador

Salidas semanales.
Precios especiales.
Créditos 24 meses.
Situamos pasajes en destino.
Consúltanos cualquier inquietud.

INTERAMERICAS
VIAJES S.A.

MADRID: Fuencarral, 11. Tels: 531 01 37/532 90 05
BARCELONA: Consejo de Ciento, 308. Tel: 318 26 25/358 49 92
SANTIAGO DE COMPOSTELA: General Pardiñas, 17. Tel: 56 36 70/56 40 14
BUENOS AIRES: Suipacha, 613 –4° Tel: 326 61 72

F. El mejor país para mí. Elige un país que corresponda a tu personalidad y a tus gustos e intereses. Luego, completa las siguientes frases. Incluye: 1. cómo eres; 2. qué te gusta hacer; 3. qué país vas a visitar; y 4. por qué. Sigue el modelo.

■ **Por ejemplo:** *Soy... y me gusta.... Un día, voy a visitar...o... porque* **allí** (*there*) *hay...y puedo* (*I can*)... .

G. Anuncio de turismo. Design an ad to attract tourists of your age group to your country, region, or city, using the following model.

■ **Por ejemplo:** *(Ciudad / estado) tiene muchas sorpresas para Ud... .*
Si le gusta...(nadar, bucear, hacer montañismo, etc.), tenemos... .
Si le gusta...(ir de compras, visitar un museo o un jardín botánico, etc.), tenemos... .
Si le gusta...(bailar, comer en magníficos restaurantes, escuchar música, etc.), tenemos ... .

En voz alta

A. Escucha una conversación telefónica y elige su tema de lo siguiente.

Hablan de…	**Hablan de…**
una película	viernes y domingo
el cine	lunes, miércoles y viernes
sus planes	el fin de semana

B. Escucha la conversación otra vez y haz un horario de las actividades que se mencionan. No importa si no sabes toda la información ahora.

Días: viernes, _____, _____

Actividades: ir al lago _____

Imágenes y palabras

Now that you can already read about interesting activities, you will want to start building a supply of words to talk about things to do.

¿Adónde vas? *(Where are you going?)*

Voy… *(I'm going…)*
 de vacaciones al (a la)… .
 de paseo *(for a walk)* al (a la)… .
 de fiesta *(for a party)* al (a la)… .
 de compras al (a la)… .

¿Quieres ir conmigo *(with me)***?**

a la iglesia
a la biblioteca *(library)*
a la piscina
a la tienda *(store)*

lunes (Monday)	martes (Tuesday)	miércoles (Wednesday)	jueves (Thursday)	viernes (Friday)	sábado (Saturday)	domingo (Sunday)
El lunes voy al super-mercado.	El martes voy al zoológico.	El miércoles voy al parque de atracciones.	El jueves voy al gimnasio.	El viernes voy a la discoteca.	El sábado voy al partido de fútbol americano.	El domingo voy a casa de mis padres.

¿Qué vas a hacer en las vacaciones?

En verano *(summer)*, **voy al lago** *(lake)* **o al río** *(river)*.
  a la playa *(beach)*.

Voy...

a navegar
en velero.

a hacer tablavela.

a bucear.

a esquiar en el agua.

a nadar.

a hacer «surfing».

a tomar
el sol.

Aquí *(Here)* **en verano hace mucho calor** *(It's very hot)*.

Si hace buen tiempo *(If it's nice)* **voy al río. Voy...**
  a pescar.   a navegar en canoa.

En otoño *(autumn)* **hace fresco** *(it's chilly)*.

Voy al campo *(country)*; **voy...**
  a acampar.   a hacer excursiones.

En invierno *(winter)*,

si hace frío *(it's cold)*, **voy a mi residencia...**

a leer libros.

a escribir cartas.

a aprender a jugar ajedrez.

Nunca voy al parque si hace frío.

En primavera *(spring)*,
si hace sol *(it's sunny)* **voy al parque. Voy...**

a correr.

a montar en bici.

a jugar béisbol.

Y si llueve *(it rains)*, **o hace mal tiempo** *(it's bad weather)*,

no voy a ninguna parte *(nowhere)*. **No hago nada** *(I don't do anything)*.

Voy a mi residencia a...

dormir.

limpiar mi habitación.

descansar.

hacer problemas de cálculo. —

lavar la ropa.

Aquí en invierno hace mucho frío.
En invierno voy a la montaña. Voy a...

esquiar.

hacer montañismo.[1]

patinar en el hielo.

Si nieva *(it snows)*, **voy a...jugar con el trineo.**

A mí me gustan las vacaciones porque puedo... **pasarlo bien** *(have a good time)*.
visitar ciudades grandes *(big cities)*.
ver cosas interesantes *(see interesting things.)*
viajar al extranjero *(abroad)*.
ir de mochilero *(backpacking)* **a un parque**
   o al campo.
conocer *(to meet)* **a otra gente.**
vivir *(to live)* **en hoteles de lujo** *(luxury)*.
aprender algo nuevo *(to learn something new)*.

1 Si escalas montañas en los Alpes = *alpinismo*.
  Si escalas montañas en los Andes = *andinismo*.

¿Qué haces todos los días?

Todos los días voy a la cafetería y a la calle Main, pero...

los lunes leo, escribo y estudio vocabulario.
los martes cocino y lavo la ropa.
los miércoles corro, trabajo y hago las tareas.
los jueves voy a clase y juego fútbol con mis amigos.
los viernes salgo con amigos y vemos una película.
los sábados duermo mucho, compro ropa, doy una vuelta en auto.
los domingos escucho música, no hago nada.
los fines de semana tengo que trabajar doce horas.

A. Mis intereses. Contesta las siguientes preguntas sobre tus intereses y preferencias. Luego, hazle las mismas preguntas a tu compañero(a).

1. ¿Qué deportes te gustan?
2. ¿Qué deporte quieres aprender?
3. ¿Qué no te gusta hacer?
4. ¿Qué te gusta hacer...
   cuando hace buen tiempo?
   si nieva o llueve?
   cuando sales con amigos?
   si estás solo(a)?
   en la primavera? ¿en el verano? ¿en el otoño? ¿ en el invierno?
   si no tienes mucho dinero (*money*)?

B. ¿Adónde vas? Di adónde vas si quieres hacer lo siguiente.

■ **Por ejemplo:** *Si quiero* esquiar, voy a...la montaña / Colorado... .

pasarlo bien / esquiar en el agua / correr / hacer alpinismo / hacer excursiones / navegar en canoa / nadar / patinar / ver una película / bucear / pescar / hacer deporte / comer bien / dormir / aprender algo interesante / montar en bici / hacer las tareas / tomar una cerveza (*beer*) / bailar / conocer gente / comprar ropa / viajar / acampar / navegar / ver animales / escuchar música / salir con amigos

VOZ

Octavio Paz (1914–) es un poeta, cuentista y ensayista mexicano que ganó el premio Nobel en 1990. Aquí evoca imágenes vivas de esta escena. **¿Y tú? ¿Cómo es tu paisaje?**

Entre montañas áridas, las aguas prisioneras
reposan, centellean, como un cielo caído.

-Octavio Paz

C. De vacaciones. Describe una semana de vacaciones perfecta. Incluye la estación, el tiempo que hace, adónde quieres ir, y también nombra por lo menos cuatro cosas que vas a hacer allí.

▨ **Por ejemplo:** *En otoño hace fresco; voy a ir de mochilero a acampar en las montañas. Voy a hacer excursiones, y voy a pescar y a nadar en el río.*

Ch. ¿Cuándo lo haces? Di qué días vas a hacer las siguientes cosas. Si quieres, agrega *(add)* más actividades.

▨ **Por ejemplo:** trabajar en la biblioteca
   *El domingo **voy a** trabajar en la biblioteca; no voy a trabajar el sábado.*

1. trabajar en la computadora
2. estudiar para el examen de...
3. correr con mis amigos
4. hacer deporte
5. aprender vocabulario
6. lavar la ropa
7. escribir una composición
8. ir de compras
9. trabajar en...
10. salir con mis amigos
11. ir al supermercado
12. aprender ajedrez

D. ¿Por qué te gusta? Di dos cosas que te gustan de cada una de las siguientes.

▨ **Por ejemplo:** la ciudad
   ***Me gustan** los coches y la gente.*

1. el campo
2. la ciudad
3. los deportes
4. la biblioteca
5. el invierno
6. el bar
7. la gente
8. la universidad
9. los idiomas
10. el verano

E. ¿Adónde vas? Da dos cosas que puedes hacer si vas a los siguientes lugares.

▨ **Por ejemplo:** *Si voy al parque, **puedo** conocer gente y **puedo**... .*

1. al cine
2. al centro comercial
3. al gimnasio
4. al bar...
5. al centro de estudiantes
6. al banco...
7. a la calle...
8. a la playa
9. a las tiendas
10. a las montañas...
11. a las reuniones de...
12. a las fiestas

F. Gustos populares. Di adónde vas en cada uno de los siguientes casos.

▨ **Por ejemplo:** *Me gusta la ropa de moda. Voy a la tienda «DJ's».*

1. Me gusta la cerveza *(beer)* mexicana (holandesa, brasileña, china).
2. Me gusta la comida china (italiana, mexicana, tailandesa).
3. Me gusta el arte pop (clásico, medieval, impresionista).
4. Me fascina la naturaleza de la costa (de las montañas, del desierto).
5. Me gusta la gente joven (mayor, de otros países).
6. Me gustan los animales domésticos (marinos, de la montaña, del desierto, de todos tipos).

7. Me gustan las películas policiales (de terror, de amor).
8. Me gustan las grandes ciudades cosmopolitas (turísticas, artísticas).
9. Me gustan las vacaciones de invierno (de verano, de primavera, de otoño).
10. Me gustan los deportes como el aerobismo (el tenis, el básquetbol, el béisbol, el vóleibol).

G. Dime cuándo. Di cuáles de las siguientes actividades haces 1. todos los días, 2. sólo los sábados.

■ **Por ejemplo:** *Todos los días, escribo, aprendo vocabulario y...*
Pero los sábados, trabajo y...

leo / escribo / miro la tele / trabajo en... / corro / nado / lavo la ropa / como en la cafetería / duermo todo el día / trabajo en la computadora / estudio en la biblioteca / aprendo vocabulario / salgo con amigos / hago las tareas / doy una vuelta en auto / juego fútbol (tenis...) / veo una película

H. Conversación. Completa la siguiente conversación con tu compañero(a).

1. Inquire about your partner's plans for certain days of the week. Your partner tells you that on many of them, he or she is busy.
2. When you find a day of the week that your partner is free, make an invitation for some outdoor event.
3. Your partner will accept, but will want to know alternate plans in case it rains.

■ **Por ejemplo:**
—*Hola, ¿qué tal?*
—*Bien. Oye, ¿vas a...el (sábado)... ?*
—*¿Adónde vas el... ?*
—**¿Qué haces** *los... ?*
—*¿Quieres ir a...conmigo?*

—*Si..., ¿quieres... ?*
—**Hasta pronto.**

—*Bien, ¿y tú?*
—*No puedo. Los...tengo que... .*
—*Tengo que... .*
—**No hago...;** *no voy a... .*
—*Sí,* **cómo no.** *Me gusta... .* **Nunca** *voy a... ¿Y si...?*
—*Sí, muy bien. Gracias.*
—**Chao.**

I. ¡A conversar! Usa las siguientes preguntas para conversar con otra persona. Usa las actividades de la Actividad **G**.

1. *Find out* what your partner likes.
   ¿Te gustan...*(los libros, las películas, los deportes, etc....)?*
2. Your partner will *support* his or her response:
   *Sí, (***leo, juego, veo**...*) (todos los días, los viernes,...).*
3. *Invite* your partner to do something related to his or her interests.
   ¿Quieres ir...*(al bar, a la biblioteca, al cine, al / a la...)?*
4. Your partner will *refuse* the invitation because he or she is going someplace else.
   Gracias, **pero no puedo. Voy al (a la)...** . *Tengo que... .*

⊕ Con teleobjetivo

Para hablar: To share likes and dislikes

The verb *gustar*

In Chapter 1 you used the verb **gustar** to talk about what you and others like to do. Here are the forms you use.

—¿**Te gusta** nadar?　　　　　　—*Do you like to swim?*

—No, a mí **no me gusta.** Pero **me**　　—*No, I don't like it.*
gusta leer.　　　　　　　　　　　*But I like to read.*

In some of the activities in this chapter, you have been using **gustar** to talk about *things and people* you and others like. You have used **me gusta** and **me gustan** and the negatives **no me gusta** and **no me gustan**.

Me gusta la televisión y también me gustan las películas. Pero no me gustan las películas de amor.

The form **gusta** is used when talking about one thing (a singular noun), and **gustan** is used when talking about more than one thing (a plural noun).

1. The thing or person you like comes after the verb form and is always used with a modifier: **el, la, los, las, mis, su,** etc. Notice that you don't use an article with an infinitive.

   A Elena **le gusta el andinismo** y　　*Elena **likes mountain climb-***
   también **le gusta esquiar.**　　　　　***ing** and also **likes to ski.***

2. Use **gusta + el (la)... +** *noun* when you refer to one thing.

   A Sebastián **le gusta la ciudad; no**　　*Sebastián **likes the city;** he*
   le gusta la costa.　　　　　　　　*doesn't **like the coast.***

   Use **gustan + los (las) +** *noun* or **gustan + el (la)...y el (la) +** *noun* when you refer to more than one thing, idea, or person.

   A mí **me gustan los amigos** de　　**I like Nené's friends; Nené** also
   Nené; a Nené también **le gustan la**　　**likes** the people and the music
   gente y la música en sus fiestas.　　at their parties.

3. Remember that **gustar** is used with the pronouns **me, te, le, les, nos,** and *os.*

   A mí **me gustan los jueves** porque　　*I like Thursdays because I have*
   tengo clase de biología.　　　　　　*biology class.*
   ¿**Te gustan los jueves** a ti también?　***Do you like Thursdays,*** *too?*
   Al profesor no **le gustan los jueves**　***The professor doesn't like***
   porque los alumnos conversan　　　***Thursdays,*** *because the students*
   mucho.　　　　　　　　　　　　*talk a lot.*

Gustar
One person (singular)
(a mí) **me gusta(n)**
(a ti) **te gusta(n)**
(a usted) **le gusta(n)**
(a él / ella) **le gusta(n)**
More than one person (plural)
(a nosotros / nosotras) **nos gusta(n)**
(a vosotros / vosotras) ***os gusta(n)***
(a ustedes) **les gusta(n)**
(a ellos / ellas) **les gusta(n)**

4. To contrast or clarify who likes or dislikes something, remember to use phrases like **a mí, a ti, a él (ella), a usted(es), a nosotros (nosotras), a ellos (ellas)**, and **a *vosotros (vosotras)***.

A mí me gustan los deportes, pero a mi amigo José no **le gustan**.	*I like sports, but my friend José doesn't like them.*
A él le gusta el ajedrez. **A muchos de mis amigos** también **les gustan** los viajes y los idiomas. Pero **a todos nos gusta** ir a fiestas.	*He doesn't like chess. Many of my friends also like trips and languages. But we all like to go to parties.*

A. Gustos básicos. Di qué te gusta de cada uno de los siguientes.

■ **Por ejemplo:** *Me gusta el invierno porque... .*
Me gustan mis amigos... .

el invierno / el verano / la universidad / los fines de semana / la ciudad donde vives / tus amigos

B. ¿Te gusta? Pregúntale a tu compañero(a) cuál de las siguientes cosas le gustan. Apunta sus respuestas y luego descríbele a la clase sus gustos e intereses.

■ **Por ejemplo:**

Tú:	*—¿Te gustan las películas de terror?*
Linda:	*—No, no me gustan. Me gustan las películas policiales.*
A la clase:	*—A Linda no le gustan las películas de terror, pero sí le gustan las películas policiales.*

las películas	de terror / románticas / de detectives / de ciencia ficción
los deportes	el béisbol / el tenis / el básquetbol / el fútbol / el fútbol americano / el vóleibol / el esquí / el buceo / la natación / el aerobismo / el «surfing»
la comida	americana / china / italiana / tailandesa / mexicana / francesa
los lugares	la ciudad / el campo / el parque / la plaza / el centro comercial / el parque de atracciones / el centro de estudiantes / el bar... / el restaurante... / las tiendas de...
los programas de TV	los programas deportivos / las noticias *(news)* / las telenovelas *(soap operas)* / los conciertos / los dibujos animados *(cartoons)* / los programas policiales / los programas de ciencia ficción / los documentales
la ropa	los *jeans* rotos *(torn)* / los shorts / los pulóveres / las chaquetas de motociclista
el tiempo	el sol / el calor / la lluvia *(rain)* / la nieve / el frío

C. Quiero descansar. Di adónde quieres ir de vacaciones y por qué.

■ **Por ejemplo:** *En las vacaciones quiero ir al (a la)... porque me gusta(n) el / la / los / las...*

Ch. Cadena. En una hoja de papel escribe tu nombre y tres frases sobre tus gustos e intereses. Luego, intercambia la descripción con otra persona y compara los gustos de Uds. dos.

◻ **Por ejemplo: Tu compañero escribe:** *Me gustan los coches deportivos y los libros de . . .*

                Tú: *A **los (las) dos** nos gustan los libros de... . Pero a mí... .A...le gusta la playa, no las montañas, porque no le gusta acampar.*

Ideas: las reuniones de la fraternidad / los chicos del club de... / los discos compactos / las computadoras / la naturaleza / los amigos / los animales / los estéreos / la música... / la ropa deportiva / el fútbol americano / los viernes en... / las excursiones

D. Encuesta. Haz una lista de diez actividades y cosas que te gustan o que no te gustan. Luego, con esta lista haz una encuesta entre tus compañeros para saber a cuántos les gustan las mismas cosas.

◻ **Por ejemplo:**

          Tú: *Me gusta dormir los lunes, conversar en clase, bucear, el cine alemán, la clase de... .*

   Compañero(a): *No me gusta el aerobismo, **ni** cocinar, **ni** lavar la ropa... .*

     A la clase: *A tres personas **nos** gusta dormir...; a cinco personas **les** gusta bucear; a mí **me** gusta la clase de álgebra; a Mónica **le** gustan los juegos de Nintendo y a Jeff **le** gustan **los** vídeos de Madonna.*

E. ¿Qué nos gusta? Con dos personas, haz tres columnas en una hoja de papel como se ve en el modelo. Cada persona del grupo va a decir qué le gusta en cada categoría, mientras los demás toman apuntes.

◻ **Por ejemplo:** *¿Qué te gusta ver?*

Me gusta(n)	**A...le gusta(n)**	**A...le gusta(n)**
Me gustan las películas de amor.	*Le gustan las películas de terror.*	*Le gustan las películas de ciencia ficción.*

¿Qué te gusta...leer / escuchar / estudiar / comer / coleccionar / comprar / hacer / escribir / cocinar / ver?

F. En resumen. Use the notes you took in Activity **E.** Look at your responses and those of your partners. Mark those that are the same as yours with a check (√). Then count the number of check marks you have. With which classmate do you have the most in common? Report to the class.

◻ **Por ejemplo:** *Soy como Michelle. A nosotros (nosotras) nos gusta(n)... .*
                      No soy como Mark. A él le gusta(n)..., pero a mí me gusta(n)... .

⊕ Con teleobjetivo

Para hablar: To say what you are going to do

Ir a

One person (singular)

(yo) **voy a**

(tú) **vas a**

(usted) **va a**

(él / ella) **va a**

More than one person (plural)

(nosotros / nosotras) **vamos a**

(vosotros / vosotras) **vais a**

(ustedes) **van a**

(ellos / ellas) **van a**

The construction *ir + a + infinitive*

To talk about your plans or what you are going to do, you have used **voy a** and the verb indicating the activity.

> *Primero,* **voy a** *correr con mis amigos. Luego* **voy a** *estudiar un poco.*

The word **voy** is the **yo** form of the verb **ir** *(to go)*. **Ir** plus the preposition **a** are used to talk about plans and intentions.

To talk about...

1. where you are going, use:

   —**Voy al** gimnasio; **no voy a la** biblioteca.

   voy al + *masculine noun*
   voy a la + *feminine noun*
   —*I'm going to the* gym. *I'm not going to the* library.

2. where you are going and what you intend to do, use:

   —**Voy al cine a ver** una película de aventuras.
   —**Voy a la biblioteca a hacer** las tareas.

   voy al (a la)+ *place* + **a** + *infinitive*
   —*I'm going to the theater to see* an *action* (adventure) *movie.*
   —*I'm going to the library to do* my *homework.*

3. what you and others do together as in "Let's..." or "Why don't we...?" use:

   —**Vamos al lago Azul. Vamos a pescar** y a **comer** salmón.
   —No me gusta pescar. **¿Por qué no vamos al parque a jugar** tenis?

   vamos al (a la) + *place*,
   vamos a + *infinitive*
   —*Let's go to Blue Lake.*
   Let's fish and *eat* salmon.
   —*I don't like to fish.* **Why don't we go to the park to play** *tennis?*

4. To ask where others are going, use:

   —**¿Adónde vas** esta noche? ¿Y **adónde** van los chicos?

   ¿Adónde + vas / va / van?
   —*Where are you going* tonight? And *where* are the boys going?

5. To ask others what they are going to do, use:

   —**¿Adónde vas**, Mario?
   —Voy al gimnasio.
   —**¿Qué vas a hacer?**
   —Voy a jugar básquetbol.

   ¿Qué + vas / va / van + a hacer?
   —*Where are you going,* Mario?
   —*I'm going to the gym.*
   —*What are you going to do?*
   —*I'm going to play basketball.*

6. To say when you or others are going to do something, use expressions like:
todos los días *(everyday)*, **nunca** *(never)*, **los lunes, los martes, los miércoles**
hoy *(today)*, **esta mañana** *(this morning)*, **esta tarde** *(this afternoon)*, **esta noche** *(this evening, tonight)*
mañana *(tomorrow)*, **el lunes,** *(on Monday)*, **el martes, el miércoles, el jueves, este fin de semana**
el lunes que viene, *(next Monday)*, **la semana que viene** *(next week)*, **el fin de semana que viene, el mes que viene, el año que viene**

> *El **viernes que viene** no voy a trabajar porque tengo una clase muy importante.*
> *El **año que viene** no voy a trabajar tampoco, porque tengo que hacer la práctica.*
> ***Mañana** voy a leer los capítulos de sociología que tenemos que estudiar.*

A. ¡Vamos! Tu profesor (profesora) no va a hacer clase hoy. Da tres sugerencias de cosas que pueden hacer tú y tus compañeros de clase. Menciona un lugar y una actividad en cada caso.

■ **Por ejemplo:** *Vamos a la calle...a mirar la gente.*

B. ¿Adónde van? ¿Qué van a hacer tus compañeros para las vacaciones que vienen? Conversa con tres personas y luego presenta un informe a la clase.

■ **Por ejemplo:** **A tu compañero(a):** —*¿Adónde vas para las vacaciones de primavera?*
                                   —*Voy a ir a Universal Studios.*
                     A la clase: —*Jeff va a ir a Universal Studios, pero yo voy a ir de mochilero por Texas.*

C. ¡Adiós, profe! El (La) profesor (profesora) quiere ir de vacaciones. Con otra persona, planeen un viaje interesante para él (ella). Luego, explíquenle todo el plan a la clase y al (a la) profesor (profesora).

1. ¿Adónde va?
2. ¿Qué va a hacer?
3. ¿Por qué? (¿Qué le gusta hacer? ¿Qué no le gusta?)
4. ¿A quién va a conocer allí? (Va a conocer a... .)
5. ¿Cuánto tiempo *(How much time)* va a pasar *(to spend)* allí?
6. ¿Qué tiempo hace allí?

Ch. Los símbolos. You and a classmate have won a trip to a famous resort area that offers opportunities for many activities. Work with a partner to find out: 1. which activities you are both going to do; 2. which activities you want to learn to do (**queremos aprender a...**); and 3. which activities you are definitely not going to do.

■ **Por ejemplo:** *Vamos a correr. Queremos aprender a bucear.*
No vamos a lavar la ropa.
Yo voy a comer mucho y Elena va a jugar póquer.

||⊕ Con teleobjetivo

Para hablar: To talk about your day and your routines

The regular present tense
You have already practiced talking about...

what you are going to do:	*Voy a* **correr.**
what you are (not) able to do:	*Puedo* **correr;** *no puedo* **nadar.**
what you (don't) want to do:	*Quiero* **correr.**
what you (don't) have to do:	*Tengo que* **correr.**
what you (don't) like to do:	*Me gusta* **correr.**
what you (don't) want to learn to do:	*Quiero aprender a* **nadar.**

In each of these cases, you have used verbs in the *infinitive* form to mention certain activities, such as **nadar, correr,** and **escribir.**

> **No puedo** *estudiar* **esta noche porque voy a** *ir* **al concierto. Me gusta** *escuchar* **música moderna, pero cuando quiero** *leer*, **tengo que** *escuchar* **música clásica.**

When you want to describe what you and others generally or routinely do, you use various forms of these infinitives in the *present tense,* just as you have learned to do with the infinitives **ir, tener, querer,** and **ser.** For example, you have said **nado en la piscina** and **en la clase escribo mucho** using present-tense forms of the verbs **nadar** and **escribir**. You have also used negatives, such as **no leo libros serios** from the verb **leer**.

1. Notice, in the following example, that the present tense allows you to describe general or routine actions.

Los sábados **descanso** porque **no tengo** clases y **no trabajo**. **Converso** con mis amigos o **miro** la tele, pero **nunca trabajo**.	*On Saturdays **I relax** because **I don't have** classes and **I don't work**. **I talk** with friends or **watch** TV, but **I never work**.*

2. Present tense forms can express a variety of meanings that are conveyed through the context.

   (No) **Leo.** {
   I (don't) read (regularly, generally).
   I do (not) read.
   I am (not) reading (currently, these days).

3. **Nadar**, **leer** and **escribir** belong to separate verb families in Spanish. You can tell the families apart by their different infinitive endings -**ar**, -**er**, and -**ir**.

	-**ar** verbs	-**er** verbs	-**ir** verbs
(yo)	-**o** trabajo	-**o** como	-**o** vivo
(tú)	-**as** trabajas	-**es** comes	-**es** vives
(Ud.)	-**a** trabaja	-**e** come	-**e** vive
(él / ella)	-**a** trabaja	-**e** come	-**e** vive
(nosotros /nosotras)	-**amos** trabajamos	-**emos** comemos	-**imos** vivimos
(vosotros / vosotras)	-**áis** trabajáis	-**éis** coméis	-**ís** vivís
(Uds.)	-**an** trabajan	-**en** comen	-**en** viven
(ellos / ellas)	-**an** trabajan	-**en** comen	-**en** viven

Notice that, regardless of the verb "family," in the present tense the...
   - -**o** ending always indicates **yo.**
   - -**s** ending always indicates **tú.**
   - -**n** ending always indicates more than one person (**ellos / ellas / ustedes**).
   - -**mos** ending always indicates **nosotros / nosotras.**
   - -**ar** forms keep their -**a** group marker throughout.
   - -**er** and -**ir** verb groups share the same endings, except in **nosotros / nosotras.**
   - **nosotros** form is the only one that distinguishes between -**er** and -**ir** verbs.

4. You have also used some verbs that do not follow this pattern. Some of these are irregular and their forms must be memorized.
   You have already learned:

(to be from, have characteristics) **ser:**	soy, eres, es, somos, *sois*, son
(to go) **ir:**	voy, vas, va, vamos, *vais*, van
(to see) **ver:**	veo, ves, ve, vemos, *veis*, ven

   Here are some verbs that change in the **yo** form only:

(to be at, in / to be well, not well) **estar:**	estoy, estás, está, estamos, *estáis*, están
(to give) **dar:**	doy, das, da, damos, *dais*, dan
(to do) **hacer:**	hago, haces, hace, hacemos, *hacéis*, hacen
(to go out) **salir:**	salgo, sales, sale, salimos, *salís*, salen

	(to be acquainted with or to meet)	
conocer:	conozco, conoces, conoce, conocemos, *conocéis,* conocen
(to bring) **traer:**	traigo, traes, trae, traemos, *traéis,* traen
(to know) **saber:**	sé, sabes, sabe, sabemos, *sabéis,* saben

5. Other verbs have what is called a stem change. The stem is that part of the verb that remains when the ending is removed: **querer → quer → quier-o**

Notice that this change is **not** present in the **nosotros** or **vosotros** forms. Although the stems change in these verbs, they use the same *endings* as other verbs you have already learned:

querer:	quiero, quieres, quiere, queremos, *queréis,* quieren

Here are some new verbs:

e → ie

(to have) **tener:**	tengo, tienes, tiene, tenemos, *tenéis,* tienen,
(to come) **venir:**	vengo, vienes, viene, venimos, *venís,* vienen
(to snow) **nevar:**	nieva *(only one form used)*

o → ue

(to sleep) **dormir:**	duermo, duermes, duerme, dormimos, *dormís,* duermen
(to be able to) **poder:**	puedo, puedes, puede, podemos, *podéis,* pueden
(to tell) **contar:**	cuento, cuentas, cuenta, contamos, *contáis,* cuentan
(to rain) **llover:**	llueve *(only one form used)*
(to play a game) **jugar**[1]:	juego, juegas, juega, jugamos, *jugáis,* juegan

[1] **Jugar** is the only verb in Spanish that changes **u → ue.**

6. Words you will find useful when talking about what you generally or routinely do (or do not do) are:

siempre *(always)*	**cuando** *(when)*
por lo general *(generally)*	**a veces** *(sometimes)*
nunca *(never)*	**muchas veces** *(often)*
todos los días, semanas, etc. *(every day, week,* etc.*),* **los lunes, martes,**	
etc. *(on Mondays, Tuesdays,* etc.*)*	

You also know other words that will help you express important shades of meaning: **demasiado, mucho, bastante, poco, nunca.**

Duermo **demasiado**; no trabajo **bastante**.	*I sleep **too much**, I don't work **enough**.*

A. ¡Ay, qué vida más dura! Dile a la clase lo que haces demasiado y lo que no haces bastante. Nombra dos actividades en cada caso.

▨ **Por ejemplo:** *Estudio demasiado. No duermo bastante.*

B. Unas veces, sí; otras, no. Di lo que haces cuando vas a los siguientes lugares. Nombra dos cosas. Luego, di lo que no haces por lo general.

▨ **Por ejemplo:** *Cuando voy a un restaurante, leo el menú y como, pero no leo un libro.*

1. la biblioteca	**5.** el zoológico	**9.** casa
2. el supermercado	**6.** el parque	**10.** el lago
3. la discoteca	**7.** las clases	**11.** la calle...
4. el campo	**8.** la playa	**12.** el cine

C. De vacaciones. En tres columnas, haz listas para indicar cómo pasas las vacaciones. Anota cuatro actividades en cada categoría.

▨ **Por ejemplo:**

Siempre	**A veces**	**Nunca**
duermo	*leo*	*cocino*

Ch. Somos diferentes. Find out how often your partner does each of the things he or she listed in Activity **C.** Report back to the class on your similarities and differences.

▨ **Por ejemplo:**

Tú:	*—¿Cocinas mucho?*
Tu compañero(a):	*—Sí, cocino muy bien. (Sí, me gusta mucho cocinar.)*
A la clase:	*—Yo nunca cocino, pero Brian cocina mucho.*

D. ¡Qué bien hablas! Give one of your classmates a compliment on something he or she does well. Then, give one to your teacher.

▨ **Por ejemplo:** *Brian, ¡qué bien cocinas!*
Profesor (Profesora), ¡qué bien canta Ud.!

E. El fin de semana. En los siguientes casos, compara tus actividades típicas y rutinarias con algo extraordinario que quieres hacer.

■ **Por ejemplo:** todos los sábados / el sábado que viene
   Todos los sábados duermo mucho, miro la tele y estudio un poco. Pero el sábado que viene, voy a ir de mochilero y voy a acampar en el parque.

1. todas las noches / esta noche
2. todos los fines de semana / este fin de semana
3. todas las semanas / la semana que viene
4. todos los días / mañana
5. todos los domingos / el domingo que viene

F. Sólo veinticuatro horas. Entrevista a otra persona en cuanto a las horas que dedica a las siguientes actividades.

■ **Por ejemplo:** —*¿Cuántas horas estudias?*
   —*Estudio tres o cuatro horas todos los días.*

1. estudiar
2. dormir
3. leer
4. salir con amigos
5. mirar la tele
6. jugar...
7. hablar por teléfono
8. descansar

G. En sus ratos libres. Speculate on what the following types of people do in their free time.

■ **Por ejemplo:** *Es muy aburrido* (boring).
   Duerme todo el día.

1. Es muy aventurera.
2. Es muy tímido y solitario.
3. Es muy sociable.
4. Es muy romántica.
5. Es tan *(so)* artista.
6. Es tan deportista.
7. Es tan responsable.
8. Es tan cómico.

H. Mi amigo(a) es así. Entrevista a tu compañero(a) en cuanto a la siguiente información y toma apuntes. Luego, escribe una descripción de tu compañero(a) según esta información.

1. ¿Cómo te llamas?
2. ¿De dónde eres?
3. ¿Dónde vives?
4. ¿Cómo eres?
5. ¿Cuántos años tienes?
6. ¿Para qué estudias? (Estudio para ingeniero / abogado, etc.)
7. ¿Cuántos cursos tienes?
8. ¿Qué te gusta hacer?
9. ¿Adónde vas los viernes?
10. ¿Qué haces los fines de semana?
11. ¿Adónde vas a correr / nadar?
12. ¿Qué haces en las vacaciones?

I. Quien quiere, puede. En grupos de cinco, averigüen quién puede hacer las siguientes cosas. Luego dile a la clase cuántos pueden hacer cada actividad.

■ **Por ejemplo:** *Todos podemos jugar póquer.*
   Tres estudiantes saben jugar ajedrez.
   No podemos esquiar.

1. bucear	**5.** hacer alpinismo	**9.** bailar salsa
2. patinar	**6.** dibujar	**10.** esquiar
3. jugar tenis	**7.** hablar francés	**11.** programar computadoras
4. escribir poemas	**8.** jugar ajedrez	**12.** comprender *(to understand)* chino

J. Talentos y habilidades. Di qué puede hacer cada grupo.

▨ **Por ejemplo:** los basquetbolistas
Juegan bien el básquetbol.

1. los artistas	**6.** los abogados	**11.** los médicos
2. los profesores	**7.** los deportistas	**12.** los actores
3. los estudiantes	**8.** los futbolistas	**13.** las madres
4. los periodistas	**9.** los cantantes	**14.** los padres
5. los programadores	**10.** los cocineros	**15.** los marineros *(sailors)*

K. El quinto centenario. Many groups of tourists are responding to the brochure you saw on page 86 at the opening of this chapter. What do these tourists probably do in the following places?

▨ **Por ejemplo:** la Ciudad de México
En la Ciudad de México ven el Parque Chapultepec.

1. Nueva York	**6.** Los Ángeles
2. tu ciudad	**7.** Río de Janeiro
3. la cordillera *(mountain range)* de los Andes	**8.** Perú
4. San Francisco	**9.** Cartagena, Colombia
5. San Juan, Puerto Rico	**10.** Buenos Aires

Verbos posibles: visitar / ir a / comer / salir con, etc.

Visión

Los domingos, día de descanso y paseo, la gente va a remar en el lago del Parque del Retiro de Madrid. ¿Y tú? ¿Qué haces los domingos?

L. Nuestras actividades. Entrevista a cuatro personas para averiguar cuántos hacen las siguientes cosas. Dale cuenta a la clase. Sigue el ejemplo.

■ **Por ejemplo:** leer muchas novelas

> A: *A mí no me gusta leer, pero leo a veces.*
> B: *Yo nunca leo.*
> C: *Yo no leo mucho.*
> Ch: *Yo leo pero no me gustan las novelas.*
> A la clase: *Nadie* (Nobody) *lee muchos libros. Una persona nunca lee. Dos personas leen, pero a uno(a) no le gustan las novelas.*

1. ver los programas educativos

2. comer en el centro estudiantil todos los días

3. dormir más de ocho horas todos los días

4. dormir en la clase de español

5. jugar tenis o *squash*

6. salir con amigos por la noche

7. correr dos millas todos los días

8. escribir composiciones o ensayos

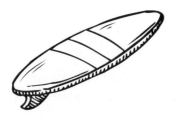 

9. hacer «*surfing*» o tablavela

10. leer libros serios

Ll. La vida estudiantil. ¿Puedes describirle a un(a) extranjero(a) la vida estudiantil en los EE.UU.? En grupos de tres personas, hagan una lista de lo que todos los estudiantes hacen casi siempre. Luego hagan otra lista de lo que no hacen casi nunca.

Casi siempre

Casi siempre estudiamos / hacemos..., etc... .

Casi nunca

Casi nunca dormimos, etc... .

M. Personajes famosos. Di por qué eres diferente de la siguiente gente. Incluye por lo menos una característica y una actividad en cada caso.

> **Por ejemplo:** el presidente de Estados Unidos
> *El presidente es político y yo no soy política.*
> *El presidente conoce a mucha gente importante y yo no conozco a nadie importante.*

1. Donald Trump y Ted Turner
2. Indiana Jones y James Bond
3. Madonna y Paula Abdul
4. Barbara Walters y Peter Jennings
5. Rip Van Winkle y mi perro
6. Ivan Lendl y Gabriela Sabatini

¿Sabes quiénes son estos hispanos?

En voz alta

A. Escucha la conversación y escribe la palabra que usa el chico cuando contesta el teléfono. Luego, escribe el horario completo.

B. Escucha la conversación otra vez y trata de imaginar las preguntas que hace la otra persona. Luego, en la lista que sigue, borra *(erase, cross out)* todas las preguntas que *no* son posibles.

¿De dónde eres?

¿Qué vas a hacer?

¿Qué hacemos el domingo?

¿Por qué no vamos a esquiar?

¿Cómo están?

¿Adónde vas a ir?

¿Cómo son?

¿Por qué no me llamas?

¿Qué tal?

¿Con quién estás?

¿Quieres ir a... ?

▐ 🖼 Otro vistazo

In this section you will practice the reading strategies you have already learned and increase your understanding of the Spanish-speaking world.

Piensa...

A. As you saw in the ad on page 86, vacationing is a topic that not only interests everybody, but may mean different things to different people. Complete the following survey to indicate what you expect of a vacation.

Encuesta

Es posible seleccionar más de una respuesta.

1. Para mí, las vacaciones son sinónimo de...
   - a. descanso.
   - b. aventura.
   - c. estudio.
   - ch. ocio (entretenimiento / diversión).
   - d. viaje.
   - e. amor (*love*).
   - f. aburrimiento (*boredom*).

2. Paso las vacaciones...
   - a. con mi familia.
   - b. con amigos.
   - c. en el trabajo para ganar más dinero.
   - ch. en el campus de la universidad.
   - d. de viaje.
   - e. otra cosa.

3. Para mí, las vacaciones son...
   - a. un lujo.
   - b. una necesidad.
   - c. no muy importantes.

4. En las vacaciones, mis padres...
   - a. están en casa.
   - b. viajan.
   - c. trabajan.
   - ch. visitan a sus familiares.
   - d. otra cosa.

5. Cuando voy de vacaciones, voy por...
   - a. un fin de semana.
   - b. una semana.
   - c. un mes.
   - ch. más de un mes.

6. En Estados Unidos, hay cambios de horarios (*schedule changes*) durante las vacaciones en...
   - a. la universidad.
   - b. los bancos.
   - c. los periódicos.
   - ch. el trabajo.
   - d. los restaurantes.
   - e. la televisión.
   - f. las tiendas.
   - g. las revistas.
   - h. las oficinas.

7. Además de las vacaciones de verano, suelo (*I tend*) ir de vacaciones en...
   - a. la primavera.
   - b. el otoño.
   - c. el invierno.

Mira...

B. Scan the headlines and complete the following.

Hoy comienza la «Operación Verano» 1991, que registrará 8 millones de desplazamientos

A las tres de la tarde de hoy se abrirá el horizonte veraniego. Otras fechas conflictivas de esta operación serán del 12 al 16 y del 24 al 28 de julio, del 31 de julio al 1 de agosto, del 14 de agosto al 1 de septiembre y del 13 al 16 de ese mes.

Carreteras españolas: el calvario del verano

Los embotellamientos y las obras acechan a los automovilistas

Hoy a las 23'19" empezará el verano. Su duración será de 93 días, 15 horas y 29 minutos. ¿Tiene decididas sus vacaciones?

1. Las fechas más importantes son... .
2. Más o menos...millones de coches van a viajar.
3. Toda esta gente viaja para las vacaciones de... .
4. Si en cada coche o auto viajan tres personas, podemos decir que van a viajar ____ millones de personas, aproximadamente. Esto es el ____ % de los españoles, que son 40 millones.

Visión

Cuando hace buen tiempo, a muchos hispanos (mayores) les gusta reunirse en el parque o en la plaza a jugar al dominó. ¿Y tú? ¿Sabes jugar al dominó?

Cerrado por vacaciones hasta el 16 de Sept. ← Les seguirán atendiéndoles en la "Cafetería Santillana"; 20 m. más arriba

C. Compare your vacation routine to what Spaniards seem to like with respect to the following. If you don't have the appropriate information, say **No sé** *(I don't know)*.

	Para mí	**Para los españoles**
1. duración de las vacaciones		
2. fechas de otras vacaciones en el año		

Ch. Given the sheer number of people who leave the cities, you can see that summer vacations are highly valued by Spaniards. Do you think they do this at other times during the year, also?

Esta revista también está de vacaciones.

¡¡FELICES VACACIONES!!

LA EDICIÓN *17* DE LA REVISTA

ser UNO MISMO

SALDRÁ A LA VENTA EL 1 DE SEPTIEMBRE

¡¡HASTA ENTONCES!!

Lee...

D. The article that follows describes vacation possibilities for Hispanic travelers. Before reading, skim the article to familiarize yourself with its contents. You may work with a partner if you wish. Do not expect to understand every word. Focus on the words you *do* know and those you can guess by using "clues" such as the following:

1. words that look like English words, such as: **convertir** and **típica.**
2. words that look like Spanish words you know, such as: **esquí** → **esquiar.**
3. words you can guess through their *context,* such as: **termómetros...grados.**

E. Read the following article to find out what destinations Hispanic vacationers may choose. List the destinations (**lugares**) suggested by the author in one column, the activities available in another column, and characteristics of the type of person who would be interested in these activities in a third column.

Lugares	Actividades	Gente

ENTRE EL POLO Y EL TRÓPICO INFINITAS POSIBILIDADES PARA UN VERANO CON IMAGINACIÓN

Convertir las vacaciones estivales° en algo más que quince días en una playa típica con gente por todas partes depende en gran parte de la imaginación de cada persona.

Cuando en España los termómetros marcan casi 40 grados, en San Carlos de Bariloche y Las Leñas en Argentina, hay estupendas pistas° de esquí para los amantes° del deporte blanco, que así también pueden esquiar en verano. Otra opción «fresca» puede ser ir a acampar por el Nepal, o el Tibet, al pie del° Everest, la montaña más alta del mundo.

Para los que el verano es sinónimo de playas blancas, aguas limpias° y tranquilas pero sin gente, Costa Rica puede ser su destino. En la provincia de Guancaste se encuentran° las playas más espectaculares de Costa Rica: Tamarindo, Bahía Pez Vela, Flamingo, Hermosa y Sámara. En esta región también están los refugios de aves° migratorias y acuáticas, de simios (o monos°) y de felinos (o panteras, pumas, leopardos, linces).

Para la gente con cuentas de banco muy importantes, las vacaciones a todo lujo pueden tener tres escenarios: un safari en África con tiendas de campaña° que tienen duchas; alquilar° una isla del Caribe en exclusiva; o alquilar un castillo inglés o escocés con *lord* incluido.

Los aventureros pueden buscar oro° en Laponia, visitar las cataratas Victoria, cazar° iguanas en Cayo Largo, ir a la selva° de Borneo, o ir a Kenia. Si quieren emoción y terror, la perfecta organización del turismo en Gran Bretaña tiene doce hoteles con fantasma incluido, como por ejemplo, el fantasma de María Estuardo que se aparece en Dundley.

Por último, para ejecutivos estresados, lo mejor es una estancia (visita) en el Monasterio de Silos (Burgos) en donde, por 1.800 ptas. al día, todo incluido, pueden encontrar tranquilidad en un ambiente de calma total, con la única compañía de los monjes° cistercienses, ya que no se admiten mujeres. Las damas (señoras) que quieran esta versión vacacional, pueden ir al Monasterio de las Huelgas, también en Burgos, donde el precio de la estancia es voluntario.

Algunas agencias de viajes ya están contratando viajes al espacio, pero no hay fechas aún.

Tomado de...*Diario 16,* España

*estivales...*summer / *pistas...*trails / *amantes...*lovers / *al pie de...*at the foot of / *limpias...*clean / *se encuentran...*are found / *aves...*birds / *monos...*monkeys / *tiendas de campaña...*tents / *alquilar...*to rent / *oro...*gold / *cazar...*to hunt / *selva...*jungle / *monjes...*monks

Aplica...

F. Give advice to the following people according to their likes and interests.

1. Si te gusta acampar, puedes ir al (a la)... .
2. Puedes ir a un castillo inglés si te gustan... .
3. Si para ti las vacaciones son una playa blanca... .
4. Si eres aventurero(a) y tienes dinero... .
5. Si tienes interés en la naturaleza... .
6. Si eres un chico muy nervioso y estresado por la vida moderna... .
7. Si eres una chica estresada que quiere escapar a un mundo tranquilo... .
8. Si te interesa la arquitectura... .
9. Si te interesa conocer a mucha gente... .
10. Si te gustan las montañas... .
11. Si te gusta el terror... .

G. Which of these places would *you* choose? Why?

H. Write an ad similar to the ones you have read in this chapter in which you lure vacationers to a destination of your choice. Make sure you include the following aspects.

1. ¿Dónde están las atracciones? (el castillo, el fuerte, la playa, la isla, etc.)
2. ¿Qué tiempo hace? (mucha / poca lluvia, nieve, mucho / poco sol, mal / buen tiempo)
3. ¿Qué aspectos de la naturaleza pueden ver? (refugios de animales — felinos, aves migratorias, cocodrilos, iguanas, simios, elefantes, papagallos *[parrots]*, etc. — o plantas diferentes — palmas, flores, orquídeas, vegetación tropical, vegetación invernal)
4. ¿Qué pueden hacer allí? (bucear, pescar, esquiar, hablar con fantasmas, etc.)

Video: Prog. 3, **Profesiones y oficios**—traditional and nontraditional professions

Mi diccionario

Para hablar

¿Adónde vas?

a aprender a jugar ajedrez
a correr
a descansar
a dormir
a escribir cartas
a hacer problemas de cálculo
a jugar
a lavar la ropa
a limpiar mi habitación
a montar en bici
a ninguna parte
a la iglesia

a la montaña
a la piscina
a la tienda
al campo
al gimnasio
al parque de atracciones
al supermercado
al zoológico
de fiesta al (a la)…
de mochilero
de paseo al (a la)…
de vacaciones al (a la)…

Para hablar

¿Qué vas a hacer en las vacaciones?

acampar
aprender algo nuevo
bucear
conocer a otra gente
esquiar (en el agua)
hacer excursiones / montañismo
hacer «surfing» / tablavela
ir al lago
    al río
jugar con el trineo

navegar en velero / canoa
pasarlo bien
patinar en el hielo
pescar
tomar el sol
ver cosas interesantes
viajar al extranjero
visitar ciudades grandes
vivir en hoteles de lujo
No voy a hacer nada.

Para hablar

Los días de la semana

el lunes (los lunes)
el martes (los martes)
el miércoles (los miércoles)
el jueves (los jueves)
el viernes (los viernes)
el sábado (los sábados)
el domingo (los domingos)

¿Cuándo?

a veces
año
cuando
el (mes) que viene
el fin de semana
esta mañana
      tarde
      noche
hoy
la semana
mañana
muchas veces
nunca
por lo general
siempre
todos los días

Para reconocer

el almacén
el alpinismo
el andinismo
el ballet
la metrópolis
el museo
la ópera
las ruinas indígenas
el sitio histórico
el teatro

Para reconocer

¿Cómo es?

caótico(a)
cosmopolita
exótico(a)
grande
hermoso(a)
misterioso(a)
montañoso(a)
peligroso(a)
pequeño(a)
tropical

▶ Para hablar

Las estaciones del año

el verano
el otoño
el invierno
la primavera

▶ Para hablar

El tiempo

Hace (mucho) calor.
Hace (mucho) frío.
Hace buen / mal tiempo.
Hace fresco.
Hace sol.
Llueve.
Nieva.

▶ Para reconocer

la lluvia
la nieve

▶ Para hablar

Otras palabras y expresiones

a él (ella)
a ellos (ellas)
a mí
a nosotros (nosotras)
a ti
a usted(es)
a vosotros (vosotras)
aquí
conmigo
conocer
contar
ir
llover
nevar
poder
saber
traer

▶ Para reconocer

aburrido(a)
allí
las chaquetas de motociclista
comprender
el coche
los dibujos animados
el dinero
los *jeans* (rotos)
nadie
las noticias
los pulóveres
el salmón
los shorts
las telenovelas
la trucha

LAS CUATRO ESTACIONES

CAMBIE SU DESTINO EN CADA ESTACION

Cambie de estación. Cambie de destino.
Tiene cuatro para elegir. Cuatro estaciones y más de treinta destinos.
Con viajes organizados para fines de semana, puentes o semanas enteras. Con tren, hotel en régimen elegido, excursiones y visitas incluidas en el precio del billete.
Viajes especiales para primavera - verano o para otoño - invierno.

Para los amantes de la montaña y de la playa, del deporte y de los balnearios. Para los amantes del tren.
Renfe dispone ahora de una alternativa de viaje para cualquier afición.
Para que pueda cambiar de destino en cada estación.

Infórmese en su Agencia de Viajes.

RENFE

MEJORA TU TREN DE VIDA

C.I.C.MA 4

G.C.1-M

C.I.C.MA.1

La sigla RENFE significa *Red Nacional de Ferrocarriles Españoles*. El tren es muy popular en España. ¿A ti te gusta viajar en tren?

4

Vamos haciendo caminos

¿Te gustaría hacer lo que hace la gente del cuadro? ¿Sabes dónde están? Si estás harto(a) de los estudios y quieres escaparte de la rutina, en este capítulo vas a tener la oportunidad de pensar en tus vacaciones.

■ «El auto cinema», Roberto Gil de Montes, collection of Patricia Storace, New York, courtesy Jan Baum Gallery, Los Angeles

Quiero aprender a...

■ hablar de uno y el otro — reciprocal verbs in the present tense

■ describir rutinas de cuidado (care) personal — reflexive verbs in the present tense

■ describir cómo me siento yo (I feel) y como se sienten otras personas — <u>sentirse</u>, <u>estar</u>

■ dar la hora de un evento — <u>a las</u> + time

■ dar la hora — <u>son las</u> + time

A simple vista

You have more background to read in Spanish than you may think. Complete the following activities to activate this knowledge.

A. Los jóvenes y las «vacas» (vacaciones). En el artículo que sigue en la página 119, vas a leer sobre cómo pasan las vacaciones cuatro jóvenes hispanos. Antes de leer, haz listas de qué haces tú en los siguientes meses de verano.

■ **Por ejemplo:**

junio	**julio**	**agosto**
dormir	*visitar a la familia*	*viajar*
tomar clases		

PIRÁMIDES MILENARIAS.
VERANO TODO EL AÑO.
ENTRAÑABLE HOSPITALIDAD.

México.

■ ¿Te gustaría pasar las vacaciones en este lugar? ¿Por qué?

B. Entrevista veraniega. Interview two other students about their summer activities using the question **¿Qué haces en el verano?** Take notes and report back to the class, summarizing the results of your interview and comparing their activities to your own. Save your notes for Activity **K** after the reading.

■ **Por ejemplo:** *Todos miramos la tele. Susan duerme mucho.*
Susan y Kim van a la playa. Kim y yo tomamos clases y
viajamos.

C. Primera vista. Ahora mira el artículo, concentrándote en las palabras que ya sabes o que puedes adivinar *(to guess)*.

¿Qué hace la juventud en el verano?

Ahora que no hay clases y todos están de vacaciones hasta marzo, le preguntamos a varios lectores qué hacen en el verano. Aquí están sus respuestas:

Daniel Rovira (20), Belgrano, Capital:
Hace tanto calor que no quiero hacer nada. Me acuesto en la terraza y duermo; leo un libro o veo la tele; no puedo hacer deporte porque estoy siempre tan agotado. En febrero nos vamos a Miramar, a la playa; allí siempre hace más fresco. ¡Qué alivio! Entonces voy a levantarme temprano, a las seis de la mañana, para andar en bici y nadar un poco. Por la noche, siempre me junto con mis amigos y vamos a bailar a Mar del Plata, que está cerca de Miramar.

Rosario Santilli (23), San Isidro, provincia de Buenos Aires:
A veces, me quedo en casa, pero no mucho. Me gusta ir al club a navegar con mi novio (cuando hay viento) o a bailar cuando nos juntamos con los otros chicos. Aquí en San Isidro siempre estoy con amigas y todas asistimos a clase de *aerobics* los jueves. Nos encanta hacer gimnasia.

Roberto Weissman (21), Bariloche, provincia de Río Negro:
Me encanta el sur para las vacaciones. Tomamos la mochila y nos vamos a acampar a la cordillera. Ahora estamos con mis tíos por dos semanas, pero después vamos a ir a bucear a Puerto Madryn (donde están los galeses), que está en la costa. El próximo verano queremos ir de mochileros al Perú, a Machu Picchu. Aquí en Bariloche me divierto muchísimo en la playa del lago y las discotecas; hay muchos lugares para la juventud. Nado un poco y a veces escribo cartas o escribo en mi diario de viaje. Nunca estoy aburrido porque hay tanto que hacer.

José Francisco Núñez (18), Palermo Viejo, Capital:
Para mí, las vacaciones significan pasar mucho tiempo con amigos, relajarme; ir al centro comercial Patio Bullrich; tomar helados o comer pizza a medianoche; dormir hasta las doce, descansar. No puedo nadar porque no estoy cerca del río ni de una pileta. Lo mejor para pasar el calor en enero y febrero es ir al cine por la tarde.

Ch. Otra mirada. Mira el artículo otra vez y haz una lista de todas las actividades que puedas reconocer.

■ **Por ejemplo:** *leer un libro*

D. Intereses compartidos. ¿Qué tienen en común los estudiantes norteamericanos con estos jóvenes?

■ **Por ejemplo:** *Allí* van de mochileros a...y... .
Y *aquí también*, vamos de mochileros a... y... .

E. Otra vez. Lee el artículo otra vez y di cuántos hacen lo siguiente.

1. ¿Cuántos se quedan en casa (no van a ninguna parte)?
2. ¿Cuántos van a la playa?
3. ¿Cuántos pasan tiempo con amigos?

F. Los meses de verano. What months are mentioned by these students? Scan the article and write down the three months you see. What is the difference between summer in the U.S. and summer for these students? Using this information and other clues in the students' comments, tell where these students might be.

■ **Por ejemplo:** *Aquí los meses de verano son... .*
Allí los meses de verano son... .
Los estudiantes están en... o... .

G. Son similares. For each of the comments in Column A, choose a sentence from Column B that best completes its meaning. You may need to refer to the reading for help.

■ **Por ejemplo:** Dice Rosario: *Me quedo aquí.* Es decir, *no voy al centro.*

A	B
Dice... (Daniel, etc.)	**Es decir...**
1. Daniel: Me junto con mis amigos.	**a.** No voy a dormir por la mañana.
2. Daniel: Voy a levantarme temprano.	**b.** No voy a estar solo *(to be alone)*.
3. Daniel: Me acuesto en la terraza.	**c.** Voy a dormir.
4. Rosario: A veces me quedo en casa.	**ch.** No voy a estar aburrido *(bored)*.
5. Roberto: Me divierto muchísimo.	**d.** No voy a ninguna parte.

H. Gustos personales. Ahora di a quién le gusta lo siguiente. Luego di qué cosas te gustan más a ti.

■ **Por ejemplo:** *A (Rosario y Daniel...) le(s) gusta(n)... .*

1. los libros y los programas de la tele
2. la playa y nadar
3. los helados
4. hacer excursiones
5. las discotecas
6. el gimnasio
7. ir de compras
8. escribir
9. las películas
10. los amigos

I. Según los chicos. José Francisco te dice qué significan las «vacas» (las vacaciones) para él. Observa cómo expresa esto. Luego, completa lo siguiente para expresar qué significan las vacaciones para ti.

Según *(According to)* José Francisco, las vacaciones _____.

Para mí, las vacaciones significan _____, _____,

_____ y _____.

J. Pasatiempos veraniegos. Complete the following statements to express more fully your ideas about summer vacation.

1. Lo mejor para pasar el calor es... .
2. Voy a levantarme temprano, como a las...de la mañana.
3. Por la noche, siempre me junto con mis amigos y vamos a... .
4. A mis amigos y a mí nos encanta (nos gusta mucho)... .
5. Me quedo en casa (a veces, nunca, siempre)... .
6. El verano que viene queremos ir a... .
7. Aquí me divierto muchísimo en... .
8. Nunca estoy aburrido(a) porque... .

K. Artículo de revista. Use the notes you took during your interview in Activity **B** to write your own article about the activities of your classmates. Use the following model.

▓ **Por ejemplo:** Nombre (edad): *A veces,... .*
Me gusta... .
Todos los días,... .
No (Nunca)... .

En voz alta

A. Escucha la conversación entre dos amigas y subraya todas las palabras que describan cómo se siente Rosa, la persona que llama.
Está... **feliz / contenta / entusiasmada / preocupada / frustrada / nerviosa / agitada / exasperada / fatal / preparada / tranquila.**

B. Di por qué Rosa llama a Teresa. La llama porque...
1. no puede salir con el grupo.
2. van a venir dos chicos.
3. tiene una profesora muy estricta.

ⅡℂА Imágenes y palabras

¡Me muero de aburrido(a)! *(I'm dying of boredom!)*

Me canso de... *(I'm tired of...)*

asistir a *(to attend)* **clases.**

preparar pruebas y exámenes.

despertarme (ie)1 temprano *(early)* **por la mañana.**

acostarme (ue)1 tarde *(late)* **por la noche.**

quejarme del trabajo *(to complain about work).*

preocuparme por los estudios *(to worry about my studies).*

quedarme solo(a) *(to stay alone)* **en la residencia.**

enojarme con los profesores.

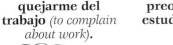

[1] The vowels in parentheses indicate that this is a stem-changing verb and that the stem vowel changes to these vowels for any person except **nosotros** and **vosotros.**

¡Estoy harto(a) *(sick and tired)* **de la universidad!**

Me muero de ganas de *(I'm dying to)*... **divertirme (ie)** *(to have fun).*
sentirme (ie) feliz *(to feel happy).*

relajarme *(to relax).*

despedirme (i) de los profesores.

juntarme *(to get together)* **con amigos.**

irme *(to go away)* **de vacaciones.**

hacer un viaje al extranjero *(abroad).*

olvidarme de los horarios *(to forget schedules).*

levantarme *(to get up)* **a las 11.00 de la mañana.**

dormirme (ue) *(to fall asleep)* **en la playa.**

alojarme en un hotel de lujo *(to stay in a luxury hotel)* **cerca de** *(near)* **aquí.**

vestirme (i) *(to wear)* **con ropa vieja** *(old clothes).*

reírme (i) todo el día.

no aburrirme *(not to get bored)* **en las clases.**

Voy a irme...

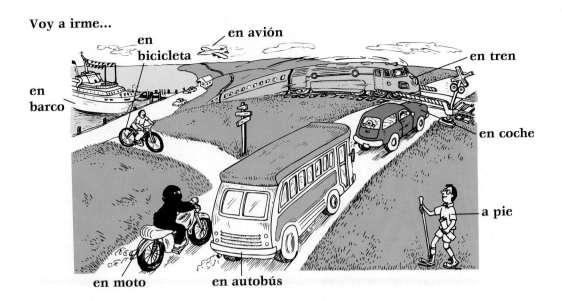

Allá, lejos de este lugar *(There, far away from this place)*, **voy a sentirme (ie)** *(to feel)* / **estar** *(to be)*...

| contento(a), no triste | tranquilo(a), no nervioso(a) | alegre, no deprimido(a) | sano(a), no enfermo(a) | entretenido(a) *(interested)*, no aburrido(a) *(bored)* |

A. Asociaciones. ¿Qué actividades asocias con las siguientes?

◾ **Por ejemplo:** divertirme: *ir de mochilero, bucear, acampar...*

1. dormirme
2. preparar pruebas
3. relajarme
4. reírme
5. sentirme feliz
6. aburrirme
7. quejarme
8. divertirme
9. esperar
10. alojarme

B. ¡Me muero de aburrido(a)! Di dos cosas que puedes hacer cuando te sientes así. Usa tu imaginación.

◾ **Por ejemplo:** aburrido(a)
   Si estoy aburrido(a), puedo ir al centro estudiantil a jugar vídeo-juegos, o puedo juntarme con amigos y jugar póquer, o puedo... .

1. aburrido(a)
2. triste
3. contento(a)
4. nervioso(a) antes de un examen
5. irritado(a) con un(a) amigo(a)
6. enfermo(a)

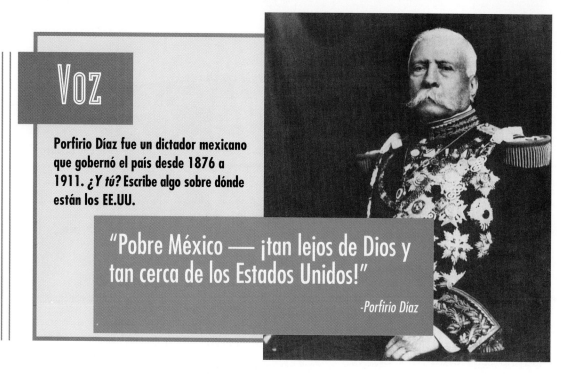

Porfirio Díaz fue un dictador mexicano que gobernó el país desde 1876 a 1911. ¿*Y tú?* Escribe algo sobre dónde están los EE.UU.

"Pobre México — ¡tan lejos de Dios y tan cerca de los Estados Unidos!"

-Porfirio Díaz

C. Distancias. Di a qué distancia están estos lugares. Luego, di cómo puedes ir a ese lugar y qué puedes hacer allí. Usa el siguiente continuo.

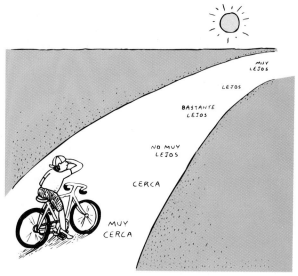

■ **Por ejemplo:** el centro comercial
*El centro comercial Pine Hills está muy **cerca de** mi residencia. Puedo ir en bicicleta. Allí puedo… .*
el banco
*El Banco Lincoln está **bastante lejos**. Tengo que ir en autobús. Allí puedo… .*

1. el centro comercial
2. el gimnasio
3. el parque de atracciones
4. los cines

5. la biblioteca
6. el hospital
7. mi restaurante preferido
8. un país que quiero visitar

Ch. Mis quejas. Explica de qué estás harto(a) o aburrido(a).

▪ **Por ejemplo:** exámenes
　　　　　　　　Estoy harto(a) de *los exámenes y las tareas.*
　　　　　　　　Me canso de *estudiar.*

1. mis clases
2. la ciudad
3. mi residencia / apartamento / casa
4. mis tareas o mis pruebas

5. mi universidad
6. mi horario
7. mis responsabilidades
8. mis amigos

D. ¡Ay, si pudiera...! Di por qué te mueres de ganas de hacer cinco cosas que te interesan.

▪ **Por ejemplo:** *Me muero de ganas de ir al extranjero porque quiero conocer a otra gente.*

E. Estados de ánimo. For each of the following situations, tell how you feel, what you feel like doing, and what you do not feel like doing.

▪ **Por ejemplo:** *Tengo examen de cálculo... .*
　　　　　　　　Estoy bastante *nervioso(a).* **Tengo ganas de** *salir con amigos a tomar una cerveza.* **No tengo ganas de** *quedarme en la residencia ni de preparar el examen.*

1. Tengo examen de... .
2. No tengo nada que hacer... .
3. Después de comer mucho... .
4. No duermo por la noche... .
5. Cuando un(a) amigo(a) no está contento(a)... .
6. Si no tengo una A en el examen de... .

F. La pura verdad. Explain when you tend to feel the ways indicated.

▪ **Por ejemplo:** contento(a)
　　　　　　　　Estoy *contenta cuando...(tengo trabajo, saco una A en el examen de..., duermo bien, estoy con...).*

entretenido(a) / nervioso(a) / triste / enfermo(a) / cansado(a) *(tired)* **/
enojado(a) / tranquilo(a) / aburrido(a) / alegre**

G. ¡Adiós, trabajo! Complete the following to describe the dream vacation you plan to enjoy some day. Indicate the vacation season you have selected and the month.

1. Para las vacaciones de...en..., cuando hace..., voy a...porque estoy harto(a) de...y me muero de ganas de... .
2. Voy a juntarme con...porque...y vamos a ir en... .
3. Allá, quiero olvidarme de... .
4. Voy a...porque me gusta... .
5. Pero no voy a...porque me canso de... .
6. Voy a quedarme...días allá.
7. Voy a estar... .

⬕⊕ Con teleobjetivo

Reflexive pronouns

me myself

te yourself *(tú)*

se himself, herself, yourself *(Ud.)*

themselves, yourselves *(Uds.)*

nos ourselves

os *(Spain informal) yourselves*

(vosotros / vosotras)

Para hablar: To describe things you do for yourself

Reflexive verbs

In some of the previous activities you practiced using certain verbs with the pronoun **me**, either at the end of the verb — **acostarme, dormirme** — or before the verb form — **me canso, me muero**. These verbs are called *reflexive verbs* because they are used with reflexive pronouns. With some verbs these pronouns represent the notion of "self."

1. When you learn a new verb, you will know it is reflexive when you see the pronoun **se** attached at the end. Sometimes, the notion of "self" will be similar to English:

   divertirse   to enjoy oneself (to have a good time)
   conocerse   to know oneself

2. Activities that are part of one's personal care, or that one does to or for oneself, will usually be reflexive. Some of these convey the notion expressed by the English *get...ready, dressed*:

   acostarse *(to go to bed)*   **quitarse la ropa** *(to take off*
   arreglarse *(to get ready)*   *one's clothes)*
   levantarse *(to get up)*   **cansarse** *(to get tired)*
   bañarse *(to take a bath)*   **enojarse** *(to get angry)*
   ducharse *(to take a shower)*   **juntarse** *(to get together)*
   vestirse *(to get dressed)*   **aburrirse** *(to get bored)*
                                       preocuparse *(to get worried)*

3. Other reflexive verbs, however, do not reflect the notion of "self" quite as clearly.

   quedarse *(to stay)*   **despedirse de** *(to say goodbye / take leave of)*
   olvidarse de *(to forget)* **reírse** *(to laugh)*
   sentirse *(to feel)*   **alojarse** *(to be lodged)*

4. Notice that some verbs convey a slightly different meaning when used reflexively.

   ir a: *to go to*   **dormir:** *to sleep*
   irse a: *to go away, leave* **dormirse:** *to fall asleep*

5. When you use reflexive verbs in the infinitive form, you attach the pronoun to the end. Notice also how you can use the following with reflexive verbs.

   querer: Quiero dormir**me**.   *I want to go to sleep.*
   poder: No puedo calmar**me**.   *I can't calm (**myself**) down.*
   tener que: Tengo que levantar**me**.   *I have to get (**myself**) up.*
   necesitar: Necesito quedar**me** en casa. *I need to stay at home.*
   ir a: Voy a acostar**me**.   *I'm going to go to bed.*
   gustar: Me gusta divertir**me**.   *I like to enjoy **myself**.*
   deber: Debo bañar**me**.   *I ought to take a bath.*

6. When you are using these verbs in the present to describe current activities or daily routine, their endings are the same as for nonreflexive verbs in the present tense. See the following chart. In this case, the reflexive pronoun is placed before the verb.

7. Notice that some of the verbs presented in this chapter have stem changes in all forms except **nosotros / nosotras** and **vosotros / vosotras**. In the last chapter, you learned two kinds of stem-changing verbs: **o → ue** and **e → ie**.

Quedarse	
Singular	
(yo)	**me quedo**
(tú)	**te quedas**
(usted)	**se queda**
(él / ella)	**se queda**
Plural	
(nosotros / nosotras)	**nos quedamos**
(vosotros / vosotras)	**_os quedáis_**
(ustedes)	**se quedan**
(ellos / ellas)	**se quedan**

o → ue:				
acostarse	me ac**ue**sto	te ac**ue**stas	se ac**ue**sta(n)	nos acostamos	_os acostáis_
dormirse	me d**ue**rmo	te d**ue**rmes	se d**ue**rme(n)	nos dormimos	_os dormís_
e → ie:				
divertirse	me div**ie**rto	te div**ie**rtes	se div**ie**rte(n)	nos divertimos	_os divertís_
despertarse	me desp**ie**rto	te desp**ie**rtas	se desp**ie**rta(n)	nos despertamos	_os despertáis_
sentirse	me s**ie**nto	te s**ie**ntes	se s**ie**nte(n)	nos sentimos	_os sentís_

Here is a third kind of stem-changing verb that changes its stem from **e → i** in all forms except **nosotros / nosotras** and **vosotros / vosotras**.[1]

e → i:				
despedirse	me desp**i**do	te desp**i**des	se desp**i**de(n)	nos despedimos	_os despedís_
vestirse	me v**i**sto	te v**i**stes	se v**i**ste(n)	nos vestimos	_os vestís_
reírse	me r**í**o	te r**í**es	se r**í**e(n)	nos reímos	_os reís_

---

[1] **Decir** also follows this pattern, but has an additional change in the **yo** form: **digo, dices, dice, decimos,** _decís_, **dicen.**

A. Mi rutina. Which of the following things do you always do, sometimes do, or never do, in terms of your everyday routine?

▨ **Por ejemplo:** arreglarse por la mañana

A veces me arreglo bien por la mañana.

Siempre	A veces	Nunca

1. levantarse temprano
2. enojarse
3. acostarse temprano
4. despertarse tarde
5. dormirse en clase
6. divertirse en clase
7. preocuparse por los exámenes
8. vestirse con ropa grande
9. sentirse triste
10. bañarse con agua fría

B. Buen amigo. Con otra persona, imagínense que uno(a) de Uds. tiene los siguientes problemas. Den por lo menos dos soluciones en cada caso.

▨ **Por ejemplo:** Te sientes triste.

Tu compañero: —*Me siento triste.*

Tú: —*Si te sientes triste, **debes** juntar**te** con tus amigos y divertir**te**.*

1. Estás harto(a) de la comida de la cafetería.
2. Estás muy aburrido(a).
3. Te sientes bastante triste.
4. Estás algo deprimido(a).
5. Estás nervioso(a).
6. Te sientes enfermo(a) de gripe (*flu*).
7. Estás enojado(a) con un profesor.
8. Te sientes cansado(a) después de hacer ejercicio.
9. Estás preocupado(a) por tus notas.
10. Estás harto(a) de hacer tareas.

Ideas: aburrirse / relajarse / divertirse / irse a... / olvidarse de... / acostarse / quejarse / prepararse / preocuparse / enojarse / reírse / bañarse / dormirse / juntarse con...

C. ¿De qué se quejan? Con otra persona hagan una lista de las quejas que a veces tienen los alumnos acerca de lo siguiente. Sigue el modelo.

▨ **Por ejemplo:** las clases

Los alumnos se quejan si no se divierten en las clases.
Los alumnos se quejan (si... / cuando... / porque...)

1. las clases
2. las pruebas
3. los ratos libres
4. los libros
5. el horario
6. la ropa

Ch. Así somos. Escribe una descripción de la vida de los universitarios en los EE.UU., según el ejemplo.

▨ **Por ejemplo:** *...y los viernes **nos juntamos** en el café «Deer Valley» y nos... .*
*A veces, **nos...**pero nunca **nos...** . Después de las pruebas también nos... .*

Ideas: despertarse / acostarse / divertirse (en) / juntarse en (con) / alegrarse / relajarse / quedarse / preocuparse / vestirse / olvidarse de / reírse

D. A los novatos. ¿Qué recomendaciones tienes para los estudiantes nuevos?

■ **Por ejemplo:** dormir bien

*Para dormir bien, **deben acostarse** temprano (sólo los alumnos de...pueden acostarse tarde).*

1. dormirse tranquilo(a)
2. divertirse muchísimo
3. no enojarse
4. prepararse para sacar buenas notas
5. no enfermarse
6. no dormirse en las clases
7. relajarse
8. no aburrirse mucho en...

E. Buenos propósitos. Make complete sentences with the following verbs to express some resolutions on how to change your behavior. First say what you usually do; then give your resolution for a change. Be sure to use a reflexive verb in your response.

■ **Por ejemplo:** Tengo que... .

Todas las noches me acuesto muy tarde.
Tengo que...acostarme más temprano si no quiero dormirme en clase.

1. Necesito... .
2. Quiero... .
3. Puedo... .
4. Tengo que... .
5. Debo *(I ought to)*... .
6. Voy a... .

F. Consejos. Diles a tus amigos lo que deben hacer en las siguientes situaciones.

■ **Por ejemplo:** Si estudias poco de noche... .

Si estudias poco de noche debes acostarte temprano.

1. Si no sacas buenas notas... .
2. Si quieres aprender español... .
3. Si te gusta bucear... .
4. Si quieres ir a la Argentina... .
5. Si te gusta bailar... .
6. Si vas a acampar... .
7. Si trabajas poco... .
8. Si juegas béisbol... .

G. Tú me interesas. In Activity **G**, page 125, you described your plans for a getaway vacation. Return to this activity and using the information provided, devise at least ten questions to ask your partner to find out about his or her plans. Add any questions of your own as well to satisfy your curiosity. Take notes and report back to the class.

■ **Por ejemplo:** —*¿Cómo vas a divertirte? ¿Con quién vas a juntarte?*
—*(A la clase) ...dice que... .*

Ideas: divertirse / irse / juntarse / quedarse / sentirse / levantarse / acostarse / alojarse / despedirse

11 ✴ ¡Última hora!

Para hablar: To say when and how often

Sequence, time, and frequency expressions

In Chapter 3 you practiced some expressions for describing the frequency of certain routine activities.

los lunes, martes, miércoles, etc.   **los fines de semana**
todos los días   **a veces**
siempre   **nunca**

1. To say when someone routinely does something, you may...
  a. express the time of day in general terms.
      ¿Cuándo...?

por la mañana	al mediodía	por la tarde	por la noche	a medianoche
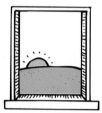	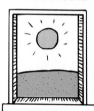	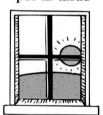	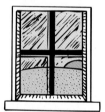	

Me baño **por la mañana**, no   *I bathe **in the morning**, not **at***
   por la noche.   *night.*

Notice that **por** is used for *general* expressions of time.
  b. express the time of day in specific terms.
      ¿A qué hora... ?

A las diez de la mañana.	A las nueve de la noche.	A la una de la tarde.	A la una y media de la tarde.

A las seis y media de la mañana.	A las nueve y cuarto de la mañana.	A las cinco menos cuarto de la tarde.

A la una voy a ir a la cafetería porque **a las dos** tengo una clase.

*At **one o'clock** I'm going to go to the cafeteria because **at two o'clock** I have class.*

SANTEIRO

Tu novela de las 9 PM
De lunes a viernes

Notice that:

- the words **a las** are used with time on the clock, except for *one o'clock*, which is **a la**.

  A las tres viene mi amiga Rosa, pero Luis viene **a la una**.

  *At **three o'clock** my friend Rosa is coming, but Luis is coming **at one o'clock**.*

- the word **de** is used for a **specific** time of day.

  No tengo clase a las diez **de** la mañana.

  *I don't have class at ten **in** the morning.*

2. - to say what time it is now, you must use the verbs **es** or **son.** For one o'clock say **Es la una**; for any other hour say **Son las…(tres, diez, once,** etc.) To ask the time, use **¿Qué hora es?**

  Generalmente, cuando salgo a clase **son las doce**, pero ahora **es la una.**

  *Usually when I leave for class it is twelve o'clock; but now it is **one o'clock**.*

- The half-hour is expressed by **y media.**

  Son las cuatro **y media**; el partido es a las cinco.

  *It is four **thirty**; the game is at five.*

- Minutes after the hour are expressed by **y** + *number of minutes.*

  La reunión es a la una **y** veinte.

  *The meeting is at one **twenty**.*

- Minutes before the hour are expressed by **menos** + *number.*

  Ya llega el avión. Son las dos **menos** diez.

  *The plane is arriving. It is ten **minutes to** two.*

- The quarter hour is expressed by **cuarto.**

  El programa empieza a las ocho **y cuarto** (20.15) y termina a las nueve **menos cuarto** (20.45).

  *The program begins at **quarter after** eight (8:15) and ends at **quarter till** nine (8:45).*

3. To write the time, separate the hour from the minutes by a period. Most frequently, you will see time written in terms of the 24-hour clock on signs (stores, offices, banks, movie theaters, etc.) and on schedules (subway, bus, train, airlines, class, TV schedules, etc.). The 24-hour clock numbers each hour of the day, starting with one o'clock in the morning. To convert conversational time to 24-hour time, add twelve to any time or hour after 12:00 noon. For example, 2:00 p.m. becomes 14.00, and 7:40 p.m. becomes 19.40.

4. You may also say when something is done in reference to other activities.

Before:

Antes de vestirme, voy a bañarme.   *Before getting dressed (I get dressed), I'm going to take a bath.*

After:

Después de trabajar, duermo una siesta.   *After working, I take a nap.*

Notice that **después de** and **antes de** are followed by the *infinitive form* of the verb when you are referring to an action.

When you are referring to an event, you may express it like this:

Antes de la reunión,...   **Después de la** clase,...

Antes del examen,...   **Después del** concierto,...

Notice that **de** + **el** becomes **del**, just as **a** + **el** becomes **al**.

5. To sequence or order activities, use words such as the following:

primero	**Primero** me levanto.	*First I get up.*
luego	**Luego** asisto a mis clases.	*Then I go to class.*
entonces	**Entonces** me arreglo.	*Then I get ready.*
después	**Después** regreso a casa.	*Afterwards I return home.*

Also: **por la mañana, luego, a(l) mediodía, a medianoche, después, por la tarde.**

A. ¿Qué hora es? Mira los relojes y di la hora en español.

■ **Por ejemplo:** *Son las once de la mañana.*

1.    **2.**    **3.**

4.    **5.**    **6.**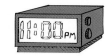

B. Siempre ocupados. ¿Cuándo hacen ustedes las siguientes cosas? En cada caso, 1. indica si lo hacen por la mañana, por la tarde o por la noche, y 2. después de qué o antes de qué.

■ **Por ejemplo:** preparar las pruebas

Por lo general, preparamos las pruebas por la noche, después de cenar (eat dinner).

1. estudiar   **5.** preocuparse
2. divertirse   **6.** despedirse de los amigos
3. hacer las tareas   **7.** bañarse
4. juntarse con amigos   **8.** dormirse

C. Los sábados me divierto. Use time expressions to tell how your Mondays are different from your Saturdays in terms of the following.

■ **Por ejemplo:** levantarse

*Los lunes me levanto a las seis, **pero los sábados** me levanto a las once.*

1. divertirse mucho
2. acostarse
3. quedarse en casa
4. asistir a clases
5. despertarse
6. juntarse con amigos

Ch. Antes y después. Di dos cosas que haces antes o después de las siguientes.

■ **Por ejemplo:** antes de estudiar

Ordeno (I organize) mis libros y miro el calendario (tomo un refresco, como..., etc.).

1. después de levantarme
2. antes de asistir a mis clases
3. después de mis clases
4. antes de salir por la noche
5. después de acostarme
6. después de ir al bar

D. Caos completo. It's one thing to do what we have to do, and a very different thing to do what we really want to do. Prepare two 24-hour calendars for yourself. One will show what you usually have to do on your worst day of the week, and the other one will show what you really **(en realidad)** want to do instead. Then report back to the class comparing both, and converting the 24-hour clock to conversational time as shown in the example.

■ **Por ejemplo:** *A las catorce horas, **o sea,** a las dos de la tarde, debo estar en la clase de geología, pero, **en realidad,** quiero dormir feliz en mi habitación.*

E. Hay tanto que hacer. With all the work you do, you are entitled to some fun. Using the sequencing expressions (**primero, luego,** etc.) that you learned, tell how difficult your schedule is in terms of what you have to do; then tell how you enjoy yourself.

■ **Por ejemplo:** *Todos los días tengo que levantarme temprano, ducharme rápido y correr a clase. Luego, tengo que hacer las tareas, cocinar y lavar la ropa. Después de terminar mis quehaceres (chores), me divierto. Miro la tele, leo el periódico, converso con mi chica (girlfriend) y juego con mi perro.*

Visión

El Salto Ángel en el estado de Bolívar de Venezuela tiene una altura de 979 metros (3.200 pies). Son las cataratas más altas del mundo. ¿Te gustaría visitar este lugar?

‖⊕ Con teleobjetivo

Para hablar de uno y el otro

Reflexive pronouns for *each other*

You have practiced using reflexive pronouns to refer to what you do to or for yourself:

Me despierto a las ocho y después **me** baño y **me** arreglo.	*I wake up* (**myself**) *at eight and then I bathe and get* **myself** *ready.*

1. Notice that these pronouns are often directly translated as *self:*

Me conozco bien.	*I know* **myself** *well.*
Me compro un helado.	*I'm buying* **myself** *some ice cream.*
Me hablo cuando estudio.	*I talk to* **myself** *when I study.*
Me pregunto si viene pronto.	*I wonder (ask* **myself***) if he (she) is coming soon.*

2. You can also express the idea of *each other* with the reflexive pronouns **se** and **nos.**

Nos vemos todos los días.	*We see* **each other** *every day.*
Nos escribimos para la Navidad.	*We write to* **each other** *at Christmas.*
Ahora **nos** conocemos.	*We know* **each other** *now.*
Se saludan con un beso.	*They greet* **each other** *with a kiss.*

Mi mejor amigo y yo ***nos conocemos*** *bastante bien. No* ***nos vemos*** *mucho porque vivimos lejos el uno del otro, pero siempre* ***nos llamamos*** *por teléfono. También* ***nos escribimos*** *bastante. Los buenos amigos nunca* ***se separan*** *el uno del otro.*

A. Nosotros. Di con qué frecuencia hacen las siguientes cosas tú y tu mejor *(best)* amigo(a).

▪ **Por ejemplo:** contarse secretos
   Nunca nos contamos secretos.

← siempre — mucho — bastante — a veces — poco — casi nunca — nunca →

1. enojarse el uno con el otro
2. llamarse por teléfono
3. verse
4. invitarse a...
5. darse cosas
6. criticarse
7. decirse la verdad
8. preocuparse el uno por el otro
9. hacerse las tareas
10. hablarse en serio

B. Nos ayudamos. Di qué hacen los buenos amigos cuando se sienten de la siguiente manera.

▪ **Por ejemplo:** aburridos
   Cuando se sienten aburridos, se llaman o se... .

1. aburridos
2. enojados
3. hartos de la universidad
4. felices y contentos
5. nerviosos
6. contentos de algo bueno

C. Con ellos también. Forma tres pares de personas (o animales) de la lista dada. Da tres cosas que cada pareja hace recíprocamente.

mis amigos	mis compañeros de clase	yo
mis amigas	mis compañeros de deportes	mi mamá
mis profes	mi perro	mi papá

En voz alta

Escucha a Rosa y a Teresa y completa las siguientes frases según la conversación.

1. Me muero de terror porque... .
2. No es el examen de biología, es... .
3. Estoy harta de sacar Des, después de... .
4. No puedo...ni puedo... . La única solución es... .
5. No puedes hacernos esto. Jaime y Carlos se van a... .
6. ¿Por qué no estudias por la mañana y...?
7. No puedo divertirme cuando... .

Otro vistazo

In this section you will practice the reading strategies you have already learned and increase your understanding of the Spanish-speaking world.

Los españoles se lanzan a otro «Superpuente»

Piensa...

A. In the article on page 119, you read about the activities of Argentine students. Look at the article again and list in three columns what these students do during their summer vacation.

Siempre   A veces   Nunca

B. What differences and similarities can you find between these Argentine youth and U.S. youth in terms of summer vacation? Focus on:

¿Cuándo?   ¿Qué tiempo hace?   ¿Qué hacen / hacemos?

Mira y lee...

You are going to read an article from a Spanish newspaper. Remember that you do not need to understand every word to get the gist of this short piece.

C. In the title of this article you see the word **superpuente.** The word **puente** means *bridge.* In the articles that follow you will learn what a **superpuente** is and why it is important to Spaniards. Now skim the text of the article, noting words you recognize or that you think you can guess because of your knowledge of English or Spanish. Then, complete the activities that follow the article.

Los españoles se lanzan a otro «superpuente»

La fiesta del próximo martes, 1 de mayo, y el miércoles, Día de la Comunidad para los madrileños, provocan en este momento un nuevo éxodo masivo de las grandes ciudades. Las carreteras registran una gran densidad de tráfico y no pueden absorberlo a causa de su mal estado y la falta de autopistas. A pesar de esto, cientos de miles de españoles repiten la experiencia de las vacaciones de la Semana Santa[1] y sufren largas horas en la carretera. Todo para pasar unos días en la playa o en la montaña durante esta bonanza en el clima. Además, hay nieve en numerosas estaciones de esquí.

—Tomado de *ABC*, España

Ch. This article mentions three holidays. What are they?

D. Locate the lines from the reading that you find in Column A. Then, determine to which phrase in Column B the line refers.

A	...o sea...	B
1. un nuevo éxodo masivo		**a.** la gente de la capital de España
2. una gran densidad de tráfico		**b.** hace buen tiempo
3. los madrileños		**c.** la gente se queda mucho tiempo en las carreteras *(highways)*
4. cientos de miles de españoles		**ch.** no pueden absorber el tráfico
5. no pueden absorberlo		**d.** muchísima gente
6. a causa de su mal estado		**e.** también se puede esquiar
7. sufren largas horas		**f.** hay demasiados coches en las carreteras
8. esta bonanza en el clima		**g.** mucha gente sale de la ciudad
9. además hay nieve		**h.** las carreteras no están en buenas condiciones

E. This article mentions good points and bad points about this vacation period. What are they?

Lo bueno es que... .   Lo malo es que... .

[1] The Holy Week holiday, beginning the Thursday before Easter Sunday.

F. Find the expressions: **a causa de...** and **a pesar de...** Which one means *in spite of*? Which one means *because of*?

Now complete each of the following statements logically, using either **a pesar de (del)** or **a causa de (del)**.

1. Todos salen de la ciudad _____ los días de fiesta.
2. Hay problemas de tráfico _____ éxodo masivo.
3. Todos van a divertirse en la playa _____ las largas horas en coche y en la carretera.
4. Van a la playa _____ la bonanza en el clima.
5. Todos van en coche _____ mal estado de las carreteras.

G. Di cómo te sientes y qué puedes hacer cuando debes esperar en el coche.

▨ **Por ejemplo:** *Cuando tengo que esperar en el coche, estoy... .*
                 Puedo... .

Los superpuentes

Piensa...

H. In the following article on page 138, you will find out more about this **superpuente** as well as one writer's opinion of it. Look at the calendar pages. What holidays do you expect to read about? What is the date of each?

ABRIL

L	M	M	J	V	S	D
						1
2	3	4	5	6	7	8
9	10	11	12	13	14	15
16	17	18	19	20	21	22
23	24	25	26	27	28	29
30						

MAYO

L	M	M	J	V	S	D
	1	2	3	4	5	6
7	8	9	10	11	12	13
14	15	16	17	18	19	20
21	22	23	24	25	26	27
28	29	30	31			

Mira...

I. If you had this kind of holiday schedule, on what dates would you do the following? Be honest!

ir de vacaciones / asistir a clase / no asistir a clase / regresar a clase

Lee...

J. Now read the article on page 138. You will not know every word, so remember to focus at first on what you do know or what you can guess. Then, complete the activities that follow the article.

Cuarto capítulo

ciento treinta y siete ▪ 137

Los superpuentes

Sólo catorce días después de la Semana Santa, el calendario laboral y el calendario académico cambian otra vez por este superpuente. Como el martes es la festividad del primero de mayo, Día del Trabajo y los trabajadores, y el miércoles es el Día de la Comunidad de Madrid, este fin de semana adquiere dimensiones majestuosas de «superpuente».

ocio...divertirse y hacer algo que nos gusta mucho

Para los españoles, la «civilización del ocio°» no es una anticipación deseable y tentadora, es casi una realidad. La tentación irresistible no son los días festivos, exactamente. La tentación son los días que juntan el fin de semana con el día de fiesta. Estos días invitan al ausentismo, invitan a ir de vacaciones más largas, invitan a ir más lejos; y así tenemos los «puentes» o conexiones entre los días festivos y el fin de semana. En

este caso concreto, tenemos un superpuente del viernes 27 de abril al jueves 3 de mayo que es, en realidad, un verdadero «acueducto».

Por seguro, la mayoría de las playas, las ciudades serranas (que se han convertido para muchos en una segunda residencia) y las estaciones de esquí ofrecen en estos días un gran espectáculo de vitalidad, riqueza y alegría que es muy contrario a nuestra realidad económica.

Algo debemos hacer para eliminar estas espasmódicas intermitencias del trabajo productivo. La acumulación en sábados o lunes de la celebración de festividades puede introducir un elemento de racionalidad en las fechas de trabajo y descanso del calendario laboral y académico.

—Tomado de *ABC*, España

K. For the following, reread the article only one paragraph at a time.

Primer párrafo

1. Scan the article to find words you know or can recognize. Then, reading just the words you listed or underlined, choose the statement that best summarizes what this paragraph is about.
   a. Después de unas vacaciones, hay otras.
   b. el día de los trabajadores
   c. mucho trabajo, poco descanso

Visión

En el Perú se encuentra uno de los sitios más misteriosos y fascinantes del mundo, Machu Picchu. Estas ruinas del imperio inca evocan imágenes de una civilización antigua muy compleja y organizada. ¿Y tú? ¿Qué sitio te fascina?

2. Match the phrases in Column B with the words in Column A that best correspond, using **o sea** *(in other words)*.

A	B
	o sea...
el calendario laboral	los días de fiesta
el calendario académico	la gente que trabaja
el superpuente	los días de trabajo
los trabajadores	los días de clase

Segundo párrafo

1. Now scan the second paragraph to find words that look familiar to you. Then, find and read aloud the line that tells you...
   a. ¿Qué es el «puente», exactamente?
   b. ¿Qué pasa a causa de los puentes?
   c. ¿Qué es un «superpuente»?

2. Try to determine the meanings of the words in bold letters, using the context in which they appear and the clues given.
   a. una anticipación **deseable** (inglés: *desir-*)
   b. ...y **tentadora** (inglés: *tempt-*)
   c. es casi una **realidad** (inglés: *reali-*)
   ch. una **tentación** irresistible (español: **tentadora**)
   d. los días que **juntan** (español: **juntarse**)
   e. invitan al **ausentismo** (inglés: *abs-*)

3. What things represent **una tentación irresistible** for you?

4. In this paragraph, both good and bad points of the **superpuente** custom are mentioned. What are they?
   Lo bueno es que... .   **Lo malo es que... .**

Tercer párrafo

1. Skim the third paragraph. To which of the following is it referring?
   a. ¿Dónde viven los españoles?
   b. ¿Adónde van de vacaciones los españoles?
   c. ¿Quiénes van de vacaciones?
2. Locate the phrases in this paragraph that mean the following:
   a. ciudades cerca de las montañas   c. otra casa
   b. muchas playas   ch. el estado financiero
3. Try to determine the meanings of the following words as they are used in this article, using the clues given.
   a. la mayoría   (inglés: *maj-*)
   b. se han convertido   (inglés: *convert-*)
   c. segunda   (inglés: *sec-*)
   ch. vitalidad   (inglés: *vital-*)
   d. riqueza   (español: **ric-**)
   e. alegría   (español: **alegrarse**)
4. This paragraph mentions good points of this **puente**. What are they?

   ■ **Por ejemplo:** *Lo bueno es que* la gente se divierte mucho.

5. Which of the following are possible bad points mentioned in this paragraph?
   a. La situación económica del país sufre.
   b. La gente rica va a otros lugares.
   c. La gente no trabaja.
   ch. La gente no se queda en Madrid.

Cuarto párrafo

Scan this paragraph for words that look familiar to you. There are many words in this paragraph that look like English words. How many can you find? Which of the following is the author suggesting in this paragraph? You may select more than one, but for each, give the clues you used to help make your decision.
   a. Celebrating holidays on Saturdays and Mondays is irrational.
   b. More days are needed for rest and relaxation.
   c. These holidays interrupt work routines.
   ch. The celebration of holidays should be better organized on the calendar.
   d. Confining holiday celebrations to Mondays would provide a more rational work schedule.
   e. Workers should be allowed to save up holidays.
   f. No one should have to work on Saturdays.

Aplica...

L. Now that you have gone through each paragraph of this article, you are prepared to use its ideas to form some conclusions. Complete each of the following statements logically, using **A causa de (del)** or **A pesar de (del).**

1. _____ los puentes, hay mucho ausentismo.
2. _____ la alegría de las vacaciones, la situación económica no es buena.
3. _____ la realidad económica del país, la gente se divierte mucho.

4. _____ calendario, hay muchos días festivos.

5. _____ las festividades del martes y el miércoles, hay un «superpuente» esta semana.

Ll. Choose from the following options to express what is being recommended by the two articles you read.

Debe haber... *(There should be...)*

más / menos días de fiesta   más / menos días laborables

más / menos tráfico   más / menos carreteras

más / menos estaciones de esquí   más / menos gente en casa

más / menos trabajo   más / menos ausentismo

más / menos puentes   más / menos vacaciones

más / menos racionalidad   más / menos descanso

M. From your reading of both articles, summarize the good points and bad points of this Spanish custom.

Lo bueno es que... .   Lo malo es que... .

N. Which of the following statements best expresses the Spanish view of vacation?

Para los españoles, las vacaciones... .

1. son importantes, pero no necesarias   **3.** no son muy importantes

2. son tan importantes como *(as important as...)* el trabajo   **4.** son una frivolidad

     5. son sólo una tentación

Ñ. What are the **puentes** in U.S. culture? Give the dates for those you can think of. For each, tell what day you take off (**el jueves, el viernes,** etc.). Then tell what you do to celebrate.

Video: Prog. 4, **Sones y ritmos**—the diversity of regional music

▪ **Por ejemplo:** *El Día del Trabajo es el...de... . Hay festividades el... . Me quedo en casa. No voy a ninguna parte.*

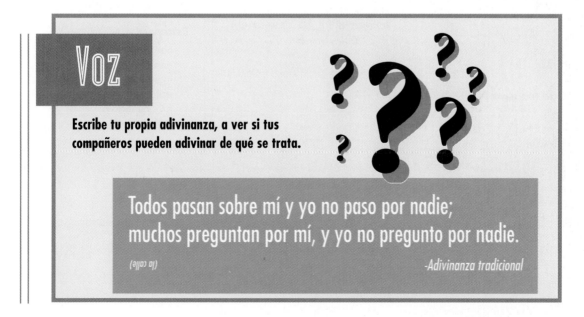

VOZ

Escribe tu propia adivinanza, a ver si tus compañeros pueden adivinar de qué se trata.

Todos pasan sobre mí y yo no paso por nadie; muchos preguntan por mí, y yo no pregunto por nadie.

(la calle)

-*Adivinanza tradicional*

‖◻ Mi diccionario

▮ Para hablar

Las quejas

¡Me muero de aburrido(a)!

Me canso de... acostarme tarde por la noche.

asistir a clases.

despertarme (ie) temprano por la mañana.

enojarme con los profesores.

preocuparme por los estudios.

prepararme para pruebas y exámenes.

quedarme solo(a) en la residencia.

quejarme del trabajo.

¡Estoy harto(a) de la universidad!

Me muero de ganas de alojarme en un hotel de lujo cerca de aquí y pasar unos días.

despedirme (i) de los profesores

divertirme (ie)

dormirme en la playa

hacer un viaje al extranjero

irme de vacaciones

juntarme con los amigos

levantarme a las...de la mañana

no aburrirme en las clases

olvidarme de los horarios

reírme (i) todo el día

relajarme

sentirme (ie) feliz

vestirme (i) con ropa vieja

Allá, lejos de este lugar, voy a estar / sentirme contento(a), no triste.

tranquilo(a), no nervioso(a).

alegre, no deprimido(a).

entretenido(a), no aburrido(a).

▮ Para hablar

Los medios de transporte

Voy a irme a pie.

en autobús

avión

barco

bicicleta

coche

moto

tren

▮ Para reconocer

los quehaceres

(No) Tengo ganas de...

▮ Para reconocer

alegrarse

calmarse

enfermarse

▮ Para reconocer

Estoy...

cansado(a).

enojado(a).

interesado(a).

irritado(a).

preocupado(a).

soñoliento(a).

▶ Para hablar

La hora

a la una	en punto	luego
a las dos, tres, etc.	y cuarto	por / de la mañana
a medianoche	menos cuarto	la tarde
a(l) mediodía	y media	la noche
antes (de)	entonces	primero
después (de)	Es la una.	Son las dos, tres, etc.

▶ Para hablar

Otras palabras y expresiones

arreglarse
bañarse
cerca (de)
conocerse
deber estar
ducharse
lejos (de)
necesitar
quitarse la ropa

▶ Para reconocer

a causa de
allá
allí
debe haber
el próximo(a)…
el puente / el superpuente
en realidad
lo bueno
lo malo
ni…ni
nos encanta
o sea
según
vivir

⟦✿⟧ En cámara lenta

In this section you will review your progress and the strategies you have used in the **Tercer capítulo** and the **Cuarto capítulo.**

¿Qué aprendimos?

En el **Segundo Tema** aprendiste lo siguiente:

✓ hablar de las cosas que yo (y otros) podemos hacer	<u>poder</u> + infinitive
✓ hablar de las cosas que yo (y otros) vamos a hacer	<u>ir</u> + <u>a</u> + infinitive
✓ hablar de mis gustos	<u>gustar</u> + object
✓ hablar de actividades habituales	verbs in present tense
✓ hablar de uno y el otro	reciprocal verbs in the present tense
✓ describir rutinas de cuidado (care) personal	reflexive verbs in the present tense
✓ describir cómo me siento yo (I feel) y como se sienten otras personas	<u>sentirse</u>, <u>estar</u>
✓ dar la hora de un evento	<u>a las</u> + time
✓ dar la hora	<u>son las</u> + time

In addition, here are some other things you practiced doing in this unit, which will be part of your language use from now on:

You learned to...	by using...
express frequency:	**siempre, casi siempre**
say for what purpose you are going:	**voy a casa a estudiar**
say where you are:	**estoy** *en* **casa, estoy** *en* **la playa**
give a sequence of activities:	**antes** *de* **las vacaciones, después** *de* **levantarme, primero, luego, entonces**
indicate purpose:	**estudio** *para* **aprender, estudia** *para* **abogada...**
say with whom you do something:	*con* **amigos, conmigo** *(with me)*
specify when during the day:	*por* **la mañana / tarde / noche**
to express the idea of *all, every:*	**todos, todas, todo el mundo, toda la gente**
to describe what others should do:	**deber** + *infinitive*

You learned to use certain words to connect your thoughts:

to express frequency and generality:	**siempre, casi siempre, todos los..., casi nunca, por lo general**
to attribute opinion or statement:	**según..., dice que...**
to express cause and effect:	**si..., a causa de...**
to clarify or explain:	**en realidad..., o sea..., es decir**
to contrast:	**a pesar de...**

You practiced many different questions.

¿Adónde... ?	**¿Adónde** vas de vacaciones generalmente?
¿De dónde... ?	**¿De dónde** es el señor Romero?
¿Dónde está... ?	**¿Dónde está** el centro de estudiantes?
¿Cómo es... ?	**¿Cómo es** la universidad?
¿Cómo estás... ?	**¿Cómo estás** después del examen?
¿Quién... ?	**¿Quién** vive en la residencia?
¿Con quién... ?	**¿Con quién** vas al cine?
¿Cuándo... ?	**¿Cuándo** tienes vacaciones?
¿A qué hora... ?	**¿A qué hora** es el programa educativo?
(**¿Qué hora es?**)	
¿Qué tiempo hace... ?	**¿Qué tiempo hace** en el lago?
¿Cuántos / Cuántas... ?	**¿Cuántos** médicos hay en el centro médico?
¿Para qué?	**¿Para qué** estudias**?**

Estrategia

Remembering *how* you learned is just as important as remembering *what* you learned. This section of your textbook summarizes some of the strategies you used in practicing the language in this chapter.

A. You used strategies for speaking and writing the language.

1. **Combining.** You joined phrases together to express relationships in ideas by using **si** *(if)* and **cuando** *(when)*, **y**, **o**, and **porque.** You also practiced using **a causa de** and **a pesar de**. Complete the following with your own ideas according to the connectors given to provide a brief, cohesive paragraph.

Cuando estoy en / con _____ o _____, me siento

_____, o sea, estoy _____, porque

_____.

Si _____ , sé que _____.

A pesar de mis / sus / nuestros(as) _____,

siempre _____. A causa de

_____, siempre / nunca voy a

_____ .

2. **Organizing thoughts.** You made lists and classified information before you spoke or wrote. Choose one of the following titles or one of your own. Then, create lists of words you can use to develop your idea. When you have completed your list, use this list to guide you in composing a brief paragraph.

   Títulos: La tristeza / La satisfacción / La depresión / La frustración / La felicidad / El estrés / ?

3. **Cooperating.** You worked with others to practice, rehearse, and gather information. With your partner, devise an interesting survey of five to eight questions on the theme of «El ocio y la vida estudiantil.» Because this is a survey, you will need to control the responses by offering choices.

   ■ **Por ejemplo:** *¿Con qué frecuencia salen Uds. por la noche?*

   a. **todas las noches**
   b. **sólo los fines de semana**
   c. **menos de tres veces** *(times)* **a la semana**
   ch. **más de tres veces a la semana**
   d. **nunca**

   Use your survey questions with classmates and other students. Write up your results in terms of **la mayoría** *(the majority)*...**sale / tiene,** etc.

El ocio
es cosa
de todos

expo
ocio

*La Feria del
Tiempo Libre*

**28 ABRIL
6 MAYO**

11 a 21 horas
CARAVANAS-CAMPING
FOTOGRAFIA
INTERIORISMO - MUEBLE
MOTOR SHOW - PISCINAS
AUTOMOVILISMO - NAUTICA
BRICOLAJE - JARDINERIA
FEMINA - 3.ª EDAD - HOBBYS

■ ¿Qué cosas esperas ver en una feria
del tiempo libre para universitarios?

B. You used some strategies for learning new words.

1. **Grouping.** What do the following groups of words have in common?
   a. **bucear, navegar, hacer «surfing», nadar**
   b. **películas, programas, telenovelas, vídeos, televisión**
   c. **frío, calor, viento, fresco**
   ch. **ir de mochileros, hacer excursiones, correr**

   Which word doesn't belong in the following groups?
   d. **museo, ópera, restaurante, teatro, hospital**
   e. **gustar, acampar, fascinar, encantar**

2. **Associating.** What activities do you associate with the following?
a. **la montaña**	e. **un lago**
b. **el campo**	f. **el gimnasio**
c. **la playa**	g. **una universidad**
ch. **la residencia**	h. **una metrópolis**
d. **el restaurante**	i. **un «puente»**

3. **Personalization.** You associated new words to personal images and feelings. To what words do you attach these special meanings?
   Palabras que me gustan:
   Palabras difíciles:
   Palabras fáciles *(easy)***:**
   Palabras que voy a usar mucho:
   Palabras que nunca voy a usar:

C. You used some strategies to recognize and understand words and structures you had not learned yet. You taught yourself by...

1. **Anticipating.** You used background knowledge and experience to anticipate. Where would the following conversations likely take place?
   a. —¿Qué desea, señora?
      —Hace tanto calor; quiero algo muy frío. ¿Qué tiene?
      —Limonada, café helado, agua mineral.
      —Déme un café helado.
   b. —¡Hola!, ¿qué tal? ¿Vamos a estudiar?
      —Sí, pero aquí hay demasiada gente.
      —Mira, vamos a la biblioteca. Allá hay silencio.
   c. —Es una maravilla tener frutas en febrero...a pesar del frío. ¡Y tan frescas que están!
      —Sí, porque en Chile y Argentina ahora es verano.
      —¿Cuántas nectarinas quiere?
      —Déme una docena, por favor.

2. **Relying on context clues.** You used the context to guess the meanings of words. In the above exchanges, what do the following probably mean?
déme	**frescas**	**silencio**
café helado	**docena**	**agua mineral**

3. **Identifying words that look like English words you know.** Find at least ten words in this unit that are cognates.
residencia	**apartamento**	**capital**
sitio	**diversión**	**comprensión**

4. **Identifying words that look like Spanish words you know.** See if you can guess the meaning of some of the following. For each, give the word you knew that helped you guess.

montañoso, montañismo

bibliotecario, bibliografía

arreglos, arreglar

bañero, baño, bañista, bañador

alegría

aburrimiento

navegante, navegación

buceo, buceador

limpio, limpieza, limpiador

nevar, nevado

lluvioso, lluvia

campamento

natación, nadador

cantante, canción

dibujo, dibujante

escritor, escrito, la escritura

Para escribir con soltura: Mi viaje

In this section, you will approach writing as a *process* by using strategies for thinking, planning and organizing, elaborating, and editing.

A. Imagining. Look at these photos and choose one that you would like to visit. Imagine yourself there and then list six features of the place and six things you could probably do there.

Características

edificios *altos*

gente *entretenida*

Actividades

visitar museos *históricos*

B. Describing. Choose one or two adjectives to describe each of the places and activities on your list. Remember that when you combine a noun and an adjective, the adjective must *agree* with the noun it describes (masculine or feminine, singular or plural).

C. Recounting. Now imagine that you are vacationing at this site; you have spent a week there and have another one left. Write a letter to your Spanish instructor 1. describing the place, 2. telling how you spend your time, 3. describing how you plan to spend your remaining week, 4. describing your feelings and reactions. Expand the following model.

D. Editing. After writing comes the editing phase. This time, you will be checking for the *agreement* of nouns, articles, and adjectives.

_____(ciudad)_____, 27 de marzo de 199_

Querido señor Johnson:

    Aquí estoy muy contento en…. Es una ciudad fantástica y muy…. Hay muchos edificios… con… imponentes. La gente es muy… y….

    Todas las mañanas salgo a / con… y…. Por la noche, siempre vamos a… y a…. Y a menudo también…. A veces,…. Me encantan las ruinas… y el lago… de…. Los museos de… son….

    El lunes pienso… o…. Además,….

    Tengo muchas cosas que contarle. Estoy de vuelta el… de….

Afectuosos saludos de

                                         Jim

- Find and underline *all* the nouns in your letter. Where verbs like **es / son / estoy / estamos** are used without nouns, a pronoun is implied: **él, ella, yo, nosotros, nosotras,** etc.
- For each noun, circle the ending that indicates whether it is plural and masculine or feminine.

■ **Por ejemplo:** edifici(os)

- Look to the right and left of each noun (and implied pronoun). Find and circle the articles **el / la / los / las** next to the nouns as well as the endings of *all* the adjectives related to each of the nouns or pronouns. Draw lines to connect the circles of the adjectives with their nouns. See if they correspond.

■ **Por ejemplo:** muchos edifici(os) altos con puert(as) imponent(es)

                Aquí (**yo**) estoy muy content(o) en… .

Now that you have indicated graphically the relationship among the words, go through your letter and *check* each noun and its adjectives and articles (as well as each subject) to verify that they agree in gender and number.

"Mae West's Face, Which Can Be Used as a Surrealist Apartment," 1934, Salvador Dalí
gouache over photographic print, 28 x 18 cm
Art Institute of Chicago, gift of Mrs. Gilbert W. Chapman in memory of Charles B. Goodspeed
©1992, ARS, N.Y./Demart Pro Arte

3

En casa

Mira este cuadro del pintor español, Salvador Dalí. ¿Qué aspecto del tema puedes ver? Haz tu propio dibujo para representar lo que significa para ti «estar en casa» — ¿Qué puedes *ver, oler, oír* y *saborear*?

En la cultura hispana, la familia es sumamente importante. Aunque uno(a) se dedica a su carrera y a su desarrollo personal, lo primero siempre es la familia. La familia hispana no sólo consiste en los padres y hermanos, sino también en otros parientes y en los amigos íntimos. En el concepto de la familia, más que en nada, se ve el carácter hispano. La familia es el tema de los dos capítulos que siguen.

¿Para ti, qué es la familia? ¿Qué palabras asocias con «la familia»?

5 | Asuntos de familia

En este cuadro, ¿qué hace la gente? ¿Cuántas familias puedes ver?

En este capítulo, vas a aprender a describir a tu familia y lo que ustedes hacen juntos. También vas a aprender a contar lo que pasó en ciertas ocasiones importantes de tu vida. ¿Qué ocasiones y festejos son importantes para ti? ¿Cuándo se reunen tú y tus familiares para celebrar algo?

«Lotería — Tabla llena», Carmen Lomas Garza, collection of the artist

Quiero aprender a...

- hablar de mi familia

- usar expresiones de cortesía en distintas ocasiones importantes de la vida
- hablar del pasado
- decir cuánto tiempo hace que algo ocurrió

padre, madre, hijos, hermanos, tíos, primos, abuelos, padrinos, etc.
¡Feliz cumpleaños!
¡Felicitaciones!
verbos en el pasado (el tiempo pretérito)
hace + expresión de tiempo

A simple vista

Ya puedes leer y comprender bastante español. Para recordar lo que ya sabes, completa las siguientes actividades.

A. Felices fiestas. Di cuándo asististe *(you attended)* a estas fiestas. Di si era fiesta de un(a) amigo(a) o una persona de la familia (un familiar).

- **Por ejemplo:** *Hace dos años asistí* a la boda (al matrimonio) de mi amiga ...(de un familiar).

1. una boda
2. una fiesta para la novia *(bride)* antes de la boda
3. una fiesta para la madre antes del nacimiento de su bebé
4. una fiesta de aniversario de boda
5. una recepción de matrimonio

B. La boda. Nombra tres cosas que asocias con una ceremonia de un matrimonio.

- **Por ejemplo:** *familiares, iglesia o templo...*

Tu Boda
¡Tiene que ser la mejor del año!

Sigue los expertos consejos
VANIDADES continental
NOVIAS

Vanidades sabe que uno de los momentos más importantes y bellos en la vida sentimental de una mujer es el emocionante día de su boda. Por eso, publica esta Revista Especializada, con elegantes y prácticas ideas que garantizarán que tu boda sea la mejor del año. Y, sin duda, eso es lo que tú quieres.

- Dieta: pierda 5 kilos antes de la boda.
- Manual de los recién casados.
- Detalles clave del éxito.
- La ropa interior.
- Las invitaciones, la decoración, todos los detalles.
- Luna de Miel: el precio de un sueño.

Suplemento especial:
Cómo dar una recepción, ahorrando dinero.

YA ESTÁ A LA VENTA
Adquiérela en su puesto de revistas favorito.

¿Puedes reconocer algunas palabras en este anuncio de una edición especial de esta revista? ¿Cuál es el tema de esta edición?

C. De las páginas sociales. Mira los tres anuncios que siguen y usa la información de cada uno para completar una tabla como la siguiente. (Incluye sólo la información que corresponde al evento que se anuncia.)

FECHAS			
	el día 16	el día 17	el día 19
¿Qué?			
¿Quiénes?			
¿Por qué?			
¿Dónde?			
¿A qué hora?			

Matrimonio

Hoy a las 21 hrs. en la Parroquia San Pedro de Las Condes, se celebrará el matrimonio de don Claudio Río Agost con la señorita Anamaría Quintero Harvey. Padrinos del novio serán sus padres don Claudio Río Cáraves y señora Irene Agost de Río; padrinos de la novia serán sus padres don Antonio Quintero Barona y señora Anamaría Harvey de Quintero. Oficiará el Rvdo. Padre Agustín Muñoz Chamilo.

Martes 16 de octubre   **Vida social**

Despedida de soltera

Hoy a las 5 de la tarde, en el Hotel Panamericano, un grupo de amigas de la señorita Anamaría Quintero Harvey le ofrecen un té con motivo de su matrimonio el próximo viernes 19 de octubre en la Parroquia San Pedro de Las Condes. Presentes en el té estarán también las testigos de la novia en la ceremonia civil a celebrarse mañana miércoles 17 de octubre, señoritas Paulina Andrade Gutiérrez y Pilar Quintero Palma y las señoras Pilar Menéndez de Quintero e Irene Río Agost.

Antonio Quintero Barona
Anamaría Harvey de Quintero

Claudio Río Cáraves
Irene Agost de Río

Participan a Ud.(s) el matrimonio de sus hijos
Anamaría y Claudio

y tienen el agrado de invitarle(s) a la ceremonia religiosa,
que se celebrará el viernes 19 de octubre, a las 21.00 hrs. en punto,
en la Parroquia San Pedro de Las Condes (Isabel La Católica 4360).

Santiago, Septiembre 1990

Ch. Los nombres. Ahora mira el anuncio de matrimonio. Escribe el nombre de la novia antes y después del matrimonio.

Antes: Señorita Anamaría _____ Harvey

Después: _____ Anamaría _____ _____ de _____

Escribe el nombre completo del novio *(groom)*:

Señor _____

¿Cómo se llaman las familias?

▨ **Por ejemplo:** La familia del novio: *Son los Río Agost.*

1. La familia de la novia: Ellos son los _____.
2. La nueva familia del novio y la novia: Son los _____.

D. Los familiares. En este diagrama puedes ver a algunas personas de una familia. Usa estos nombres para identificar a algunos familiares de los novios.

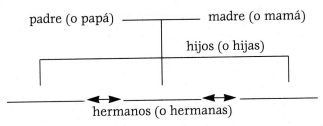

padre (o papá) ———— madre (o mamá)

hijos (o hijas)

hermanos (o hermanas)

Soy *hijo(a)* de mis *padres* (papá y mamá).

Mis *hermanos* también son *hijos* de mis *padres*.

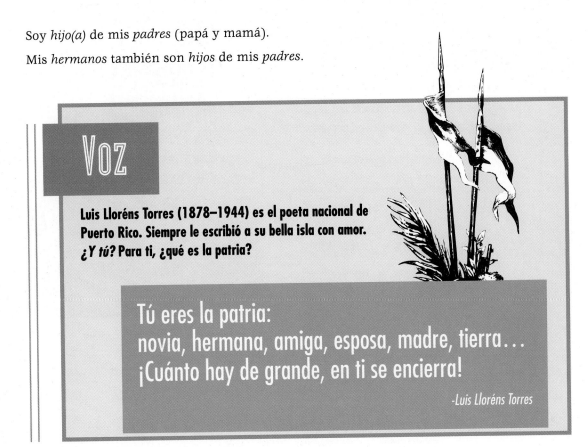

VOZ

Luis Lloréns Torres (1878–1944) es el poeta nacional de Puerto Rico. Siempre le escribió a su bella isla con amor. *¿Y tú?* Para ti, ¿qué es la patria?

Tú eres la patria:
novia, hermana, amiga, esposa, madre, tierra...
¡Cuánto hay de grande, en ti se encierra!

-Luis Lloréns Torres

■ **Por ejemplo:** *Anamaría Quintero Harvey es hija de... .*

1. Antonio Quintero Harvey es... .
2. Irene Agost de Río es... .
3. Anamaría Harvey Arellano es... .
4. Gonzalo Quintero Harvey es... .
5. Antonio Quintero Barona es... .
6. Irene Río Agost es... .

E. Mucha gente. Lee la información que aparece en el recuadro *(box)* de la página 157. Luego, con otra persona, busquen *(look)* en los anuncios de matrimonio las palabras que corresponden a las siguientes definiciones.

1. persona que no está casada *(married)*
2. persona que firma *(signs)* el acta (certificado) de matrimonio de un(a) amigo(a)
3. persona que ayuda *(helps)* a los novios en su nueva vida
4. persona que va a casarse
5. iglesia que es centro administrativo

Visión

La tradición católica es parte de la cultura hispana. Por eso, la iglesia se asocia con los eventos importantes de la vida de una persona.

■ la Iglesia de la Sagrada Familia, Barcelona

■ la Catedral Nacional, México, D.F.

Los padrinos

Para el bautismo y, en algunos casos, para el matrimonio, los hispanos reciben otros dos padres o *padrinos (padrino y madrina)* que van a ayudarles en la vida. La relación entre los padres y los padrinos se llama *compadrazgo* y las cuatro personas se llaman *compadre* o *comadre* entre ellos.

F. Las ceremonias. Estudia los anuncios de la página 154 otra vez y luego completa el siguiente resumen *(summary)*.

Hay dos ceremonias de matrimonio. La ceremonia religiosa se celebra, generalmente, por la _____ (mañana / tarde / noche) en una _____ . Antes de la ceremonia religiosa, siempre hay otra ceremonia, una ceremonia _____. A esta ceremonia, sólo asisten los novios, sus padres y los _____.

G. Un(a) esposo(a) famoso(a). Imagínate que te vas a casar con una persona famosa. Escribe tu propia invitación de matrimonio. ¡Tienes que ser muy original!

H. Dinastía colombiana. Ahora mira el siguiente anuncio del periódico y copia o subraya *(underline)* las palabras que conoces o puedes comprender. Luego completa la siguiente información para hacer un resumen y dibujar el árbol genealógico (de la familia).

La dama colombiana se llama...y hoy celebra su cumpleaños con todos sus... en... . La señora tiene...años.

La señorita Jaramillo se casó *(married)* con el señor _____
y de ellos nacieron *(were born)* _____
y de estos hijos nacieron _____
y de éstos nacieron _____
y de éstos nacieron _____

Dama colombiana cumple 90 años rodeada de extensa descendencia

Llegar a los 90 años sabiéndose generadora de una extensa descendencia es para sentirse dichosa por una vida cumplida. Tal es el caso de la dama colombiana, Clara Jaramillo de Castaño, quien cumple hoy noventa años de edad en plena lucidez.

Doña Clara contrajo matrimonio con el señor Cornelio Castaño, de cuya unión nacieron 24 hijos, quienes a su vez le regalaron al matrimonio 111 nietos°, y éstos les dieron 125 bisnietos° y, como si fuera poco, los últimos le hicieron a Doña Clara el obsequio de 5 tataranietos°.

La dama está de visita en Nueva York para celebrar su onomástico con su extensa familia, y recibió gran cantidad de regalos de todos sus familiares y amigos.

grandchildren
great-grandchildren

great-great-grandchildren

I. Diciéndolo de otra manera. Ahora mira el anuncio de la página 157 con mucha atención y encuentra *(find)* y copia otra manera de decir lo siguiente (quizás *[perhaps]* hay más de una manera *[way]*).

1. Hoy *tiene noventa años*, o sea,... .
2. Está en los EE.UU. para celebrar su *santo o cumpleaños*, o sea,... .
3. Tiene una *familia enorme*, o sea,... .
4. Doña Clara se siente *afortunada*, o sea,... .
5. Hace muchos años, doña Clara *se casó*, o sea,... .
6. A doña Clara sus bisnietos le *regalaron (gave)* tataranietos, o sea,... .

J. Un cumpleaños familiar. ¿Quién es la persona mayor *(oldest)* de tu familia? Escribe una nota para anunciar su cumpleaños en el periódico.

Hoy cumple...años de edad el (la) señor (señora)... . Don (Doña) _____ contrajo matrimonio con..., de cuya unión nació (nacieron)...hijo(s), quienes a su vez le regalaron al matrimonio...nietos, y éstos les dieron...bisnietos y, como si fuera poco, los últimos le hicieron el obsequio de...tataranietos.

En voz alta

A. Escucha una conversación entre dos personas y contesta lo siguiente.
1. ¿Quiénes conversan? ¿mamá e hijo? ¿esposo y esposa? ¿dos amigos?
2. ¿De qué conversan? ¿del presente? ¿del pasado? ¿del futuro?

B. Marca todas las respuestas que son verdaderas, según la conversación. En esta conversación las dos personas...
se ríen / se pelean / se enojan / se hablan / se recuerdan cosas / se quejan / se despiden / se saludan / se enamoran / se casan / se conocen.

Know This

Imágenes y palabras

Ahora que puedes reconocer y comprender muchas palabras cuando lees, hay que aprender *(you need to learn)* más palabras para usar en la conversación. Aquí tienes vocabulario para hablar de cosas de la familia.

Yo nací *(was born)* **en 1976 (mil novecientos setenta y seis) y... .**
Mi padre *(father)* **/ madre** *(mother)* **nació y creció** *(was born and raised)* **en...**
Mis padres *(parents)* **se conocieron** *(met)* **en... .**
       se conocieron hace 25 años *(25 years ago).*
       se casaron *(got married)* **hace 22 años.**
       se quieren *(love each other)* **mucho.**
       se ayudan *(help each other)* **mucho.**

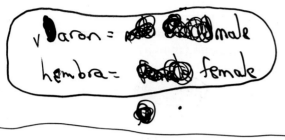

Mi **hermano menor** (*younger brother*) **nació y creció en... .**
Mi **hermana mayor** (*older sister*) **nació y creció en... .**

hermana mayor
hermano menor
madre
padre
yo

varon = ~~male~~ male
hembra = ~~female~~ female

Mis hermanos (no) se llevan (*get along*) **bien.**

(no) se parecen[1] (*look alike*) **mucho.**

(no) se pelean (*fight*) **mucho.**

(pelearse)

Mis bisabuelos (*great-grandparents*) **están muertos** (*dead*). **Murieron** (*They died*) **hace muchos años.**
Mis abuelos (*grandparents*) **paternos / maternos nacieron y crecieron en...**
Mis abuelos tienen tres hijos (*children*): **dos hijas y un hijo.**
Los hijos de mis abuelos son mis padres y mis tíos / tías (*uncles / aunts*).
Yo soy nieto(a) (*grandchild*) **de mis abuelos.**

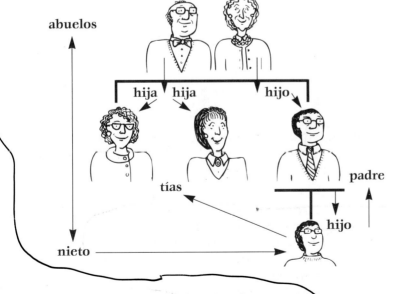

abuelos
hija | hija | hijo
tías
padre
nieto
hijo

---

[1] parecer: **parezco,** pareces, parece, parecemos, *parecéis,* parecen

marido   **mujer**

madrastra

hermanastras   **hermanastro**

Mi papá (mamá) se volvió a casar *(got married again)*. **Su mujer** *(wife)* / **marido** *(husband)* **es mi madrastra** *(stepmother)* / **padrastro** *(stepfather)*.

Ahora tengo dos hermanastras *(step-sisters)* **y un hermanastro** *(stepbrother)*.

Y mi papá (mamá) tiene tres hijastros *(stepchildren)* **y un(a) hijo(a)**.

Don't ask

medio hermano(a) - half brother (sister)

deber - ought to

Mi tío(a) está casado(a) *(married)*.
está soltero(a) *(single)*.
está viudo(a) *(widow / widower)* **porque su esposo(a)**
se murió *(died)*.
está comprometido(a) *(engaged)*.
está divorciado(a).
tiene un hijo(a) único(a) *(only)*. **Su hijo(a) es**
mi primo(a) *(cousin)*.
Mis primos...tienen novia.
esperan casarse *(hope to get married)* **pronto y buscan** *(are looking for)* **una casa grande.**
andan con... / salen con...*(go out with)* **los sábados, los domingos, etc.**
salen conmigo *(with me)* **y mis hermanas.**
sueñan con *(dream about)* **conseguir** *(getting, to get)* **buenas ocupaciones** *(trabajos)*.
pasan mucho tiempo juntos *(together)*.
se llevan bien con... y conmigo también.
Mi prima mayor va a casarse con un empresario *(executive)* **muy rico.**
Mis parientes *(relatives)* **y yo nos juntamos** *(get together)* **para...**

las bodas.   **los bautizos** *(baptisms)*.   **los cumpleaños.**   **las reuniones familiares.**

Yo estoy enamorado(a) de *(in love with)* **un(a) chico(a)**
muy simpático(a) *(nice)*.
estupendo(a).
guapo(a) *(handsome, pretty)*.
cariñoso(a) *(caring)*.

A. Mi familiar preferido(a). ¿Quién es tu familiar preferido(a): tu primo(a), tu tío(a), tu abuelo(a), tu hermano(a), tu papá o tu mamá, etc.? ¿Por qué?

■ **Por ejemplo:** *Me llevo bien con mi abuelito porque él es muy entretenido y sabe mucho de la historia de la familia.*

B. Nos parecemos mucho o poco. Compárate con los siguientes familiares. ¿A quién te pareces más? ¿A quién te pareces menos?

■ **Por ejemplo:** *Mi hermana y yo **nos parecemos** mucho. **Las dos somos** muy... .*
__A las dos__ nos gusta(n)... .
__No me parezco a__ mi mamá. Ella es... y yo soy... . A ella le gusta...pero a mí me gusta... .

C. Historia antigua. Cuenta *(Tell)* algo de la historia de tu familia.

■ **Por ejemplo:** *Mis padres / abuelos se conocieron en...(lugar) en...(año). Se casaron en...(lugar) en...(año).*
Yo nací en...(lugar) en...(fecha) y crecí en...(lugar).
Mi hermano(a) nació en...(lugar) en...(fecha) y creció en... .
Mis hermanos nacieron en...(lugar) en...(fecha) y crecieron en... .

Ch. La pareja ideal. Describe a tu marido o mujer ideal. Usa las preguntas que siguen como guía.

■ **Por ejemplo:** *El marido (la mujer) con quien sueño es...*
¿Cómo es? (el físico y la personalidad) Es...y... .
¿Qué es? (la ocupación o profesión) Es... .
¿De qué familia es? Es de una familia... .
¿Qué le gusta? ¿Qué intereses tiene? Le gusta(n)... .

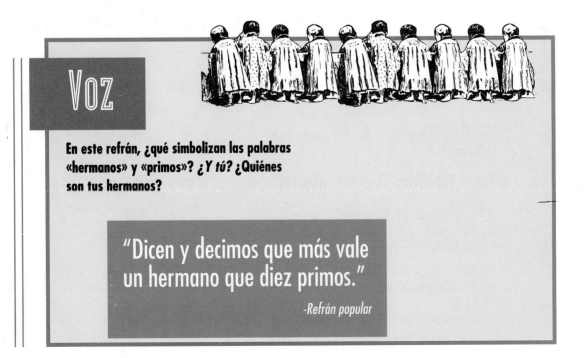

VOZ

En este refrán, ¿qué simbolizan las palabras «hermanos» y «primos»? ¿Y tú? ¿Quiénes son tus hermanos?

"Dicen y decimos que más vale un hermano que diez primos."

-Refrán popular

D. Planes para el futuro. Usa el modelo para hablar o escribir acerca de tus planes.

■ **Por ejemplo:** *Voy a casarme en...después de...con... .*
Voy a tener...hijos. (No voy a tener hijos.)
Voy a vivir en...y trabajar en..., pero no quiero... .

Ahora, di *(say)* cinco cosas que *no* vas a hacer en el futuro.

■ **Por ejemplo:** *No voy a casarme con un(a) chico(a) irresponsable. No voy a vivir con mis padres.*

E. Así somos. Explica con qué frecuencia o hasta qué punto pueden aplicarse las siguientes frases a ti y a tu familia.

■ **Por ejemplo:** ¿Se pelean ustedes?
Nos peleamos a veces, pero no mucho, sólo cuando... .

1. ¿Se pelean?
2. ¿Se ayudan?
3. ¿Se comunican?
4. ¿Se escriben
5. ¿Se conocen bien?
6. ¿Se parecen mucho?

F. Incompatibles. Describe a una persona de tu familia con la que *no* te llevas bien y explica por qué.

■ **Por ejemplo:** *No me llevo bien con mi primo Carlos porque es muy impaciente y egoísta.*
No me llevo bien con mi hermano porque nunca limpia la habitación.

G. Encuesta familiar. Con un(a) compañero(a) creen *(create)* cinco preguntas para entrevistar *(to interview)* a tres personas sobre sus familiares y las actividades que hacen juntos. Díganle a la clase las respuestas más comunes.

■ **Por ejemplo:** *¿Cuántos son en una familia típica? ¿Viven juntos? ¿Cuándo se juntan los familiares? ¿Qué hacen para divertirse juntos?*

⊕ Con teleobjetivo

Para hablar: To talk about events from the past

The preterit tense

In some of the previous activities you used forms such as **nací, nació,** and **se casaron** to refer to events that took place in the past.

Yo **nací** en Puerto Rico pero mi hermano **nació** aquí en Estados Unidos.	I **was born** in Puerto Rico, but my brother **was born** in the United States.
El año pasado él **se casó** con una puertorriqueña de Filadelfia.	Last year, he **got married** to a Puerto Rican from Philadelphia.

To discuss these events, you used a past tense called the *preterit* tense. In the chart on the right, notice that...

- verbs ending in **-er** and **-ir** share the same endings.
- the **nosotros** form of **-ar** verbs is the same in the preterit tense as in the present tense.
- as in the present tense, the **nosotros** forms have **-mos** endings; the **ellos / ellas / Uds.** forms have a final **-n**.

-ar verbs	-er verbs	-ir verbs
casarse con	**nacer** en	**vivir** en
me cas**é** con	nac**í** en	viv**í** en
te cas**aste** con	nac**iste** en	viv**iste** en
se cas**ó** con	nac**ió** en	viv**ió** en
nos cas**amos** con	nac**imos** en	viv**imos** en
os cas**asteis** con	nac**isteis** en	viv**isteis** en
se cas**aron** con	nac**ieron** en	viv**ieron** en

Here is a summary table of regular verbs in the preterit tense.

To say...	use -ar endings...	use -er -or -ir endings...
what I did	**-é**	**-í**
what you (**tú**) did	**-aste**	**-iste**
what he / she / you (**Ud.**) did	**-ó**	**-ió**
what we did	**-amos**	**-imos**
what you (**vosotros**) did	**-asteis**	**-isteis**
what they or all of you did	**-aron**	**-ieron**

Mi hermano y yo **nacimos** y **vivimos** en Denver muchos años. Ahora vivimos en Albuquerque.

La abuela materna de mi mamá **creció** en Austria y luego **viajó** a Estados Unidos, pero nunca **aprendió** inglés.

Conocí a mi novia en la clase de biología.

Es muy simpática y le **regalé** flores y una tarjeta para el Día de los Enamorados.

*My brother and I **were born** and **lived** in Denver for many years. Now we live in Albuquerque.*

*My mother's maternal grandmother **grew up** in Austria and then **traveled** to the U.S., but she never **learned** English.*

*I **met** my girlfriend in biology class.*

*She is very nice and I **gave** her flowers and a card for Valentine's Day.*

1. The verb **conocer** *(to know or be acquainted with)*, when used in the *preterit* tense conveys the meaning of *"met a person."* **Conocer, ver,** and **visitar** must always be used with **a** when you mention a person. When used this way, **a** has no English equivalent.

Conocí a mi amigo en 1980. Hace muchos años que nos conocemos. En marzo **vi a sus padres** en la Florida.

*I **met my friend** in 1980. We've known each other for many years. In March, I **saw his parents** in Florida.*

2. Notice that the preterit tense is formed from the *infinitive*; therefore, stem changes that you learned in the present tense will *not* carry over to the preterit tense.

3. The verbs **ir, dar,** and **hacer** are irregular in the preterit tense. Notice that **dar** uses the endings of **-er / -ir** verbs. Study the following chart to learn these forms. More irregular verbs are presented in Chapter 6.

ir	*dar*	*hacer*
fui	di	hice
fuiste	diste	hiciste
fue	dio	hizo
fuimos	dimos	hicimos
fuisteis	*disteis*	*hicisteis*
fueron	dieron	hicieron

Fui a la fiesta de mi prima y le **di** una pulsera de oro de regalo para su cumpleaños.	*I went to my cousin's party and gave her a gold bracelet as a birthday gift.*

4. The following are some expressions you can use to talk about events in the past:

ayer *(yesterday)*   **anoche** *(last night)*

anteayer *(day before yesterday)*   **antenoche** *(night before last)*

el año pasado *(last year)*   **el mes pasado** *(last month)*

la semana pasada *(last week)*   **el lunes (martes,** etc.**) pasado** *(last Monday, Tuesday, etc.)*

hace + ...años, días, meses, horas *(years, days, months, hours...ago)*

Mi prima se casó **hace diez años,** pero se divorció **el año pasado.**	*My cousin got married **ten years ago,** but she got divorced **last year.***

A. Todos nosotros. Elige actividades de la siguiente lista para contar qué hicieron Uds. en familia el año pasado para Chanukkah, Navidad *(Christmas)*, un cumpleaños o reunión familiar.

■ **Por ejemplo:** *El año pasado, todos nos juntamos el día de… . Descansamos, cocinamos y… . También salimos y… .*

nos hablamos	comimos bien	compramos regalos *(gifts)*
miramos la televisión	dimos un paseo	limpiamos todo
nos ayudamos	salimos con amigos	lavamos los platos
nos contamos *(we told each other)* secretos	vimos a toda la familia visitamos a mi tía…	decoramos la casa vimos un programa de…

B. ¿Qué hiciste allí? Di qué hicieron y qué no hicieron las personas indicadas en cada uno de estos lugares. Sigue el ejemplo y usa las alternativas dadas o tus propias ideas.

■ **Por ejemplo:** *Fui a la biblioteca anteayer (ayer, la semana pasada, etc.). Allí…hablé con mis amigos, pero no estudié mucho.*

1. Fui a casa... (limpiar mi habitación, escuchar música, ayudar a mis padres, cocinar, comer bien, mirar la tele, llamar a mis amigos, pelearme con mi hermano/a, relajarme, dormir hasta muy tarde).
2. Fuimos a una fiesta... (bailar, conocer a un/a chico/a interesante, cantar, escuchar música, tomar cerveza, conversar con mis amigos).
3. Mi papá fue al centro comercial... (comer en un restaurante, ver a sus amigos, comprar ropa, mirar la gente, pasar muchas horas en las tiendas, ir al cine, pasarlo bien).

4. Mis tíos fueron al parque... (estudiar, dar un paseo, pasear al perro, ver a mucha gente, correr, mirar el partido de béisbol, hacer deportes).

C. No hace mucho. ¿Cuándo fue la última vez que hiciste lo siguiente? ¿Con quién? ¿Qué pasó?

■ **Por ejemplo:** asistir a una reunión familiar

   Hace un año asistí a una reunión familiar. Vi a mis tíos y abuelos. Comimos bien y nos divertimos mucho. También conocí a la novia de mi hermano.

1. divertirse muchísimo
2. quejarse de algo
3. preocuparse por algo
4. conocer a una persona interesante
5. enojarse mucho
6. pelearse con alguien
7. no estudiar en toda la semana

Ch. La verdad y nada más que la verdad. ¿Cuánto tiempo hace que hiciste estas cosas?

■ **Por ejemplo:** *Limpié mi habitación...hace un mes.*

1. conociste a tu enamorado(a) o amigo(a) del alma *(best friend)*
2. un(a) chico(a) te dio tu primer beso *(kiss)*
3. lavaste tu coche o el coche de tus padres
4. viste una buena película
5. leíste un buen libro
6. te acostaste sin mirar la televisión
7. recibiste una A en un curso
8. diste un paseo romántico con una persona fenomenal
9. dormiste menos de cuatro horas por la noche
10. te vestiste elegante

D. Con tu compañero(a). Escribe tres actividades que se hacen en cada uno de los siguientes lugares. Luego pregúntale a tu compañero(a) qué hizo en cada uno de estos lugares; dale las tres alternativas. Escribe las respuestas de tu compañero(a) y después dale cuenta *(report back)* a la clase.

■ **Por ejemplo:** la playa: nadar, bucear, tomar el sol

   A tu compañero: *¿Fuiste a la playa el verano pasado? ¿Nadaste? ¿Buceaste? ¿Tomaste el sol?*

   A la clase: *Mi compañero(a) fue a la playa el verano pasado. Nadó y tomó el sol, pero no buceó.*

1. la montaña
2. un río
3. un parque de atracciones
4. un sitio histórico
5. el centro
6. un lago

7. una gran ciudad
8. una isla tropical
9. un país extranjero
10. un zoológico
11. un estadio
12. la playa

E. Esa vez, no. Di cómo o cuándo haces lo siguiente y después di qué pasó (*what happened*) un día que resultó diferente.

■ **Por ejemplo:** levantarse

Generalmente me levanto a las seis, pero el domingo pasado me levanté a las diez.

1. levantarse
2. acostarse
3. salir por la noche
4. juntarse con amigos
5. hacer ejercicio
6. dormirse
7. quedarse en casa
8. divertirse con amigos
9. dar un paseo
10. ver a los padres

F. Lo bueno y lo malo. Dile a tus compañeros tres cosas buenas y tres malas que te pasaron la semana pasada.

■ **Por ejemplo:** **Las malas:** *Mi amigo del alma se enojó conmigo y a mi profesora no le gustó mi composición y... .*
Las buenas:...

G. ¿Quién lo hizo también? Trabajen en grupos de cinco personas. Anota cinco cosas que hiciste ayer, aparte de dormir. Luego, pregúntale a las otras cuatro personas para saber quiénes hicieron lo mismo (*the same*) que tú. Finalmente, dale cuenta a la clase.

■ **Por ejemplo:** *Hice tareas por seis horas.*
Al grupo: *¿Hicieron tareas por seis horas?*
A la clase: *...y yo hicimos tareas por seis horas. Yo...pero los otros no.*

H. Me gustó mucho. Elige un tema de los siguientes. Descríbele a la clase una actividad que te gustó mucho.

■ **Por ejemplo:** una película

Anoche vi la película Rocky XX y me gustó mucho.

1. una clase
2. un viaje
3. un partido
4. un programa
5. un trabajo
6. una persona fenomenal
7. una excursión
8. una película

❋ ¡Última hora!

Para hablar: To express emotions

Courtesy expressions

To relate well to people from another culture, it is important to know what to say on occasions that are important to them, such as special days or sad events. On the following page are some standard words and phrases.

KNOW THIS STUFF!

Ocasión	Qué decir	Qué escribir	
Nacimiento	¡Felicitaciones! *(Congratulations!)* Es un bebé (una bebita) precioso(a).	¡Que crezca *(May he grow)* sanito(a) y feliz en compañía de sus padres y hermanitos...!	
Bautismo	¡Que Dios lo (la) bendiga! *(May God bless him / her!)*	¡Que Dios lo (la) bendiga y lo (la) proteja *(protect him / her)*!	
Cumpleaños	¡Felicitaciones! ¡Que los cumplas feliz!	¡Que seas muy feliz y que recibas muchos regalos!	
Boda	¡Felicitaciones! ¡Vivan los novios! *(Long live the bride and groom!)*	¡Que sean muy dichosos *(happy)* y que su amor *(love)* sea cada día más grande y más hermoso *(beautiful)*!	
Funeral	Sentido pésame. *(My deepest condolences.)*	Reciban mi más sentido pésame por esta irreparable pérdida *(loss)*. Los acompaño *(I accompany you)* en su pesar *(grief)* desde aquí.	

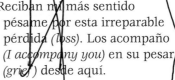

A. La palabra precisa. Responde a los siguientes comentarios con las frases apropiadas.

1. «Mira, éste es el bebé de mi hermana».
2. «Ahora puedes saludar a los novios».
3. «¡Qué pena! Se murió el abuelo de Juan y aquí viene a hablarnos».
4. «Hombre, estoy tan contento. Hoy cumplo 25 años».
5. «Saluda a mi madre; hoy está de aniversario de matrimonio».
6. «Ahora que ya terminó la ceremonia de bautizo, saludemos *(let's greet)* a los padres y los padrinos».

B. Notitas de cortesía. Escribe una nota típica de cumpleaños para un(a) amigo(a). Además de la frase protocolar, puedes agregar otros buenos deseos *(wishes)* más específicos.

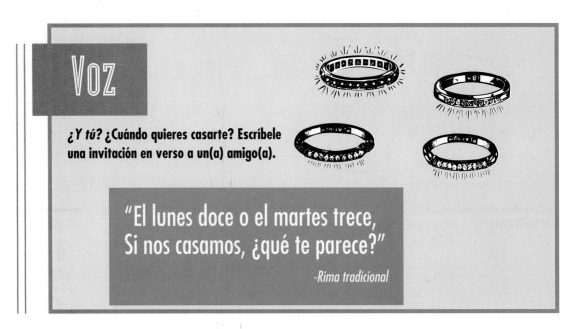

VOZ

¿Y tú? ¿Cuándo quieres casarte? Escríbele una invitación en verso a un(a) amigo(a).

"El lunes doce o el martes trece,
Si nos casamos, ¿qué te parece?"

-Rima tradicional

⊕ Con teleobjetivo

Para hablar: To talk about past events
Stem- and spelling-change preterit verbs

1. Some verbs will have spelling changes in the preterit. These changes are necessary so that the verb will be spelled the way it is pronounced. There are four main groups.

   To say what I did...

   a. For infinitives ending in **-car**, the **yo** form ends in **-qué.** Here, the **c** changes to **qu**, but remains a **c** in all other forms.
      buscar → bus**qué,** buscaste...
      practicar → practi**qué,** practicaste...
      sacar *(to take, to receive)* → sa**qué,** sacaste...
      tocar *(to play an instrument, to touch)* → to**qué**, tocaste...
      pescar → pes**qué,** pescaste...

Toqué todas las cintas y **practiqué** todas las palabras del capítulo.	*I **played** the tapes and **practiced** all the words in the chapter.*

   b. For infinitives ending in **-gar**, the **yo** form ends in **-gué.** Here, the **g** changes to **gu** but remains a **g** in all other forms.
      llegar → lle**gué,** llegaste,...   jugar → ju**gué,** jugaste...
      pagar → pa**gué,** pagaste,...   navegar → nave**gué,** navegaste...

Llegué temprano a la administración y **pagué** con el cheque que me dio mi papá.

I arrived early at the administration (office) and *I paid* with the check my Dad gave me.

c. For infinitives ending in **-zar**, the **yo** form ends in **-cé**. Here, the **z** changes to **c** but remains a **z** in all other forms.
almorzar *(to have lunch)* → almor**cé**, almorzaste,...
organizar *(to organize)* → organi**cé**, organizaste,...
empezar *(to begin)* → empe**cé**, empezaste,...
comenzar *(to begin)* → comen**cé**, comenzaste,...

Me organicé muy bien y **empecé** a visitar a todos los parientes muy temprano. Después, **almorcé** con mis abuelos y volví a las tres.

I got well *organized* and *I started* to visit all the relatives very early. Later, *I had lunch* with my grandparents and I returned at three.

To say what he / she / they / you (one or more) did...

ch. For verbs like **leer, construir,** and **destruir**, the *he / she / Ud.* form of the preterite ends in **-yó** and the *they* and **Uds.** form ends in **-yeron**.
leer → le**yó**, le**yeron**

influir *(to influence)* → influ**yó**, influ**yeron**

creer *(to believe)* → cre**yó**, cre**yeron**

construir *(to construct)* → constru**yó**, constru**yeron**

destruir *(to destroy)* → destru**yó**, destru**yeron**

Mi mamá influyó en mi papá y **construyeron** una casa con energía solar.

My mom influenced my dad and *they built* a house with solar energy.

2. Certain **-ir** verbs have stem changes in the preterite that occur when you are talking about another person or persons.

a. One group of verbs has an **e** to **i** change in the **él / ella / Ud. / ellos / ellas / Uds.** forms. Some of the verbs in this group are:
pedir *(to request, order or ask for):* **pidió, pidieron**
conseguir *(to get, obtain):* **consiguió, consiguieron**
seguir *(to follow):* **siguió, siguieron**
divertirse: se divirtió, se divirtieron
vestirse: se vistió, se vistieron
servir *(to serve):* **sirvió, sirvieron**
sentirse: se sintió, se sintieron

b. Another group of **-ir** verbs has an **o** to **u** change in the third person forms of the preterit. Some of the verbs in this group are:

dormir(se)   morir(se) *(to die)*

The verb **morirse** is frequently used in the spoken language for emphasizing sensations and feelings.

Me muero de frío.

I am dying of the cold.

Se murió de envidia cuando lo vio.

He died of envy when he saw it.

Casi **se murió** de cansado.

He was dead tired.

Nadie **se muere** de amor.

Nobody dies of love.

Pedir
pedí	pedimos
pediste	*pedisteis*
p**idió**	p**idieron**

Divertirse
me divertí	nos divertimos
te divertiste	*os divertisteis*
se div**irtió**	se div**irtieron**

Vestirse
me vestí	nos vestimos
te vestiste	*os vestisteis*
se v**istió**	se v**istieron**

Con(seguir)
con(seguí)	con(seguimos)
con(seguiste)	*con(seguisteis)*
con(s**iguió**)	con(s**iguieron**)

Morirse

me morí	nos morimos
te moriste	os moristeis
se **murió**	se **murieron**

Dormirse

me dormí	nos dormimos
te dormiste	os dormisteis
se **durmió**	se **durmieron**

Other common expressions are:

Me muero de...sueño *(sleepiness)*, **hambre** *(hunger)*, **sed** *(thirst)*, **calor** *(heat)*, **dolor de...** *(pain in / of...)*, **aburrido(a), alegría, miedo** *(fear)*, **curiosidad, aburrimiento, cansancio** *(fatigue)*, **vergüenza** *(shame)*.

Mi cuñado casi **se murió** de alegría porque llegó una niña.
*My brother-in-law almost **died** of happiness because it was a girl.*

Esa noche todos **se durmieron** muy tarde.
*That night, everybody **fell asleep** very late.*

A. A veces, sí; a veces, no. Compara cómo hiciste estas actividades antes con lo que piensas hacer ahora o en el futuro.

■ **Por ejemplo:** practicar español
La semana pasada no practiqué mucho, pero esta semana voy a practicar más.

pasado	ahora	futuro
la semana pasada	esta semana	la semana que viene
el año pasado	este año	el año que viene

1. sacar buenas notas
2. empezar a estudiar para las pruebas
3. jugar...
4. tocar las cintas de español
5. pagar las cuentas *(bills)*
6. empezar a buscar trabajo de verano / invierno

B. Muertos de aburrimiento. ¿Qué hizo esta pobre gente para no morirse de aburrimiento? ¿Cuánto rato *(For how long)* esperaron?

■ **Por ejemplo:** mi amigo, en la oficina del médico, una hora
Mi amigo esperó una hora en la oficina del médico; leyó una revista para no morirse de aburrimiento.

Verbos posibles: dormir una siesta / pedir una revista / buscar un libro / sacar fotografías / servirse café / conseguir hacer la tarea / almorzar / construir un castillo de naipes *(card house)* **/ hablar con la gente / soñar con...,** etc.

1. mi amiga, en la clínica de la universidad, media hora
2. mi abuela, en el aeropuerto, tres horas
3. un primo muy tímido, en el dentista, una hora
4. mi profesor de..., en la sala de profesores, media hora
5. yo, en el centro de computación, una hora y media
6. mis padres, en un almacén enorme para una liquidación, media hora

C. Casi se murieron de... Completa las frases para decir qué pasó en las siguientes situaciones.

■ **Por ejemplo:** Mi hermano casi se murió de nervios cuando...
le dio el primer beso a una chica.

1. Mis padres se murieron de alegría cuando yo... .
2. Casi me morí de frío cuando fui... .
3. Mi profesor (profesora) por poco se murió de...cuando... .
4. Casi me morí de miedo cuando vi... .
5. Nos morimos de aburrimiento en... .
6. ¿Te moriste de...cuando...?

Ch. Soy un héroe (una heroína). ¿Qué hiciste para darle tanta emoción a esta gente? Explica la reacción de ellos cuando tú hiciste lo siguiente.

■ **Por ejemplo:** Te compraste un sombrero grande. / tu novio(a)
Mi novia casi se murió de la impresión.

1. Te vestiste elegante. / tus padres
2. Sacaste una A en cálculo. / tu profesor (profesora)
3. Le escribiste cartas de amor a una persona famosa. / tus amigos
4. Le destruiste el coche a tu papá. / tu papá
5. Te enfermaste de neumonía y te llevaron al hospital. / tus parientes *(relatives)*
6. Te comprometiste con el (la) novio(a) de tus sueños. / tu amigo(a) de alma
7. Te sacaste un millón de dólares en un concurso de la televisión. / tu familia
8. Conseguiste un trabajo de sesenta mil dólares al año. / tus hermanos

D. La vida estudiantil. Cuenta tu vida en la universidad. Empieza con el día que llegaste. Usa *al menos* los siguientes verbos.

■ **Por ejemplo:** Llegué a la universidad el noventa y uno, o sea, hace...años.

1. Al principio...(llegar, buscar, empezar, ver, vestirse).
2. Los primeros meses...(pedir, pagar, seguir, leer, quejarse, morirse).
3. Pero luego...(comenzar, divertirse, navegar, practicar, dormir).
4. Por fin...(organizarse, jugar, sacar, conseguir).

 En voz alta

Escucha la conversación otra vez y completa lo siguiente. Luego, escribe un párrafo con la información.
1. Se conocieron hace...años en... . Rafael la invitó a... .
2. Los vio bailar una chica, ..., y ella se enojó porque... .
3. Después de esa noche, Rafael vio a...sólo...veces.
4. Se casaron hace... . Parece que Rafael y su mujer se... .

Otro vistazo

Piensa...

A. Con otra persona, indiquen los tres problemas más serios que tienen los niños en la familia norteamericana típica y expliquen por qué ocurren. Escojan entre los problemas de la siguiente lista.

■ **Por ejemplo:** los conflictos generacionales entre padres e hijos

Los padres e hijos no se escuchan, no se comprenden, no se comunican y no se llevan bien.

1. Los padres se enojan fácilmente.
2. Los padres se pelean mucho.
3. Los padres se divorcian.
4. Los padres pasan demasiado tiempo en el trabajo.
5. Los padres no se casan o se quedan solteros.
6. Los padres no ganan mucho dinero.
7. Los padres no les prestan *(pay)* atención a sus hijos.
8. Los padres son muy exigentes *(demanding)*.
9. Los familiares no se comunican bien.
10. Los familiares no se divierten juntos.
11. La mamá no se queda en casa con sus hijos.

B. De los problemas que eligieron en la actividad anterior, den soluciones para uno de ellos.

■ **Por ejemplo:** *Los hijos (no) deben (pueden, etc.)*
Los padres (no) deben (pueden, etc.)

C. Según tú, ¿cómo es la familia ideal y equilibrada? ¿Qué hacen unos por otros? ¿Qué hacen juntos? ¿Qué los mantiene juntos?

■ **Por ejemplo:** *Cuando...se ayudan y... .*
Cuando...se comprenden y... .
Cuando...se hablan y... .

Mira...

Ch. Con otra persona, miren los dos primeros párrafos *(paragraphs)* del artículo de la página 173. Concéntrense sólo en las palabras que saben o que pueden reconocer. Luego, digan qué temas de la Actividad **A** se discuten aquí.

D. Mira los dos primeros párrafos otra vez y marca todas las frases que son verdaderas *(true)*.

El artículo se enfoca en *(focuses on)*...

el padre	los padres	la dedicación cualitativa
el trabajo	la diversión	la dedicación cuantitativa
los hijos	los conflictos	las relaciones entre padres e hijos

¿Qué le hiciste a tu papá el año pasado para el Día del Padre? ◼

E. Ahora mira el resto del artículo. Esta parte tiene comentarios de gente famosa sobre la educación de los hijos.

¿QUÉ DICES, PAPÁ?

Si los padres no tienen tiempo para estar con sus hijos en familia, a esos niños les falta (no tienen) lo fundamental: el contacto con su progenitor. La comunicación diaria, íntima, es imprescindible, necesaria y absolutamente intransferible. La madre no es la única educadora; también lo es el padre, aunque muchos padres piensan que esta tarea es solamente femenina.

La mentalidad *yuppie* que convierte a los padres — y también a más y más madres — en desconocidos para sus hijos, eliminó los sentimientos de culpabilidad° con los conceptos de *dedicación cualitativa y dedicación cuantitativa*. Y entonces un padre dedica sólo diez minutos al día a sus hijos, dice que es un tiempo *cualitativo* y se queda tan feliz. Por el contrario, la amistad, el cariño y la confianza crecen cuando el padre y sus hijos aprovechan° el tiempo para jugar un partido de fútbol, hacer montañismo, pintar una pared, tomarse una coca-cola compartida en la cocina, ir de compras al hipermercado o preparar una cena sorpresa. Como dijo el poeta, «de estos momentos cotidianos° será mañana la materia de mis sueños y mis nostalgias».

Ahora veamos qué dicen estos famosos padres.

Miguel Delibes, escritor:
«Todos mis hijos crecieron al aire libre. Los eduqué en la idea de que lo importante en la vida no es escoger una carrera que proporcione° fuertes ingresos°, sino que les haga felices».

Carlos Fuentes, escritor:
«Mis tres hijos, como todos los de su generación, son hijos de la televisión. Pero yo les dije un día: "nada de vivir apegados a la pantalla°". Todos los días nos sentábamos a leer a Dickens. Desde entonces, para ellos, la pantalla es otra fuente° de información como los periódicos».

Julián Marías, escritor:
«A mi padre le debo algo fundamental: su rectitud y fuerza de principios. Siempre se tomó las cosas con una gran responsabilidad».

Palomo Linares:
«Más que un gran padre, lo que intento es ser muy amigo de mis hijos. No soy ni muy autoritario ni muy blando. Mi mayor preocupación es que sean buenas personas, hombres de bien».

Julio Caro Baroja:
«Frente a las teorías de los conflictos generacionales y a lo que llaman oposición natural entre padres e hijos, reconozco que yo les debo todo a mis padres».

Manuel Hidalgo:
«Mi hijo me hizo descubrir una capacidad de resistencia y de esfuerzo que yo no conocía. Me volví menos egocéntrico. Creo que, en este respecto, los hijos te sacan° lo mejor que tienes en ti».

Tomado de *Telva*, España

---

culpabilidad...guilt, aprovechan...usan, cotidianos...de todos los días, proporciones...dé (dar), fuertes ingresos...muchísimo dinero, pantalla...televisión, fuente...medio, te sacan...bring out

Visión

La familia real de España: El rey don Juan Carlos y su señora, doña Sofía, sus hijas, las infantas Elena y Cristina, y su hijo el príncipe Felipe. ¿Se parecen mucho las infantas?

Lee...

F. Indica si las siguientes frases son ciertas o falsas, según los dos primeros párrafos del artículo. En cada caso, cita la frase del artículo que te dio la información.

1. La educación de los niños no sólo le corresponde a la madre.
2. Los años ochenta (la época *yuppie*) influyeron en la familia de una manera positiva.
3. Hay exageraciones que vienen del contraste entre la dedicación cualitativa y la dedicación cuantitativa.
4. Si los hijos van a conocer a sus padres y van a conocerse a sí mismos *(themselves)*, es necesario que padres e hijos pasen más de unos minutos juntos.

G. Di quién dice lo siguiente. También da las palabras claves *(key)* que te ayudaron a encontrar la respuesta correcta.

Lo importante en la vida...

1. ...es ser buen amigo y buena persona — sincera y honrada.
2. ...son las horas que pasamos con la familia.
3. ...es tener sentido de responsabilidad y ser recto *(upright, moral)*.
4. ...no es el dinero, sino la felicidad.
5. ...es respetar a los padres.
6. ...es la generosidad y el pensar en los demás.
7. ...es hacer algo juntos y no mirar la tele solos.
8. ...es tener buenas relaciones entre padres e hijos.

H. Une *(Join)* estos conceptos con sus definiciones y luego escribe una frase con cada palabra abstracta de la columna de la izquierda.

culpabilidad	sentimiento de los amigos
imprescindible	ética; ser correcto
amistad	estar seguro(a) *(sure)* de otra persona o de uno(a) mismo(a)
cariño	afecto *(affection)*
progenitor	necesario
confianza	sentirse responsable por algo negativo
rectitud	padre

Aplica...

I. Escribe un comentario sobre tu papá o tu mamá.

■ **Por ejemplo:** *Para mí... lo más importante es... .*
Él (Ella) pasa mucho tiempo en (con)...y no tiene tiempo para... .
Pero, lo importante es... .

J. Según tu parecer, ¿qué es la dedicación cualitativa? Da ejemplos de lo que significa *(it means)* pasar tiempo cualitativo juntos.

■ **Por ejemplo:** *Para mí, significa que el padre (la madre, un/a novio/a etc.)*
_____ , con sus hijos (su novia/o, etc.). Por ejem-
plo, es mejor conversar que _____ .

K. Explica tu propia filosofía sobre la crianza (educación) de los hijos.

· ■ **Por ejemplo:** *Para mí lo importante es... . Los padres deben... . Los hijos*
deben..., porque es necesario... .

Video: Prog. 5, **Personajes inolvidables**—mini-portraits of famous people

L. En las últimas líneas del segundo párrafo, puedes ver las palabras del poeta sobre la importancia de los momentos cotidianos (diarios, rutinarios) de la vida. Copia estas palabras.

Luego, describe tus propios sueños y nostalgias: 1. Relata algo que recuerdas de tu niñez *(childhood)* en unas pocas frases (un partido de béisbol, una excursión, etc.); 2. Explica por qué este recuerdo tiene tanta importancia en tu vida ahora.

‖📖 Mi diccionario

▶ Para hablar

La familia

el padre	el (la) hijastro(a)
la madre	el (la) primo(a)
los padres	el (la) pariente
el (la) hermano(a)	el marido
el (la) abuelo(a)	la mujer
el (la) bisabuelo(a)	
los abuelos paternos (maternos)	Se ayudan.
el (la) nieto(a)	Se casaron.
el (la) hijo(a) (único/a)	Se conocieron.
el (la) tío(a)	Se quieren.
la madrastra	(No) Se llevan bien.
el padrastro	(No) Se parecen a…mucho.
el (la) hermanastro(a)	(No) Se pelean mucho.

Está casado(a).
    comprometido(a).
    divorciado(a).
    enamorado(a) de… .
    soltero(a).
    viudo(a).

▶ Para hablar

Las celebraciones

el bautizo
el cumpleaños
el matrimonio / la boda
la reunión familiar

▶ Para hablar

Expresiones de cortesía

¡Felicitaciones!
¡Que crezca sanito(a) y feliz en compañía de sus padres y hermanitos… !
Es un bebé (una bebita) precioso(a).
¡Que Dios lo (la) bendiga!
¡Que Dios lo (la) bendiga y lo (la) proteja!
¡Que los cumplas feliz!
¡Que seas muy feliz y que recibas muchos regalos!
¡Vivan los novios!
¡Que sean muy dichosos y que su amor sea cada día más grande y más hermoso!
Sentido pésame.
Reciban mi más sentido pésame por esta irreparable pérdida. Los acompaño en su pesar
  desde aquí.

▶ Para reconocer

La familia y los amigos

el padrino
la madrina
los padrinos
el compadre
la comadre
el compadrazgo
el (la) bisnieto(a)
el (la) tataranieto(a)
el (la) enamorado(a)
el (la) amigo(a) del alma

▶ Para reconocer

exigente
recto(a)
seguro(a)

▶ Para reconocer

el amor
la Chanukkah
el funeral
la Navidad
regalar
el regalo

Para hablar

Otras palabras y expresiones

almorzar (ue)
andar (con)
buscar
cariñoso(a)
comenzar (ie)
conseguir (i, i)
construir
creer
destruir
empezar (ie)
un empresario
esperar juntos
estupendo(a)
guapo(a)
influir
juntarse
juntos
morir(se) (ue, u)
    de aburrimiento
    de alegría
    de calor
    de cansancio
    de curiosidad
    de dolor de…
    de hambre
    de sed
    de sueño
    de vergüenza

organizar
pedir (i, i)
practicar
sacar
salir (con)
seguir (i, i)
servir (i, i)
simpático(a)
soñar (ue) con
tocar
volver (ue) a casarse

Para reconocer

el afecto
aprender
prestar atención
el sueño

6

Regalos y celebraciones

¿Qué se celebra en este cuadro? Descríbelo. Este capítulo trata de los festejos familiares, como los cumpleaños y los aniversarios y otros días importantes.

■ «La comunión o...», 1981 (detail), Jacobo Borges, oil on canvas, 78" x 175" private collection, Caracas, Venezuela, courtesy of CDS Gallery, New York

Quiero aprender a...

- ■ describir favores que les hago a otros
- ■ comparar cosas, gente, ideas y acciones

- ■ hablar del pasado

pronombres de objeto indirecto: *me, te, le(s), nos, os*
tan + adjetivo + como
verbo + tanto como
más / menos + adjetivo + que
mejor / peor que, mayor / menor que
verbos irregulares del pretérito

⏻ A simple vista

Ya puedes leer y comprender bastante español. Para recordar lo que ya sabes, completa las siguientes actividades.

A. Saludos. Para cada ocasión indicada, pregúntales a tus compañeros: *¿Cuándo mandas* (send) *tarjetas* (cards), *cartas o regalos? ¿A quién le mandas tarjetas?*

- ■ **Por ejemplo:** la muerte del padre de un amigo
   Le mando una tarjeta a *la familia del amigo.*

¿Cartas, tarjetas o regalos?

un cumpleaños	la Chanukkah
un aniversario matrimonial	el Día de la Madre
el Día de los Enamorados	el Día del Padre
la Navidad	una graduación
el nacimiento de un bebé	una boda

B. Regalos. En una de las ocasiones nombradas en la Actividad **A**, ¿qué recibiste? ¿Quién te mandó una tarjeta, una carta o un regalo?

- ■ **Por ejemplo:** *Para mi graduación, mis tíos **me** mandaron una tarjeta; mis abuelos **me** llamaron por teléfono; mi novio **me** dio unas flores; y mis padres **me** dieron una fiesta.*

Sugerencias: flores (como rosas o violetas) / una tarjeta o carta / perfume / ropa / dulces como bombones o chocolates / joyas como collares (necklaces) de perlas y aretes (earrings) / un disco compacto o cassette / un radio portátil con tocacintas / un tocadiscos compacto / dinero (money) / algo para mi coche (bicicleta, residencia, etc.) / un libro / una pluma (pen) o bolígrafo / la matrícula del próximo semestre / equipo fotográfico (estereofónico, deportivo, etc.) / un televisor / una vídeo-casetera / un teléfono / un vídeojuego / un juego de ajedrez / una computadora portátil

Visión

En muchos países hispanos, cumplir quince años es una ocasión muy importante para las chicas. Los padres dan una gran fiesta con baile para presentar a la chica y también se asiste a una misa. **¿Y tú?** ¿Cuál cumpleaños es el más importante aquí?

C. ¿Qué día es? Mira el título del artículo de la página 181. ¿De qué ocasión se trata? ¿Qué le diste tú a tu mamá el año pasado? ¿Cómo reaccionó ella?

■ **Por ejemplo:** *El año pasado le di...(un libro de poesía, etc.)*
Le gustó muchísimo porque le gustan... .

Odas elementales
Pablo Neruda

Ch. A leer. Ahora, lee el artículo y ubica la siguiente información.

1. ¿Por qué se preocupan los hijos y esposos (maridos) en esta época?
2. ¿Qué error pueden cometer cuando seleccionan el regalo?
3. Según el artículo, ¿qué es lo que quiere una madre en realidad?
4. ¿Qué nos va a ofrecer la revista?
5. Según el artículo, ¿qué categorías de «madre» hay?

El regalo de mamá

Cada año, por esta época, los hijos y los esposos andan preocupados, mirando vitrinas° y consultando con los amigos, en busca de una inspiración que los ayude a decidir el regalo que le darán a mamá en su día.

Al final, muchas veces, la inspiración los conduce a confundir° los términos madre y hogar°, y el resultado es una olla a presión° o un juego de vasos° que en realidad no constituyen un verdadero detalle que la madre disfrute como propio.

Pero este año, Ud. puede producir un gran cambio; en este día de la madre puede llegar la sorpresa para ese ser tan querido. Un regalo que la haga sentir diferente, porque ante todo ella es mujer. La clave puede ser la espontaneidad.

A continuación, *Semana* ofrece una lista de posibles regalos para quienes todavía andan indecisos, mirando vitrinas y consultando con los amigos.

Madre deportista
la matrícula para un gimnasio
unas botas para la nieve
un maletín para las
  raquetas
un par de tenis computarizados
una bicicleta estática

Madre ejecutiva
una computadora personal
un juego° de anillo-aretes-cadena
un perfume para la cartera
una pluma con su nombre
  impreso
una suscripción a Semana, su
  revista preferida

Madre moderna
una minifalda° de cuero
un cuaderno electrónico
unos jeans negros de denim
un libro de astrología
un radio-reloj-despertador-
  teléfono

Madre viajera
un pasaje de ida y vuelta al Caribe
  (para ella y papá)
una guía turística para viajar por
  carretera
una cámara fotográfica
un despertador de bolsillo°

Madre romántica
una ampliación fotográfica
  de sus hijos (o nietos)
una carta de amor y una
  rosa
una semana de playa
un ramo de sus flores
  preferidas

Madre glotona
una cena° preparada por sus hijos
una cena romántica para ella y papá
una botella de su vino preferido
un libro de recetas° por regiones
una parrilla° para el jardín

Tomado de *Semana*, Colombia

---

vitrinas...store windows, *confundir*...to confuse, *hogar*...casa, *olla a presión*...pressure cooker, *juego de vasos*...set of glasses, *minifalda*...miniskirt, *juego*...set, *despertador de bolsillo*...travel alarm clock, *cena*...dinner, *recetas*...recipes, *parrilla*...grill

D. Asociaciones. Encuentra en el artículo la(s) palabra(s) que corresponde(n) a las siguientes definiciones. Debe seguir la forma de *los + adjetivo*.

■ **Por ejemplo:** los que se preocupan mucho
     los preocupados

los que no pueden tomar decisiones
los que hacen mucho deporte
los que viven de ilusiones románticas
los que les fascina viajar todo el tiempo
los que prefieren las ideas y cosas nuevas
a los que les gusta comer bien
los que tienen un cargo importante en una compañía

Ahora busca las palabras o expresiones que corresponden a las siguientes definiciones:

un período de tiempo
lugar donde exhiben la mercadería en una tienda
lugar donde vive una familia
una cosa totalmente inesperada *(unexpected)*
una persona muy querida *(beloved)*
un bolso *(purse, bag)* grande para llevar *(to take)* cosas a la oficina
  o para equipo deportivo
unos zapatos *(shoes)* especiales para jugar tenis
unos regalos o cosas que vienen en grupos

E. Distintos tipos de regalos. Busca en el artículo distintos regalos de los siguientes tipos.

joyas	equipo deportivo	cosas baratas *(inexpensive)*
ropa	artículos de viaje	cosas caras *(expensive)*
aparatos electrónicos	cosas perfumadas	
artículos de cocina *(cooking)*	otras cosas	

■ Según el anuncio, ¿cuál es el mejor regalo del mundo?

GANE CON EL CONCURSO
DÍA DE LAS MADRES

American Airlines
Todo es especial.
1·800 FLOWERS
The world's neighborhood florist.

American Airlines sabe lo especial que es el día de las madres. Y por eso queremos que usted le de a mamá el mejor regalo del mundo, pasar el día de las madres en compañía de su familia, cortesía de American Airlines. ¡Participe y gane con el concurso del día de las madres de American Airlines! Gran premio: hasta 6 boletos de pasaje general, ida y vuelta a cualquier destino de American Airlines en México, los Estados Unidos o el Caribe; además $10,000 en efectivo. Primer premio: 10 video-caseteras.

Segundo premio: un ramo de flores para mamá cortesía de 1-800-FLOWERS. Se obsequiarán 100 ramos.
Para participar sólo envíe una tarjeta 3 x 5 con su nombre, dirección completa y teléfono a esta dirección:
American Airlines/Concurso
Día de Las Madres
P.O. Box 1509
San Antonio, TX 78295

Vuele con American Airlines y disfrute de gratos momentos con su familia. Este día de las madres, déle a mamá el regalo que tanto se merece... un viaje los destinos de American Airlines en México, los Estados Unidos o el Caribe.
Con American Airlines...
Todo es especial.

¡GANE UN VIAJE PARA SU MAMÁ!
MAS $10,000 EN EFECTIVO

F. ¿Cómo es tu mamá? Piensa en qué grupo de madres está tu mamá y luego describe qué cosas le puedes regalar, según las características de su grupo.

▪ **Por ejemplo:** *Mi mamá es romántica. A ella le gusta(n)... .*
Le puedo regalar... .

G. De tiendas. Di qué cosas se pueden comprar en las siguientes formas.

▪ **Por ejemplo:** un juego de...
vasos, lápiz y pluma, etc.

1. un juego de...
2. una suscripción a...
3. un libro de...
4. un pasaje a...
5. un ramo de...
6. una botella de...
7. un par de...
8. una colección de...
9. la matrícula para...
10. una semana de...
11. una carta de...
12. un(a)...de bolsillo

H. Sorpresa. Di qué regalo o cosa recibiste que fue una sorpresa para ti. Luego, di qué puedes hacerles a las siguientes personas para darles una sorpresa.

▪ **Por ejemplo:** *Recibí un libro de poesía romántica de mi novio(a).*
A mi... puedo ***darle*** *unos chocolates caros.*

tu mamá o papá
tu abuelo(a) / tu hermano(a)
tu amigo(a) del alma

tu enamorado(a)
tu profesor (profesora) de español

En voz alta Escucha un anuncio comercial e indica los tipos de artículos que ofrece este almacén. Hay artículos y aparatos...

para la casa.
para niños.
para hacer comida.

para la oficina.
para los adultos.
para leer.

para viajar.
para coches.
electrónicos.

Imágenes y palabras

Ahora que puedes reconocer y comprender muchas palabras cuando lees, hay que aprender más palabras para usar en la conversación. Aquí tienes vocabulario para hablar de regalos y festejos.

Mi amigo(a) me acaba de invitar *(has just invited me)* **a su casa.**

Para su cumpleaños, le acabo de dar una fiesta
(I have just thrown him / her a party.)

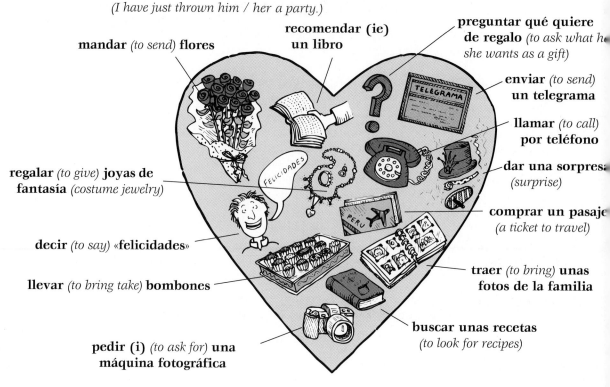

recomendar (ie) un libro

preguntar qué quiere de regalo *(to ask what he/she wants as a gift)*

mandar *(to send)* **flores**

enviar *(to send)* **un telegrama**

llamar *(to call)* **por teléfono**

dar una sorpresa *(surprise)*

regalar *(to give)* **joyas de fantasía** *(costume jewelry)*

comprar un pasaje *(a ticket to travel)*

decir *(to say)* «**felicidades**»

traer *(to bring)* **unas fotos de la familia**

llevar *(to bring take)* **bombones**

buscar unas recetas *(to look for recipes)*

pedir (i) *(to ask for)* **una máquina fotográfica**

¿**Cuánto cuesta...?** *(How much does...cost?)* ¿**Es caro** *(expensive)* **o barato** *(inexpensive)*?

un juego *(set)* **de...**	**un libro de...**
una colección de...	**una semana de...**
una botella *(bottle)* **de...**	**un aparato para...**
una caja *(box)* **de...**	**un par** *(a pair)* **de...**
un paquete *(package)* **de...**	**un ramo** *(a bouquet)* **de...**
un artículo plástico para...	**una copia de...**

En la papelería *(stationery store)* **me vendieron** *(they sold me)*...

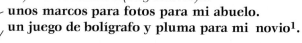

unos marcos para fotos para mi abuelo.
un juego de bolígrafo y pluma para mi novio[1].

y en la librería *(bookstore)*

una tarjeta de saludo para mi madrastra.
un calendario para mi padrastro.

---

[1] Otros regalos que ya conoces: una chaqueta, unos *jeans*, un estéreo, un radio, una computadora (portátil), una calculadora, unos libros, unos discos (compactos), una bici, una moto.

y en la ferretería (hardware store) → unos electrodomésticos para mi papá.
→ unas herramientas para mi mamá.
→ unos artículos para el hogar (home) para mi tía.

Para la Navidad, fui a la juguetería (toy store) y les compré...a mis hermanos menores unos juguetes...

una muñeca
unos juegos de salón
un animalito de felpa
unos cochecitos en miniatura

En los almacenes (department stores), hice muchas compras y esperé mucho en la caja (at the register).

A mi cuñada (sister-in-law) / sobrina (niece) le regalé (gave)...

A mi cuñado (brother-in-law) / sobrino (nephew) le regalé...

un perfume.

unos guantes de lana (wool).

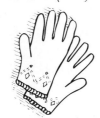

una bufanda de lana.

una billetera de cuero (leather).

unos aretes.

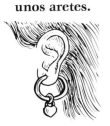

un reloj a la moda (fashionable).

unos palos de golf.

un radio portátil.

unos patines nuevos.

unos rollos de película.

equipo deportivo.

una corbata de seda (silk).

Los aniversarios de boda

Fui...

a la papelería

al almacén *(store)*

a la maletería
 (luggage store)
a la florería *(florist)*
a la mueblería
 (furniture store)
a la dulcería
 (candy store)
al almacén de nove-
 dades *(novelty store)*
a la joyería

y les compré...

papel decorativo para el primer (1er) **aniversario.**
unas camisetas de algodón *(cotton)* **para el**
 segundo (2do).

una maleta de cuero *(leather)* **para el tercero** (3er).
un ramo de flores para el cuarto (4to).

una silla de madera *(wood)* **para el quinto** (5to).

dulces para el sexto (6to).

unos suéteres de lana para el séptimo (7mo).
unos vasos de cristal para el octavo (8°).
un candelabro de plata *(silver)* **para el noveno** (9°).
un reloj de oro *(gold)* **para el décimo** (10°).

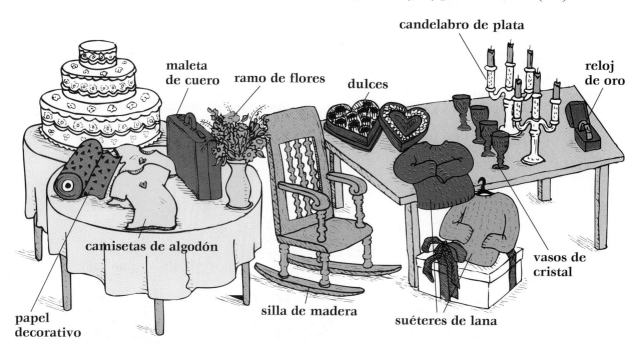

candelabro de plata

maleta
de cuero   ramo de flores   dulces   reloj
de oro

camisetas de algodón

vasos de
cristal

papel
decorativo

silla de madera   suéteres de lana

A. Tienda de regalos. Da ejemplos de regalos de los siguientes tipos.

1. regalos para damas *(women)* / regalos para caballeros *(men)*
2. regalos caros / regalos baratos
3. regalos para niños / regalos para mayores
4. los mejores *(best)* regalos / los peores *(worst)* regalos
5. regalos que cuestan más de / menos de treinta dólares
6. artículos de oro o plata / de seda o algodón / de papel
7. lo que se puede enviar / escribir
8. los regalos que te gustan / no te gustan
9. regalos que acabas de comprar / recibir
10. artículos para el hogar

B. Juegos y pares. Con otra persona, hagan una lista de todas las cosas que se asocian con estas expresiones.

■ **Por ejemplo:** una colección de…
muñecas, cochecitos, etc.

1. una caja o una cajita de…
2. un juego de…
3. una colección de…
4. una botella de…
5. un paquete de…

6. un libro de…
7. un par de…
8. un ramo de…
9. una semana de…
10. un artículo o aparato para…

C. Regalos locos. Con otra persona, inventen un regalo loco *(crazy)*. Díganles a los compañeros para quién(es) es.

■ **Por ejemplo:** *Una camiseta de oro…para los atletas ricos.*
Una corbata de papel…para los hombres de negocios.

Ch. Aniversario de boda. ¿Qué regalos les puedes dar a las siguientes personas que van a celebrar su aniversario de bodas?

■ **Por ejemplo:** Primer aniversario: bodas de papel
Les puedo regalar *un libro de poemas.*

1. Primer aniversario: bodas de papel
2. Segundo aniversario: bodas de algodón
3. Tercer aniversario: bodas de cuero
4. Cuarto aniversario: bodas de flores
5. Quinto aniversario: bodas de madera
6. Sexto aniversario: bodas de dulce

7. Séptimo aniversario: bodas de lana
8. Octavo aniversario: bodas de cristal
9. Noveno aniversario: bodas de objetos de plata
10. Décimo aniversario: bodas de joyas de oro

D. Por las tiendas. Di qué pidieron los clientes en estas tiendas.

■ **Por ejemplo:** en la juguetería
Pidieron unos juegos y unas muñecas.

en la florería / la joyería o relojería / la librería o papelería / la juguetería / la perfumería / la ferretería / la maletería / el almacén / la mueblería

¿Qué trae esta revista en mayo? ¿Te interesa? ■

En el mes de mayo **VOGUE** viste sus páginas de blanco. Trajes, ramos, peinados, regalos para las **NOVIAS** en **VOGUE.**

E. De tiendas. Da la tienda y el precio aproximado de cada artículo.

■ **Por ejemplo:** una tarjeta de cumpleaños para mi sobrina de siete años
*la papelería: **Me** costó **unos** dos dólares.*

Regalos que tengo que buscar
1. *un elefantito de felpa para mi hijastro*
2. *un electrodoméstico para mi papá*
3. *una camiseta deportiva para mi tío*
4. *una tarjeta de matrimonio para Claudio y Anamaría*
5. *un ramo de flores para mi tía*
6. *una pluma fina para mi padrino*
7. *un marco de plata para mi cuñada*
8. *unos aretes de oro para mí*

F. Tu Santa Claus secreto. Escribe una descripción de tu personalidad y de lo que te gusta hacer. Pon *(Put)* tu descripción sobre la mesa del profesor y saca la descripción de otra persona. Elige (Selecciona) un regalo para él (ella).

■ **Por ejemplo:** Claire escribe: *Soy romántica y cariñosa. Me gusta leer y patinar en el hielo. Tengo muchos amigos.*
Tú: *El mejor regalo para esta persona es una novela de amor o unos patines, porque le gusta leer y patinar en el hielo.*

G. Buen comunicador (comunicadora). A veces no sabemos el nombre del artículo que buscamos. Con otra persona, traten de describir los siguientes artículos usando las preguntas indicadas y las palabras claves entre paréntesis.

¿De qué es?　　　¿Cómo es?　　　¿Para qué sirve? *(What is it used for?)*
¿Cuánto cuesta?　¿Para quién es?　¿En qué tienda hay?

■ **Por ejemplo:** *corkscrew* (**abrir:** *to open*)
Busco un aparato / artículo que es de metal o metal y madera, es pequeño y sirve para abrir botellas. Cuesta unos cinco dólares en el almacén o la ferretería.

1. letter opener (**abrir**)
2. desk scissors (**cortar**)
3. short-wave radio (**canales:** *channels*)
4. TV-VCR remote control (**cambiar:** *to change*)
5. plug adaptor for foreign plugs (**enchufar:** *to plug in*)
6. beach umbrella (**protegerse:** *to protect oneself*)

H. ¿Qué te dieron? Di qué regalos (nombra al menos dos) recibiste de tus familiares o amigos en cada una de estas ocasiones.

■ **Por ejemplo:** cuando cumpliste 10 años
*Mis padres **me regalaron** una bicicleta y mis tíos **me** dieron una muñeca. Mi abuela **me** mandó un reloj de plata.*

1. cuando cumpliste 6 años
2. cuando cumpliste 15 ó 16 años
3. cuando cumpliste 18 ó 21 años
4. cuando te graduaste del colegio
5. cuando...

I. Por favor, ¿dónde puedo encontrar... ? Mira el directorio de este gran almacén y explica en qué sección encontraste lo siguiente.

■ **Por ejemplo:** Acabo de encontrar estos guantes de lana
Busqué en los departamentos Caballeros y Regalos.

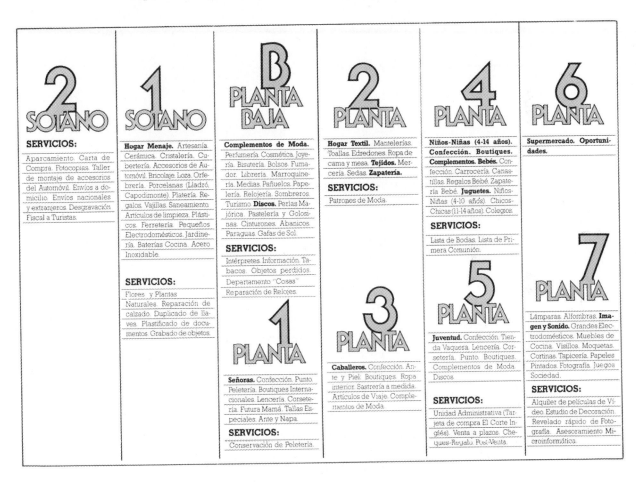

Acabo de...

1. comprar esta muñeca
2. comprar este ramo de rosas y violetas
3. encontrar estos discos compactos de última
4. encontrar este perfume francés más barato
5. encontrar este radio portátil
6. encontrar equipo de pescar
7. comprar estas herramientas de metal
8. pagar 3.000 pesetas por este reloj

Visión

Una actividad tradicional muy popular en las fiestas de niños es la de romper la piñata. Los niños usan un palo para romper la piñata y sacar los dulces y juguetes que hay adentro. ¿Y tú? ¿Qué hacen los niños en las fiestas aquí?

J. ¿Qué les regalaste? Di qué les compraste a seis de los siguientes parientes cuando los viste para algún festejo familiar.

■ **Por ejemplo:** cuñado

> A mi cuñado **le** compré (mandé, di, regalé) una camiseta de los Piratas.
>
> A mis abuelos **les** compré (mandé, di, regalé) una caja de bombones.

cuñado(a) / sobrino(a) / hermanos(as) menores / hermanos(as) mayores / hermanastros(as) / madrastra / padrastro, / tío(as) / primos(as) / abuelos(as) / padres / madrina o padrino

⊕ Con teleobjetivo

Para hablar: To talk about what we do for others

The indirect object pronouns me, te, le, les, nos, *os*

In the previous activities, you used the pronoun **me** to say what favors people do for you, and **le** or **les** to describe what favors you do for others.

Mis hermanos siempre **me** dan discos para el cumpleaños.	*My brothers always give **me** records for my birthday.*
Le hago las compras **a mi abuelita** cada dos semanas.	*I shop **for my grandmother** every two weeks.*

As in English, these indirect object pronouns are used to indicate...
- for or to whom something is done.
- of whom or to whom something is requested.

1. Indirect object pronouns are placed before a conjugated verb to indicate the receiver of an action — to whom or for whom something is done.

- If you are the person receiving, use **me**.
  Mis hermanos **me** cuentan todo.   *My brothers tell **me** everything.*

- If you are talking to a friend, use **te**.
  ¿A ti **te** dan muchos regalos para   *Do they give **you** many presents for*
  el cumpleaños?   *your birthday?*

- If you say what you or others do for another person or for someone whom you address formally **(a Ud.)**, use **le**.
  Al abuelo le cuento todos mis   *I tell everything **to my grandfather.***
  secretos.

- If you say what you and others receive or are given, use **nos**.
  Mis padres **nos** compraron ropa   *My parents **bought us** new clothes for*
  nueva para la boda.   *the wedding.*

- To say what you or others do for several other people, or to address more than one person **(a Uds.)**, use **les**.
  ¿Sabes que **les** ayudo siempre **a**   *Do you know that I always help **my***
  mis tíos?   ***uncles**?*

- To address more than one friend (in Spain), use **os**.
  Os voy a contar lo que pasó ayer.   *I am going to tell **you** (all) what*
                                           happened yesterday.

2. In addition to using the pronoun **(me, te, le, les** or **nos),** the person(s) receiving the action may be named specifically in a clarifying or emphasizing phrase. This phrase is used **with** the pronoun. Notice that these phrases may go at the beginning or end of a sentence:

- to clarify to whom **le** or **les** refers:
  A mi abuelo todo el mundo   *Everybody asks my **grandfather** about*
  le pregunta sobre su vida.   *his life.*
  A mis primas les compran   *They buy many things **for my cousins***
  muchas cosas para Reyes.   *for the Epiphany.*
  Todos **le** piden favores **a mi** *Everybody asks favors **of my mom**.*
  mamá.

- or to provide emphasis:
  A mí mis padres siempre **me**   *My parents always ask **me** what I*
  preguntan qué quiero.   *want.*

3. If you are using phrases that include a conjugated verb and an infinitive, such as **debo llevar**, **puedo mandar**, or **voy a hacer las compras,** you have two options: (1) you may place the pronoun before the conjugated verb: **debo**, **puedo**, **voy a,** etc.

  Le voy a prestar los discos **a mi**   *I am going to lend my records **to my***
  hermana este domingo.   ***sister** this Sunday.*
  Nos tienen que llevar **a todos** a la   *They have to take **all of us** to my*
  boda de mi prima.   *cousin's wedding.*

Or (2) you may attach the pronoun to the infinitive.

Voy a prestar**le** los discos **a mi hermana.**	*I am going to lend my records **to my sister.***
Tienen que **llevarnos** a todos a la boda.	*They have to take all of **us** to the wedding.*

4. Some verbs are regularly used with indirect object pronouns: **dar**[1], **ayudar** *(to help)*, **enviar, mandar, decir (i), contar (ue)** *(to tell)*, **pedir, preguntar, contestar, escribir, llevar, traer, regalar, prestar** *(to lend)*, **enseñar** *(to teach)*, **and mostrar (ue)** *(to show)*.

Siempre **me** dicen que salude a mi abuelita.	*They always tell **me** to say hello to my Grandma.*
Le conté la historia de mi familia **a mi amiga.**	*I told **my friend** the story of my family.*

A. Favores. ¿A quiénes les pides favores? ¿A quiénes les haces favores? Indica en cada caso; usa **le** para una persona y **les** para más de una.

■ **Por ejemplo:** hacer preguntas

Les hago preguntas a mis profesores.
Mis padres me hacen preguntas a mí.

1. pedir dinero
2. prestar ropa
3. dar las gracias por…
4. contar secretos

5. mandar cartas o tarjetas
6. pedir favores
7. regalar cosas
8. recomendar cosas

[1] **Dar** in the present: **doy, das, da, damos,** *dáis,* **dan**

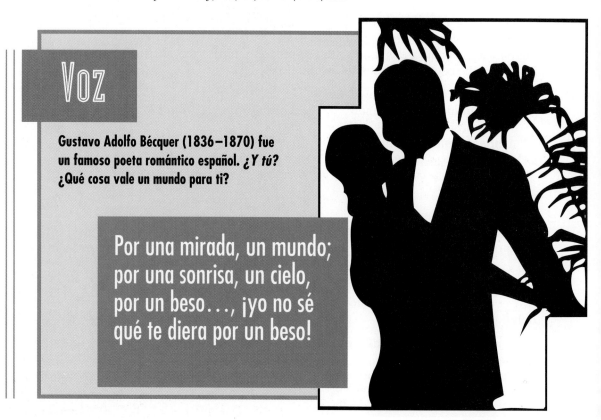

VOZ

Gustavo Adolfo Bécquer (1836–1870) fue un famoso poeta romántico español. ¿Y tú? ¿Qué cosa vale un mundo para ti?

Por una mirada, un mundo;
por una sonrisa, un cielo,
por un beso…, ¡yo no sé
qué te diera por un beso!

B. Curiosidad. Elige a un(a) familiar o amigo(a) y di:

1. una cosa que puedes enviarle
2. una cosa que vas a pedirle
3. una pregunta que quieres hacerle
4. una cosa que debes decirle
5. un favor que acabas de hacerle
6. un secreto que no quieres contarle
7. una queja sobre lo que tienes que hacer para él (ella)

■ **Por ejemplo:** *A...le puedo enviar... .*
Le quiero preguntar si... .
Le debo decir que... .
Le acabo de... .
No le quiero contar que... .
Me quejo cuando le tengo que... .

C. Recíprocamente. Escribe tres cosas que el (la) profesor (profesora) debe hacer por Uds. y tres cosas que los alumnos van a hacer para él (ella).

■ **Por ejemplo:** A nosotros...
Ud. nos puede dar cinco puntos extra en el próximo examen.
A usted...
Nosotros le vamos a limpiar la oficina.

Ch. Un buen arreglo lo hace todo. Escribe una lista de las cosas que tienes que hacer; entonces, dale la lista a tu compañero(a). Después vean cómo pueden ayudarse.

■ **Por ejemplo:** Tú
llevar los libros a la biblioteca
estudiar cálculo
Si tú me llevas los libros a la biblioteca, yo te presto la bicicleta.

Tu compañero(a)
pedir prestada una bicicleta
hacer un programa de computadora
Si tú me haces el programa, yo te enseño cálculo.

D. Hoy por ti, mañana por mí. Da ejemplos de los siguientes favores que se hacen los amigos y familiares.

■ **Por ejemplo:** Los compañeros se ayudan.
A mi compañero(a) le presto mis apuntes y él (ella) me ayuda a hacer las tareas.

1. Los familiares se comunican bien.
2. Los amigos se escuchan.
3. Los amigos se ayudan y se hacen favores.
4. Los compañeros se enseñan cosas.
5. Todos se regalan cosas.

¿Qué significa la frase «tal para cual»? ■

E. Buen(a) vendedor (vendedora). Un(a) buen(a) vendedor (vendedora) tiene que reaccionar muy rápido. Di qué le mostró al (a la) cliente en cada caso, según el ejemplo.

■ **Por ejemplo:** joyas

El cliente pidió joyas y le mostró unos aretes.

1. libros
2. regalos baratos
3. artículos para el hogar
4. equipo deportivo
5. regalos para dama
6. regalos para caballero
7. juguetes
8. dulces

◉ Con teleobjetivo

Para hablar: To emphasize, clarify, and compare

Comparisons

One common way of emphasizing or clarifying what we say is by making comparisons among people, things, or ideas. You have already done this by referring to people's ages with **mayor** and **menor**.

> *Mi hermano **menor** tiene 15 años. (más joven → menor)*
> *Mi hermana **mayor** tiene 25 y yo tengo 21. (más viejo/a → mayor)*

To compare people or things that are different

1. You can express contrasts by using the words **mejor (que)** *(better than)* and **peor (que)** *(worse than)* with objects, ideas, people, and actions. These words are used as both adjectives and adverbs.

Escribe **bien** pero habla **mejor**.	He writes **well** but speaks **better**.
Como **mal** pero duermo **peor**.	I eat **poorly** but I sleep **worse**.
Jill es una **buena** amiga; Ann es **mejor.**	Jill is a **good** friend; Ann is **better**.
Hay **malas** notas y **peores** notas.	There are **bad** and **worse** grades.
Las relaciones entre mis tíos están **peores** ahora.	Relationships among my uncles are **worse** now.
Mi **mejor** amiga es mi prima Rosa.	My **best** friend is my cousin Rosa.
Esta clase es **mejor que** la del año pasado.	This class is **better than** last year's.
Mi hermana canta **mejor que** yo.	My sister sings **better than** I.

Note that **que** is necessary as a connector when the two objects compared are both stated.

2. To make comparisons of qualities using other adjectives such as **alto, grande, guapo, cariñoso,** and **trabajador,** use the following pattern. Remember that the adjective must agree with its noun.

más + *adjetivo* + **que**	*more* + adjective + *than*
menos + *adjetivo* + **que**	*less* + adjective + *than*

En mi familia, los aniversarios de matrimonio son **menos importantes que** los cumpleaños.	*In my family, anniversaries are **less important than** birthdays.*

Soy **más bajo que** mi papá, pero
mi hermano mayor es **más alto.**

*I am **shorter than** my Dad, but my
older brother is **taller.***

The words **más** and **menos** are also used with nouns and verbs to make
comparisons such as the following.

En mi casa hay **menos problemas
que** en la casa de mi novio, simple-
mente porque hay **menos gente.**
Las bodas me gustan **más que** los
bautizos porque podemos bailar.

*In my home there are **fewer problems
than** in my fiancé's home, simply
because there are **fewer people.***
*I like weddings **better than** baptisms
because we can dance.*

3. For comparisons with numbers, use the following pattern.

más de + *número*
menos de + *número*

more than + number
less than + number

Tengo **más de** quince primos
hermanos pero **menos de** veinte
primos en segundo grado.
Hay **más de** tres millones de
familias de origen italiano aquí.

*I have **more than** fifteen first cousins
but **fewer than** twenty second
cousins.*
*There are **more than** three million
families of Italian origin here.*

VOZ

Esta rima no tiene mucho sentido;
lo importante es el sonido de las
palabras. ¿Y tú? Escribe una rima
sobre un día de la semana o un mes
del año.

Mañana es domingo,
se casa Peringo
con un pajarito
de Santo Domingo.
¿Quién es la madrina?
Doña Catalina.
¿Quién es el padrino?
Don Juan Barrigón,
que toca la flauta
con la cola del ratón.

-Rima tradicional

To emphasize

To express the idea *so much / so many,* use the word **tanto(a).**

¡Aquí hay **tanta** gente!	*There are **so many** people here!*
Les compraron **tantos** regalos.	*They bought them **so many** gifts.*
No me gusta comer **tanto.**	*I don't like to eat **so much.***
¡Tengo **tanto** que hacer hoy!	*I have **so much** to do today!*

To compare similar things or people

1. To say that *characteristics* are the same (or not the same), use the following pattern.

   - (no) **tan** + *adjetivo* + **como**   *(not)* as + adjective + *as*
Un par de guantes no es **tan** caro **como** un reloj.	*A pair of gloves is not **as** expensive **as** a watch.*
Esta fiesta no es **tan** divertida **como** la otra.	*This party isn't **as** fun **as** the other one.*

2. To say that *amounts* and *quantities* are the same (or not the same), use the following construction.

   - **...tanto como...**   *...as much / many as...*
Aquí no compramos **tanto como** Uds.	*Here we don't buy **as** much **as** you do.*
No trabajo **tanto como** mi hermano.	*I don't work **as** much **as** my brother.*
En diciembre, vendemos **tanto como** un almacén grande.	*In December, we sell **as** much **as** a department store.*

   If you compare *numbers* of *people* or *things,* **tanto** agrees with the noun.

   - **tanto(s) / tanta(s)** + *sustantivo* + **como** *as many / much* + noun + *as*
Este año no tengo **tantos** regalos **como** tú.	*I don't have **as many** gifts **as** you this year.*
No me dieron **tanto** dinero **como** a mi hermana mayor.	*They didn't give me **as** much money **as** (they gave to) my older sister.*

A. Cerca de la universidad. Da el nombre de una tienda cerca de la universidad que corresponda a la descripción.

■ **Por ejemplo:** Las colas *(lines)* más largas se encuentran en... .
                la librería de la universidad

1. La ropa más barata se vende en... .
2. Los mejores vídeos se encuentran en... .
3. Los mejores regalos se compran en... .
4. La peor ropa está en... .
5. La tienda más cara es... .
6. La tienda menos cara es... .
7. La tienda más elegante es... .
8. La tienda menos elegante es... .
9. El almacén más moderno es... .
10. Los dependientes *(clerks)* menos simpáticos trabajan en... .
11. Los dependientes más simpáticos trabajan en... .
12. La mejor papelería de tarjetas y regalos es... .

B. Seamos francos. Clasifica a diez de tus familiares y parientes de dos maneras: **mayores / menores** que tú y **mejor / peor amigo(a)** que otro(a) pariente tuyo(a) *(of yours)*.

▧ **Por ejemplo:** bisabuelo paterno
> *Es mayor que yo, ¡por supuesto! Es mejor (peor) amigo que mi abuelo materno.*

bisabuelos / abuelos / padre o padrastro / madre o madrastra / tíos / hermanos / hermanastros / primos / sobrinos / cuñados

C. Aire de familia. Compárate con tres familiares. Di si se parecen o son muy diferentes, si son más / menos cariñosos, altos, guapos, agradables, etc.

▧ **Por ejemplo:** *Soy más alta que mi mamá pero más baja que… .*

Ch. Competencia. Para cada actividad indicada, compara a dos familiares para decir quién es mejor para hacer cada una.

▧ **Por ejemplo:** cocinar
> *Mi hermana es mejor para cocinar que mi mamá.*

cocinar / trabajar con números / sacar fotos / limpiar la casa / lavar el auto / jugar ajedrez / correr / comer / hablar español / comprar ropa / hacer favores / ayudar con un problema / hablar por teléfono

D. Cliente exigente. Compara los siguientes artículos de una tienda.

▧ **Por ejemplo:** una camiseta de algodón / de seda
> *Una camiseta de algodón es mucho más cómoda (comfortable) que una camiseta de seda, pero la camiseta de seda es más elegante.*

1. los *jeans* de denim / los de cuero
2. los pantalones de lana / los de poliéster
3. un reloj de marca Rolex / uno de marca Timex
4. unos aretes de zirconia / de brillantes (diamantes)
5. un juguete electrónico / mecánico
6. un bolígrafo / una pluma
7. un coche importado / uno nacional
8. una corbata de seda / una de algodón

E. Así somos. Haz una comparación entre tu mejor amigo(a) y tú en cuanto a lo siguiente. Da una descripción completa. Sigue el modelo.

▧ **Por ejemplo:** en cuanto al trabajo
> *Por lo general, yo trabajo tanto como mi amiga, pero, a veces, ella trabaja más que yo.*
> en cuanto a la inteligencia
> *Ella es tan inteligente como yo, pero yo siempre saco mejores notas que ella, porque…*

Compara en cuanto a…
1. los estudios y las notas
2. los problemas que tienen
3. lo que comen
4. las características físicas
5. la personalidad
6. los amores
7. el trabajo
8. los intereses

F. Desafío. Con otra persona, comparen a hombres y mujeres en cuanto a las siguientes cosas o agreguen otras. Usen *tan...como* y *tanto...como*. Luego, clasifiquen con *más / menos* y *mejor / peor*.

■ **Por ejemplo:** *Los hombres (no) tienen tantos amigos como las mujeres.*

verbos	sustantivos	adjetivos
reírse	amores	inteligente
pedir	gustos	cariñoso(a)
preocuparse	deportes	responsable
dar regalos	ropa	generoso(a)
decir la verdad	notas	tímido(a)
ayudar	juguetes	aplicado(a) (diligente)
comer	ambición	sincero(a)
divertirse	matrimonio	puntual
pelearse	trabajo / estudios	feliz

⊕ Con teleobjetivo

Para hablar: To talk about the past

Poner(se)[1] *(to put)*

me puse	nos pusimos
te pusiste	*os pusisteis*
se puso	se pusieron

Traer

traje	trajimos
trajiste	*trajisteis*
trajo	trajeron

Conducir[2] *(to drive)*

conduje	condujimos
condujiste	*condujisteis*
condujo	condujeron

Decir

dije	dijimos
dijiste	*dijisteis*
dijo	dijeron

Venir *(to come)*

vine	vinimos
viniste	*vinisteis*
vino	vinieron

Some verbs with irregular forms in the preterit

In this chapter and in Chapter 5 you have practiced talking about the past by using the preterit tense. You have also used some verbs that are irregular in the preterit tense: **ir**, **dar**, and **hacer**.

Here are some other **-er** and **-ir** verbs that are irregular in the preterit tense. Notice that **traer** *(to bring)*, **conducir**, and **decir** have the same endings. Note also that **ser** has the same preterit forms as **ir**, which you already studied. The context always clarifies the meaning.

ser: fui, fuiste, fue, fuimos, *fuisteis,* fueron

Cuando **fui** a vivir con mis abuelos **fui** muy feliz.

*When **I went** to live with my grandparents **I was** very happy.*

[1] **Ponerse** used with an adjective means *to become:* **me puse enfermo.** *(I became ill.)*
[2] Present tense forms: **conduzco, conduces, conduce,** etc.

In addition to their basic meanings, **poder**, **querer**, and **saber** may also acquire a different meaning in the past. Compare the following.

Supe todas las fórmulas de mi prueba de esta mañana.	*I **figured out** all the formulas for my test this morning.*
Supe que mañana llegan los nuevos regalos al almacén del centro.	*I **found out** that tomorrow new gifts arrive in the downtown store.*
No quise comprarle la camisa de seda porque es muy cara.	*I **refused** to buy him the silk shirt because it is very expensive.*
Quise convencerlo de comprar otra cosa, pero se puso furioso.	*I (**wanted** and) **tried** to convince him to buy something else, but he got furious.*
No pude encontrar las flores que le gustan a Mamá.	*I **couldn't** find (**did not succeed** in finding) the flowers my Mom likes.*
Tuve la influenza y no pude presentarme a la prueba.	*I **had (got)** the flu and wasn't able to show up for the test.*
Conocí México por primera vez hace años; fui con mi profesora de la secundaria.	*I **first knew (went to)** Mexico years ago; I went with my former high school teacher.*
Conocí a mi novia el año pasado.	*I **met** my fiancée last year.*

Poder

pude	pudimos
pudiste	*pudisteis*
pudo	pudieron

Estar

estuve	estuvimos
estuviste	*estuvisteis*
estuvo	estuvieron

Tener

tuve	tuvimos
tuviste	*tuvisteis*
tuvo	tuvieron

Querer

quise	quisimos
quisiste	*quisisteis*
quiso	quisieron

Saber

supe	supimos
supiste	*supisteis*
supo	supieron

To summarize...

supe, supiste...	*I learned, I found out...*	**pude, pudiste...**	*I succeeded in I could...*
quise, quisiste...	*I wanted, tried to, etc.*	**conocí, conociste...**	*I met...*
no quise, quisiste...	*I refused...*	**tuve, tuviste**	*I had, got, received*

A. Reacciones. Di qué hiciste que puso a tus amigos, parientes y profesores de distinto humor. Sigue el modelo.

▓ **Por ejemplo:** furioso(a)
  Mi papá se puso furioso cuando yo saqué el coche sin permiso.

(Persona) **se puso (se pusieron)...**

furioso(a) / nervioso(a) / triste / feliz / enfermo(a) / contento(a)

porque yo le (les)... .

traer / conducir / decir / venir / estar / tener / querer / saber / llegar / buscar / practicar / sacar / tocar / destruir / pedir

B. La pura verdad. Contesta las preguntas; di la pura verdad *(truth)*.

▓ **Por ejemplo:** Alguien te escribió una notita. ¿Quién? ¿Cuándo?
  Mi novio me escribió una notita ayer.

1. Alguien te dijo una mentira. ¿Quién? ¿Cuándo? ¿Qué?
2. Alguien te contó un secreto. ¿Quién? ¿Cuándo? ¿Qué?
3. Tus padres te dijeron «Gracias». ¿Por qué? ¿Cuándo?
4. Dijiste algo romántico. ¿A quién? ¿Cuándo?
5. Tuviste una pelea. ¿Cuándo? ¿Con quién? ¿Por qué?
6. Una persona te trajo unas rosas. ¿Quién? ¿Cuándo? ¿Por qué?
7. Te quejaste de algo. ¿Cuándo? ¿De qué? ¿Por qué?
8. Viniste a esta ciudad. ¿Cuándo? ¿De dónde? ¿Cómo? ¿Por qué?
9. Supiste algo interesante. ¿Qué? ¿Cuándo? ¿De quién?
10. Estuviste en cama enfermo(a). ¿Cuándo? ¿Por qué?
11. No pudiste dormir en toda la noche. ¿Cuándo? ¿Por qué?
12. Conociste a tu mejor amigo(a). ¿A quién? ¿Cuándo? ¿Dónde?
13. Quisiste llamar a alguien. ¿A quién? ¿Cuándo? ¿Por qué?
14. Pudiste convencer a alguien. ¿A quién? ¿De qué?

C. Somos uno. ¿Qué se hicieron tú y tu amigo(a) para ayudarse recientemente?

■ **Por ejemplo:** ayudar en...
    Nos ayudamos en álgebra.

1. hacer la tarea de...
2. contar secretos...
3. dar...
4. decir...
5. prestar...
6. ayudar en...
7. mandar...
8. buscar...

Ch. ¿Cuánto tiempo hace? Elige cinco de las siguientes actividades y di cuánto tiempo hace que pasó la actividad o que la hiciste por primera vez. Explica qué pasó.

■ **Por ejemplo:** viajar en avión
    Hace unos diez años viajé en avión por primera vez. Fue estupendo.
    mandarte un telegrama
    Hace cinco años me mandaron un telegrama para mi cumpleaños. Me gustó mucho.

Lo que hiciste...	Lo que otros hicieron...
conducir un coche	traerte flores
conocer a alguien querido	decirte algo tonto *(silly)*
ponerte nervioso(a)	darte dinero
hacerle un favor a alguien	contarte un chisme *(gossip)*
no querer hacer algo	poder convencerte de algo
ponerte ropa elegante	llevarte a algún sitio

D. No tuve tiempo para nada. Haz una lista de por lo menos tres cosas que quisiste pero no pudiste hacer la semana pasada porque tuviste que hacer otra cosa.

■ **Por ejemplo:** *Quise estudiar historia, pero no pude, porque tuve que terminar un proyecto para la clase de química.*

E. Diario de vida. Describe cómo fue tu día de ayer. Para ordenar las actividades, usa palabras como *primero, después, luego, entonces, antes de,* y *después de.*

■ **Por ejemplo:** Ayer, primero fui al laboratorio y vi al profesor... .
Estuve con el profesor más de dos horas.
Después, escribí mi informe de laboratorio y luego... .

En voz alta

Escucha otra vez el anuncio comercial y da ejemplos de los tipos de artículos que ofrece este almacén.

Por ejemplo: aparatos eléctricos y electrónicos: *microondas*

1. artículos para la casa, como...
2. artículos deportivos, como...
3. artículos para niños, como...
4. artículos para viajar, como...
5. aparatos eléctricos, como...

 Otro vistazo

Piensa...

En los Capítulos 5 y 6 leíste anuncios sobre distintas ceremonias familiares. Ésta es la última parte en la serie que va del nacimiento al matrimonio y a la muerte *(death).*

A. Mira los anuncios que siguen y luego indica a qué se refieren.

el nacimiento	**el cumpleaños**	**el santo**
el matrimonio	**el compromiso**	**la muerte**

B. Mira los anuncios otra vez y contesta lo siguiente.

1. ¿Quién se murió?
2. ¿Dónde se murió?
3. ¿Cuándo se murió?
4. ¿Con quién se casó?
5. ¿Qué profesión tuvo antes de morir?

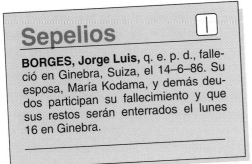

Sepelios

BORGES, Jorge Luis, q. e. p. d., falleció en Ginebra, Suiza, el 14–6–86. Su esposa, María Kodama, y demás deudos participan su fallecimiento y que sus restos serán enterrados el lunes 16 en Ginebra.

BORGES, Jorge Luis, q. e. p. d., falleció en Suiza el 14–6–86. El Directorio de la Sociedad Argentina de Autores y Compositores de Música—SADAIC, en nombre de todos sus asociados participa el fallecimiento de su calificado consocio e invita a elevar una oración en su memoria.

C. Une con una línea las frases asociadas de las columnas A y B.

A	quiere decir	B
demás deudos		otros familiares
asociados		muerte
participa		pedirle a Dios *(God)*
consocio		compañeros
elevar una oración		miembro de la misma institución
fallecimiento		informa
q.e.p.d.		que en paz descanse (R.I.P.)

En la cultura hispana, es costumbre poner un aviso en el periódico cuando muere un(a) familiar, un(a) pariente, un(a) amigo(a), un(a) empleado(a) *(business associate)* o miembro(a) de una sociedad o institución (un/a socio/a o consocio/a). Es importante expresar públicamente los sentimientos de dolor y adhesión a la familia, porque las relaciones interpersonales tienen mucho valor *(value)*. ¿Qué hacemos en la cultura de EE.UU.? ¿Quién pone los anuncios en el periódico?

Ch. Ahora lee tres otros anuncios sobre Borges. ¿De qué año son? ¿Quiénes los pusieron? ¿Por qué? ¿Qué es, entonces, una «recordatoria»?

† **BORGES, Jorge Luis,** q. e. p. d. falleció en Ginebra (Suiza), el 14–6–86. Su primo doctor Miguel A. Melián Lafinur y familia participan con hondo sentimiento su deceso y que sus exequias habrán de celebrarse el 16 de junio próximo en aquella ciudad.

† **BORGES, Jorge Luis, Prof.,** q. e. p. d. falleció en Ginebra (Suiza) el 14–6–86. El Movimiento Afirmación Moral Democrático Argentino participa el fallecimiento de su dignísimo socio honorario.

† **BORGES, Jorge Luis,** q. e. p. d. falleció en Ginebra, Suiza, el 14–6–86. Sus amigos Adolfo Bioy Casares, A. Girri, Ernesto Annecou, Osvaldo Vidaurre y Sra. participan su fallecimiento y ruegan una oración en su memoria.

† **BORGES, Jorge Luis,** q. e. p. d. falleció en Suiza el 14–6–86. La Fundación Givré anuncia con gran pesar el fallecimiento de su miembro de honor y querido amigo.

RECORDATORIAS

† **BORGES, Jorge Luis,** q.e.p.d., fall. el 14–6–86. En el 6º aniversario de su fallecimiento, su esposa y d/d invitan a la misa que se oficiará en su memoria a las 11 hrs. en la Basílica del Pilar.

† **BORGES, Jorge Luis,** q.e.p.d., escritor, fall. el 14–6–86. La Sociedad de Escritores adhiere en recordación en el 6º aniversario de su fallecimiento.

† **BORGES, Jorge Luis,** q.e.p.d., escritor, fall. el 14–6–86. Sus amigos ruegan dedicar un momento de íntima recordación en homenaje a su querida memoria.

Jorge Luis Borges fue un gran escritor, filósofo y poeta argentino. Persona muy interesante, estudió muchos idiomas y leyó miles de libros, muchos más de lo que tú puedes imaginarte. Su memoria fue fabulosa, con información acerca de los antiguos persas, el inglés y el nórdico antiguo, la filosofía de Spinoza (filósofo judío de origen portugués) y muchas cosas más. Su abuelo era de origen inglés y Borges aprendió y leyó en inglés desde muy pequeño. Por desgracia, perdió *(lost)* la vista (visión) cuando joven; entonces escribió poemas, porque son más fáciles de recordar *(to remember)*. Vas a leer una parte de un poema que Borges escribió en Cambridge, donde vivió un tiempo porque fue profesor de la Universidad de Harvard.

Mira...

D. Ahora mira el título del poema de Borges y completa lo siguiente.

1. Borges escribió este poema hace _____ años cuando vivió en _____ .
2. ¿Qué asocias con esta parte de los Estados Unidos?

E. Lee rápidamente el poema y trata de adivinar *(to guess)* las palabras que no conoces. Las siguientes palabras son muy similares al inglés.

formas   **laterales**   **delicado**   **bronce**

F. ¿En qué meses del año escribió el poema Borges?

■ ¿Qué palabras puedes usar para describir esta escena de otoño?

New England, 1967

Jorge Luis Borges

Han cambiado° las formas de mi sueño;
ahora son laterales casas rojas
y el delicado bronce de las hojas°
y el casto° invierno y el piadoso leño°.
. . . .
Pronto (nos dicen) llegará° la nieve
y América me espera en cada esquina°,
pero siento en la tarde que declina
el hoy tan lento° y el ayer tan breve.
Buenos Aires, yo sigo caminando
por tus esquinas, sin por qué ni cuándo.

Han cambiado...Son diferentes, hojas...leaves, casto...puro, leño...log, llegará...va a llegar, en cada esquina...en todas partes, lento...no rápido

Tomado de *Nueva antología personal*, Jorge Luis Borges

Lee...

G. Lee todo el poema y da la(s) palabra(s) que emplea Borges para describir lo siguiente.

las casas: las hojas de los árboles:

el invierno: su ciudad:

el presente / hoy: el ayer:

H. Parece que Borges tiene ***culture shock*** al escribir este poema. Di qué cosas le dan más nostalgia. Luego, haz una lista de las cosas que te dan nostalgia a ti.

Sugerencias: las habitaciones / la gente / las casas / la naturaleza / la comida / el clima / los colores / las esquinas (corners) **/ los aromas / la temperatura / la música**

Aplica...

I. Escribe un poema sobre una ciudad o lugar que te da nostalgia. Sigue el modelo.

Verso 1: ¿Qué es?
Verso 2: Escribe dos palabras para describir el lugar.
Verso 3: Escribe tres cosas que hiciste en ese lugar.
Verso 4: Escribe una frase completa sobre el lugar.
Verso 5: Escribe el nombre del lugar.

Video: Prog. 6, **Creencias y celebraciones**—different religious holidays and celebrations.

■ **Por ejemplo:**

> *Lago*
> *sereno, tranquilo*
> *nadé, leí, escuché tu silencio.*
> *Todos se olvidan* (forget) *de ti en el invierno.*
> *Alatoona.*

«El verano», ■
Joaquín
Sorolla,
Museo
Nacional,
La Habana,
Cuba

‖▭ Mi diccionario

▶ Para hablar

Los regalos

Acabo de...
- buscar unas recetas.
- comprar un pasaje.
- dar una fiesta.
- dar una sorpresa.
- decir (i, i) «felicidades».
- enviar un telegrama.
- llamar por teléfono.
- llevar bombones.
- mandar flores.
- pedir (i, i) una máquina fotográfica.
- preguntar qué quiere de regalo.
- recomendar (ie) un libro.
- regalar joyas (de fantasía).
- traer unas fotos de la familia.

▶ Para hablar

¿Cuánto cuesta...?
- un artículo plástico para...
- una botella de...
- una caja de...
- una colección de...
- una copia de...
- un juego de...
- un paquete de...
- un par de...
- un ramo de...

▶ Para hablar

Las tiendas y los artículos

- el almacén: el perfume, los guantes, los aretes, el reloj, los patines, el rollo de película, la bufanda, la billetera, los palos de golf, el radio portátil, equipo deportivo, la corbata, la camiseta, el suéter
- la dulcería: los dulces, los bombones
- la ferretería: la herramienta, el electrodoméstico, el artículo para el hogar
- la florería: las flores
- la juguetería: el juguete, el animalito de felpa, el juego de salón, la muñeca, el cochecito en miniatura
- la librería: el calendario, la tarjeta de saludo
- la maletería: la maleta, el maletín
- la papelería: el bolígrafo, la pluma, el marco, el papel decorativo

▶ Para reconocer

Los días festivos

- el Día de los Enamorados
- el Día de la Madre
- el Día del Padre
- la graduación

▶ Para reconocer

Otros artículos

- el bolso
- las botas
- el collar de perlas
- el despertador de bolsillo
- el dinero
- equipo fotográfico
      estereofónico
- la guía turística
- la matrícula
- la minifalda
- un par de tenis
- una parrilla
- el tocacintas
- el tocadiscos
- la vídeocasetera

▶ Para hablar

¿De qué es?

de algodón
de cristal
de cuero
de lana
de madera
de oro
de papel
de plata
de seda

▶ Para hablar

Otras palabras y expresiones

acabar de
ayudar
barato(a)
la boda
caro(a)
contar (ue)
costar (ue)
el (la) cuñado(a)
enseñar
menos
a la moda
mostrar (ue)
la Navidad
nuevo(a)
prestar
regalar
el (la) sobrino(a)
vender

▶ Para reconocer

de denim
de metal
de perlas

▶ Para reconocer

la cena
confundir
el caballero
el (la) dependiente
inesperado(a)
la dama
querido(a)
recibir

Esta sección te ayuda a repasar lo que aprendiste y cómo lo aprendiste en los **Capítulos 5** y **6**.

¿Qué aprendimos?

En el **Tercer Tema** aprendiste lo siguiente.

✓ hablar de mi familia	padre, madre, hijos, hermanos, tíos, etc.
✓ usar expresiones de cortesía en distintas ocasiones importantes de la vida	¡Feliz cumpleaños! ¡Felicitaciones!
✓ hablar del pasado	verbos en el pasado (el tiempo pretérito)
✓ decir cuánto tiempo hace que ocurrió algo	hace + expresión de tiempo
✓ describir favores que les hago a otros	pronombres de objeto indirecto: me, te, le(s), nos, os
✓ comparar cosas, gente, ideas y acciones	tan + adjetivo + como verbo + tanto como más / menos + adjetivo + que, mejor / peor que, mayor / menor que, más / menos de + número
✓ hablar del pasado	verbos irregulares del pretérito

In addition here are some other things you practiced doing in this unit, which will be part of your language use from now on:

You learned to...	by using...
clarify your words or ideas by saying them another way:	...o sea...
adding words to emphasize or explain to whom you are referring:	a mí, a ti, a él / ella a Ud(s). / vosotros a nosotros
describe the composition or material of something:	Es de seda, algodón, etc.
say when something just happened:	acaba de...
happened on a specific day:	ayer, anteayer, la semana pasada
happened at a certain time of day:	anoche, antenoche, etc.
express reactions (like and dislike) about past events:	me, te, le, les, nos, os + gustó o gustaron
emphasize feeling or sensation by exaggeration:	Me muero de...hambre / sed / amor / envidia / frío, etc.

ask many different questions, to find out...

what a person did:	**¿Qué hiciste / hizo / hicieron?**
where a person went:	**¿Adónde fuiste / fue / fueron?**
how a person got to a place:	**¿Cómo viniste / vino / vinieron?**
how long ago something happened:	**¿Cuánto tiempo hace que...?**
what something is made of:	**¿De qué es?**
what something is used for:	**¿Para qué sirve?**
how much something costs:	**¿Cuánto cuesta?**

Estrategia

Remembering *how* you learned is just as important as remembering *what* you learned. This section of your textbook will summarize some of the strategies you were asked to use in practicing the language in this unit.

A. You used strategies for speaking and writing Spanish.

1. **Combining.** For example, you combined your use of the present tense with your use of the preterit tense to compare routine actions with special events.
   Generalmente viajo a..., pero una vez fuimos a... .
   Use the model above to tell the class about one of the following:
   las vacaciones de primavera (verano, invierno, etc.) / tu cumpleaños, etc.

2. **Organizing thoughts.** You used expressions of time and sequence to order your narration of past events. Tell what you did yesterday at each of the following points.
   a. **antes de acostarte: primero...luego...entonces**
   b. **después de despertarte: primero...entonces...después...**
   c. **después de las clases: primero...entonces...después...por la noche**

3. **Clarifying expressions.** You used the words **o sea...** *(in other words)* to define or illustrate words and expressions. Write definitions for each of the following.

mi cuñado, o sea, el...	**su tía,...**
su señora,...	**mi sobrina,...**
el fallecimiento,...	**mi bisabuelo,...**
el casamiento,...	**la madrina,...**

4. **Using culturally appropriate responses to situations.** You learned certain expressions that are used orally or in writing in certain situations. List the situations for which the following would be appropriate and tell whether it would be written or expressed orally.

Recibe mi más sentido pésame.	**¡Que los cumplas feliz!**
La familia agradece sus condolencias.	**¡Feliz día!**
	Que crezca sanito(a) y feliz.
Lo (La) tendremos siempre en nuestro recuerdo.	**¡Felicidades!**
	¡Vivan los novios!

5. **Cooperating.** You worked with others to communicate in the language and to collect information. In these chapters, you often worked with a partner or a group of partners. Write down one thing you learned about one of your classmates from the activities in these chapters: **Supe que... .**

B. You used some strategies for learning new words.

1. **Grouping.** Categorizing and re-categorizing words often helps us remember them. For each of the following lists, name a category to which all pertain.
   bufanda, camiseta, jeans, corbata
   muñecas, vídeojuegos, juegos de salón, cochecitos
   oro, plata, seda, lana
   sepelio, funeral, defunción, fallecimiento
   casado, soltero, viudo, divorciado
   madrastra, padrastro, hijastra, hermanastros
   margaritas, claveles, rosas, violetas, petunias, gardenias
   envidia, amor, sueño, aburrido
   boda, despedida de soltera, anillo, compromiso
2. **Associating.** For each of the following places and events, list as many activities as you can think of that you associate with them.
   en las montañas / en la playa / en casa / en las clases / en el gimnasio / en el parque / en la biblioteca / en el centro comercial / en la ciudad / en el río / en el cumpleaños / en la fiesta / en la iglesia / en el almacén / en el restaurante
3. **Personalizing.** You applied what you have learned to describe your life. Mention as many activities that you did last week as you can.
   La semana pasada fui a...y busqué... .

C. You used some strategies to recognize and understand words and structures you had not learned yet. You taught yourself by...

1. **Anticipating.** You used background knowledge and experience to anticipate. To what life events do the following conversations refer?
   a. —Acabo de ir a la maternidad a ver a mi nuevo sobrinito.
      —¿De veras? ¿Cuál de tus hermanas dio a luz?
      —La menor; ella y mi cuñado casi se murieron de alegría. Yo voy a apadrinar al niño.
   b. —¿Quieres venir a la despedida de soltera de Fátima?
      —¿Se casa Fátima? ¿Cuándo es la boda?
      —Bueno, yo tengo que ir al matrimonio civil el miércoles, pero la boda es el sábado a las nueve y media de la noche. Es en la Basílica del Pilar.
      —¡Ah! Entonces voy a ir a verla a la iglesia el sábado.
   c. —Fíjate que se murió un hermano de Alberto en un accidente automovilístico.
      —¡Ay, Dios mío, qué horror! ¿Qué vamos a hacer?
      —Le mandamos una tarjeta de pésame a la casa y podemos ir a la misa de cuerpo presente también.
2. **Relying on context clues.** In the above exchanges, what do the following probably mean?
   maternidad   dar a luz   misa de cuerpo presente
   automovilístico   apadrinar
3. **Identifying words that look like English words you know.** Can you recognize the following words that are drawn from the items in these chapters?
   nobleza   presencia   carisma   asociados   afecto   condolencia
   abandonar   laterales   silencio voluntaria memoria   recordación

4. **Identifying words that look like Spanish words you know.** See if you can guess at the meaning of the following abbreviations and words.

Q.E.P.D.	Sr.	3er(o)
vda.	Srta.	10mo
hs.	Sra.	2do
d/d	14–6–86	1er(o)
fall.	dña.	

fallecer, fallecimiento   participar, participación

matrimonial   apadrinar

despedida, despedirse   recordar, recordatorias

compromiso, comprometido   cumplir

búsqueda   felicitar

noviazgo   sobrino nieto

juventud   enviudar, viudo

Para escribir con soltura:

Un retrato de la amistad

You can write very interesting descriptions of people by making comparisons and contrasts and by emphasizing or enhancing unique features.

A. Listing. Think of an old friend, someone who was influential in your life, or who is very important to you. Follow the example to list words that best describe this person.

■ **Por ejemplo:**

¿Cómo es?	¿Qué sabe hacer bien?	¿Qué hace por ti?
inteligente	*Juega ajedrez.*	*Me habla con calma.*
alto(a)	*Dibuja.*	*Me ayuda a pensar.*
deportista	*Corre.*	*Me hace sentir bien.*
divertido(a)	*Escribe poesía.*	

B. Looking for likeness. Now describe a second person in the same way. Once you have developed both lists, look for words that you have used to describe *both* friends. Copy these as in the example.

■ **Por ejemplo:**

Kevin:	*Me ayuda.*	*deportista*	*Juega ajedrez.*
Courtney:	*Me ayuda.*	*deportista*	*Juega ajedrez.*

C. Using symbols for contrast. Draw smaller or larger boxes around each of these words to compare the relative degree of the characteristic both have in common. Look at the example.

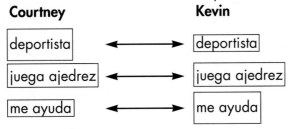

Courtney   Kevin

deportista ←——→ deportista

juega ajedrez ←——→ juega ajedrez

me ayuda ←——→ me ayuda

D. Describing comparison. For each of the traits shared by your two friends, write a statement that expresses the comparison using **(No) es tan...como...; (No)...tanto como...** . Use the following model as a guide.

deportista	<	deportista	Kevin no es tan deportista como Courtney.
juega ajedrez	=	juega ajedrez	Courtney juega tanto ajedrez como Kevin.
me ayuda	>	me ayuda	Courtney no me ayuda tanto como Kevin.

E. Expanding. Good comparisons will show shades of difference and give details and reasons. Notice how each example improves on the previous one.
1. Kevin no es tan...como Courtney. Courtney es mejor...que Kevin.
2. Kevin no es tan...como Courtney, **porque** ella dedica más tiempo a... .
3. **Aunque** Kevin no es tan deportista como Courtney, el año pasado, fue el mejor compañero de su club de ciclismo. En cambio, a Courtney le interesa ser siempre la mejor en todo y no se interesa tanto en sus compañeros.

F. Connecting. Using the title **Un retrato de la amistad** (*A portrait of friendship*), describe your two friends and your connections with them. Weave your comparisons together with words such as the following:
aunque (*although*)   **a pesar de que** (*in spite of the fact that*)
como (*since*)   **en cambio** (*on the other hand*)

«Sandía», 1986
Carmen Lomas Garza
gouache on Arches paper, 20" x 28"
collection of the artist

4

CUARTO TEMA

Casas y cosas de mi niñez

MIRA EL CUADRO. ¿QUÉ SÍMBOLOS DE la niñez puedes encontrar? Para ti, ¿qué cosas simbolizan la niñez?

En estos dos capítulos, vas a tener la oportunidad de hablar sobre tus recuerdos del pasado, de cuando eras niño(a). ¿Recuerdas tu casa y tu barrio, las celebraciones y reuniones familiares, tus amigos, tu escuela?

Piensa en tu niñez y haz una lista de las actividades que más te gustaban en esa época importante de tu vida. ¿Son las mismas actividades que te gustan hoy día?

Casas, casonas y casitas

¿Qué parte de la casa se ve en este cuadro? ¿Qué sentimientos evoca esta escena? En este capítulo vas a aprender a describir tu residencia actual y la(s) de tu niñez. También vas a pensar en las cosas que tenías que hacer en la casa cuando eras chico(a).

■ «El patio», 1983, Julio Larraz, oil on canvas, 50" x 60" private collection, courtesy of Nohra Haime Gallery, New York

Quiero aprender a...

- hablar de cuando era niño(a)
- hablar de mis intenciones en el pasado
- hablar de precios con números grandes

- usar los números ordinales para referirme a los pisos o las plantas de los edificios
- referirme a personas o cosas ya mencionadas

era, estaba, había, tenía (que), sabía, quería, tenía, podía...

el imperfecto, iba a + *infinitivo*

doscientos(as), quinientos(as), etc., millones + de + *tipo de moneda*

primer, segundo, tercer...piso

pronombres de complemento directo: *lo, la, los, las*

|| A simple vista

Ya puedes leer y comprender bastante español. Para recordar lo que ya sabes, completa las siguientes actividades.

A. ¿Dónde vives? Marca en qué tipo de residencia vives tú.

Vivo en... **un apartamento.**
una habitación *(room).*
una residencia universitaria.
una casona (una casa muy grande).
una casa particular.
un rancho o una finca.
un condominio.
una casita pequeña.

B. ¿Qué dicen los anuncios? Con otra persona, miren los anuncios de la página 216. Digan qué anuncio corresponde a las descripciones que siguen, ¿la casa española, la casa cubana, la casa mexicana, la casa norteamericana o la casa de las Islas Canarias?

1. La casa que cuesta mucho más que las otras es...
2. La casa que cuesta menos que todas las otras...
3. La casa más grande / más pequeña...
4. La casa más lujosa / menos lujosa (elegante y cara)...
5. La casa con más terreno / menos terreno (área física)...
6. La casa cerca de la playa...
7. La casa más interesante para mí es...porque...

EL BURGO de Las Rozas

un lujo a su alcance

2 SALONES / 4 DORMITORIOS / 3 BAÑOS / 1 ASEO
GARAJE 2 COCHES Y BODEGA

¡viasa

Venta en obra todos los días, excepto el martes y domingo tarde, y en Madrid, calle San Bernardo, 20, horario oficina (viernes, hasta 15 horas). Teléfono 522 28 28

Miami (EE.UU.): 649.500 dólares

Chalé de lujo en una isla a siete minutos de Miami. 320 metros cuadrados de construcción sobre 929 de terreno con árboles frutales. 67,5 millones de pesetas. Teléfono (305) 420 39 87.

TORREMOLINOS (Málaga): 14,5 millones de pesetas[2]

Chalé[3] de 100 metros cuadrados y jardín sobre unos 500 metros de parcela. Tiene tres dormitorios, dos baños, salón con chimenea, cocina, trastero° y garaje. Teléfono (952) 38 98 26.

Víbora (La Habana) 10 millones de pesos[1]

Apartamento de tres cuartos y medio, elevador y terraza se vende o se permuta° por apartamento de dos cuartos en Centro Habana.

Tenerife, Canarias: 49 millones de pesetas

Casa de 380 metros cuadrados en dos plantas. Cinco habitaciones, tres baños, garaje doble, piscina, jardines y terrazas con vistas. (Apdo. Correos° 2, Playa Américas, Tenerife).

Valle de Bravo (México): 500.000 dólares

Rancho de 45 hectáreas con cuatro casas, dos almacenes y seis cuadras de caballos en un total de 940 metros cuadrados construidos. Cuenta con una gran variedad de herramientas agrícolas como tractor, sembradoras, equipo de riego por aspersión, empacadora y camioneta *jeep*. Actualmente está dedicado a la siembra de maíz, avena y papas. (Sr. Escalera, Apdo. Correos 131, Valle de Bravo, Estado de México, 51200).

se permuta…exchange, *Apdo. Correos*…P.O. box, *trastero*…storage room

C. Categorías. Ahora lee los anuncios y copia todas las palabras relacionadas a las categorías que siguen.

1. las habitaciones: (por ejemplo, *dormitorios*)
2. el tamaño *(size)*:
3. tipo de residencia:
4. herramientas (equipo) agrícolas:
5. terreno:

Ch. Las cosas extras. Prácticamente todas las casas tienen *dormitorio, cocina, baño, salón o sala*. Lee los anuncios y copia las cosas *extras* que se ofrecen.

[1] 3075 **pesos** = 1 **dólar**
[2] At press time, 100 **pesetas** = 1 **dólar americano.**
[3] A **chalé** *(chalet)* in Spain and Latin America sometimes is used to refer to a vacation home.

D. Asociaciones. Encuentra una acción de la columna de la derecha asociada con una palabra de la columna de la izquierda.

El garaje		dormir.
El elevador o ascensor		viajar por terreno difícil.
La cocina		bañarse.
El trastero	...es para...	poner cosas viejas.
La piscina		cocinar.
La camioneta Jeep		nadar.
La chimenea		estar al aire libre.
El dormitorio		subir *(to go up)* y bajar *(to go down)*.
La terraza		estacionar coches.
El baño		calentar la casa.

E. ¿Qué te gusta más? Según tú, ¿cuáles son los atractivos principales que ofrece cada casa?

■ **Por ejemplo:** la casa de Torremolinos
Me gusta más el lugar (place), *porque Torremolinos está en... .*
También tiene...y... .

1. la casa de Torremolinos
2. el apartamento de La Habana
3. la casa de Tenerife
4. la casa de Miami
5. el rancho mexicano

F. Se permuta. Busca el anuncio en que se ofrece vender o permutar *(to exchange)* un apartamento. Escribe un anuncio similar para vender o permutar tu casa, residencia estudiantil o apartamento. Usa las expresiones **se vende** o **se permuta por...** con algunas de las palabras que aprendiste en los anuncios.

■ **Por ejemplo:** *Se permuta apartamento de dos habitaciones... por... .*

VOZ

¿Y tú? ¿Qué consejo nos da este refrán? Da un ejemplo en que se puede aplicar este dicho popular.

Casa con dos puertas mala es de guardar.

-Refrán popular

En voz alta

A. Escucha un anuncio comercial y contesta si es para...

vender casas y apartamentos.   vender habitaciones.

ofrecer precios especiales.   dar ideas de decoración.

B. Escucha los precios que se ofrecen en el anuncio y da un artículo que cueste lo siguiente:

1. más de mil dólares   3. doscientos dólares
2. menos de mil dólares   4. la mitad del precio (50%)

IIA Imágenes y palabras

Ahora que ya sabes leer anuncios sobre residencias, hay que practicar cómo hablar de casas y apartamentos. Aquí tienes algunas expresiones útiles.

Cuando era niño(a) *(I was a child)*, **mi casa era** *(was)*...

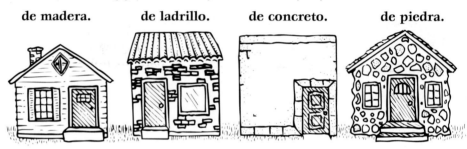

| **de madera.** | **de ladrillo.** | **de concreto.** | **de piedra.** |

Recuerdo *(I remember)* **que era...**

grande.   pequeña.   espaciosa.   estrecha.

moderna.   antigua.   preciosa.   pasable.

En aquel tiempo *(At that time)* **mi casa tenía** *(had)***...un aseo** *(half bath)*,...

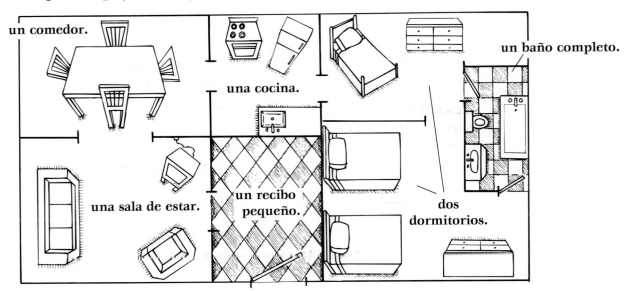

un comedor.

una cocina.

un baño completo.

una sala de estar.

un recibo pequeño.

dos dormitorios.

y un sótano *(basement)* **con sala de juegos para los niños.**

un despacho *(office)* **para mi papá.**

ventanas más grandes.

dos pisos *(floors)*.

Después, alquilamos *(we rented)* **otra casa que tenía...**

un garaje doble para **guardar** *(to store, to keep)* **los coches.**

una terraza y jardín *(garden)*.

una lavandería *(laundry room)* **abajo.**

Nos mudamos *(We moved)* **a un edificio** *(building)* **grande que tenía una puerta de hierro** *(iron gate)* **y...**

una terraza
en el techo
(roof).

una escalera oscura.   dos ascensores.

paredes altas.

En la sala había *(there was)*...

En la cocina había...
un microondas *(microwave)*.   un refrigerador.

tres lámparas.

un juego de sofá *(m.)*
y sillones.

una alfombra *(rug)*
grande en el suelo
(floor).

una chimenea.

una lavadora
de platos.

una
estufa.

En el comedor había...

un reloj cucú.

un cuadro grande
en la pared.

una mesa y
seis sillas.

Mi dormitorio estaba (*was*) **en el segundo piso** (*floor*) **y era muy pequeño.**

Tenía...

En el sótano había...

un armario.

un estante.

dos mesitas
de noche.

un escritorio.

una cama sencilla /
doble / matrimonial.

una cómoda.

una lavadora
de ropa.

una secadora.

suelo de cemento.

En mi casa no faltaban (*were not lacking*) **los quehaceres** (*chores*).

Yo tenía que... (*I had to...*)

ordenar mi
dormitorio.

hacer las
camas.

lavar y secar los platos.

sacar la
basura.

sacar a pasear
el perro.

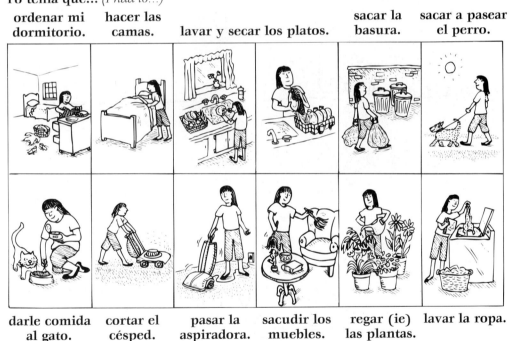

darle comida
al gato.

cortar el
césped.

pasar la
aspiradora.

sacudir los
muebles.

regar (ie)
las plantas.

lavar la ropa.

A. ¿Para qué sirve? Di para qué es cada una de estas cosas.

▨ **Por ejemplo:** una alfombra

> *Está en el suelo. Es el lugar donde leo, como y miro la televisión.*

1. una lavadora de ropa
2. un sofá
3. una lámpara
4. un escritorio
5. una cómoda
6. una estufa
7. un armario
8. mi dormitorio
9. una puerta-ventana
10. un jardín pequeño
11. un microondas
12. un garaje
13. el sótano de mi casa
14. una mesa
15. un recibo
16. el despacho de...

Voz

Alfonsina Storni (1892–1938), una poeta argentina, tuvo una vida muy trágica. Nos comunica así su terror de no tener identidad. **¿Y tú?** ¿Quieres ser igual o diferente de los demás? Escribe tus propios versos.

Cuadrados y ángulos

Casas enfiladas, casas enfiladas
Casas enfiladas.
Cuadrados, cuadrados, cuadrados.
Casas enfiladas.
Las gentes ya tienen el alma cuadrada,
Ideas en fila
y ángulo en la espalda.
Yo misma he vertido ayer una lágrima.
Dios mío, cuadrada.

-Alfonsina Storni

Un Seguro Para Dueños De Casa.

Les presentamos los Mejores Lápices de Pastel para Niños Pequeños y sus Mamás.

Desde ahora las mamás ya no tendrán que preocuparse cuando sus hijos se diviertan pintando. Con la nueva fórmula lavable patentada de Crayola, los dibujos y garabatos de las paredes empapeladas o pintadas y prácticamente de cualquier otra superficie del hogar se lavan fácilmente. Inclusive salen de la ropa y el entapizado de los muebles.
Pruebe la última novedad de la marca de confianza.

**Crayola. Sin ella,
la infancia no es infancia.**

©1991 Binney & Smith Inc.

B. Soy un ángel. Di qué quehaceres les hiciste a tus amigos o familiares recientemente.

■ **Por ejemplo:** *A mi hermano le limpié el...y también le... .*

1. a tu hermano(a)
2. a tu amigo(a)
3. a tu compañero(a) de residencia
4. a tu papá o mamá
5. a (otro/a pariente)
6. a un(a) vecino(a) *(neighbor)*

¿Escribías en las paredes cuando eras niño(a)?

222 ■ doscientos veintidós

VISIÓN Y VOZ

C. Todo anda mal. Di por qué tuviste que llamar a los siguientes técnicos. Sigue el ejemplo.

■ **Por ejemplo:** Tuve que llamar al técnico de radios...
   ...porque el radio no funcionaba.

Tuve que llamar al técnico de...

1. televisores
2. lavadoras
3. cortadoras de césped

4. refrigeración
5. relojes
6. microondas

TÉCNICOS UNIDOS
REFRIGERACIÓN
• DOMÉSTICA
• COMERCIAL
• LAVADORAS
• REFACCIONES
TRABAJOS URGENTES—
17-38-44 • 12-21-07
AV. MORELOS 617 12-84-97 CUERNAVACA. MOR.

LAVADORAS
TODAS MARCAS
REPARACIONES
CON GARANTÍA
TEL. 15-4762
SERVICIO A DOMICILIO

RELOJERÍA JAPONESA
"IMPERIAL"
DISTRIBUIDOR
AMANO
DESDE 1931
SISTEMAS DE CONTROL
DE TIEMPO
VENTA Y REPARACIÓN
DEGOLLADO N° 2
ESQ CON GUERRERO 12-45-07
REPARACIÓN DE TODA
CLASE DE RELOJES

STÉREO CENTRO
ESTEREOS • EQUALIZADORES
MODULARES • RADIOS Y ANTENAS
INSTALACIÓN Y REPARACIÓN
Tel. 12-11-34
ALVARO OBREGÓN 219

EL FRANCISTOR
En Electrónica.....
Un Mundo Aparte
TÉCNICOS ESPECIALIZADOS EN:
EN SU NUEVO LOCAL
PARA UN MEJOR
SERVICIO
HÚZARES No. 207
Tel. 6•47•37
OAXACA, OAX.

Ch. Mi niñez. Usa el modelo que sigue para describir tu niñez en cuanto a tu casa y tus quehaceres.

◼ **Por ejemplo:** *Mi casa estaba en... . Era... . Era de... .*
En mi casa había... .
Yo tenía que... .

D. ¡Gran venta! Con otra persona, miren el anuncio y contesten las preguntas.

1. ¿Qué día se celebra con esta liquidación de muebles?
2. ¿Qué materiales se mencionan en el anuncio?
3. ¿Qué palabras se usan para decir... ?
   - a. **unit**
   - b. **suite of furniture**
   - c. **piece of furniture**
   - ch. **cash**

E. La casa de mis sueños. Describe tu casa ideal con detalles. Incluye los muebles y electrodomésticos y cualquier otro accesorio que te guste o interese.

La casa de mis sueños tiene... .
Hay una puerta-ventana /
   piscina / jardín / terraza en... .
En el recibo quiero poner... .

En el primer piso hay... .
Además, tiene... .
Para hacer ejercicio voy a
   tener... .

F. Corredor (Corredora) de propiedades (Realtor). Con otra persona, encuentren una casa perfecta para cada una de las siguientes familias. ¡Sean imaginativos!

■ **Por ejemplo:** Los Salcedo no tienen hijos; ya no trabajan.
Necesitan un apartamento o condominio pequeño con un jardín grande.

1. Los Bravo tienen seis hijos. Una hija es campeona de natación, el papá es periodista y a la mamá no le gusta cocinar. A los otros hijos les gustan la música y la tele.
2. Los Sánchez Arizmendi tienen dos bebés pequeños y una niñera que vive con ellos. Los dos tienen coche porque trabajan lejos. Les gusta invitar a sus amigos a comer carne a la parrilla.
3. Los Reveco Cuadra son artistas y tienen muchas cosas nuevas y viejas. Tienen tres hijas que siempre están en casa con un montón de (muchísimos) amigos.
4. Los primos de una amiga son del campo pero estudian aquí. Son tres hombres y una mujer y a todos les gusta nadar y hacer deportes. Usan mucho la lavadora y los baños. Necesitan un lugar tranquilo donde estudiar también.

G. No hace mucho. Completa las siguientes frases; di cuándo tú u otra persona hicieron cada una de las siguientes cosas según el modelo.

■ **Por ejemplo:** ¿Limpiaste tu dormitorio?
Lo *limpié hace...(unos días, una semana, un mes, etc.).*

1. ¿Lavaste los platos?   **Los** *lavé hace... .*
2. ¿Ordenaste la cómoda?   **La...**
3. ¿Sacaste la basura?   **La...**
4. ¿Cortaste el césped?   **Lo...**
5. ¿Hiciste tu cama?   **La...**
6. ¿Usaste el microondas?   **Lo...**
7. ¿Limpiaste el refrigerador? **Lo...**
8. ¿Sacudiste los muebles?   **Los...**
9. ¿Pasaste la aspiradora?   **La...**
10. ¿Limpiaste las alfombras? **Las...**
11. ¿Pintaste las paredes?   **Las...**

⊕ Con teleobjetivo

Para hablar: To refer to people and things already mentioned

Direct object pronouns

In Activity **G** above you used the pronouns *lo*, *la, los,* and *las* to replace and refer to nouns (direct objects) that had already been mentioned. These direct object pronouns are equivalent to the English pronouns *it, them, her, him,* or *you* (formal) and are used to avoid unnecessary repetition. In the following example, see if you can determine *to what* or *to whom* the pronouns refer.

*Me gusta mucho el apartamento que conseguí este semestre. **Lo** conseguí con mi amigo Diego; él **lo** alquilaba antes y me dijo que era muy bueno. Los dormitorios son grandes y recién **los** pintaron y también instalaron ventanas nuevas hace dos meses. **Las** cambiaron de estilo tradicional a moderno y ahora hay mucho más sol aquí. **Lo** mejor es que el alquiler (the rent) no **lo** subieron mucho: sólo pagamos $400 dólares al mes.*

As you probably were able to guess, *lo* replaced **apartamento**, another *lo* referred to *the best part...* **(lo mejor)**, *los* replaced **dormitorios**, *las* replaced **ventanas**, and *lo* replaced **alquiler**.

1. The pronoun you use depends on whether the noun replaced is masculine or feminine, singular or plural. When a global idea or action is being referred to, the neuter pronoun **lo** is used.

   Use...   **to refer to...**

   lo   *him, it* (masculine), Ud. (masculine), or global idea
   la   *her, it* (feminine), Ud. (feminine)
   los   *them* (masculine), Uds. (masculine), or to refer to a group of people (mixed masculine and feminine)
   las   *them* (feminine), Uds. (feminine)

2. Notice that these pronouns are placed before the conjugated verb.

¿Regaste las plantas de tu dormitorio esta mañana?	*Did you water the plants in your bedroom this morning?*
No **las** regué esta mañana, pero **las** voy a regar ahora mismo.	*I didn't water **them** this morning, but I'm going to water **them** right now.*

3. Pronouns may also be attached to infinitives.

   ...*las* voy a regar   =   voy a regar*las*

A. La mudanza. Tú y tu familia acaban de mudarse. ¿Dónde pusieron estas cosas el día de la mudanza?

■ **Por ejemplo:** la mesita de noche antigua
   La pusimos en el dormitorio de... .

1. el refrigerador
2. la mesa grande
3. el escritorio
4. la mesita del teléfono
5. el televisor
6. la alfombra grande
7. tu cama
8. el sofá grande
9. las sillas buenas
10. la lavadora de ropa

B. Con método. Algunos compañeros de habitación son muy metódicos y les gusta asegurarse de que las cosas se hagan bien *(are done correctly)*. Di qué hiciste en cada caso y qué electrodoméstico usaste. Usa los verbos *lavar, cocinar, limpiar, sacudir, pasar la aspiradora*, etc., con un pronombre de complemento directo *(direct object pronoun)*.

■ **Por ejemplo:** El metódico dice: ¿Y los vasos sucios?
   Tú dices: *Los lavé en la lavadora.*

1. ¿Y los platos sucios?
2. ¿Y la ropa sucia?¿limpia?
3. ¿Y la cena *(dinner)* de tres minutos?
4. ¿Y la comida que quedó *(leftovers)*?
5. ¿Y la alfombra?
6. ¿Y la sala?
7. ¿Y el césped?
8. ¿Y los muebles?
9. ¿Y las revistas viejas?
10. ¿Y el perro?

C. Tan ordenados. Di dónde guardas las siguientes cosas.

■ **Por ejemplo:** el dinero
    Lo pongo en una caja debajo (under) *de la escalera.*

1. las cartas de amor
2. las tarjetas de crédito
3. el equipo deportivo
4. los cassettes y discos compactos

5. tus cosas secretas
6. tus recuerdos de viaje
7. tus cosas de niño(a)
8. la ropa de invierno

Ch. Recuerdos del pasado. Nombra dos cosas que eran importantes para ti cuando eras más joven. Luego, para cada una di si *todavía lo (la) tienes (still have it) o ya no lo (la) tienes (not any longer).*

■ **Por ejemplo:** *Tenía una bicicleta pero ya no la tengo.*
    Mi mamá la vendió hace diez años.
    (Mi hermana todavía la tiene).
    También tenía...

D. ¿En qué parte? Di dónde y a qué hora hiciste las siguientes cosas.

■ **Por ejemplo:** los problemas de cálculo
    ¿Dónde?   *Los hice en mi habitación.*
    ¿A qué hora?   *Los hice a las cinco, antes de salir a pasear con... .*

1. las tareas de anoche
2. ejercicios o gimnasia
3. tu cama

4. el informe de laboratorio
5. una llamada a casa
6. los problemas de...

‖ ✹ ¡Última hora!

Para hablar: Using numbers

Numbers from hundreds to millions

While reading high numbers in numerals presents minor problems, understanding them in word form takes considerably more practice.

    You read: **La casa mexicana cuesta US$500.000.**
    You will hear: **La casa mexicana cuesta quinientos mil dólares.**
        (The Mexican house is $500,000.)

1. Here are the numbers from one hundred to one billion.

    100 **cien(to)**
    200 **doscientos(as)**
    300 **trescientos(as)**
    400 **cuatrocientos(as)**
    500 **quinientos(as)**

    600 **seiscientos(as)**
    700 **setecientos(as)**
    800 **ochocientos(as)**
    900 **novecientos(as)**
    1.000 **mil**
    2.000 **dos mil**
    1.000.000 **un millón (de...)**
    1.000.000.000 **mil millones (de...)** *(one billion)*

En esta ciudad hay más de un millón de habitantes. Específicamente, hay 1.765.324 (un millón setecientos sesenta y cinco mil trescientos veinticuatro) habitantes.

In this city there are more than a million people. Specifically, there are 1,765,324 (one million seven hundred sixty-five thousand, three hundred twenty-four) inhabitants.

2. Use **de** after all numerical expressions such as **cientos de..., miles de..., un millón de...,** and **millones de... .**

Este rancho cuesta varios millones **de** dólares.

En este país, hay millones **de** pobres.

En Brasil, destruyen miles **de** hectáreas de selva todos los días.

This farm costs several million dollars.

*In this country, there are millions **of** poor people.*

*In Brazil, thousands of hectares **of** jungle are destroyed every day.*

3. To refer to...

- exactly 100 items

- a figure between 101 and 199

- a figure between 200 and 999

use...

cien + pesetas / alumnos / millones, etc.

ciento + *number*
$150.000 (**ciento cincuenta mil dólares**)
102 **años** (**ciento dos años**)

endings that agree with the item in number and gender
doscient*as* treinta peset*as*
quinient*os* dólares
seiscient*os* mil pes*os*

VOZ

¿Y tú? ¿Qué opina este escritor sobre el carácter nacional de esta gente? ¿Y el estadounidense? En tu opinión, ¿cuál es el primer edificio que construye? ¿Por qué? ¿Qué edificio quieres levantar tú?

Al establecerse en una isla, el primer edificio que levanta un español es una iglesia; el francés, un fuerte; el holandés, una factoría; y el inglés, una taberna.

4. To write numerals...   **use...**

- dividing thousands and millions

  periods, not commas:
  $1.649.500 **(un millón seiscientos cuarenta y nueve mil, quinientos dólares)**

- indicating decimals

  commas, not periods: $1.999,99
  (mil novecientos noventa y nueve dólares y noventa y nueve centavos)

More about ordinal numerals

1. In Chapter 6, you learned the ordinal numerals from one to ten and their abbreviations. Here is some additional information about how they are used to refer to floor levels or stories in buildings.

To refer to floor levels

for...	say...	write...
basement	**sótano**	S
lobby (ground floor)	**planta baja**	PB
first floor	**primer piso**	1er, 1°
second floor	**segundo piso**	2do, 2°
third floor	**tercer piso**	3er, 3°
fourth floor	**cuarto piso**	4to, 4°
fifth floor	**quinto piso**	5to, 5°
sixth floor	**sexto piso**	6to, 6°
seventh floor	**séptimo piso**	7mo, 7°
eighth floor	**octavo piso**	8avo, 8°
ninth floor	**noveno piso**	9no, 9°
tenth floor	**décimo piso**	10mo, 10°

2. If the word **piso** is dropped, say **primero** and **tercero**.

—¿Qué piso?
—Tercero, por favor.

If the word **planta** is used instead of **piso**, make all ordinals feminine.

—¿Qué planta?
—Cuarta (tercera, décima), por favor.

3. In colloquial use, people prefer to use common numbers rather than ordinals after 10th.

—¿Qué planta?
—Catorce, por favor.
—¿Qué piso?
—Veintiuno, por favor.

4. If you are abbreviating dates, use roman numerals for months and follow this order: **día + mes + año.** Ordinal numerals are commonly used for only the first day of the month: **el primero de mayo.**

| **2 de abril de 1942** | = | 2/IV/42 or 2/IV/1942 |
| **12 de octubre de 1992** | = | 12/X/92 or 12/X/1992 |

Séptimo capítulo

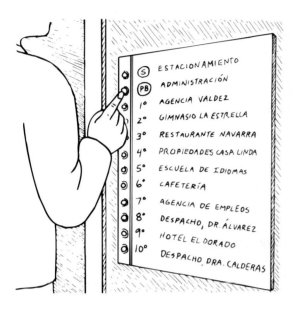

S   ESTACIONAMIENTO
PB   ADMINISTRACIÓN
1°   AGENCIA VALDEZ
2°   GIMNASIO LA ESTRELLA
3°   RESTAURANTE NAVARRA
4°   PROPIEDADES CASA LINDA
5°   ESCUELA DE IDIOMAS
6°   CAFETERÍA
7°   AGENCIA DE EMPLEOS
8°   DESPACHO, DR. ÁLVAREZ
9°   HOTEL EL DORADO
10° DESPACHO, DRA. CALDERAS

A. ¿Dónde está? Mira el dibujo del ascensor y di qué significa cada abreviatura. Luego, di qué tipo de negocio hay en cada piso.

■ **Por ejemplo:** *9° significa noveno, el piso N° 9.*
En el piso noveno hay un hotel.

B. ¿A cómo está el cambio? Imagínate que trabajas en un banco o en una casa de cambio. Mira el recuadro y dale la información correspondiente a los clientes.

■ **Por ejemplo:** *¿A cómo está el peso mexicano?*
Está a tres mil ciento diez pesos por dólar.

EL CAMBIO	
País	**Equivalente en dólares EE.UU.**[1]
Argentina (peso)	0.99 peso = 1 dólar
Colombia (peso)	585 pesos = 1 dólar
Costa Rica (colón)	135 colones = 1 dólar
Chile (peso)	370 pesos = 1 dólar
Ecuador (sucre)	1.510 sucres = 1 dólar
El Salvador (colón)	8,5 colones = 1 dólar
España (peseta)	100 pesetas = 1 dólar
Guatemala (quetzal)	5,3 quetzales = 1 dólar
México (peso)	3.110 pesos = 1 dólar
Nicaragua (córdoba)	5 córdobas = 1 dólar
Paraguay (guaraní)	1.490 guaraníes = 1 dólar
Perú (sol)	1,25 soles = 1 dólar
Uruguay (peso)	3.175 pesos - 1 dólar
Venezuela (bolívar)	66 bolívares = 1 dólar

[1] *agosto de 1992*

¿A cómo está...

1. el peso mexicano?
2. el bolívar venezolano?
3. el nuevo sol peruano?
4. el peso chileno?
5. el peso argentino?
6. el peso colombiano?
7. el guaraní paraguayo?
8. el sucre ecuatoriano?
9. el córdoba nicaragüense?
10. el colón costarricense?
11. el quetzal guatemalteco?
12. el peso uruguayo?
13. el colón salvadoreño?
14. la peseta española?

C. ¿Cuánto vale un apartamento? Infórmales a los clientes cuánto valen las casas y departamentos (apartamentos) en distintas partes de Santiago de Chile. Primero, diles:

1. cuánto vale cada uno
2. cuál es el más caro
3. cuál es el más barato
4. cuál es el más grande
5. cuál es el más pequeño
6. cuál es el más completo
7. cuál es el más cómodo

$31.800.000[1] Arrayán, bungalow de lujo, nuevo, 1.518 m^2 terreno plano, 200 m^2 construcción, 4 dormitorios con clósets de eucaliptus, 2 baños, cocina americana con comedor diario, estar separado para niños, garajes dos autos, estacionamiento otros dos, calefacción, teléfono, alfombrado y con parquet Küpfer, jardín formado, piscina de 5 x 7 con filtro. Venden sin comisión sus constructores-arquitectos. Verlo Rucalhue 18.135 final Camino Los Refugios. Aceptamos ofertas pago contado. Teléfonos 2747638-2285956.

3.800.000 centro, 2 dorm., living-com., con teléfono. Llamar dueño 6980144.

$7.200.000 Depto. excel. estado, centro. 2 dorm., baño, cocina, depend., recibos. Las Bellotas 199, of. 55.

Bungalow Las Condes, Espoz 6243 3 dorm., 2 baños, estar, ático, 168-500 m^2. $36.000.000. Ver 11–13:30 y 15:30–19 hrs. 2422666

$52.000.000 Bungalow, Las Encinas 6223. Muy atractivo, 220-620 m^2, 4 dorm., 2 baños, depend., cal. central, piscina. Cita previa al 2297617.

7.500.000. Colón 8600, cuatro dorm., 3 baños, ofertas. 2274340.

4.600.000 Casa 2 pisos, 2 dorm., 1 baño, living, comedor, baño y dorm. de servicio, bodegas. 381572.

6.500.000 Conversable vendo casa grande, sólida, local, entrada auto. Fono 772846.

Depto. Providencia, Los Leones 2550, depto. 101, 3 dorm. 2 baños, depend., jardín, estac. $16.000.000. Pie $8.300.000 Divid. $100.000. Ver 11–19 hrs. 2422666.

4.500.000 Vivaceta, excelente bungalow, 2 dormitorios, living-comedor, estar, garaje. 2512312.

2.700.000 depto. excelentes condiciones, Población J.A. Ríos, 3 dormitorios. Ver 16 Norte 624 A, frente Compañía Bomberos. Fono 777482.

[1] $1 **dólar americano** = $370 **pesos chilenos**

Ch. Para hacer cheques. Para hacer cheques hay que escribir los números con palabras. Escribe los siguientes cheques para pagar las cuentas (*bills*) en distintas partes del Mundo Hispano. Usa las cuentas de la página 232.

■ **Por ejemplo:** tarjeta Visa: $66.385 pesos
Páguese a la orden de..., la cantidad de...sesenta y seis mil trescientos ochenta y cinco pesos.

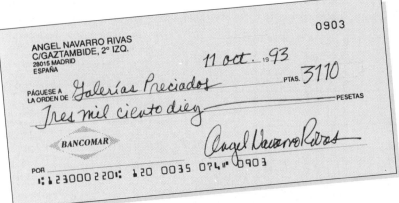

1. Banco Hispanoamericano: Ptas. 33.790 (pesetas)
2. Compañía Municipal de Electricidad: Gs. 110.500 (guaraníes)
3. Compañía Entel de Teléfonos: Ss.440.322 (Sucres)
4. Tienda La Bota Verde: $18.990 (pesos)
5. Empresa Salmantina de Agua Potable: Ptas. 15.230 (pesetas)
6. Hospital de San Vicente: Bs. 86.450 (bolívares)

D. Lugares famosos. Di en qué año se construyeron los famosos lugares y casas que aparecen en las fotografías. Sigue el modelo.

■ **Por ejemplo:** La (El)... se construyó en... .

Casa Batllo, Barcelona, 1906 ■

■ El Palacio Real, Madrid, 1515

Plaza Mayor, Madrid, 1620 ■

«El Capricho», Santander, España, 1885

«El Morro», San Juan, 1591

||⊕ Con teleobjetivo

Para hablar: To express states and conditions in the past

The imperfect past tense

In Chapters 5 and 6 you used the preterit tense to relate actions that occurred in the past.

> *Mis hermanos y yo* nacimos *en Wyoming pero* crecimos *en Colorado.*
> Llegué *a Denver en 1980 y entonces* empecé *a estudiar guitarra.*

In this chapter, you have seen some verbs used in a different past tense, the imperfect tense. This tense is more commonly used than the preterit when you want to express a condition or state that existed in the past.

Tenía 18 años cuando me mudé a…	*I was 18 when I moved to… .*
Quería vivir sola en la universidad.	*I wanted to live alone on campus.*
Pero no **podía** cocinar en mi residencia.	*But I was not able to cook in my dorm.*
Había[1] varios amigos en ese piso.	*There were several friends on that floor.*

[1] The word **había** (*there was* or *were*) as well as its present tense form **hay** (*there is* or *are*) is used exclusively in the singular form in Spanish.

1. The imperfect tense is formed by replacing the endings of the infinitive with imperfect tense endings. Notice in these endings that:
   a. the **yo** form is the same as that of **él, ella,** and **Ud.**
   b. the **tú** form is signaled by -**s**, the **nosotros** by -**mos**, and the **ellos, ellas,** and **Uds.** forms by -**n**.

No **podía** estudiar porque **estaba** bastante enfermo.	*He **was** not **able** to study because **he was** somewhat ill.*
Quería viajar pero no **tenía** nada de dinero.	*I / He / She **wanted** to travel but **I /he / she had** no money.*

2. The verbs **ser, ir,** and **ver** are irregular in the imperfect tense.
   ser: era, eras, era, éramos, *érais*, eran
   ir: iba, ibas, iba, íbamos, *íbais*, iban
   ver: veía, veías, veía, veíamos, *veíais*, veían

Era una universidad muy buena y yo **era** muy joven cuando llegué.	*It **was** a very good university and I **was** very young when I arrived.*

3. Use the imperfect of non-action verbs to describe states and conditions in the past. More specifically, use...

era la una / eran las dos, tres, cuatro...	*to give the time in a past narration*
era bajo(a), amable, divertido(a)...	*to describe personality and physical characteristics*
era espaciosa, clara y alegre	*to describe a house or place*
estaba en la plaza, el centro...	*to describe location of people or places*
había + *quantity*	*to describe surroundings or to give a number, quantity, or amount*
me gustaba(n)	*to describe likes and dislikes in the past*

4. Just as you used **voy a** + *infinitive* to state future intentions, you will use **iba a** + *infinitive* to express intentions in the past.

Iba a alquilar un vídeo pero ya **había** uno en la casa.	*I **was going** to rent a video but **there was** one in the house already.*

5. As you learned in Chapter 6, some verbs listed convey different meanings when used in the preterit. Notice the difference between their use in the imperfect and the preterit.

The verb...	in the imperfect means...	in the preterit means...
tener	*had* (**tenía, tenías,** etc.)	*got, received* (**tuve, tuviste,** etc.)
saber	*knew* (**sabía, sabías,** etc.)	*found out* (**supe, supiste,** etc.)
querer	*wanted* (**quería, querías,** etc.)	*tried to (refused)* (**[no] quise, [no] quisiste,** etc.)
poder	*could, was able* (**podía, podías,** etc.)	*succeeded (did not succeed)* (**[no] pude, pudiste,** etc.)
conocer	*knew* (**conocía, conocías,** etc.)	*met* (**conocí, conociste,** etc.)
hay (haber)	*there was / were* (**había**)	*there appeared / happened* (**hubo**)

   You will learn more about the uses of the imperfect and the preterit in Chapter 8.

A. Ah, qué linda era la vida. Describe tu vida cuando estabas en la escuela secundaria. Usa el siguiente esquema como guía.

Cuando era niño(a)...

era...	pero no era... .
había...	pero no había... .
me / nos gustaba(n)...	pero, no me / nos gustaba(n)... .
podía(mos)...	pero no podía(mos)... .
tenía(mos) que...	pero no tenía(mos) que... .
los maestros eran....	pero no eran... .
yo estaba... (feliz, etc.) cuando...	pero no estaba... (feliz, etc.) cuando... .
siempre íbamos a...	pero no íbamos a... .
sabía...	pero no sabía... .

B. Antes y ahora. Compara tu vida ahora con tu vida hace dos o tres años. Usa el siguiente esquema como guía.

Antes...	Ahora...
estar	y todavía / pero ya no
ser	y todavía / pero ya no
tener	y todavía / pero ya no
haber (hay)	y todavía / pero ya no
saber	y todavía / pero ya no
poder	y todavía / pero ya no
(no) querer	y todavía / pero ya no
ir a	y todavía / pero ya no

C. La casa de mi niñez. Describe tu casa o la de un(a) pariente cuando eras niño(a). Usa el siguiente esquema como guía.

(Ser)...(pequeña, bonita,...) y agradable.
(Estar)...(en el bosque, en el barrio de..., en la ciudad de...).
(Haber)...(un jardín, etc.).
(Tener)...(habitaciones, garaje, sótano,...).
En mi dormitorio (tener)... .
Cerca de mi casa (haber)...(un colegio, una plaza, un parque,...).
Cuando (ser) niño(a), yo tenía que...(limpiar, sacudir, ordenar).
Siempre (querer)...(salir, jugar, leer, viajar) y... .
Pero no (poder)...porque... .
Desde la ventana de mi dormitorio (ver)... .

Ch. Sueños infantiles. Di tres cosas que siempre querías hacer cuando eras más joven. Explica por qué no podías hacerlas.

▪ **Por ejemplo:** *Siempre quería salir con amigos por la tarde, pero no podía, porque tenía que hacer mis tareas.*

D. Las cosas cambian. Tú piensas que eres muy joven, pero mira cuánto han cambiado las cosas en estos años. Compara tu infancia (niñez) con tu juventud en cuanto a lo siguiente. Sigue el modelo.

■ **Por ejemplo:** el cine

Antes no podía ir a las películas para mayores, pero ahora puedo ver todo lo que me interesa.

1. la ropa
2. el español
3. la televisión
4. las tareas
5. la comida
6. los amigos
7. las fiestas
8. los permisos para salir

La película más divertida...

Más terrible que Iván el Terrible!
Más desolador que Atila!
Más malo que Al Capone!

Con sólo 7 años él podría con todos ellos

ESTE CHICO ES UN DEMONIO

UNIVERSAL PICTURES PRESENTA UNA PRODUCCIÓN IMAGINE ENTERTAINMENT · JOHN RITTER "PROBLEM CHILD" MICHAEL RICHARDS GILBERT GOTTFRIED · JACK WARDEN MÚSICA DE DANIEL HANLEY MICHAEL HILL MÚSICA DE GEORGE COSTELLO MILES GOODMAN FOTOGRAFÍA DE MICHAEL TORRES PRODUCIDA POR JAMES D. BRUBAKER ESCRITA POR SCOTT ALEXANDER · LARRY KARASZEWSKI PRODUCIDA POR ROBERT SIMONDS DIRIGIDA POR DENNIS DUGAN
Distribuida por United International Pictures
PARA TODOS LOS PUBLICOS

E. ¡Qué lata! Di tres quehaceres domésticos que tenías que hacer cuando eras más joven. Luego, usa tu lista para entrevistar a tres compañeros. Di qué cosas hacían todos y qué cosas hacía sólo uno(a) o dos.

■ **Por ejemplo:** A tu compañero(a): *¿Tenías que lavar los platos?*
A la clase: *Todos teníamos que lavar los platos. Dos de nosotros siempre tenían que secarlos, pero yo no. Yo siempre tenía que sacar la basura y también…*

En voz alta

A. Escucha el anuncio comercial otra vez y da el precio o el descuento de los siguientes artículos.

1. camas sencillas
2. estantes
3. mesas y mesitas
4. sofás cómodos
5. lámparas de cristal
6. mesas para el televisor

B. Haz una lista de los muebles y artículos rebajados que se pueden comprar para cada una de las siguientes habitaciones.
la biblioteca   el comedor   el dormitorio   la sala de estar

F. Una encuesta. Para saber más sobre la vida de Uds. en el pasado, en grupos de tres personas, desarrollen una encuesta de por lo menos ocho preguntas sobre la vida de antes. Den por lo menos tres respuestas para cada pregunta. Usen verbos como *tener, gustar, ser, estar, querer, saber* y *poder* en el tiempo imperfecto. En seguida, entrevisten a por lo menos cinco compañeros y anoten sus respuestas. Luego, preparen un resumen oral o escrito de los resultados.

■ **Por ejemplo:** *¿Con qué frecuencia podías salir con amigos por la noche cuando tenías 16 años?*
a. casi todas las noches   *c. sólo los fines de semana*
b. tres o cuatro noches a la   *ch. sólo cuando no tenía tarea*
semana

⯐ Otro vistazo

Piensa...

A. Para ti, ¿qué simboliza la palabra «casa»? Elige palabras de las listas que siguen o agrega otras que expresen la importancia de esta palabra.

1. Para mí, la casa representa...
la dignidad / la riqueza / la protección / la seguridad *(security)* **/ el confort (la comodidad) / el lujo / la felicidad / la familia / la independencia / el respeto / la responsabilidad /** etc.
2. Para mí, tener casa es: ¿un derecho *(a right)?* ¿un privilegio? ¿una responsabilidad?
3. Para mí, estar *sin* casa es...
algo que me preocupa mucho porque...
algo que no me preocupa mucho porque...

B. Ya sabemos que en todas las sociedades del mundo existen los *marginados,* o sea, la gente que no es tan afortunada como los demás. Esta gente vive *al margen* de la sociedad por una razón u otra. Con otra persona, completen la siguiente frase para explicar por qué existen los marginados en las sociedades del mundo.

A esta gente le falta(n)...(dinero, oportunidades, casa, ayuda, trabajo, familia,...).

Mira...

C. Mira el título y la primera línea del artículo que sigue en la página 238 y completa lo siguiente.

Los pobres son gente que no tiene _____. _____ y _____ son pobres. _____ tiene _____ años y _____ tiene _____ años. Este artículo trata de la pobreza de la gente como ellos.

Ch. Ahora, mira el artículo para tener una idea general de su tema. Recuerda que no necesitas comprender *todas* las palabras para comprender las ideas. En seguida, completa las actividades que están en la página 239.

LA RUTA DE LOS POBRES

«El verano», 1937, Antonio Ruíz, Colección Acervo Patrimonial de la Secretaria de Hacienda y Crédito Público, México

Antonio tiene 62 años y busca trabajo; Gabriel ha cumplido los 92 y recoge cartones todas las mañanas para ayudar en su casa. Antonio se encuentra entre los dos millones de españoles considerados indigentes y Gabriel malvive, bajo el nivel de pobreza (dispone de menos de 21.000 pesetas al mes). Como ellos, hay más de ocho millones de personas que no pueden vivir con dignidad, según datos de Cáritas.

Antonio quería ver a los Reyes Magos el 6 de enero[1] y, como un niño más, se puso en la fila°. De repente, escuchó a una señora que le dijo a una amiga: «¡Cuidado!»°. El peligro° era él, Antonio, un hombre vestido con ropa vieja, con el pelo un poco largo y con zapatillas. Las señoras pensaron que quizás él les iba a robar la cartera y se fueron.

Una noticia en el periódico sobre las concentraciones de marginados llevó a Antonio hasta una iglesia del barrio de Entrevías, donde se puso en contacto con la Coordinadora de Barrios. La Coordinadora es una de las instituciones que organizó la movilización de marginados.

Llegó a la iglesia a pie. En el bolsillo llevaba 40 pesetas y en la cartera, el carné de identidad, un permiso para dormir en un albergue municipal y la cartilla de beneficiencia. «Llevo 62 años sufriendo pero todavía creo en Dios», dice. «Pensé que era caridad y vine aquí, pero me encontré con un grupo de gente que trabajaba por los derechos de los sin casa, de los marginados de este país». Trabajó toda la semana para la coordinadora y trató de traer a sus compañeros de albergue a la demostración, pero ellos no quisieron. «Ellos no quieren saber nada de nadie, se acostumbraron a la miseria y al desamparo».

Trabajó como conductor de un camión durante nueve años y eso es lo que quiere hacer ahora. Pero a su edad nadie le da trabajo y es demasiado joven para jubilarse° y recibir una pensión. Y no tiene dirección fija. Sin embargo, no se resigna a ser un hombre sin derechos y exige: «Quiero trabajar, no me gusta la caridad. Me cansé de hablar con todas las asistentas sociales de todos los distritos. Durante el invierno conseguí un trabajo temporal; asaba castañas° en la calle. Ganaba 2.500 pesetas[2] por 11 horas de trabajo».

Pero ahora ya no es temporada de castañas y Antonio no tiene ni trabajo ni casa. Es un "sin casa", un desamparado más.

Tomado de *El País*, España

---

la fila…line, *¡Cuidado!*…Careful!, Watch out!, *el peligro*…danger, *jubilarse*…to retire, *asar castañas*…to roast chestnuts

[1] Traditional religious celebration honoring the birth of Jesus and the visit of the Wise Men (**los Reyes Magos**). The three Magi parade the streets and bring gifts to children.

[2] **Nota:** $1 **dólar americano** = 100 **pesetas.**

Lee...

D. Mira el título y el primer párrafo del artículo otra vez. Fíjate en *(Concentrate on)* las palabras que conoces o que se parecen a palabras inglesas. Luego, haz una lista de palabras en las siguientes categorías relacionadas con el tema «los pobres», como en el ejemplo.

- **Por ejemplo:** buscar trabajo

  buscar trabajo: recolectar cartones, conductor de camiones, jubilarse, recibir una pensión, trabajo temporal

1. dormir **3.** la asistencia / la caridad

2. el dinero **4.** los sentimientos de los «sin casa»

E. Ahora ya sabes de qué trata este artículo. Vuelve a leer el primer párrafo. Aquí está el verbo *malvivir* y ahora puedes comprenderlo. Con tu compañero(a), completa estas frases para describir la noción de «malvivir».

Una persona malvive si... .
La persona es...y gana... .
No tiene...y no puede... .
Tiene que... .

F. Los párrafos que siguen describen la miseria de Antonio. Mira el segundo párrafo, que describe un incidente en que participó Antonio.

Completa las frases sobre el incidente.

1. apariencia de Antonio: Tenía...porque era... .
2. dónde estaba Antonio: Estaba en... .
3. quiénes estaban allí: Había... .
4. qué quería hacer: Antonio quería... .
     y qué hizo (pretérito): Por eso,... .
5. qué pasó: Entonces, una señora le dijo...a su amiga.

G. Mira el tercer y cuarto párrafos. Estos relatan otra parte de la historia de Antonio. Léelos para tener una idea general. Luego, busca las palabras que completan el resumen.

1. Antonio no tenía mucho dinero, sólo... .
2. Antonio tenía que dormir en un...porque no tenía casa.
3. Allí había otros desamparados, es decir, había otros... .
4. Antonio fue a..., donde había una organización que quería... .
5. Allí,... .
6. Antonio quiso traer a...a la demostración por los derechos de los marginados, pero ellos no..., porque ya estaban acostumbrados a... .

El patio es el centro de la casa. Aquí Borges nos habla de sus impresiones de un patio en una gran ciudad. El patio es su comunicación con la naturaleza. *¿Y tú?* ¿Qué parte de tu casa sirve de refugio para ti?

Un patio

Con la tarde
se cansaron los dos o tres colores del patio.
La gran franqueza de la luna llena
ya no entusiasma su habitual firmamento.
Patio, cielo encauzado.
El patio es el declive
por el cual se derrama el cielo en la casa.

-Jorge Luis Borges

H. Ahora, lee los otros párrafos, sólo para tener una idea general. Luego, completa el resumen que sigue.

1. El trabajo que quería Antonio era... .
2. No podía jubilarse porque... . Pero tampoco pudo conseguir trabajo porque era demasiado... .
3. Pero quería trabajar porque no quería aceptar la... .
4. Durante el invierno consiguió un trabajo de..., pero sólo ganaba...pesetas por hora.
5. Cuando se acabó el invierno, Antonio ya no tenía... . Estaba sin... . Era... .

I. Conecta los términos asociados.

La palabra...	quiere decir...
1. el indigente	a. lugar donde se aloja la gente
2. el desamparado	b. el tiempo, la estación del año
3. la movilización	c. calle *(street)* y número en dónde recibir cartas, tarjetas, etc.
4. dirección fija	
5. la temporada	ch. el marginado
6. la miseria	d. el malvivir
7. la caridad	e. la protesta
8. el albergue	f. el pobre
	g. ayuda que se da a los necesitados

J. Hay muchos números en este artículo. Completa lo siguiente.

1. Si España tiene unos 40 millones de habitantes, ¿qué proporción de indigentes tiene, según el artículo?
2. Si Antonio ganaba 2.500 Ptas. al día por asar castañas, ¿cuánto ganaba por hora si trabajaba once horas al día? Si el cambio (*exchange rate*) es de 100 Ptas. por dólar, ¿cuánto gana por hora en dólares? ¿Cuánto gana aquí una persona que trabaja preparando comida?

K. De acuerdo a la lectura, borra (*cross out*) lo que no corresponda para que las frases sean ciertas.

1. Antonio podía / no podía leer.
2. Antonio era / no era religioso.
3. Él tenía / no tenía dirección fija.
4. Él quería / no quería trabajar.
5. Antonio era / no era joven.
6. Él sabía / no sabía exactamente lo que quería hacer.

L. Completa las siguientes frases con los verbos dados.

1. Antonio _____ leer. Por el periódico, _____ que había una organización que lo _____ ayudar. (podía, sabía, supo)
2. Antonio _____ conducir camiones, pero no _____ conseguir trabajo. (pudo, podía)
3. Antonio _____ hacer algo para ayudar a la Coordinadora; por eso, _____ traer a sus compañeros a las concentraciones, pero ellos no _____ participar. (quería, quisieron, quiso)
4. _____ una fiesta de los Reyes Magos y Antonio _____ verla; por eso, se _____ en fila, pero en ese momento, una señora le _____ «¡Cuidado!» a su amiga. (dijo, había, quería, puso)

Aplica...

Ll. Ahora que es un «sin casa», Antonio no puede hacer muchas cosas básicas para vivir bien. Haz una lista de al menos cuatro cosas que podía hacer antes, cuando tenía casa.

■ **Por ejemplo:** *Ahora no sabe cuándo va a poder bañarse. En cambio, antes, cuando tenía casa, podía bañarse cuando quería.*

M. Tú trabajas de asistente social cuando Antonio viene a pedir ayuda para encontrar trabajo. Como tú lo conoces y sabes lo que puede hacer, dile dos cosas que puede hacer en cada estación y temporada del año.

1. Durante el invierno puede... .
2. Durante el verano puede... .
3. Cuando la gente está de vacaciones puede... .
4. Cuando hay mucho trabajo antes de Reyes puede... .
5. Durante la primavera puede... .
6. Durante el otoño puede... .

Video: Prog. 7, **Detalles y colores**—detail and color in artistic expression

▐▌ Mi diccionario

▶ Para hablar

Cuando era niño(a), mi casa era...
de concreto.
espaciosa / estrecha.
grande / pequeña.
de ladrillo.
de madera.
moderna / antigua.
de piedra.
preciosa / pasable.
soleada / oscura.

Las partes de la casa
el aseo
el baño completo
la cocina
el comedor
el despacho
el dormitorio
el garaje (doble)
el jardín
la lavandería
el piso
la planta
el recibo
la sala de estar
la sala de juegos
el sótano
el suelo
el techo
la terraza
la ventana

▶ Para reconocer

Los domicilios
el alquiler
el apartamento/departamento
la casita
la casona
el condominio
el rancho

▶ Para hablar

El edificio tenía...
un ascensor.
una escalera.
una habitación.
una pared alta.
una puerta (de hierro).
una terraza.

En la cocina había...
una estufa.
una lavadora de platos.
un microondas.
un refrigerador.

Mi dormitorio tenía...
un armario.
una cama sencilla.
        doble.
        matrimonial.
una cómoda.
un escritorio.
un estante.
una mesita de noche.

En la sala había...
una alfombra.
una chimenea.
una lámpara.
un sillón.
un sofá.

En el comedor había...
un cuadro grande.
una mesa.
un reloj cucú.
una silla.

En el sótano había...
una bicicleta para hacer
  ejercicio.
una cortadora de césped.
una lavadora de ropa.
una secadora.

▶ Para hablar

Los quehaceres domésticos

cortar el césped
darle comida al gato
hacer las camas
lavar la ropa
lavar y secar los platos
ordenar el dormitorio
pasar la aspiradora
regar (ie) las plantas
sacar a pasear el perro
sacar la basura
sacudir los muebles

▶ Para hablar

Otras palabras y expresiones

alquilar
bajar
guardar
el lugar
mudarse
la niñez
el piso
la planta baja
recordar (ue)
se permuta por...
se vende
subir
el tamaño
todavía
ya no

OCTAVO CAPÍTULO

Recuerdos de mi niñez

En el cuadro se ve representada la infancia. ¿Qué imagen nos da Murillo de esta edad?

Este capítulo te va a ayudar a contar la historia de tu niñez. ¿Qué hacías tú para entretenerte cuando eras niño(a)? ¿Eras una(a) chico(a) superbueno(a) o algo travieso(a)? ¡A confesar!

■ "Cherubs Scattering Flowers," Bartolomé Esteban Murillo, by kind permission of the Marquess of Tavistock and the Trustees of the Bedford Estate

Quiero aprender a...

■ describir mi rutina diaria y mis actividades de antes   el imperfecto
■ contar una historia con descripción del ambiente   el imperfecto
   y con información sobre qué ocurrió...   el pretérito
■ describir gente, cómo se sentían y dónde estaban y cómo eran   estaba, era, etc.

A simple vista

Ya puedes leer y comprender bastante español. Para recordar lo que ya sabes, completa las siguientes actividades.

A. Económicos escolares. En la página 246 mira algunos anuncios de estudiantes de secundaria en un periódico chileno. Míralos rápidamente para saber qué ofrecen. Luego, en la lista que sigue, marca todas las expresiones que indican qué se hace en esta sección del periódico.

Se puede... comprar cosas / permutar cosas / vender cosas / encontrar casas / vender casas / conocer amigos / buscar novios / divertirse / cambiar dinero / describirse / mandar cartas / comunicarse / entretenerse / planear viajes / regalar cosas.

B. ¿Qué hay? Mira los anuncios otra vez y copia lo que se ofrece de cada una de las siguientes categorías. Si no hay nada de una categoría, escribe *No hay nada*.

1. casas y apartamentos
2. viajes
3. cassettes y discos
4. muebles
5. computadoras
6. comida o alimentos
7. instrumentos o equipo musical
8. mascotas o animales domésticos
9. electrodomésticos
10. ropa
11. juguetes de niños
12. equipo deportivo

«El viento», Joan Miró, private collection, courtesy Acquavella Galleries, New York, ©1992, ARS, N.Y./ADAGP

Avisos económicos escolares

Vendo órgano Casio en SK8 nuevo a la mejor oferta. También amplificador de guitarra 55.000. Llamar al 2277480. También permuto.

Vendo batería con tambor y bombo super lindo, excelente, platillos PAISTE 010. Fono 2272562, todo a 2.581 pesos.

Vendo computador Atari 130XE en buen estado con disquetera 1050, con protector mosca y 95 disquettes. Fono 2275307, Rodrigo. También programas IBM compatibles, Pac Man, War, Golf, 681670.

Discos compro los Beatles y los Doors, llamar al 2202662.

Vendo mi vestido de noche, talla especial 90–66–102, 5576936.

Vendo par zapatillas Reebok americanas blancas número 44, $25.000. Fono 6962005, nuevas, sin uso, también fono 5568360.

Vendo lentes sol y nieve marca Vic franceses nuevos. Llamar al 2279418 o al 2278094.

Vendo traje de artes marciales negro kung-fu, impecable $4.000, una zapatilla de rechazo pie izquierdo, especial salto alto jabalina Nº40–41, $2.500 impecable. Fono 6966346.

Equipo buceo italiano completísimo mujer talla 42–44, vendo $69.000, oportunidad, 2213695.

Surf, tabla nueva, vendo, marca Skip Free, llamar 4874888.

Vendo skate Powell, ruedas Powell trucks independent, y protectores, 40.000 conversable, llamar a Pablo, 2733215.

Vendo cascos moto, tipo mountain-bike, taquilleros, Mod. año 40–50, nuevos, alemanes, $10.000 c/u. Fono 6966346.

Vendo raqueta Prince Response, 90, casi nueva, fono 2123698, $42.000.

Vendo piscina Barbie con accesorios, llamar al fono 2260496.

Colección 550 cajitas con fósforos de todo el mundo. Ofertas sobre $45.000. 2225430.

Regalo hermosos gatitos. Sucre 1564, fono 2258536.

Aeromodelos Bucaner acuático, 15.000, planeador 25.000, QB-15, 25.000, motor OS30 nuevo 20.000, 5578043.

Vendo bicicleta cross y dos bicicletas en excelente estado con cambio de 10 velocidades. Marca Shinano importadas, $45.000 c/u. También una bicicleta pistera impecable estado y máquina electrofísico inigualable. Llámame al 5589362.

Vendo hermosa cachorrita cocker spaniel inglesa color café claro última, $20.000. Fono 2272406.

Doberman, 7 meses, precioso, vacunado, regalado en 10.000, por cambio a departamento, 2061997.

Tomado de *El Mercurio,* Chile

C. A ordenar. En grupos, miren los anuncios y copien las palabras o expresiones usadas para describir las categorías de *a* a *e.* Luego, digan en qué categoría (a–e) pusieron los términos de la lista (1–24).

a. **descripción del artículo**   c. **marca**   d. **precio**
b. **grande o pequeño**   ch. **estado / condición**   e. **teléfono**

1. impecable	13. importadas
2. inigualable	14. en excelente estado
3. nuevo	15. inglesa
4. casi nueva	16. Atari
5. talla 42–44	17. c/u
6. marca Shinano	18. conversable
7. hermosos	19. super lindo
8. color café	20. ofertas sobre...
9. marca Vic	21. número 44
10. a la mejor oferta	22. sin uso
11. alemanes	23. precioso
12. en buen estado	24. llamar al...

Ch. Asocia. En base a los anuncios, une (*join*) las palabras de las dos columnas que tengan un significado similar.

La palabra...   **quiere decir...**

1. cachorrito   a. ropa elegante de fiesta
2. marca   b. condición
3. talla   c. protector en caso de accidente
4. vestido (*dress*) de noche ch. perro pequeño
5. estado   d. nombre de la compañía que produce
6. casco moto(cicleta)   el artículo
                              e. número para la ropa

D. ¿Qué se puede hacer? Busca una actividad de la lista que se relaciona a cada uno de los siguientes artículos.

■ **Por ejemplo:** *Las bicicletas cross son para...dar una vuelta.*

1. el equipo de buceo	5. las zapatillas	9. la batería (*drums*)
2. la tabla nueva	(*athletic shoes*)	10. la raqueta
3. los discos	6. el vestido de noche	11. las bicicletas de cross
4. los protectores	7. la piscina de muñeca	12. el traje de artes
	8. el casco	marciales

es / son para...

jugar tenis / ponerse mientras se practica el karate / jugar a las muñecas / escuchar / salir por la noche / correr / bucear / hacer surfing / acampar / andar en motocicleta / tocar música / ver y protegerse los ojos (*eyes*) / bailar / esquiar / tomar el sol / andar por el campo

E. Buenos clientes. Di qué artículo de los anuncios querían e iban a comprar las siguientes personas.

1. tres jóvenes que querían formar un conjunto de *rock* iban a comprar...
2. una pareja de jóvenes a quienes les encantaba ir de *camping* querían...

3. la mamá de un motociclista quería...

4. un niño que quería tener una mascota iba a...

5. una niñita que jugaba a las muñecas quería...

6. un chico que tenía un monopatín (*skateboard*) quería...

F. Cuando era niño(a). Completa lo siguiente según las cosas de tu niñez. Refiérete a los anuncios y complétalo usando las siguientes expresiones para decir lo que tenías, lo que querías y lo que no podías tener cuando eras chico(a). Usa el siguiente esquema.

■ **Por ejemplo:** *Cuando era niño(a) tenía... . (Pagué...dólares por él / ella.) Pero no tenía...porque no sabía (porque no podía...). Yo también quería...pero no quería... . Me gustaban los (las)..., pero no me gustaban los (las)... . También tenía una colección de... .*

G. Te toca a ti. En una hoja de papel, escribe un anuncio de alguna cosa que quieras vender o permutar. Da varios detalles:

¿Cómo es?

¿De qué marca es?

¿De qué tamaño es?

¿De qué tela o material es?

¿De qué color es?

¿Es nuevo(a)?

¿Está en buenas condiciones?

¿Cuánto vale?

¿Es conversable / negociable el precio?

Luego, encuentra a otra persona que quiera permutar contigo y trata de cerrar el negocio.

■ **Por ejemplo:** —*Vendo / Permuto un(a)... . ¿Te interesa?*
—*¿Cómo es?*, etc.

En voz alta

A. Toma apuntes mientras escuchas esta conversación entre varias personas. Luego, indica cuál es el tema de la conversación.

deportes y partidos	hombres y mujeres
quehaceres del hogar	juegos de niños
padres e hijos	problemas de la juventud

B. Indica todas las palabras que describan el tema de esta conversación.

peleas	competencia	responsabilidad
terror	sorpresas	diversión
viajes	imaginación	amor
quejas	recuerdos	fiestas
diferencias	dificultad	niñez

⫿⚏⫿ Imágenes y palabras

Ahora que reconoces tantas palabras en los anuncios y lecturas, hay que aumentar el vocabulario para conversar. Para hablar de lo que hacías cuando eras chico(a), aquí tienes vocabulario muy útil.

Cuando era chico(a) *(young)*... **vivía en...** .
tenía...

una tortuga.   un pájaro.   **un microscopio.   una lupa.**

un(a) cachorro(a).   un(a) gatito(a).

jugábamos a la guerra *(war)*...

a las muñecas.	al escondite.	al papá y la mamá.	a la pelota.

Cuando tenía...años ya sabía...

andar en bicicleta.   andar en monopatín.   usar la computadora.

Cuando nevaba, me gustaba...

tirarme en el trineo colina abajo.   tirarle bolas de nieve a la gente.

VOZ

Antonio Machado (1875–1939), popular poeta y dramaturgo español, es una de las figuras literarias más conocidas de las letras hispanas. Aquí nos hace un breve resumen de su vida. ¿Y tú? Escribe tu propio resumen.

RETRATO

Mi infancia son recuerdos de un patio de Sevilla,
y un huerto claro donde madura el limonero;
mi juventud, veinte años en tierra de Castilla;
mi historia, algunos casos que recordar no quiero.

-Antonio Machado

Cuando había viento *(was windy)*, me gustaba elevar cometas.

Cuando hacía sol / buen tiempo, íbamos...al lago y siempre *(always)*...

pillaba insectos y ranas *(frogs)*.

me trepaba a los árboles.

me bañaba en el lago.

me caía al agua.

nos perdíamos *(we got lost)*.

Cuando llovía, me quedaba en casa y...miraba los dibujos animados.

Mis padres se enojaban, cuando yo...

tiraba piedras a las ventanas de los vecinos (*neighbors*).　　**rompía algo.**　　**saltaba en las camas.**

Siempre me quejaba cuando...

| **tenía hambre.** | **tenía sed.** | **tenía frío.** | **tenía calor.** |

tenía sueño.　　　　**tenía miedo** (*I was afraid*).　　**tenía ganas de salir** (*I wanted to go out*).

Para entretenerme *(to entertain myself)*, **coleccionaba...**

conchas de mar.

modelos.

cajitas.

estampillas.

monedas.

piedras y minerales.

tarjetas de jugadores de béisbol.

historietas.

A. Ansias. Di cuándo te sentías así cuando eras chico(a) y qué hacías de inmediato.

◼ **Por ejemplo:** Tenías sed.

Siempre tenía mucha sed después de andar en bici. Entonces tomaba mucha agua.

1. Tenías hambre.
2. Tenías frío.
3. Tenías calor.

4. Tenías miedo.
5. Tenías sueño.
6. Tenías ganas de salir.

B. ¡Qué bien lo pasaba! Piensa cuando eras chico(a). Di qué actividades asocias con las expresiones que siguen.

◼ **Por ejemplo:** a solas *(alone)*

Miraba plantas / insectos / flores con el microscopio.

1. con amigos
2. en el bosque *(forest)*
3. cosas de chicos
4. cosas divertidas
5. en el lago

6. en la playa
7. cosas de chicas
8. cosas aburridas
9. adentro *(inside)*
10. en el sótano

11. en el jardín
12. afuera *(outside)*
13. a solas
14. en casa
15. en el otoño / invierno

C. ¿Cómo se divertían? Di qué les gustaba hacer a ti y a tus amigos cuando eran chicos en las siguientes oportunidades.

◼ **Por ejemplo:** cuando nevaba

A mis amigos y a mí nos gustaba tirarnos en el trineo colina abajo.

1. cuando llovía mucho
2. cuando hacía sol
3. para Navidad
4. para el Año Nuevo
5. cuando nevaba
6. cuando íbamos a clase de...
7. en otoño
8. en las vacaciones de verano
9. los fines de semana
10. los domingos
11. cuando cerraban *(they closed)* la escuela
12. cuando no teníamos dinero

Ch. Así era yo. Elige las palabras que te describen mejor de chico(a) y explica por qué.

■ **Por ejemplo:** *Era aventurera, irresponsable y habladora. También era buena amiga. Creo que era aventurera porque me gustaba treparme a...y explorar el...y no me gustaba quedarme en... .*

Era... tímido(a) / aventurero(a) / activo(a) / sociable / responsable / irresponsable / precoz / hablador(a) / amable / sensible / loco(a) / tranquilo(a) / deportista / artista / coleccionista / solitario(a) / cómico(a) / malo(a) / bueno(a) / descuidado(a) *(careless)* **/ desordenado(a) / un desastre / un espanto** *(a fright)* **/ un amor.**

D. Coleccionista. Nombra tres cosas que te gustaba coleccionar cuando chico(a).

■ **Por ejemplo:** *Al principio (At the beginning) coleccionaba... . Después, me gustaba(n)... . También coleccioné...por un tiempo. ¡Era muy entretenido!*

E. ¡No quiero y no quiero! ¿Qué cosas te hacían protestar cuando eras chico(a)?

■ **Por ejemplo:** *Siempre me quejaba cuando tenía que acostarme (despertarme) temprano. También me quejaba cuando tenía...o cuando tenía que...porque no me gustaba... .*

F. Para enojar a papá y mamá. ¿Por qué se enojaban tus padres?

■ **Por ejemplo:** *Mis padres se enojaban cuando me quejaba de los quehaceres de la casa y cuando no quería ordenar la sala grande.*

G. En resumen. Completa la siguiente composición sobre tu niñez y adolescencia. Agrega también otras frases para completar tu descripción.

Vivía en... . Allí había...y también había... . Éramos...hermanos(as). (Era hijo/a único/a.)
Yo era...y mi(s)...era(n)... . A los... años ya sabía... .
Los veranos (inviernos) eran... . Lo mejor era... .
Me encantaba...y... . Pero me desagradaba *(I didn't like)*...y... .
Podíamos...pero teníamos que... .
Todo el tiempo, íbamos a...donde mis... . Siempre visitábamos a... .
Me divertía mucho cuando venía(n)... .
Siempre estaba triste cuando estaba en... . Pero estaba contento(a) cuando podía... .

Visión

Un día en el Parque de Chapultepec de la Ciudad de México, D.F., ¿qué hacía esta familia para pasarlo bien?

||⊕ Con teleobjetivo

Para hablar: To talk about the past

Uses of the imperfect and the preterit

In the previous chapter you practiced using verbs in the imperfect tense to describe conditions or states (**poder, tener, ser, estar, saber, querer**) in the past. In this chapter you have practiced using the imperfect for another purpose: to describe what you *habitually, routinely,* or *frequently did (or did not do)* in the past.

Replace the **-ar** with	
-aba	**-ábamos**
-abas	*-abais*
-aba	**-aban**

Replace the **-er** or **-ir** with	
-ía	**-íamos**
-ías	*-íais*
-ía	**-ían**

1. Remember that to express an action in the imperfect past, you need to replace the infinitive ending as indicated in the chart.
2. Use the imperfect verb forms:
   - to describe the *background* or *scene* of an *event* (what was going on at the time)
     Era un día oscuro. **Iba** a llover.
     *It **was** a dark day. It **was** going to rain.*
   - to give the *time*
     Eran las cinco de la tarde.
     *It **was** five in the afternoon.*
   - to describe *routine actions* in the past (what you used to do)
     Siempre **íbamos** a la tienda a esa hora.
     *We always **went** to the store at that time.*

3. Use the preterit:
- to relate what happened at *specific points in time*

  Ese día **fuimos** a la tienda a las cinco.

  *That day **we went** to the store at five.*

- to talk about *occasions* or *events* that were *not* general occurrences (i.e., what you did on a particular occasion that makes it worth relating to others)

Notice the use of both imperfect and preterit tenses in the following narration.

Todos los veranos, mi familia y yo **viajábamos** donde mis abuelos.

Siempre **íbamos** en coche y recuerdo que mis hermanas y yo **nos peleábamos mucho.**

Pero un año, mis padres nos **llevaron** al Mundo de Disney. ¡Qué entretenido **fue**! Allí **montamos** en la montaña rusa y **comimos** muchos dulces y **pasamos** tres noches en un hotel de lujo. **Nos gustó** muchísimo. Allí **no peleé** con mis hermanas, por supuesto.

Every summer, my family and I used to travel (traveled) to my grandparents' house.

We always went by car and I remember that my sisters and I used to fight a lot.

But one year my parents took us to Disney World. It was so much fun! There we rode the rollercoaster and ate lots of sweets and spent three nights in a luxury hotel. We liked it a lot. I didn't fight with my sisters there, of course.

4. Some verbs, like **querer** and **tener,** typically express *states*, rather than *actions*. Other verbs that express states or conditions are: **poder, saber, conocer, ser, estar,** and **haber (hay).** They may be used in either preterit or imperfect tenses with some differences in meaning.
- Their use in the *preterit* will give focus to the *moment* or *point* in time. The preterit tense will often indicate the point that a state ended or began. As you learned in Chapter 7, some of these verbs (**poder, saber,** and **conocer**) have a slightly different meaning when used in the preterit.
- Their use in the *imperfect* will focus on the *background* or *period* of time or to the *recurrence* of the *action* or *event*.

  Era muy feliz en ese pueblo, pero entonces **fue** que mis padres **decidieron** mudarse a una ciudad más grande y todo **cambió** muchísimo.

  I was very happy in that town, but then it happened that my parents decided to move to a bigger city and everything changed a lot.

5. Ser, estar, and **gustar** are three verbs that refer to states or conditions rather than actions. Notice how their uses vary in the imperfect and the preterite.

Use of verb in imperfect	Use of verb in preterit
gustar to express what you used to like	to express a reaction to something that occurred
Me gustaba ir a fiestas. *(I liked [used to like] going to parties.)*	**Me gustó la fiesta de Enrique.** *(I liked Enrique's party.)*
ser to say what something was generally like	to express a reaction to something that occurred
Mis fiestas siempre eran muy buenas. *(My parties were always very good.)*	**¡Esa fiesta fue fenomenal!** *(That party was fantastic!)*
estar to say where something or someone was when an event or action occurred	to express where something or someone was during a specific time period
Estaba en la fiesta cuando llamaste. *(I was at the party when you called.)*	**Estuve allí más de cuatro horas.** *(I was there more than four hours.)*

6. Here are some expressions you can use to describe "routine" (imperfect) and "non-routine" (preterit) events in the past.

Period of time (imperfect)	Point(s) in time (preterit)
Antes,...	Ayer / Ese día (mes / año, etc.)
En aquel tiempo,...	De repente *(Suddenly)*... / Entonces,...
Siempre / generalmente,...	Pero una noche / una vez / un día /
Todo el tiempo *(Always)*,...	un año...
A menudo *(Often)*,...	Hace... años...
Todos los días,...	En 1970 (1976, etc.)...
Por lo general,...	Por unos días (dos horas, una
A veces,...	semana, etc.)...

A. Antes. Di qué hacías antes en las siguientes circunstancias.

▪ **Por ejemplo:** cuando veías películas malas...
Antes, cuando veía películas malas, me dormía.

1. cuando estabas en...
2. cuando veías películas románticas...
3. cuando estudiabas...
4. cuando escuchabas la radio...
5. cuando salías con...
6. cuando vivías con...
7. cuando no trabajabas...
8. cuando te peleabas con...

B. ¡Qué bien lo pasábamos! Di qué hacían tú y tus amigos o hermanos en las siguientes situaciones.

▪ **Por ejemplo:** si no había clase...
Si no había clase todos íbamos al río y nadábamos toda la tarde.

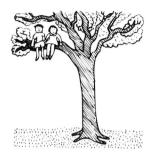

1. si tus padres no estaban en casa
2. si tu mamá los llevaba de compras al centro comercial
3. si tenían que cuidar a un(a) hermano(a) o primo(a) chico(a)
4. si se caían al agua mientras pillaban ranas
5. si venía un circo (circus) a la ciudad
6. si venía de visita una tía muy seria
7. si se trepaban a un árbol y después no podían bajar
8. si llegaba tu mamá y te encontraba saltando en las camas

C. ¿Qué recuerdas? Di (1) qué hacían tú y tus familiares generalmente en las siguientes ocasiones, y (2) qué recuerdas de especial en cada caso.

■ **Por ejemplo:** en las tardes de otoño

A mí me encantaba descansar en el patio. Una vez me dormí y no me desperté hasta la medianoche.
A mi hermanita le encantaba preparar comida para las muñecas. Una vez, todas las muñecas se enfermaron y ella también.

1. en las noches de verano
2. tarde por la noche los sábados
3. cuando se escapaban tú y tus hermanos / amigos de casa
4. cuando te peleabas con tus hermanos / amigos
5. cuando iban a pescar o a explorar
6. si tenías miedo por la noche

Ch. ¿Qué edad tenías? Di cuántos años tenías cuando ocurrieron las siguientes cosas. Si no ocurrieron, di *Nunca ocurrió.*

■ **Por ejemplo:** Tus padres te regalaron un reloj.

Tenía…años cuando me regalaron mi primer reloj.

1. Llegó una carta de Santa Claus.
2. Nació otro(a) hermanito(a).
3. Uds. se mudaron a otra ciudad.
4. Hubo una crisis familiar.
5. Te dieron una bicicleta.
6. Hiciste un viaje largo.

Visión

Unos chicos juegan fútbol en la playa de La Concha en San Sebastián, España. ¿Qué jugabas tú en la playa cuando eras chico(a)?

D. El fin de la inocencia. Completa las siguientes frases con cosas que ocurrieron al fin de tu inocencia.

■ **Por ejemplo: Sabía** que mis padres tiraban bolas de nieve a los vecinos.
   Lo *supe* *cuando mi abuela me dijo que ellos...* .

1. Sabía... . / Lo supe cuando... .
2. No pude... . / Tuve que... .
3. Quise... . / Pero no pude... .
4. Estaba muy chico(a) cuando... . / Estuve feliz de saber que... .
5. Tenía...años cuando... . / Entonces, tuve que... .

E. Una vez... Describe tres ocasiones en que una rutina de familia cambió.

■ **Por ejemplo:** *Por lo general, íbamos de vacaciones a Colorado,*
   pero una vez no fuimos porque mi papá se enfermó.

⊕ Con teleobjetivo

Para hablar: To describe people, how they feel, and where they are

The verbs *ser* and *estar*

Some of the first expressions you learned were:

   ¿Cómo **estás?**
   ¿Dónde **está** mi... ?
   Soy algo...(delgado, bajo, etc). **Soy** deportista y dinámico y quiero **ser** profesor.
   Estoy contento aquí en la facultad de educación. Ahora **estoy** bien, gracias.

As you can see in the examples, some of these ideas are expressed with forms of **ser** and some are expressed with **estar.** The following is a summary of what you have learned about using the verbs **ser** and **estar.**

1. Use **ser** for the following purposes:
   - to describe the identity, nationality, and physical or personality characteristics of people, things, or animals

Mi mascota **era** un periquito azul de Australia.	My pet **was** a blue parakeet from Australia.
Era muy bonito y activo.	It **was** pretty and active.

   - to talk about professions or professional aspirations

Cuando era chica quería **ser** bailarina de ballet. Ahora **soy** estudiante, pero quiero **ser** profesora de educación física.	When I was young I wanted **to be** a ballet dancer. Now I **am** a student but I want **to be** a teacher of physical education.

   - to describe what something is made of

Mi anillo nuevo **es** de plata. Cuando era chica, mi anillo preferido **era** de madera.	My new ring **is** silver. When I was little, my favorite ring **was** wooden.

- to give the time

Mi clase de geografía **es** a las doce.

*My geography class **is** at twelve.*

Eran las seis de la mañana cuando yo nací.

*It **was** six in the morning when I was born.*

2. Use **estar** for the following purposes:
   - to talk or ask about general well-being

     —Hola, ¿qué tal? ¿Cómo **estás?**

     —Bien, gracias, pero ayer **estaba** fatal.

     *—Hi, how's it going? How **are** you?*

     *—Fine, thanks, but yesterday **I was** terrible.*

   - to describe states or conditions

     Antes **estaba** feliz si sacaba Bes en mis cursos. Ahora **estoy** contento si saco una C. Mi carrera **está** más difícil ahora. Tengo demasiado trabajo. Además **estoy** comprometido y eso también me afecta, porque hay muchos planes que hacer.

     *Before I **was** happy if I got B's in my classes. Now I **am** happy if I get a C. My field of study **is** harder now. I have too much work. Besides, I **am** engaged and that also affects me, because there are many plans to make.*

   - to describe weather conditions

     Está muy frío para ir a pescar con mi hermana. Ayer **estaba** mucho más agradable.

     *It **is** very cold to go fishing with my sister. Yesterday **was** much more pleasant.*

   - to describe where something is located

     La residencia Campbell **está** lejos de aquí pero **está** cerca de la biblioteca. El año pasado mi otra residencia **estaba** más cerca de los laboratorios y era más fácil correr a clase.

     *Campbell Residence **is** far from here but it **is** close to the library. Last year my other dorm **was** closer to the labs and it was easier to run to class.*

3. Remember that to express the idea *there is / there are, there was / there were* or *there should be,* you will use forms of **haber**: **hay, había, debe haber**

   Hay tantos estudiantes en esta universidad. Antes, no **había** nadie aquí. **Debe haber** más residencias para todos los alumnos.

   *There **are** so many students in this university. Before **there was** no one here. **There should be** more dorms for all the students.*

A. ¿Qué hora será? Di qué hora es y dónde estás según las actividades indicadas.

▦ **Por ejemplo:** Acabas de hacer gimnasia.

   Es jueves. Son las tres de la tarde y estoy en el centro deportivo.

1. Ya hiciste tu cama.
2. Entraste en la cafetería.
3. Ya terminaste las tareas.
4. Acabas de lavar la ropa.
5. Llegaste a tu primera clase.
6. Acabas de hablar por teléfono a tu casa.

B. Dos lados diferentes. Di cuándo te sientes así.

■ **Por ejemplo:** triste

> ***Siempre*** *estoy triste cuando estoy en...y cuando (no) hay... .*
> ***Nunca*** *estoy triste cuando estoy en...y... .*

**aburrido(a) / contento(a) / cansado(a) / enfermo(a) / dormido(a) /
tranquilo(a) / nervioso(a) / enojado(a) / borracho(a)** *(drunk)* **/ triste**

C. Hace una semana. Di dónde estabas y qué hacías (y por qué) a las
siguientes horas de la semana pasada.

■ **Por ejemplo:** *Eran las once de la mañana.*
> *El lunes, hace una semana, estaba en la biblioteca porque tenía
> que buscar un libro.*

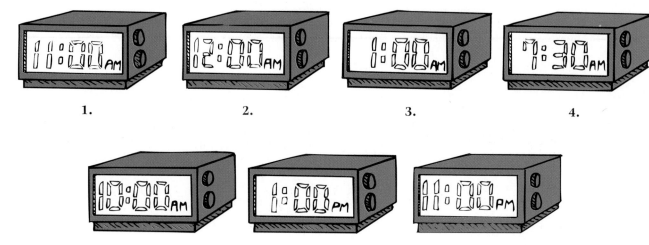

Ch. Desde mi balcón. Describe lo que puedes ver desde tu residencia o sala
de clase. ¿Qué hay y dónde está?

■ **Por ejemplo:** *Hay una biblioteca, pero está lejos de mi residencia.*
> *Hay restaurantes y están muy cerca... .*

D. Mi ciudad. Describe la ciudad donde naciste. Luego explica cómo ha
cambiado.

■ **Por ejemplo:** *Soy de...que es una ciudad... . Está cerca de...y muy lejos de... .*
> *Está en el estado de... . Antes era...y había...pero ya no hay... .*

E. Escena imaginaria. Completa lo siguiente para describir una escena
imaginaria en que estaban tú y tus compañeros.

1. Eran las...de... . Todos estábamos en... .
2. El día estaba... . Hacía... . Había... .
3. Estábamos...porque... .
4. Todos queríamos...pero... .

◈ Con teleobjetivo

Para hablar: To tell a story in the past

More uses of imperfect and preterit

You have used two tenses to talk about the past: the imperfect and the preterit.
Here is a summary of when each one is commonly used.

Use the imperfect to...
- refer to periods or stages globally.
  Cuando era chico(a) siempre tenía una fiesta para mi cumpleaños.
  (When I was young I always had a party on my birthday.)
- describe routines or habits.
  Antes vivía en la universidad.
  (Before I used to live on campus.)
- describe what you were going to do
  Íbamos a ir a la fiesta,

  (We were going to go to the party
- state intentions.

  Iba a llamarte luego,
  (I was going to call you later,
  Quería verte,
  (I wanted to see you,
- describe what was going on (the background)
  Jugábamos en la calle
  (We were playing in the street
- describe certain states or conditions.
  Antes no sabía nada de computadoras.
  (Before I knew nothing about computers.)

- describe weather and scenery.
  Nevaba y hacía frío.
  (It was snowing and it was cold.)
- tell time in the past.
  Eran las diez y empezaba a llover.
  (It was ten and it was beginning to rain.)

Use the preterit to...
- refer to specific points in time.
  En marzo cumplí 21 años y tuvimos una fiesta.
  (In March I turned 21 and we had a party.)

- talk about non-routine events.
  Pero ese semestre viví con amigos.
  → *(But that semester I lived with friends.)*
- and react to events.
  → **pero él no quiso y por eso me peleé con él.**
  → *but he didn't want to [refused to] and that's why I had a fight with him.)*
- state results, consequences, or interruptions.
  → **pero no pude porque llegó una amiga.**
  → *but I couldn't because a friend arrived.)*
  → **por eso te invité la semana pasada.**
  → *that's why I invited you last week.)*
- describe when the action occurred.
  → **cuando llegó el camión.**
  → *when the truck arrived.)*
- indicate the beginning or end of a state.
  Ayer supe que mi computadora no funcionaba.
  (Yesterday I found out my computer wasn't working.)

- mention weather as an event.
  Llovió toda la noche y no dormí.
  (It rained all night and I didn't sleep.)
- mention time as part of an action.
  El reloj dio las diez cuando empezó la lluvia.
  (The clock struck ten when the rain began.)

1. Often when we relate an episode in the past, we will want to provide both the scene or what was happening (background) and the action (what happened). For example, in Activity **E** of the previous section, **Escena imaginaria**, you created an imaginary scene in which certain things were happening. To set the scene in the past, to provide the background to a story, or to describe what was happening when the story or action took place, use the *imperfect* tense.

Eran las cuatro de la tarde y **jugábamos** con mis primos en la calle. **Nos trepábamos** a los árboles y **jugábamos** fútbol. **Era** a fines de noviembre y **hacía** bastante frío.

*It was four in the afternoon and **we were** playing outside in the street with my cousins. We **were climbing** trees and **playing** soccer. It **was** at the end of November and **it was** quite cold.*

2. But a story is not a story without action. To tell what happened or tell what events took place in that scene or against that background, you will use the preterit tense.

De repente, un camión de mudanzas **apareció** en la calle. Yo **salté** y **corrí**, pero mi primo **se cayó** en el hielo y el camión **paró**. Un señor y una niñita muy bonita **se bajaron** para ayudar a mi primo. Así **fue** cómo mi primo **terminó** en el hospital y también así **fue** cómo yo **conocí** a mi futura esposa.

*Suddenly, a moving van **appeared** in the street. I **jumped** and **ran**, but my cousin **fell** on the ice and the truck **stopped**. A man and a very pretty little girl **got out** to help my cousin. That **was** how my cousin **ended up** in the hospital and that **was** also how I **met** my future wife.*

3. Here are some expressions that you may use to show this background/action contrast when narrating.

Background		The exception to the routine
antes...		una vez *(once)*...
siempre...	**pero**	esa vez *(that time)*...
todos los días...		un día / ayer / ayer por la tarde...
años...		un año...
todas las noches...		anoche / una noche...
todos los fines de semana...		el fin de semana pasado...
Cuando tenía...años...		hace dos (tres, etc.) semanas...

The action that disrupted the scene

Entonces,...	En seguida,...	De pronto,...
De repente,...	De inmediato,...	Por último,...
En ese momento,...		

A. No pasó nada. Di qué hacías en estas ocasiones cuando eras chico(a).

■ **Por ejemplo:** Cuando iba a Minnesota...
andaba en trineo.

1. Cuando iba a casa de mis abuelos...
2. Cuando me quedaba en casa...
3. Cuando estaba enfermo(a)...
4. Cuando venían mis primos (amigos, etc.) de visita...
5. Cuando llegaban las vacaciones de Navidad...

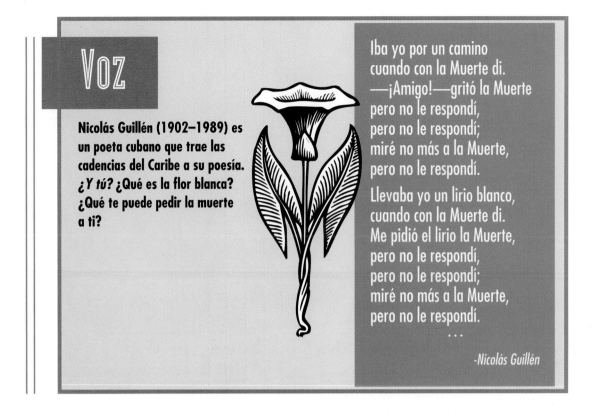

VOZ

Nicolás Guillén (1902–1989) es un poeta cubano que trae las cadencias del Caribe a su poesía. ¿Y tú? ¿Qué es la flor blanca? ¿Qué te puede pedir la muerte a ti?

Iba yo por un camino
cuando con la Muerte di.
—¡Amigo!—gritó la Muerte
pero no le respondí,
pero no le respondí;
miré no más a la Muerte,
pero no le respondí.

Llevaba yo un lirio blanco,
cuando con la Muerte di.
Me pidió el lirio la Muerte,
pero no le respondí,
pero no le respondí;
miré no más a la Muerte,
pero no le respondí.
...

-Nicolás Guillén

B. ¿Qué pasaba? Di qué pasaba cuando tú y otras personas hacían lo siguiente cuando tú eras chico(a).

■ **Por ejemplo:** Cuando me caía al agua en el bosque...
mis hermanos se reían como locos.

1. Cuando empezaba una tormenta (mucha lluvia)...
2. Cuando teníamos que limpiar la casa...
3. Cuando era chico(a) y nos perdíamos en el bosque...
4. Cuando íbamos de expedición a...
5. Cuando le tirábamos bolas de nieve a la gente en...
6. Cuando patinábamos en...

C. Bocetos (*Sketches*). Completa cada una de las pequeñas escenas que siguen con al menos una acción o un evento, según el ejemplo. Usa el pretérito.

■ **Por ejemplo:** Yo tenía diez años cuando... .
murió mi abuelito y tuvimos que ir a Chicago.

1. Mi dormitorio estaba en desorden; por eso,... .
2. Un día estábamos en la playa y había muchas nubes cuando... .
3. Era medianoche. Estábamos en un barrio peligroso. De pronto,... .
4. Mi mamá era bastante joven; tenía...años cuando... .
5. Acampábamos en el bosque. Hacía frío y teníamos sueño. Entonces,... .
6. Ese día había tres exámenes y por eso yo... .
7. Mi mejor amigo(a) estaba enfermo(a) cuando... .

Ch. ¿Qué pasó? Di qué pasó en cada caso que hizo cambiar lo típico o lo general.

■ **Por ejemplo:** comer...
> *Antes me gustaba comer comida de la India, pero no me gustó la comida de anoche.*

1. dormir...
2. pelearse
3. perderse
4. tener miedo
5. estudiar hasta las...
6. coleccionar...
7. caminar por el bosque
8. tirarse en trineo

¡feli·See·dades! See's CANDIES

■ ¿Cómo te sentiste cuando recibiste unos chocolates como éstos?

D. ¿Cómo te sentías? Di cómo te sentías cuando ocurrió lo siguiente.

■ **Por ejemplo:** Cuando recibiste un regalo estupendo...
> *Estaba tan feliz cuando me dieron una computadora porque yo siempre esperaba un gran regalo para la Navidad.*

Siempre estaba (tan) entusiasmado(a) / dormido(a) / aburrido(a) / furioso(a) / disgustado(a) / contento(a) / sorprendido(a), etc. ...

1. Cuando limpiaste tu habitación y alguien la desordenó...
2. Cuando pediste permiso para salir y tus padres te dijeron que no...
3. Cuando compraste algo con tu dinero por primera vez...
4. Cuando no pudiste dormir bien antes de una prueba...
5. Cuando llegaron tus amigos / primos de visita por unos días...

E. Nada resultó. Di qué cosas no salieron como pensabas y por qué. Agrega tus propias ideas en 6—8.

■ **Por ejemplo:** Este año iba a pintar mi dormitorio pero...
> *decidí mudarme a otro apartamento mejor.*

1. Iba a coleccionar..., pero... .
2. Iba a visitar a..., pero... .
3. Pensábamos ir a explorar..., pero... .
4. Iba a leer..., pero... .
5. Íbamos a hacer la tarea..., pero... .
6. Iba a... .
7. Quería... .
8. Pensaba... .

F. ¿Cómo terminó? Di cómo terminaron estas situaciones. ¡Usa la imaginación!

■ **Por ejemplo:** *Eran las once de la noche y lavaba la ropa... . De repente, llegó mi amiga...y decidimos salir para comer algo... .*

1. Hablaba por teléfono con... , eran las...de la tarde... .
2. Hacía mucho calor y tenía mucha sed... .
3. Hacía frío y fui a cerrar la ventana... .
4. Era tarde y tenía hambre... .
5. Una vez tenía tanto calor que... .
6. Cuando tenía quince años y vivía en...conocí a... .
7. Esa tarde venía de...cuando vi a...por primera vez... .

G. ¿Qué pasaba cuando esto ocurrió? Usa tu imaginación y tus recuerdos para describir la escena donde ocurrió lo siguiente.

▧ **Por ejemplo:** Me tiré en el trineo y me caí.
> *Hacía sol y ya no nevaba; yo tenía ocho años y ese día me*
> *dieron un trineo nuevo. Era Navidad.*

1. ...Jugué al escondite y me metí en *(I hid myself in)*... .
2. ...Le tiré una bola de nieve a...y corrí.
3. ...Jugué a... y rompí... .
4. ...Limpié y sacudí mi dormitorio. Después lavé la ropa.
5. ...Monté en bicicleta y miré la naturaleza.
6. ...Me perdí en el campo, el bosque o la ciudad.

H. Nunca lo hice. Di dos cosas que pensabas hacer la semana pasada que nunca hiciste y explica por qué no las hiciste.

▧ **Por ejemplo:** *Iba a estudiar para mi examen de geometría, pero vinieron unos*
> *amigos y ellos me llevaron a una discoteca.*

I. La mejor narración. Con tu compañero(a), escribe una narración original e interesante. Incluyan al menos los siguientes detalles.

1. la hora que era
2. el lugar
3. lo que había allí
4. quiénes estaban allí
5. el tiempo (clima) y cosas así
6. lo que pasó y las consecuencias

Visión

En el Parque Güell de Barcelona vemos un mundo de fantasía creado por el famoso arquitecto Antoni Gaudí. ¿Cómo era tu mundo de fantasía cuando eras niño(a)?

En voz alta

A. Escucha otra vez la conversación entre los jóvenes e indica qué juegos se describen.

jugar al papá y la mamá
jugar al escondite
jugar a la escuela
treparse a los árboles
jugar a la pelota
jugar al almacén

tirar piedras
tirarse en trineo
jugar a las muñecas
jugar a la guerra
jugar al científico loco
coleccionar cosas

B. En una hoja de papel, haz columnas con los nombres de los juegos que se describen. En seguida, escucha la conversación otra vez y, bajo el nombre de cada juego, haz una lista de las actividades *específicas* que se mencionan.

¿Qué cosas puedes hacer en este lugar?
¿Te gustaría pasar un día allí?

▐▮ Otro vistazo

Piensa...

A. Imagínate que otra persona visita tu habitación (casa, edificio, etc.). Indica qué cosa es lo más interesante de ver. Agrega otras cosas o lugares a la lista si es necesario.

el interior	abajo *(below)*	la sala de estar	el jardín
el exterior	los adornos	el recibo	la terraza
arriba *(above)*	las plantas	la puerta de hierro	los ascensores

B. Haz una lista de distintas partes de tu ciudad que no conoces bien y que te gustaría *(would like)* visitar.

la plaza...	el paseo...	los cines...
el parque...	el zoológico...	la biblioteca...
el edificio...	el teatro...	el centro comercial...

Mira...

C. Mira el cuento que aparece en la página 268 y marca los lugares o personas que visitó el turista.

una tienda / una casa / una puerta famosa / un duque / una turista / una plaza / un ascensor / una habitación / una tarde / un espejo

Lee...

Ch. Lee el cuento y ubica y cita la línea (o las palabras) que te den la siguiente información.

1. Nadie sabía exactamente lo que hacía esta agencia de turismo.
2. Ya sabía mucho de las otras agencias.
3. Me decidí a poner mi nombre en la lista de clientes.
4. Un día vinieron a mi casa unos representantes de la agencia.
5. Me llevaron a unos lugares ya conocidos.
6. Vi las cosas como por primera vez.
7. Por la tarde, me acompañaron a casa.
8. Me mostraron mis muebles y los objetos de mi vida diaria.
9. Me presentaron a mí mismo.
10. Fue el viaje más extraordinario de mi vida.

D. Ahora completa lo siguiente.

1. La agencia de turismo se especializa en... .
2. El autor se inscribió en la agencia porque... .
3. Los guías de turismo llegaron... .
4. El autor ya conocía... .
5. En su casa vio con ojos diferentes su... .
6. El dinero estaba bien gastado *(spent)* porque... .
7. En este tipo de turismo los guías realmente son... .

Turismo interior

por Pere Gimferrer

Algo tendría aquella nueva modalidad de organización turística — una de cuyas características mayores era el secreto que envolvía sus actividades — cuando había conquistado a tantos de los que me rodeaban°. Opté por añadir mi nombre a la relación de inscritos°. Inesperadamente, la tarde del siguiente día festivo irrumpieron en° mi casa dos enviados° de la organización. Muy amablemente me llevaron hasta la Plaza del Duque.

—Mira—me dijeron—. Ésta es la Plaza del Duque.

Paseé la mirada alrededor.

—Cierto. La Plaza del Duque.

Doblamos la esquina. Nos detuvimos ante el segundo portal, con su verja° de hierro labrado.

La examiné unos instantes y asentí°. Acariciando la verja con las manos, musité°:

—Calle Gonzaga, 23. Histórica verja.

Caía la tarde. Los castaños° estaban muy melancólicos.

—Cae la tarde—me dijeron—. Es hora de volver a casa. Y luego:

—Mira. Ésta es tu casa.

—Notable, notable.

Ascensor arriba. Y entonces:

—La butaca° donde te sientas cada tarde.

—El periódico que lees.

—¡Pero qué cuarto, vaya!

—Tu mesita de noche.

—Tu espejo°.

—Tú.

«Polimitas cubanas», 1985, Daniel Serra-Badué, collection Albert and Neda Young, courtesy of the artist

Se despidieron. Pocas veces di el dinero por tan bien empleado°. Aún ahora muchas noches sueño con aquel viaje.

Tomado de *Manifiesto español*, Pere Gimferrer

*me rodeaba...yo conocía, relación de inscritos...lista de inscripciones (miembros), irrumpieron en... entraron de repente, enviados...empleados, verja...gate, asentí...dije que sí, musité...dije en voz baja, castaños...*chestnut trees, *butaca...silla, espejo...*mirror, *di el dinero por tan bien empleado...pensé que lo gasté muy bien*

Aplica...

E. Imagínate que eres guía de turismo en tu propia casa o habitación. Descríbele el lugar a un(a) turista. Trata de presentarlo desde una nueva perspectiva.

■ **Por ejemplo:** *Aquí tiene el edificio Harrington. Va a ver que las habitaciones son muy... . Las camas están hechas* (made) *para soñar con... . ¿Ve Ud. los estantes y lo que contienen... ? No es necesario ir a la terraza porque... . Ahora vamos a subir... .*

F. Haz un viaje a tu interior. Descríbele lo que piensas y sientes a un(a) turista que quiere ver tu «casa interna».

■ **Por ejemplo:** Aquí en el interior puedes ver... .
Por un lado (side), *están las cosas buenas como... .*
Por otro lado, tenemos problemas como... .
Antes había..., pero ahora... .

G. Escribe una tarjeta para contarle a un(a) amigo(a) lo que viste en tu increíble viaje de turismo.

■ **Por ejemplo:** *No tienes idea de dónde te escribo. Estoy en... . Vine a visitar mi...para... .*

H. Escribe un anuncio para hacerle publicidad a tu propia *(your own)* agencia de turismo interior. Trata de interesar a los turistas para que te contraten *(hire you)*.

■ **Por ejemplo:** *¿Quiere ver lo que nunca vio? La Agencia...lo (la) lleva a conocer... . Es un viaje fascinante por... . Ud. también puede ver y sentir... . Para mudarse de un mundo concreto a uno de fantasía, llame al... .*

□ Video: Prog. 8, **Juegos y diversiones**—traditional games

VOZ

**¿Y tú? ¿A quién le dirías esta rima?
¿Qué te alegraba el corazón cuando eras niño(a)?**

Cuando paso por tu casa
y te veo en la ventana
se me alegra el corazón
para toda la semana.

-Rima tradicional

▌▊ Mi diccionario

▶ **Para hablar**

Cuando era chico(a) tenía...
un(a) cachorro(a).
un(a) gatito(a).
una lupa.
un microscopio.
un pájaro.
una tortuga.

▶ **Para hablar**

Las actividades de los niños

bañarse en el lago
caerse al agua
coleccionar cajitas
      conchas de mar
      estampillas
      historietas
      modelos
      monedas
      piedras y minerales
      tarjetas de jugadores de béisbol
elevar cometas
jugar (ue) a la pelota
      a las muñecas
      al escondite

jugar al papá y la mamá
mirar los dibujos animados
perderse (ie)
pillar insectos y ranas
romper algo
saltar en las camas
tirar piedras a las ventanas de los vecinos
tirarle bolas de nieve a la gente
tirarse en el trineo colina abajo
treparse a los árboles

▶ **Para hablar**

Expresiones con tener

tener calor
tener frío
tener ganas de…
tener hambre
tener miedo
tener sed
tener sueño

▶ **Para hablar**

Otras palabras y expresiones

enojarse
entretenerse (ie)
los vecinos

▶ **Para reconocer**

el amplificador de guitarra
la batería
la cajita de fósforos
el casco para moto
los lentes de sol y nieve
la mascota / el animal
  doméstico
el órgano
la raqueta
las zapatillas
Era descuidado(a).
    un amor.
    un desastre.
    un espanto.

▶ **Para reconocer**

abajo
adentro
afuera
arriba
el bosque
cerrar (ie)
el estado

la marca
la talla
por el otro lado
por un lado

◼ En cámara lenta

Esta sección te ayuda a repasar lo que aprendiste y cómo lo aprendiste en los **Capítulos 7 y 8**.

¿Qué aprendimos?

En el **Cuarto Tema** aprendiste lo siguiente.

✓ hablar de cuando era niño(a)   *era, estaba, había, tenía (que), sabía, quería, tenía, podía...*

✓ hablar de mis intenciones en el pasado   *iba a + infinitivo*

✓ hablar de precios con números grandes   *doscientos(as), quinientos(as), etc., millones + de + tipo de moneda*

✓ usar los números ordinales para referirme a los pisos y las plantas de edificios   *primer, segundo, tercer...piso*

✓ referirme a personas o cosas ya mencionadas   *pronombres de complemento directo: lo, la, los, las*

✓ describir mi rutina diaria y mis actividades de antes   *el imperfecto*

✓ contar una historia con descripción del ambiente y con información sobre qué ocurrió...   *el imperfecto   el pretérito*

✓ describir gente, cómo se sentían y dónde estaban y cómo eran   *estaba, era, etc.*

Here are some other things you practiced doing in this unit, which will be part of your language use from now on.

You learned to...	by using...
contrast background and action in relating a past event:	**Dormía cuando él llegó. Estaba en... . Había... . De repente, escuché... .**
introduce time frames:	**antes, en aquel tiempo,** etc.
mark the shift from past description to say what you still do:	**todavía**
and what you no longer do:	**ya no**
use ordinal numbers and recognize their abbreviations:	**primero, segundo,** etc. **1º, 2do, 3er,** etc.,...
describe what there was or were in the past:	**Había... .**
describe houses and objects in terms of color:	**¿De qué color es(era)?**
size:	**pequeño(a), grande,** etc.
material:	**¿De qué es?**
age:	**moderno(a), antiguo(a)**
describe states and conditions:	**tener hambre, sueño,** etc.

Estrategia

Remembering *how* you learned is just as important as remembering *what* you learned. This section of your textbook summarizes some of the strategies you used in practicing the language in this unit.

A. You used strategies for speaking and writing Spanish.

1. **Combining.** For example, you combined your use of the imperfect tense with your use of the preterit tense to contrast routine actions and special events.

    Por lo general,...pero una vez... .

    Use the model above to tell about one of the following:
    mis vacaciones / mi casa / mis amigos(as) cuando eran chicos(as)

2. **Cooperating.** You worked with others to practice using the language and to collect information. What can you remember about your classmates in terms of their childhood?

    A...le gustaba mucho... . Era muy...y también... .

    How does their childhood compare to your own?

    A mí me gustaba...pero a él (ella)... .
    A los (las) dos, nos gustaba... .

3. **Organizing thoughts.** You used a number of words to provide time frameworks to your narration: **siempre, antes, de repente,** etc. Use verbs to complete the following statements, that contain these words.

    ...cuando, de repente,.... Recuerdo mis años en la escuela secundaria. En aquel tiempo,.... Cuando tenía 13 años, siempre...pero una vez.... Cuando era chico(a), me gustaba..., pero ya no...porque.... Antes...y todavía... .

B. You used some strategies for learning new words.

1. **Categorizing.** Categorizing and re-categorizing words often helps us remember them. For each of the following lists, name a category to which all pertain.

    puertas, ventanas, puerta-ventana, verjas
    lavadora de platos, mesa y sillas, refrigerador
    sofá, sillones, cama, alfombra
    bicicleta de ejercicios, secadora, lavadora de ropa, sala de juegos
    insectos, lagartijas, ranas, culebras
    cachorritos, gatitos, perros, tortugas
    autitos, modelos, estampillas, tarjetas postales

2. **Associating.** For each of the following days described, list activities that you can associate with what you and your family used to do on those occasions.

    un día de nieve / un día de lluvia / un día de verano / un día de vacaciones / un día en que tus papás no estaban en casa

3. **Personalizing.** You applied what you had learned to describe your life. Tell as many events as you can that happened to you last week.

    El lunes estaba en la biblioteca cuando empezó a llover.

C. You used some strategies to recognize and understand words and structures you had not learned yet. You taught yourself by...

1. **Anticipating.** You used background knowledge and experience to anticipate. Between what people and where would the following conversations be likely to take place?

    a. —Y este condominio, ¿tiene una sala de estar separada para los niños o no?

      —Sí, hay algunos que lo tienen, pero son dos millones más, porque también tienen piscina y dependencias para la sirvienta.

    b. —Los niños todavía no saben abrir la ventana, Anita. Creo que tenemos que poner una cuerda aquí.

      —Ah, ¡qué buena idea! Así pueden tirar *(to pull)* la cuerda y abrir la ventana.

    c. —Quiero permutar esta batería por un ecualizador importado.

      —Sí, está bien, pero los ecualizadores son mucho más caros.

      —Ah, entonces, te puedo dar mi xilofón eléctrico también.

2. **Relying on context clues.** In the previous exchanges, what do the following words probably mean?

    sirvienta   cuerda   xilofón eléctrico

3. **Identifying words that look like English words you know.**

coleccionar	ecualizador	condominio
apartamento	temporal	la ruta
la movilización	la coordinadora	distrito

    List five other words in this unit that look like English words you know.

4. **Identifying words that look like Spanish words you know.** See if you can guess at the meaning of some of the following words, using the familiar Spanish words listed to the left.

vive	malvive
casa	casona, casita
guerra	guerrero(a)
escondite	esconder
alfombra	alfombrado
pintar	pintor (pintora), pintura

    What do the following abbreviations stand for?

dorm.	PB
cal. central	S1
m2	depend.
estac.	

¿Cuántas palabras nuevas puedes adivinar en este anuncio?

Para escribir con soltura:

Personajes célebres del pasado

This section will guide you to write more accurately about the past and to edit your narration for correct verb endings and tenses.

A. Identifying and listing. Can you identify the following characters from your high school?

En el colegio,
    ¿quién era...?

- el (la) loco(a)
- el supermán (la mujer biónica)
- el don Juan (la coqueta)
- el regalón (la regalona)
  (teacher's pet) del profesor
- el (la) que copiaba en las pruebas
- el (la) que llevaba y traía *(gossiper)*
- el (la) que acusaba *(tattletale)*

Entre los profesores,
    ¿quién era..?

- el (la) nervioso(a)
- el (la) cómico(a)
- el ratón *(mouse)* de biblioteca
- el (la) tirano(a)
- el matón *(bully)*
- el (la) despistado(a) *(absent-minded)*
- el (la) cascarrabias *(bad-tempered)*
- el (la) hazmerreír *(laughingstock)*
- el (la) aguafiestas *(party-pooper)*

Choose three of these characters and answer the following questions about each person.

Por ejemplo: Amy, la regalona de la profe

¿Cómo era?
superbuena

¿Qué le interesaba?
sacar buenas notas

¿Qué hacía siempre?
Ordenaba la sala.

¿Cómo se llevaba con...?
Nunca se peleaba con... .

B. Describing. Paint a picture of your high-school years, using these people as your primary characters. Make comparisons (see pages 194–196 for guidelines) and provide detail about their typical behavior and routines, as well as the reactions of other classmates and teachers.

- *Set the scene for the past:* **Cuando estaba en el colegio...y tenía...años, había mucha gente... . Recuerdo a la que copiaba y a... .**
- *Describe and contrast routine events and behaviors:* **Cuando teníamos prueba, la que copiaba, siempre traía una chuleta *(cheatsheet)* y... . En aquel tiempo, no había... .**

- *Against this scene, relate one memorable incident:* **Una vez, cuando estábamos en prueba de..., doña Cascarrabias miró a...y le dijo que tenía que... .**

C. Editing. After writing comes the editing phase. Circle *all* the verbs you find. Check each verb to make sure that the ending corresponds to the person (subject) referred to. Then, check each verb to ensure you have decided correctly between the past tenses.

Use imperfect forms if you are describing the characters' *routine* behaviors and actions in the past, *or,* if you are setting the scene for an incident.

Use preterit forms if you are relating a series of steps or a chain of actions that composed a particular incident.

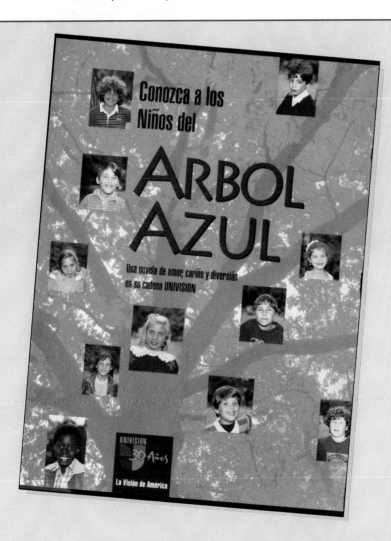

¿Cómo es esta «familia» del programa «El Árbol Azul»? Escribe un retrato de tu familia de hace diez años.

«Nature Morte Vivante», 1956, Salvador Dalí
oil on canvas, 49" x 63" Salvador Dalí Museum, St. Petersburg, Florida
©1992 ARS, N.Y./Demart Pro Arte

5

¡A comer, se ha dicho!

EN ESTE CUADRO, EL FAMOSO PINTOR español Salvador Dalí ha puesto en movimiento algunos alimentos y cubiertos. ¿Es ésta una escena típica en tu casa?

Ya hemos hablado de la familia y la casa, pero nos faltaba lo principal: ¡la comida! Alguien ha dicho que todo empieza en la cocina, así es que en esta unidad vas a aprender a hablar sobre tan exquisito tema.

■ NOVENO CAPÍTULO

Barriga llena, corazón contento

Para la familia Pinzón, la comida es muy importante, ¿verdad? En este capítulo, vas a aprender mucho sobre distintos alimentos y algunos platillos típicos. Mira el título: ¿se refiere a ti esta frase?

■ «La familia Pinzón», 1965, Fernando Botero, oil on canvas, 68" x 68" courtesy of the Museum of Art, Rhode Island School of Design, Nancy Sayles Day Collection of Modern Latin American Art

Quiero aprender a...

- distinguir por qué y para qué — *por y para*
- describir la comida y su preparación — *está + crudo, cocido, quemado, asado, frito, etc.*
- dar las gracias y expresar pesar — *Gracias por haber..., Siento (no) haber + participio pasado*
- hablar del pasado y hacer un resumen — *el presente perfecto: he, has, etc., + participio pasado*

👁 A simple vista

Ya puedes leer y comprender bastante español. Para recordar lo que ya sabes, completa las siguientes actividades.

A. Tipos de comida. En general, las cartas (los menús) de los restaurantes se dividen en secciones. Piensa cuáles son las secciones principales. Antes de mirar la carta en la página 281, marca en la lista que sigue las secciones que esperas ver.

tortillas	platos del día *(specials)*
ensaladas	sopas
fruta	café y té
postres (comida dulce)	vino
verduras (vegetales)	refrescos

B. Más información, por favor. Ahora, mira el menú y busca la siguiente información. Indica las palabras o expresiones que te dieron la información.

1. ¿Dónde está este restaurante?
2. ¿Qué se sirve por la noche?
3. ¿Qué días está abierto *(open)*?
4. ¿Qué se sirve por la tarde?
5. ¿Está abierto por la mañana?

C. ¿Cómo se dice en español? Con otra persona, miren la carta y encuentren el nombre en español para todas las partes que puedan.

appetizers
soups
eggs
vegetables
meats
fish and seafood
desserts
salads

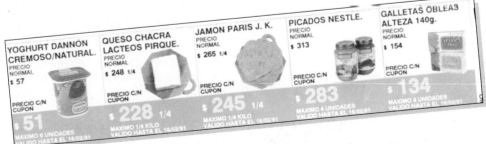

¿A ti te gustan estos alimentos?

Ch. Secciones. Con otra persona, digan en qué partes de la carta sería *(it would be)* posible encontrar lo siguiente.

1. un bistec
2. la gelatina
3. el brócoli
4. una pera
5. los espárragos
6. una ensalada mixta
7. helado de chocolate
8. las sardinas
9. las patatas (papas)
10. los huevos fritos
11. la coliflor
12. el jugo de naranja
13. la sopa de tomate
14. el maíz
15. la sopa de pollo

Para ti, ¿en qué consiste un desayuno equilibrado y nutritivo?

CARTA

Servicio e IVA[1], 6% incluido

ANTIGVA CASA SOBRINO DE BOTÍN (1725)

TELÉFONO 2664217
28005 MADRID–
CUCHILLEROS, 17

Entremeses y jugos de fruta

Pomelo 1/2	275
Jugos de tomate o naranja	200
Melón con jamón	1.400
Aceitunas	150
Salmón ahumado	1.395
Ensalada de lechuga y tomate	310

Sopas

Sopa de pescados y mariscos	950
Caldo de ave	310
Sopa de ajo	450

Huevos

Huevos revueltos con champiñón	410
Tortilla con jamón	410

Legumbres

Guisantes con jamón	530
Alcachofas salteadas con jamón	530
Judías verdes con tomate y jamón	530
Patatas fritas	190
Patatas asadas	190

Pescados y mariscos

Trucha a la Navarra	900
Lenguado frito, al horno, a la plancha	1.825
Gambas a la plancha	1.800
Calamares fritos	950

Asado y parrillas

Cochinillo asado	1.550
Pollo asado 1/2	550
Chuletas de cordero	975
Chuletas de cerdo adobadas	800
Filete de ternera con patatas	1.300
Ternera asada con guisantes	1.250
Lomo con patatas	1.775
Lomo con champiñón	1.775

Postres

Espuma de chocolate	350
Tarta de manzana	350
Tarta de limón	425
Flan con nata	380
Helado de vainilla, chocolate	300
Melocotón con nata	390
Fruta del tiempo	350
Fresas con crema	480
Sorbete de limón, frambuesa	350

Menú de la casa
(Otoño - Invierno)
Precio: Ptas. 2.380
Sopa de ajo con huevo
Cochinillo asado
Flan
Vino o cerveza o agua mineral

Café 100 - Pan 50 - Mantequilla 60
Horas de atención: Almuerzo, de 1.00 a 4.00
Cena, de 8.00 a 12.00   Abierto todos los días

---

[1]IVA: Impuesto sobre el valor añadido

Tomado de la carta de la Casa Botín, Madrid, España.

D. Los cognados. Con tu compañero(a), copia todas las palabras en la carta
que puedas identificar o adivinar.

E. ¿Un buen precio? ¿Qué se ofrece en el menú de la casa? ¿Es bueno el
precio? (Un dólar americano equivale a unas cien pesetas.)

■ **Por ejemplo:** *Hay una… . Luego hay…y de postre hay… .*
   Hay tres bebidas: agua mineral,… y… . El precio en dólares es… .

VOZ

Aquí hay algunas maneras de referirse a ciertos alimentos en distintas regiones del mundo hispano.

legumbres: verduras, vegetales
judías verdes: ejotes (México), habichuelas verdes, porotos verdes
refresco: gaseosa, bebida (de fantasía)
frijoles: judías, habichuelas, alubias, porotos (en los Andes)
camarones: gambas (España)
maíz: elote, choclo (en los Andes)
papas: patatas (España)
plátano: banana, guineo (Caribe), seda
brócoli: brécol, bróculi
cacahuete: cacahuate, maní (Sudamérica)
naranja: china (Caribe)
tomate: jitomate (México)
aguacate: palta (Sudamérica)

"Cada uno quiere las cosas al sabor de su paladar."

F. Mi restaurante preferido. Prepara tu propio menú de la casa. Incluye platos de las siguientes categorías: *entremés / carne, ave, pescado o marisco / legumbre / postre / bebida.* Da el nombre de tu restaurante, la dirección, el precio del menú de la casa y los días y horas de atención.

En voz alta
Vas a escuchar una conversación en un restaurante. Identifica cuáles de las siguientes actividades típicas puedes reconocer en la conversación.

saludar al mesero
pedir las bebidas
quejarse de la comida
escuchar las recomendaciones
  del mesero

buscar un sitio para sentarse
pedir el postre
pedir la comida
despedirse
dejar la propina

◨◢ Imágenes y palabras

Para hablar de comidas y distintos platos aquí tienes vocabulario útil.

Me encantan[1] *(I love)* **los mariscos** *(shellfish).*   **Y también me gusta la carne** *(meat)...*

los camarones.

las almejas.

las langostas.

de res *(beef).*

de cerdo *(pork).*

Quisiera probar *(I would like to try)* **el pescado** *(fish)*   o   **el ave** *(poultry).*

la trucha
(trout)   **el salmón**

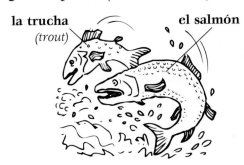

el pavo *(turkey)*

el pollo

*Nuestra **especialidad** es el pollo.*

Está hecho (made) ***con***
hierbas (herbs) ***y champiñones*** (mushrooms).
Lo servimos con arroz (rice).

Lo hacemos...
asado (roasted).   ***frito*** (fried).
cocido (steamed).   ***relleno*** (stuffed).

---

[1] **Encantarle a uno(a)** is like **gustarle a uno(a): me / te / le / les / nos / os / encanta (encantan).**

¡Qué ricas están las frutas!
(The fruit is delicious!)

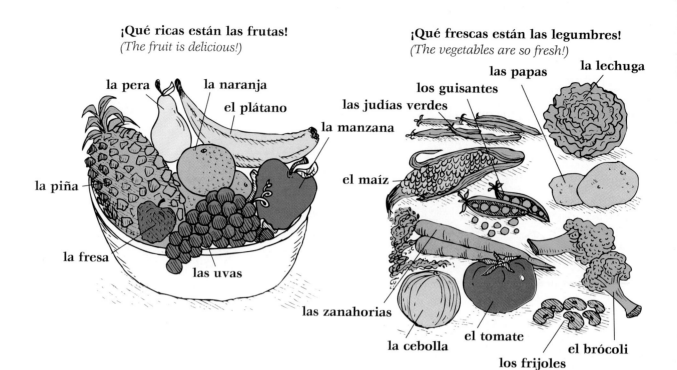

la pera
la naranja
el plátano
la manzana
la piña
la fresa
las uvas

¡Qué frescas están las legumbres!
(The vegetables are so fresh!)

las papas
la lechuga
los guisantes
las judías verdes
el maíz
las zanahorias
la cebolla
el tomate
el brócoli
los frijoles

Para beber, quisiera un refresco. Quizás *(Perhaps)...*

una copa /
media botella de vino
blanco *(white)* / tinto *(red)*.

un agua mineral con gas.

un agua mineral sin gas.

un jugo de tomate.

¿Qué hay de postre *(dessert)* **hoy?**
Para mí, un helado de chocolate / vainilla / fresa.

un flan.
un budín de chocolate.
una tarta
de manzana.
un pastel de chocolate.

Después de comer, quiero tomar...

té.

café.

Tengo que hacer las compras de hoy. Hay que traer más...

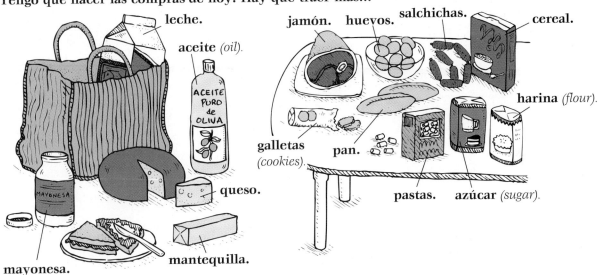

leche.

aceite *(oil)*.

queso.

mayonesa.

mantequilla.

jamón. huevos. salchichas. cereal.

harina *(flour)*.

galletas *(cookies)*.

pan.

pastas. azúcar *(sugar)*.

¡Vamos a la... !

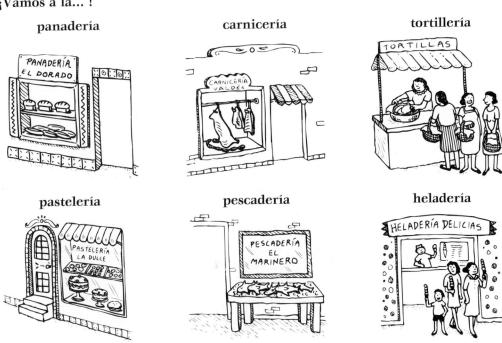

panadería

carnicería

tortillería

pastelería

pescadería

heladería

¡Qué malo!,...
la carne está demasiado cocida *(overdone)*.
la langosta está dura *(hard)*.
el pavo está demasiado seco *(dry)*.
la comida está fría *(cold)*.
el pescado está crudo *(raw, not done)*.
las papas están grasosas *(greasy)*.
el pollo está quemado *(burnt)*.
la salsa está demasiado picante *(spicy hot)*.

¡Qué bueno!,...
está muy sabroso *(tasty)*
el pollo.
está rica *(delicious)* el ave.
está caliente *(hot)* el café.

¿Quieres merendar *(to have a snack)*?
¿Un bocadillo / sándwich?

¿Qué tal un vaso de *(a glass of)*
**leche y pan con mantequilla de
cacahuete** *(peanut butter)*?

A. Para las fiestas. ¿Qué alimentos (comida) y platos asocias con las siguientes fiestas?

un cumpleaños / la Navidad / el 4 de julio / el Año Nuevo

■ **Por ejemplo:** *Para el día de Navidad siempre servimos...pavo relleno, puré de papas y..., guisantes y una tarta de... .*

B. El menú monocromático. Planifica una comida en que hay por lo menos tres alimentos del mismo color.

C. Lista de compras. Escribe todos los alimentos que recuerdes que puedes comprar en cada una de estas tiendas.

1. la carnicería
2. la verdulería *(se venden legumbres aquí)*
3. la pescadería
4. la heladería
5. la panadería
6. la pastelería

¿Qué puedes comprar en estas tiendas?

PANADERIA
PASTELERIA
HELADERIA

Visión

En Guatemala, venden fruta y jugos en puestos como éstos.

Ch. Reclamos. ¿Qué dices cuando no te gusta la preparación de los siguientes alimentos?

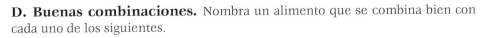

■ **Por ejemplo:** *Por favor, ¡la carne está quemada!*

1. el bistec
2. la trucha
3. una sopa
4. el brócoli
5. unos tacos mexicanos
6. una ensalada mixta
7. el pollo
8. el té helado

D. Buenas combinaciones. Nombra un alimento que se combina bien con cada uno de los siguientes.

1. el tomate
2. las hierbas
3. las papas asadas
4. las papas fritas
5. el arroz
6. los guisantes
7. los champiñones
8. el queso

E. Bien organizado(a). Imagínate que un(a) amigo(a) te ha pedido consejos *(advice)* para seguir una dieta más equilibrada. Dale ejemplos de los seis grupos básicos de alimentos. Completa la tabla que sigue.

Carne y pescados	Lácteos	Frutas y verduras	Pan y cereales	Grasas y aceites	Dulces y golosinas
ave	yogur	zanahorias	...	mantequilla	...
...	...	...	...	...	...
...	...		pan blanco		bombones
...	...	...	...		caramelos

F. Una dieta no muy sana. ¿Qué tipo de alimento hace que estos menús no estén bien equilibrados?

1. ensalada mixta, sopa de frijoles negros, dos barras de chocolate
2. puré *(mashed)* de papas con mucha mantequilla, arroz y un bistec
3. un vaso de leche, siete galletas y una manzana
4. crema de maíz, arroz con pollo, un sándwich de pavo, una pera
5. zanahorias con crema, papa asada con mantequilla, pollo, tarta

G. ¿Adónde tengo que ir? Imagínate que estoy de visita en tu ciudad. Dime adónde ir (para servirme algo) o no ir (para evitar *[to avoid]* lo siguiente).

■ **Por ejemplo:** *Si buscas...debes ir a... .*
Si quieres evitar...no debes ir a... .

1. los mejores postres
2. las hamburguesas más grasosas
3. una variedad de legumbres
4. la peor atención de los meseros *(waiters)*
5. los meseros más guapos
6. las meseras más guapas
7. las mejores horas de atención
8. comida vegetariana
9. los precios más altos
10. las mejores ensaladas
11. una variedad de carnes
12. los mejores helados
13. el pescado más fresco
14. los mejores bistecs

H. ¿Con qué frecuencia comes...? Di con qué frecuencia comes o tomas las siguientes cosas.

todos los días / dos o tres veces a la semana / una vez a la semana / una vez al mes / casi nunca / nunca

■ **Por ejemplo:** un postre de queso y fruta
Nunca lo como.

1. bistec
2. manzanas
3. almejas
4. trucha
5. tarta de fresas
6. café expreso
7. vino blanco
8. cerveza mexicana
9. jugo de piña
10. mantequilla

I. ¿Cómo te gustan los siguientes alimentos? Di de qué manera te gustan los siguientes alimentos.

■ **Por ejemplo:** las manzanas
Me encantan asadas.
el jamón
Me encanta con huevos.

1. el café
2. las patatas
3. la carne de res
4. las zanahorias
5. la langosta
6. la cerveza
7. la trucha
8. el pollo
9. las legumbres
10. las frutas
11. el té
12. el pavo

J. Poema. Escribe un poema sobre tu alimento o plato *(dish)* preferido, según el modelo. Luego, léeselo a la clase sin dar el título, para ver si tus compañeros saben a qué te refieres.

Nombre del alimento:	*Cebolla*
dos palabras sobre la preparación:	*cruda, frita;*
tres palabras sobre tamaño, forma y aroma:	*pequeño círculo aromático.*
tu opinión sobre este alimento:	*Tiene mal olor* (smell),
	pero buen sabor (taste).
un plato o comida en que se usa:	*¡Hamburguesas!*

Ideas: *tamaño:* **grande / pequeño(a),** *aroma:* **aromático(a) / fragancia olorosa** *(good smelling)* **/ perfume de...,** *sabor:* **sabe a...** *(tastes like...)* **dulce / ácido(a),** *forma:* **rectangular, triangular, circular, cuadrado(a)** *(square)*

⊕ Con teleobjetivo

Para hablar: Discussing states and completed actions

Past participles

In the preceding activities you have been using words such as **frito, cocido,** and **asado** to describe the preparation of foods. These words are the *past participle* form of the infinitives they come from (like the *baked* form of *to bake* in English).

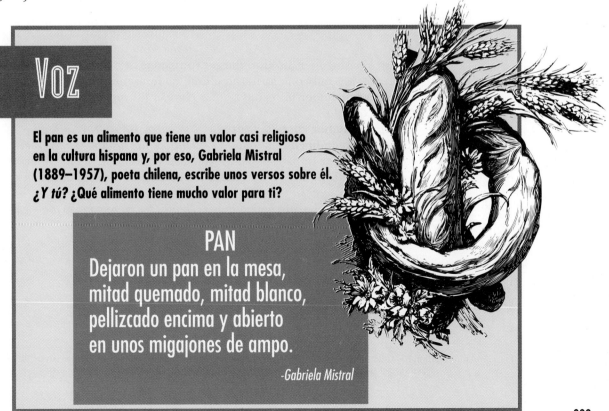

VOZ

El pan es un alimento que tiene un valor casi religioso en la cultura hispana y, por eso, Gabriela Mistral (1889–1957), poeta chilena, escribe unos versos sobre él. *¿Y tú?* ¿Qué alimento tiene mucho valor para ti?

PAN

Dejaron un pan en la mesa,
mitad quemado, mitad blanco,
pellizcado encima y abierto
en unos migajones de ampo.

-Gabriela Mistral

To form the past participle of a verb in Spanish, replace...

the **-ar** ending with **-ado**:   the **-er/-ir** ending with **-ido**.

asar → asado   **cocer** *(to cook, to boil or steam)* → **cocido**

quemar → **quemado**   **servir** → **servido**

1. Many of these forms are used as adjectives with the verb **estar** to describe a *state*. In this case, the past participle agrees with the food item.

El bistec está bien cocid**o**.	*The steak is well done.*
La carne está preparad**a** con champiñones.	*The meat is prepared with mushrooms.*
La salsa está hech**a** con hierbas y especias picantes.	*The sauce is made with herbs and hot spices.*
Las tortillas están quemad**as.**	*The tortillas are burnt.*

2. Some common verbs have irregular participles.

hacer → **hecho**   decir → **dicho**

abrir *(to open)* → **abierto**   **descubrir** *(to discover)* →

escribir → **escrito**   **descubierto**

volver *(to return)* → **vuelto**[1]   **freír** *(to fry)* → **frito**

revolver *(to scramble, mix up)* →   **poner** → **puesto**

revuelto   **romper** *(to break)* → **roto**

ver → **visto**

Me encantan los huevos **revueltos**.	*I love **scrambled** eggs.*
Todavía no está **abierto** el café.	*The café is not **open** yet.*
¡Dicho y **hecho!**	***Said** and **done!***

3. You may also use these participles with these expressions:

Gracias por haber...	***Thanks for having...***
	(to thank someone for having done something)
Siento (no) haber...	***I'm sorry for (not) having...***
	(to express regret over not having done something)

When a participle is used in these expressions, it expresses an action and therefore has only one form (no plural, no feminine).

Gracias por haber preparado mariscos.	***Thanks for having** prepared seafood.*
Siento no haber comido postre.	***I'm sorry I didn't** eat dessert.*
Gracias por haberme invitado.	***Thanks for having** invited **me.***

4. Notice the last example above. If you use a pronoun with either of the expressions with **haber**, the pronoun is attached to the end of the infinitive **haber**.

—Gracias por haber**me** hecho un pastel para mi cumpleaños.	*Thanks for having made **me** a cake for my birthday.*
—De nada. Siento no haber**te** traído un regalo también.	*You're welcome. I'm sorry for not having brought **you** a gift, too.*

---

[1] All verbs containing **volver** form the past participle in this fashion, including **devolver** *(to return something)* → **devuelto**.

A. Mis preferencias. Da tus preferencias en cada caso, usando el participio.

En cuanto a la comida, prefiero...

1. los huevos, ¿fritos, revueltos, cocidos?
2. las papas, ¿cocidas, asadas, fritas?
3. la carne de res, ¿hecha con..., cocida, asada?
4. las legumbres, ¿revueltas, fritas con... ?

En cuanto a las compras, prefiero...

5. los regalos, ¿hechos a mano o a máquina?
6. la ropa, ¿los *jeans* rotos, la ropa hecha a mano / hecha de... ?

En cuanto a los estudios y las clases, prefiero...

7. las pruebas, ¿escritas, de libro abierto... ?
8. la sala, ¿con la puerta abierta, cerrada, entreabierta *(partially open)*?

B. Reacciones. Usa *Gracias por haber...* o *Siento (no) haber...* para dar tu reacción a cada una de las siguientes situaciones.

▪ **Por ejemplo:** Un(a) amigo(a) trajo una tarta para ti.
Gracias por haberme traído una tarta.

1. Tus padres pagaron tu tarjeta de crédito.
2. No fuiste a una reunión de tu club de cocina mexicana.
3. Había pizzas en oferta *(on sale)* pero olvidaste *(you forgot)* el cupón.
4. Un(a) amigo(a) hizo tu plato preferido: pollo asado con legumbres.
5. Un(a) amigo(a) trajo cerveza mexicana para tu fiesta.
6. Rompiste unas copas finas de tu mamá.
7. Pagaste 15 dólares por una langosta dura.
8. Le dijiste una mentira *(lie)* a tu profesor (profesora).

C. Mil gracias. Dale las gracias a las siguientes personas por haberte hecho distintos favores. Recuerda que cuando usas un pronombre, tienes que agregarlo *(to add it)* a la forma de **haber**.

▪ **Por ejemplo:** Tu prima te prestó 10 dólares.
Gracias por haberme prestado diez dólares.

1. Tu amiga(o) te llamó anoche y te enseñó a hacer arroz con pollo.
2. Tu profesora te dio una barra de chocolate mexicano.
3. Tus padres te mandaron champaña y flores para tu cumpleaños.
4. Su profesor los llevó a un restaurante dominicano.
5. Tus padres te compraron una camisa importada para la Navidad.
6. Tu mejor amigo(a) te hizo lasaña para la cena.

Ch. Mi obra maestra *(My masterpiece).* Escribe un menú completo de tu comida preferida. Luego, imagínate que tienes visitas y que les describes cada plato a tus invitados.

▪ **Por ejemplo:** *Éste es mi famoso pollo...; está hecho / asado / relleno con... . Y ésta es una ensalada china; está preparada con arroz con...y con... . Y mi obra maestra es..., que está hecho(a) con...y revuelto(a) con... .*

D. Notita amable. Escríbele una notita de agradecimiento *(a thank-you note)* a alguien que te ha hecho un favor. Dale las gracias y di por qué con detalles.

■ **Por ejemplo:**   *Querida tía Inés:*

> *Gracias por haberme mandado chocolates. ¡Qué ricos están! Tú sabes cuánto me gusta el... . Desafortunadamente, a las enfermeras también les... . Ellas te agradecen* (thank you) *por haber mandado una caja tan grande. Siento no haberte escrito antes, pero estuve bastante enfermo(a). Dicen que pronto puedo volver a casa...*

> *Tu sobrino(a) que te quiere...*

> (firma)

⊕ Con teleobjetivo

Para hablar: How to express the preposition *for* in Spanish

The uses of *por* and *para*

In the previous activities, you used the word **por** in the expression **gracias por + haber +** *participle*. You have also used the word **para** when talking about holidays, as in **para la Navidad, servimos... .** As you see, in Spanish there are two possible ways to express the English *for*. Here is a review of how you have used **por** and **para**.

Por

You have used **por...**

1. in standard expressions, such as: **por ejemplo, por qué, por eso, por fin, por teléfono, por lo general, por la mañana / tarde.**
   Other related expressions are: **por si acaso** *(just in case)*, **por supuesto** *(of course)*, **por mi (su,** etc.) **parte** *(as far as I [you, etc.] am [are] concerned)*, **por cierto** *(of course)*

2. to talk about a part of the day:

Mañana **por la tarde** tengo que hacer la cena.	*Tomorrow **evening** I have to fix dinner.*

3. to refer to a nonspecific place or area: Marinas

Andaba **por** el campus cuándo lo vi.	*I was walking **around** campus when I saw him.*
Pasaba **por** la plaza cuando compré un helado.	*I was walking **through** the square when I bought an ice cream.*
En aquel tiempo, vivía **por** el mercado.	*At that time, I used to live **near** / **around** the supermarket **area**.*

4. when saying thanks:

—Gracias **por** prestarme tu libro de cocina.	*—Thanks **for** lending me your cookbook.*
—**Por nada.** Gracias **por** haberme dado la receta que te pedí.	*—**You're welcome.** Thanks **for** giving me the recipe I asked you for.*

Visión

El mate (una forma de té) no lo cambio por nada. Por la mañana o por la tarde, es rico y me da energía. ¿Y *tú*? ¿Qué tomas para recargar tus baterías?

5. when exchanging things:

Cambio mi flan **por** un helado de fresa.	*I'll trade my caramel (custard) **for** a strawberry ice cream.*
Permuto una batería importada **por** un saxofón.	*I exchange an imported set of drums **for** a saxophone.*

Para

You have used **para...**

1. to talk about a career for which one is training:

Mi hermanastro estudia **para** cocinero y yo **para** tecnólogo médico.	*My stepbrother is studying **to become** a chef and I **to become** a medical technician.*

2. to refer to your destination or goal:

Vamos a hacer arroz **para** llevarlo a la fiesta de Juan mañana.	*We're going to make rice **in order to** take it to Juan's party tomorrow.*
Salí **para** clase muy bien preparado, pero no entendí nada.	*I left **for** class very well prepared, but I didn't understand anything.*
Para hacer buen pan, tienes que trabajarlo más.	***In order to** make good bread, you have to work it (knead it) more.*
Anoche hice dos horas de ejercicio **para** complementar mi dieta.	*Last night I exercised for two hours **in order to** enhance my diet.*
No soy bueno **para** las ciencias; soy mejor **para** los idiomas.	*I'm not good **in** science; I'm better **in** languages.*

3. to indicate who will receive something (**mí, ti, él, ellas...**):

Esta langosta es **para** ti y este pollo es **para** mí.	*This lobster is **for** you and this chicken is **for** me.*
—¡Qué torta más linda! ¿Es **para** mí?	*—What a beautiful cake! Is it **for** me?*
—No, no es **para** ti. La hice **para** mi novio. Es **para** su cumpleaños.	*—No, it's not **for** you. I made it **for** my fiancé. It's **for** his birthday.*

4. to talk about a specific future event:

Para mi cumpleaños, quiero una cena mexicana típica.	*For my birthday, I want a typical Mexican dinner.*
Para Yom Kipur, vamos a estar en Nueva Jersey.	*For (On) Yom Kippur, we're going to be in New Jersey.*

¡Cuidado! *Do not use* either **por** or **para** immediately after these verbs: **buscar / esperar / pedir / pagar**

A. Por y para en su lugar. Completa lo siguiente, según tu propia situación.

1. Siento no haber comido más...para... .
2. A mi amigo(a)... tengo que darle mil gracias por... .
3. Para el día de los Enamorados compré...para mi amigo(a)...y...para... .
4. Tengo un(a) amigo(a) que cocina bien; es bueno para... . Tengo otro(a) amigo(a) que hace...para... .
5. Para las vacaciones de primavera, sueño con irme para... .
6. El otro día vi a...cuando andaba por... .
7. Le cambié mi...por un(a)...a... .

B. Para hacer las compras. Nombra al menos tres ingredientes o cosas que hay que comprar o tener para preparar los siguientes platos o postres.

■ **Por ejemplo:** una torta de cumpleaños
    Para hacer una torta de cumpleaños hay que comprar huevos... .

1. un postre de gelatina
2. una hamburguesa
3. un sándwich gigante
4. una ensalada de camarones
5. una tarta de manzanas
6. una ensalada de papas
7. helado
8. una sopa de arroz
9. un flan
10. una ensalada de frutas

VOZ

No importa que la comida sea sencilla, si se come feliz. ¿Y tú? ¿Qué comida sencilla te parece muy sabrosa?

«Pan y cebolla, con gusto, saben a gloria».

-Refrán popular

C. Plazos. Di para cuándo hay que preparar lo siguiente.

■ **Por ejemplo:** una tarta de fresa
    Hay que hacerla para el almuerzo del domingo.

1. un bistec con papas fritas
2. unos huevos duros y sándwiches
3. unas fresas con crema
4. un jamón asado

5. unas galletas ricas
6. una torta de cumpleaños
7. un pavo relleno y legumbres
8. una gran ensalada mixta

Ch. Cumpleaños. Di qué piensas regalarles para el cumpleaños a cinco amigos o personas de tu familia.

■ **Por ejemplo:** *A mi hermana Sara ya le compré...para su cumpleaños.*

⊕ Con teleobjetivo

Para hablar: To say what you have and haven't done

The present perfect tense

In preceding activities on pages 294–295 you have expressed regret or thanks for something that has been done. You did this by using the following formula:

| **Siento** | + | **(no) haber** | + | *past participle* |
| **Gracias por** | + | **haber** | + | *past participle* |

Siento no haber terminado de hacer la sopa; **gracias por haberla terminado** tú.

I'm sorry I haven't finished making the soup; thanks for having finished it.

1. To summarize what you have already done or what you have not done yet, use the past participle with the form of **haber** that indicates the subject. The forms of **haber** to the right are used with **pedido** *(ordered, requested, asked for)*, to express the idea *has / have asked for.*

---

haber pedido

He pedido langosta.
Has pedido camarones.
Ha pedido almejas.
Hemos pedido sopa de ave.
Habéis pedido sopa de tomates.
Han pedido guisantes con jamón.

He comido en ese restaurante tres veces, pero todavía **no he probado** la especialidad de la casa.

I have eaten in that restaurant three times, but I still haven't tried the house specialty.

2. You will also use this tense to ask the question, *"Have you ever...?"*

—¿**Has probado alguna vez** el arroz con pollo que hace Lila?

—No. Todavía **no lo he probado**, pero voy a pedirle que lo prepare el domingo.

—*Have you ever tried the chicken with rice that Lila makes?*

—*No, I still haven't tried it, but I'm going to ask her to prepare it on Sunday.*

3. Notice in the previous example that pronouns are placed before the conjugated form of **haber**. If the statement is negative, the word "no" precedes the pronoun.

—Todavía **no le he pedido a Lila** el arroz con pollo.

—I still **haven't asked** Lila for the chicken and rice.

4. Here are some words and expressions commonly used with the present perfect tense.

- **todavía** *(yet)*
  Todavía no he cocinado una comida completa.

  I **still** haven't cooked a complete meal.

- **ya** *(already)*
  Pero **ya** hemos coleccionado muchas recetas.

  But we've **already** collected a lot of recipes.

- **alguna vez** *(ever)*
  ¿Han ido al restaurante «Dos amigos» **alguna vez**?

  Have you **ever** gone to the restaurant "Dos Amigos"?

- **muchas veces** *(many times)*
  Sí. Hemos comido allí **muchas veces**.

  Yes. We've eaten there **many times**.

5. While the *preterit* is used to refer to a *specific* point in the past and the *imperfect* is used to refer to a past *period* of time, the *present perfect* is used to *summarize and discuss the past from a present-time perspective*.

Me encantan las sopas, pero **no he tomado** sopa de pescado en muchísimo tiempo. Antes, en Filadelfia, **tomaba** sopa todo el tiempo. La última vez que **tomé** sopa de almejas fue en San Francisco.

I love soup, but **I haven't had** fish soup in a long time. Before, in Philadelphia, **I used to eat** soup all the time. The last time that **I had** clam chowder was in San Francisco.

A. Buen *gourmet*. Di qué cosas has probado ya o no has probado todavía. Da tu opinión sobre cómo es o cómo debe ser (si todavía no lo has probado).

■ **Por ejemplo:** la langosta
   La he probado. Es riquísima.
   o: *No la he probado todavía, pero debe ser buena (mala, etc.).*

1. la serpiente frita
2. los calamares *(squid)*
3. las piernas de rana
4. el aguacate *(avocado)*
5. los caracoles *(snails)*
6. la trucha frita
7. la tortilla española
8. los frijoles negros
9. la cerveza mexicana
10. el pescado crudo
11. las hormigas bañadas en chocolate *(chocolate-covered ants)*
12. las ostras *(oysters)*
13. el pulpo *(octopus)*
14. el flan
15. los mangos
16. el chorizo español
17. las tortillas mexicanas
18. la yuca (una legumbre caribeña, como la patata)
19. el pollo en mole picante (una salsa mexicana)
20. el ceviche (pescado crudo «cocido» en limón)

Las mejores recetas comienzan con el mejor arroz.

Todo chef sabe que sus recetas dependen, en gran parte, de la calidad de los ingredientes que use, y esto es especialmente cierto cuando se trata de platos que llevan arroz.

El arroz Mahatma® es el arroz más popular entre los mejores chefs. Ellos saben que con Mahatma siempre obtendrán un arroz blando, blanco y desgranado, porque Mahatma es el arroz de grano extra largo que ha sido cosechado, descascarado y empacado con el mayor cuidado y esmero. Por todo esto, no ha de extrañarle el que Mahatma ha sido el arroz predilecto en América por más de 50 años.

No se deje llevar por quienes le dicen que todos los arroces son iguales. Mahatma no contiene preservativos, sodio ni gluten, y dado que sólo proporciona 100 calorías por ración, Mahatma es más que un simple arroz. Mahatma es la marca en la que Ud. puede confiar para que su arroz siempre le quede perfecto.

Pimientos Rellenos Con Picadillo

2 dientes de ajo molido
½ cebolla mediana, picada
1 pimiento morrón pequeño, picado
1 ají dulce pequeño, picado
3 cucharadas de aceite de oliva
1½ libras de carne de res molida (o una mezcla de carne de res, cerdo y jamón molidos)

8 aceitunas españolas en rodajas
½ taza de salsa tomate
2 tazas de arroz MAHATMA® cocido
3 pimientos morrones o ajíes grandes (o 5 pequeños) cortados por mitad a lo largo, y sin semillas ni tallos

Fría los cuatro primeros ingredientes en el aceite de oliva durante 2 a 3 minutos. Agregue la carne, mezcle y guise durante unos 5 minutos. Descarte la grasa y el líquido, agregue la salsa de tomate, las aceitunas y el arroz y retire del fuego. Cocine los pimientos y el ají en mitades en el horno microondas en alto durante 2 minutos, o al vapor en una olla grande por 5 minutos. Distribuya la mezcla de carne entre los pimientos apretándola ligeramente.
Hornee durante 20 minutos a 350 grados.
Da para 6 personas.

El arroz acompaña o es la base de muchos platos típicos. ¿Has comido algún plato hispano con arroz? ¿Cómo te gusta el arroz?

B. Intrépidos. Di qué cosas has hecho alguna vez; di qué cosas no has hecho todavía.

■ **Por ejemplo:** *He...un par de veces. Todavía no he... .*

preparar camarones en casa / comer pulpo / comprar una langosta viva *(live)* **en el mercado / comprar almejas vivas / bucear en el mar / bajar el río en canoa / pilotear un avión / navegar en velero / hacer «surfing» / conducir un camión** *(truck)* **/ explorar una cueva / ir al extranjero / romper una cosa valiosa / pelearse con un(a) amigo(a) / sacar una mala nota / hacer un crucero** *(cruise)* **/ comprar un coche / casarse / decirle una mentira al profesor (a la profesora) / esquiar en la sierra / patinar sobre el hielo / ir de mochilero a Europa / treparse a un árbol / tirarles bolas de nieve a los vecinos**

C. Nos toca a nosotros. Con dos compañeros, planifiquen una comida completa para la clase. Luego, imagínense que ya han preparado la comida y den los detalles.

■ **Por ejemplo:** *Hemos preparado una comida deliciosa de pollo asado, legumbres cocidas y ensalada de frutas. Molly ha asado el pollo, Matt ha cocido las legumbres, yo he lavado las frutas y Matt y yo las hemos preparado.*

Ch. Planes. Escribe una lista de cinco cosas que todavía no has hecho pero que piensas hacer algún día.

■ **Por ejemplo:** *Todavía no he escrito un poema.*

D. ¿Quién más? Usa tu lista de la Actividad **Ch** para preguntarle a tus compañeros si ya han hecho lo que tú quieres hacer. Escribe el nombre de la persona que ya lo hizo y cuéntale a la clase. Si nadie lo ha hecho todavía, diles «Nadie ha...todavía».

Por ejemplo:	**Tu lista dice:**	*Todavía no he escrito un poema.*
	Tú dices:	*¿Has escrito un poema?*
	Tu compañero dice:	*Sí, lo he hecho.*
	o:	*No, todavía no lo he hecho.*
	Tú le dices a la clase:	*Todavía no he...pero...lo ha hecho y él (ella) me puede enseñar.*

En voz alta

A. Marca qué platos pidieron estas personas.

Aperitivos

ensalada rusa	camarones en ajillo	guacamole
plato de fruta fresca	nachos	jamón con melón

Platos principales

pavo a la boloñesa	arroz con pollo	trucha a la navarra
bistec encebollado con arroz	salmón al horno	zarzuela de mariscos
langosta		

Bebidas

vino blanco	cerveza	agua mineral
vino tinto	cerveza malta	agua con hielo
vino rosado	Coca-cola	Orangina

Dénos su opinión

1. El mesero fue	a. muy amable	b. amable	c. no atento
2. Las carnes estaban	a. excelentes	b. buenas	c. no buenas
3. Las aves estaban	a. excelentes	b. buenas	c. no buenas
4. Los mariscos estaban	a. excelentes	b. buenos	c. no buenos
5. Los aperitivos estaban	a. excelentes	b. buenos	c. no buenos

6. Sus comentarios, por favor _____

B. Escucha otra vez la segunda parte de la grabación. Luego, en la parte de evaluación, marca cómo estaba la comida que pidieron estas personas. Además, anota dos de los comentarios que hicieron los clientes sobre la comida y la atención en este restaurante.

II 🍴 Otro vistazo

Piensa...

A. Todas las regiones del mundo tienen sus platos e ingredientes típicos según la tradición cultural del lugar, el clima y la geografía. En tu región, ¿qué plato típico hay? ¿Cómo se lo puedes describir a un(a) extranjero(a)? Descríbelo e incluye los ingredientes y el tipo de preparación más común.

■ **Por ejemplo:** *Una especialidad de mi región es el quimbombó* (okra). *Es una legumbre pequeña que tiene muchas semillas* (seeds) *adentro y unos pelos* (hairs) *muy finos afuera. El quimbombó se sirve frito, cocido o en sopas de legumbres.*

B. Después de mirar otra vez la carta de un restaurante español en la página 281, con otra persona marca los alimentos típicos de la parte central de España (de dónde viene este menú) en la lista que sigue. Si no entienden alguna palabra, ignórenla.

los jalapeños / los chiles / el maíz / los huevos / la leche / el aceite de oliva / el jamón / los mariscos / el ajo *(garlic)* **/ el pollo / el brócoli / el aguacate / el pavo / el pescado / el tomate / la carne de cerdo o cochinillo / las patatas / la cebolla / el chocolate / la carne de res**

C. Los que siguen son platos y alimentos hispanos muy populares. Con otra persona, traten de dividirlos en dos grupos. Hay unos pocos que pueden ponerse en las dos categorías.

Platos y alimentos de España   **Platos y alimentos de Hispanoamérica**

Platos típicos: **la paella / el pollo en mole / los tacos al carbón / los camarones (las gambas) a la plancha / el cochinillo asado / las tortillas de maíz / los tamales / las tortillas de huevo / la trucha a la Navarra / las enchiladas / la salsa de chiles picantes / la sopa de ajo / el pavo asado / las enchiladas de carne / el guacamole**

Alimentos típicos: **el cacao / el maíz / los tomates / los bistecs / la carne de cerdo / los aguacates / el aceite de oliva / los cacahuetes / las papas o patatas / las aceitunas / el vino / las guayabas / la cerveza / el arroz / las pastas / las sardinas / los camarones / los calamares / los chiles / los guisantes / las papayas / el pan / las tortillas**

Mira...

Ch. Mira el título del artículo que sigue. El término *precolombino* se refiere al período...

1. *antes* de la llegada de Colón   **2.** *después* de la llegada de Colón

D. Mira el artículo otra vez y busca los nombres de los alimentos nombrados en la Actividad **C.** ¿Los clasificaste bien? Todos los alimentos del artículo son de América.

Lee...

E. Con un(a) compañero(a), lean el artículo por primera vez, enfocándose en las palabras que ya conocen o que pueden adivinar por medio del contexto. En seguida, unan las palabras asociadas de las dos columnas.

1. alimento pavo
 guajalote porción, trozo
 cacao animalito que se arrastra *(pulls itself)* por el suelo
 bocado maíz
 granja algo que se puede comer
 elote campo donde hay animales y cultivos
 gusano chocolate
2. carecer combinar
 despachar poner aderezo
 aderezar poner azúcar
 endulzar mandar
 mezclar faltar

Este mural del famoso muralista mexicano Diego Rivera representa una escena de la civilización totonaca, que floreció en el estado de Veracruz. El emperador, que está a la izquierda, recibe los impuestos en forma de *cacao*, *frijoles*, *vainilla*, *tabaco* y *frutas*.

El menú precolombino

Gabriela Frings

Sin pensarlo, usamos *ketchup* a menudo. El nombre viene de la China, donde era una salsa para el pescado que se llamaba *ket siap*. Sin embargo, gracias al tomate, un nativo de América, la salsa tomó nueva vida. En realidad, tuvo que pasar algún tiempo para que el *xitomatl* (así lo llamaban en la lengua náhuatl de México) se convirtiera en ingrediente en la cocina. Originario del norte del Perú, en México se cultivaban tomates rojos, amarillos, verdes y hasta blancos. Llegó a Europa en 1523 y fueron los italianos los primeros en usarlo y llamarlo *pomodoro*, el fruto de oro. En México todavía se le llama *jitomate*.

Otros alimentos americanos llevados por conquistadores y exploradores a Europa fueron el maíz, los frijoles, las calabazas°, los pimientos°, los zapallos°, y los aguacates, cacahuetes, guayabas, papayas y piñas, amén del guajalote, que después se convirtió en el pavo de nuestras comidas festivas. El cacao, que hoy nos vuelve locos preparado como chocolate moderno, merece un capítulo aparte.

La dieta prehispánica carecía de animales de granja como vacas, cerdos y corderos. Era rica en proteínas, sin embargo, con la carne de pequeños animales y pescados, patos y pavos, además de una gran variedad de insectos y gusanos. Hace poco, en el Museo de Historia Natural de Nueva York, se exhibieron una gran cantidad de cigarras°, saltamontes°, hormigas, larvas y gusanos° comestibles. Por ejemplo, los gusanos blancos de la planta llamada magüey tienen un gusto muy sabroso. Se asaban hasta que adquirían un tono dorado y una consistencia crocante. Hoy en día, se hacen exquisitas tortas de gusanos blancos con huevos de pava.

Uno de los aspectos que más impresionó a los españoles fue la importancia de las flores en la vida de los indígenas. Todos los días, había grandes cantidades de flores en el mercado y se utilizaban hasta de alfombras para celebrar a los dioses. Pero algunas flores también se comían. Un bocado apetecido es la flor del izote, que se corta antes de que se abra por completo. Se cuece al vapor° en agua con sal y se prepara con huevos revueltos o en tamales. La flor de mayo — rosada, amarilla y blanca — se come en ensaladas. También se pueden preparar dulces, cociéndolas por unos instantes en miel° y agua.

Los principales dulces en los tiempos prehispánicos eran la miel y la savia de magüey. Con miel se endulzaba el cacao (el chocolate moderno), que se servía después de la comida. Otro tipo de miel se recolectaba de las hormigas de la miel, que llevan una cápsula con una gota de miel en la cola.

Pero nada es más importante en este menú que el maíz y las papas, principales alimentos de los pueblos prehispánicos del hemisferio occidental. Preparado en forma de tortillas *(tlaxcalli)*, tamales y un sinfín de combinaciones, el maíz (los elotes) era también usado como moneda°, tal era su importancia. Las papas, originarias del Perú, son un alimento extraordinario con más de mil variedades de distinto color, textura y uso. En el área andina, las papas son tan importantes que el verbo «papear» significa comer y «estar en la papa» es estar bien informado.

El menú precolombino era también muy sabroso. Para aderezar cualquier comida y darle el típico sabor picante a los platos pre- y postcolombinos, no creo que haya mejor condimento que la extensa variedad de pimientos picantes o chiles que se encuentran en América. Verdes, amarillos o rojos, todo el que los haya probado sabe cómo se adereza un buen platillo americano.

Tomado de la *Revista del Domingo*, *El Mercurio*, Chile.

calabazas...

zapallos...

gusanos...

miel...

saltamontes...

pimientos...

cigarras...crickets
al vapor... steamed
moneda...dinero

F. Lee los dos primeros párrafos y completa lo siguiente con el nombre de una nacionalidad.

1. La palabra *ketchup* viene de un nombre... .
2. El ketchup está hecho con tomate, que es una legumbre... .
3. *Pomodoro* es su nombre... .
4. *Jitomate* es su nombre... .

G. Ahora lee los otros párrafos y completa el siguiente resumen *(summary)*.

Antes de la llegada de los españoles... .
En América ya había verduras como...
    y frutas como...
    y condimentos y especias como...
    y dulces como...
    y la carne de animalitos como... .

Sin embargo, en el Nuevo Mundo no había... .
Se comían insectos como...
    y flores como... .

Sin duda, los dos alimentos más importantes eran..., porque... .

Aplica...

H. Copia cinco palabras o frases del artículo que describen el sabor u opiniones sobre el sabor de ciertos platos precolombinos.

Sabor	**Plato precolombino**
Nos vuelve locos (We're crazy about)	*tortas de gusanos blancos.*

I. Describe con tus propias palabras cómo se preparaban los siguientes alimentos y para qué se usaban.

1. Se mezclaban el cacao y...para hacer el..., que se servía... .
2. Los gusanos se servían...o con... .
3. Las flores se usaban para...y también para la cocina. Se servían...o...o... .
4. Además de alimento, el maíz se usaba para... .
5. Si estás bien informado de lo que pasa en tu grupo estás en... .

J. En el tercer párrafo encuentra las expresiones *sin embargo* y *además*. Una de ellas es equivalente a la palabra *pero* y la otra es similar a *también*. Lee el párrafo y determina cuál es cuál. Luego, completa las frases que siguen con *sin embargo* o *además* según el contexto.

1. La dieta prehispana carecía de animales de granja. _____ , era rica en proteínas.
2. Las proteínas venían de la carne de pequeños animales. _____ , había una gran variedad de insectos y gusanos.
3. _____ del tomate, las papas también son originarias del Perú.
4. Las papayas, las guayabas y el cacao son frutas originarias de la América Central. _____ , las fresas vienen de los bosques de Chile, en Sudamérica.

5. _____ de alimentos tan importantes como el maíz, América también agregó el tabaco y la coca a los mercados mundiales. _____ , no se puede decir que éstos hayan sido productos beneficiosos, aunque la quinina del Brasil sí ha curado a muchos enfermos de malaria.

K. Con un(a) compañero(a), imagínense que son indígenas precolombinos. Planeen el menú para un día completo; incluyan el método de preparación y las especias.

Video: Prog. 9, **Ricos sabores**—regional foods and dishes

II📖 Mi diccionario

▶ Para hablar

Los alimentos

Me encantan las almejas.
             los camarones.
             las langostas.
             los mariscos.
También me gusta la carne de cerdo.
                            de res.
Quisiera probar el ave *(fem.)*.
             el pavo.
             el pescado.
             el pollo.
             el salmón.
             la trucha.

¡Qué ricas están las frutas!

la fresa
la manzana
la naranja
la pera
la piña
el plátano
las uvas

¡Qué frescas están las legumbres!

el brócoli
la cebolla
los frijoles
los guisantes
las judías verdes
la lechuga
el maíz
las papas
el tomate
las zanahorias

Para beber, quisiera un refresco.

Quizás café.
         una copa / media botella de vino blanco / tinto.
         un jugo de tomate, etc.
         té.

¿Qué hay de postre hoy?

un budín de chocolate
un flan
un helado de chocolate
         de fresa
         de vainilla
un pastel de chocolate
una torta de manzana

Hacer las compras

el aceite	el jamón
el azúcar	la leche
el cereal	la mantequilla
el champiñon	la mayonesa
la galleta	el pan
la harina	el queso
las hierbas	la salchicha
el huevo	

▶ Para reconocer

el aguacate
el alimento
una barra de chocolate
el bistec
el café expreso
los calamares
los caracoles
el caramelo
la crema
la ensalada mixta
la lasaña
el limón
el melón
las ostras
el plato (del día)
el pulpo
el puré de papas
el yogur

Para hablar

Las tiendas

la carnicería
la heladería
la panadería
la pastelería
la pescadería
la tortillería

¿Cómo lo preparamos?

asado(a)
cocido(a)
frito(a)
relleno(a)

¡No me gusta! Está...

caliente.
crudo(a).
demasiado cocido(a).
demasiado picante.
duro(a).
frío(a).
grasoso(a).
quemado(a).
rico(a).
sabroso(a).
seco(a).

Meriendas

el bocadillo
la hamburguesa
la mantequilla de cacahuete
la pizza
el sándwich

Para hablar

Otras palabras y expresiones

abrir
descubrir
la especialidad
Está hecho(a) con...
freír (i, i)
fresco(a)
Gracias por haber...
Me encanta(n)...
Quisiera probar...
revolver (ue)
romper
Siento (no) haber...
todavía
ya

Para reconocer

además
cerrar (ie)
en oferta
evitar
la frutería
las horas de atención
la lechería
la mentira
el mercado al aire libre
el olor
oloroso(a)
sabe a...
el sabor
sin embargo
la verdulería

10

■ DÉCIMO CAPÍTULO

La buena mesa

No hay nada como una cena exquisita. En las ciudades estadounidenses se puede encontrar una gran variedad de restaurantes típicos. ¿Qué debes hacer y pedir en un restaurante hispano? El Capítulo
10 te da muchas ideas de cómo hacerlo.

■ "The Prodigal Son Feasting," Bartolomé Esteban Murillo, courtesy of Sir Alfred Beit,
Russborough, County Wicklow, Ireland

Quiero aprender a...

- hacerle preguntas al (a la) mesero(a)

- pedir comida en un restaurante
- referirme a personas y cosas ya mencionadas

- decir lo que yo y otros esperamos que haya pasado

¿Me puede traer... ?, ¿Está incluída la propina?

Quisiera...de postre, etc.

pronombres de complemento directo e indirecto: me lo (la), te lo (la), se lo (la), etc.

el presente perfecto del subjuntivo

A simple vista

Ya puedes leer y comprender bastante español. Para recordar lo que ya sabes, completa las siguientes actividades.

A. Los alimentos y la salud _(health)_. Con otra persona, hagan dos listas de alimentos: alimentos buenos para la salud y malos para la salud.

Son buenos para la salud	**Son malos para la salud**

B. Ud. es lo que come. Mira el título del artículo de la página 309, que trata _relationship_ de la grasa en la comida. ¿Qué significa este título? ¿Estás de acuerdo? _agreement_

C. Ya sé... En este artículo hay muchas palabras en español que ya conoces y _contains_ hay otras palabras que se parecen al inglés. Mira los dos primeros párrafos y encuentra palabras y expresiones que se relacionan con...

1. lo que es bueno para la salud _(health)_

2. lo que no es bueno para la salud

3. lo que se asocia con el peso _(weight)_

 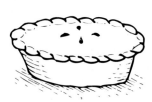 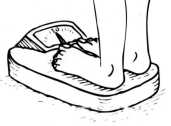

Ch. Otro nombre. De la lista que sigue, ¿qué otros títulos les puedes poner a las dos columnas del artículo?

1. antes comíamos...
2. debemos comer...
3. un menú para adultos...
4. nunca hemos comido...
5. un menú para niños...
6. la buena mesa...

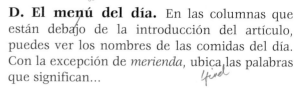

Si comió más de la cuenta y ahora lo lamenta...

HAMBURGUESA 99¢
ENCHILADA 79¢
HOT DOG $1.00
TAMALES 50¢
PAPAS FRITAS 50¢
REFRESCOS 65¢

...recuerde que para la mayoría de los malestares estomacales causados por comer o tomar demasiado...

...el remedio es el mismo.

Pepto-Bismol

D. El menú del día. En las columnas que están debajo de la introducción del artículo, puedes ver los nombres de las comidas del día. Con la excepción de *merienda*, ubica las palabras que significan...

1. breakfast   2. lunch   3. dinner

E. Casi iguales. Lee el resto del artículo y ubica las palabras que te son familiares. Copia o subraya *(underline)* estas palabras. Por ejemplo, ¿reconoces los siguientes *cognados* o palabras similares en inglés y español?

beicon / grano / salame / margarina / crema

■ ¿Qué vas a pedir tú?

VOZ

Las cosas chiquitas tienen todo muy concentrado, ¿verdad? ¿Y tú? Explica qué cosa o persona que conoces es chiquita y brava.

«Colorín, colorado, chiquito, pero bravo.»

-Adivinanza

UD. ES LO QUE COME

En estos tiempos en que todos nos preocupamos por consumir menos grasas y menos calorías, es interesante comparar dos dietas comunes para ver lo fácil que es reducir las grasas y el colesterol. Lo más agradable es que una dieta así lo hará bajar de peso también. Las dos dietas que siguen contienen una cantidad similar de calorías, pero difieren en la cantidad de grasas y colesterol que se consumen. Compare Ud.:

Comidas tradicionales

Desayuno
1 huevo frito
2 lascas de tocino (beicon)
2 tostadas con mantequilla
1 vaso de jugo de naranja

Merienda
1 rosca° glaseada

Almuerzo
57 gr. de salame (2 oz.)
28 gr. de queso americano (1 oz.)
2 rebanadas de pan blanco
1 cdta. de mostaza
1 galletita de chocolate

Merienda
28 gr. de papas fritas (1 oz.)

Cena
1 hamburguesa frita de 85 gr. con 1 cda. de ketchup
1 papa mediana con 1 cda. de crema
3/4 taza de brócoli hervido con 1 cdta. de mantequilla
1 trozo de bizcocho°
1 vaso de gaseosa

Valor nutritivo
Calorías: 2.400 cal.
Colesterol: 480 mg.
Total de grasa: 97 gr.
Grasa poliinsaturada: 9 gr.
Grasa saturada: 39 gr.
% de calorías de las prot. 13%, de la grasa 42%, de carbohidratos 45%

Comidas bajas en grasa

Desayuno
1 taza de salvado° de
cereal con 1/2 taza de fruta
1 taza de leche descremada
1 vaso de jugo de naranja

Merienda
1 panecillo tostado con 1 cdta. de margarina

Almuerzo
85 gr. de pechuga de pavo (3 oz.)
2 rebanadas de pan integral
1 tomate en rodajas
2 cdtas. de mayonesa
1 manzana mediana

Merienda
2 tazas de palomitas de maíz con 2 cdas. de aceite de maíz

Cena
1 hamburguesa a la brasa de 85 gr. con 1 cda. de ketchup
1 papa mediana con 1 cda. de yogur de bajas calorías o margarina
3/4 taza de brócoli hervido, 1 cdta. de aceite de maíz
1 taza de leche descremada
1 rebanada de pan integral con 1 cdta. de margarina
1 rebanada de pan de jengibre°
ensalada de verduras con 1 cda. de aceite de maíz

Valor nutritivo
Calorías: 2.003 cal.
Colesterol: 170 mg.
Total de grasa: 66 gr.
Grasa poliinsaturada: 15 gr.
Grasa saturada: 17 gr.
% de calorías de las prot. 18%, de la grasa 29%, de carbohidratos 53%

Tomado de *Vanidades continental*, EE.UU.

rosca...donut, *bizcocho*...pastel, *salvado*...bran, *jengibre*...ginger

F. Parejas. En la columna de la derecha, encuentra las definiciones de las palabras de la columna de la izquierda.

las palomitas de maíz	salsa de tomate
la mostaza	galleta pequeña
la galletita	panecillos circulares cubiertos con azúcar
el ketchup o sea...	carne seca y blanca del pollo o pavo
el pan de jengibre	pan integral
las roscas glaseadas	refresco con gas
el tocino	carne de cerdo que se come al desayuno
la tostada	condimento que se usa en los sándwiches
las verduras	de jamón
la gaseosa	maíz tostado que se come en el cine
la pechuga	legumbres
pan de grano entero	pan tostado
	un tipo de pan dulce o de galletas con
	forma humana

G. Una selección sana. De cada par de alimentos, di cuál es mejor para la salud.

1. el tocino (beicon) y el salame   o   el pollo y el pavo
2. la leche completa   o   la leche descremada
3. la mayonesa sin colesterol   o   la mostaza
4. una galleta   o   una manzana
5. la mantequilla   o   la margarina
6. galletas con trocitos de chocolate   o   pan de jengibre
7. las palomitas de maíz   o   las papitas fritas
8. el agua mineral   o   una gaseosa con azúcar
9. una pierna *(leg)* de pollo   o   la pechuga de pollo
10. una hamburguesa frita   o   una hamburguesa a la parrilla (brasa)
11. el pan integral   o   el pan blanco
12. el arroz integral   o   el arroz refinado

Los churros se preparan fritos (como las roscas) y se sirven con chocolate caliente.

H. ¿Cuánto quieres? ¿Qué alimentos se miden con las siguientes medidas *(measures)* o se dividen de las siguientes maneras? Escribe varios alimentos para cada medida que se ve en la ilustración.

■ **Por ejemplo:** una porción de...
helados, arroz, puré de papas...

1. una taza de...
2. una rodaja de...
3. una lasca de...
4. una cucharada de...
5. una cucharadita de...

6. 28 gramos o una onza de...
7. una rebanada de...
8. una porción de...
9. un trozo de...
10. un vaso de...

I. Abreviaturas. Une los términos similares de las dos columnas.

mediano(a)	gramo
cdta.	cucharadita
cal.	miligramo
prot.	ni grande ni pequeño
gr.	cucharada
mg.	proteínas
cda.	calorías

J. Marcas famosas. Usa una palabra del artículo para nombrar el alimento, condimento o bebida asociados con las siguientes marcas *(brand names)*.

1. Coca-Cola, 7-Up, Pepsi-Cola
2. Rome, Delicious, Granny Smith
3. Minute Maid, Tropicana
4. French's, Grey Poupon
5. Orville Reddenbacher
6. McDonald's, Wendy's

7. Kraft, Hellman's
8. Cheerios, Wheaties
9. Oscar Meyer
10. Perdue, Holly Farms
11. Parkay, Mazola
12. Puritan, Wesson

K. Por la mañana, voy a comer... Ahora, planea un desayuno nutritivo, bajo en calorías y grasas.

■ **Por ejemplo:** *Mi desayuno consiste en...*

En voz alta

A. Escucha una conversación y marca todos los temas que se mencionan.

un restaurante   la comida mexicana   un plato español
varios ingredientes   los gustos de papá   unos vegetales

B. Apunta todos los alimentos mencionados que puedas reconocer.
  ■ **Por ejemplo:** orégano, especias

Ⅱᴱᴬ Imágenes y palabras

Ahora que ya puedes leer sobre temas de nutrición, es hora de prepararse para conversar sobre lo que te gusta cocinar o comer.

Espero que hayas preparado el desayuno. *(I hope you have prepared breakfast.)*
La cocina huele *(smells)* **tan bien, huele a...**

tocino	**Quisiera tres lascas.** *(I'd like three strips.)*
huevos	**Los quiero fritos** *(fried)* **/ revueltos.** *(scrambled).*
avena	**Quisiera una porción** *(a serving),* **por favor.**
panqueques americanos	**Los prefiero con miel / sirope.** *(I prefer them with honey / syrup.)*
pan	**Quisiera una rebanada** *(slice)* **con mantequilla / margarina y mermelada, por favor.**
café	**¿Me trae una taza** *(cup)* **de café con leche y azúcar, por favor?**
panecillos dulces	**Quisiera uno, por favor.**

la avena

el sirope

los panqueques americanos

la mantequilla o la margarina

la miel

la mermelada

el tocino

la rebanada de pan
el panecillo dulce

los huevos revueltos

la taza de café

la leche

los huevos fritos

el azúcar

Aquí el almuerzo se sirve *(Lunch is served)* **de la una a las cuatro.**

Espero que haya *(I hope there is)*...

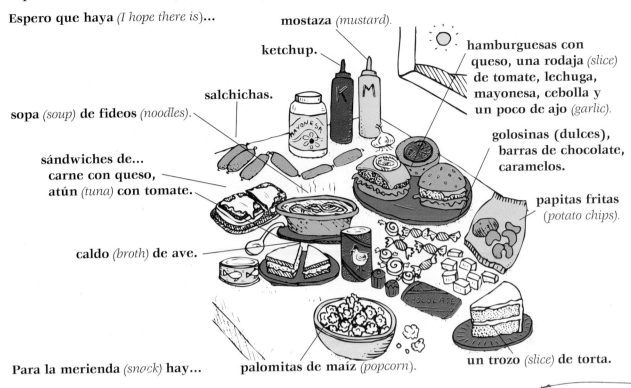

mostaza *(mustard)*.

ketchup.

salchichas.

sopa *(soup)* **de fideos** *(noodles)*.

sándwiches de...
carne con queso,
atún *(tuna)* **con tomate.**

caldo *(broth)* **de ave.**

hamburguesas con
queso, una rodaja *(slice)*
de tomate, lechuga,
mayonesa, cebolla y
un poco de ajo *(garlic)*.

golosinas (dulces),
barras de chocolate,
caramelos.

papitas fritas
(potato chips).

un trozo *(slice)* **de torta.**

Para la merienda *(snack)* **hay...**   **palomitas de maíz** *(popcorn)*.

La cena *(dinner)* **se sirve de las siete de la tarde a las doce de la noche.**

Pero no tengo hambre. Sólo *(Only)* **voy a pedir...**

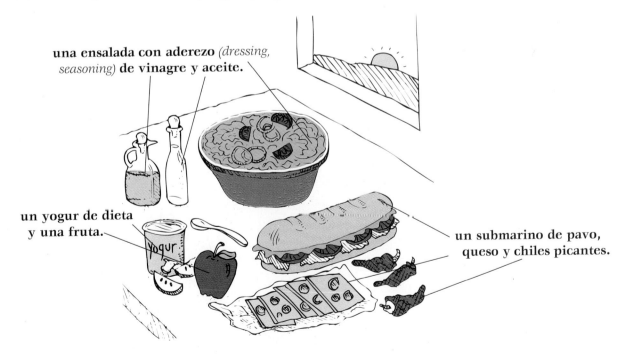

una ensalada con aderezo *(dressing,*
seasoning) **de vinagre y aceite.**

un yogur de dieta
y una fruta.

un submarino de pavo,
queso y chiles picantes.

La mesa ya está puesta *(set)*,
pero falta(n)[1] *(is / are missing)...*

la pimienta.   la sal.   una copa.

una taza.   un vaso.

una cucharita de té.

un tenedor.   una cuchara de sopa.

un cuchillo.

una servilleta.

un plato.

En el supermercado...

el aceite	viene en	botella.
el atún	viene en	lata.
el yogur	viene en	envase plástico.
la mayonesa	viene en	frasco.
las papas	vienen en	bolsa.
el cereal	viene en	caja.

---

[1] Notice that here **falta(n)** is used like **gustar: Me falta un tenedor.** A Elena le faltan un vaso y una copa.

A. ¡Hay que ordenar la despensa! Pon cada uno de estos alimentos en la(s) categoría(s) que le corresponda(n). Puede haber más de una categoría para algunos.

Para el desayuno   Para el almuerzo   Para la merienda   Para la cena

jamón / tostadas con mermelada / una manzana / té helado / cereal / un sándwich de jamón con queso / galletas / una barra de chocolate / tocino / atún / jugo de manzana / hamburguesas / pan integral con margarina / arroz / café con leche y azúcar / papitas fritas / té / plátanos / yogur con fruta fresca / ensalada de papas / avena con leche / ensalada mixta / panqueques americanos / una salchicha con pickles y mostaza / huevos revueltos / melón con jamón / mantequilla de cacahuete / un caldo de ave / un bistec con papas fritas / arroz con pollo / pescado frito con arroz y ensalada

B. ¡Me muero por un buen desayuno! Describe tu desayuno preferido del día domingo. Incluye un jugo, algo caliente, y café, chocolate o té.

C. Una merienda que no te enferme. Dale buenos consejos a tus compañeros sobre cómo merendar mejor, con cosas más sanas *(healthy)* que las cosas indicadas.

▇ **Por ejemplo:** una cucharada de azúcar
          En vez de comer azúcar, deben comer miel o nada dulce.

1. un trozo de pastel
2. una bolsa de papitas fritas
3. un sándwich de jamón
4. una barra de chocolate
5. un trozo de tarta de manzanas
6. una porción de helado

Ch. Mmmmh, ¡qué aroma! Di qué aromas de comida (u otras cosas) asocias con los siguientes lugares y ocasiones.

▇ **Por ejemplo:** Es el día de mi cumpleaños.
          Huele a rosas y té.

1. Es el día de *Thanksgiving*.
2. Es domingo por la mañana en casa.
3. Tu mamá prepara tu plato preferido.
4. Es el 4 de julio.
5. Estás en la cafetería del centro estudiantil.
6. Estás en un restaurante de comida al paso como McDonald's.
7. Estás en un restaurante italiano.
8. Estás en un restaurante mexicano.
9. Son las ocho de la mañana en casa.
10. Tu hermano(a) menor prepara el almuerzo.

D. Encuesta. Entrevista a cinco compañeros sobre sus comidas y bebidas preferidas. Anota los datos y después escribe un resumen de lo que averiguaste *(found out)*.

A ti, ¿qué te gusta? ¿Qué prefieres?

1. Para el desayuno, ¿qué te sirves?
2. ¿Qué bebidas prefieres para el almuerzo?
3. ¿Cuáles son tus platos o alimentos preferidos para el almuerzo?
4. ¿Qué platos o alimentos prefieres a la hora de la cena?
5. ¿Cuáles son tus bocados preferidos para merendar?

E. ¿Qué falta? Di qué falta en cada situación.

■ **Por ejemplo:** Pediste langosta pero no tienes con qué protegerte la ropa.
Me falta una servilleta grande.
Pidieron una ensalada pero no tiene nada más que papas.
Les faltan el aderezo, la cebolla,... .

1. Pediste la sopa pero no tienes con qué tomarla.
2. Pediste vino pero sólo hay vasos para agua en la mesa.
3. Pidieron queso pero no hay con qué cortarlo.
4. Pidieron pastel de postre pero no hay con qué comerlo.
5. Pediste huevos fritos pero no tienen ningún condimento.
6. Pidieron hamburguesas pero no tienen ningún condimento.

Visión

En el mercado de Xochimilco, en las afueras de la Ciudad de México, se puede comprar cualquier cosa fresca o artesanías de la región. ¿Qué puedes comprar en el puesto de la foto?

place

F. En el supermercado. Di en qué vienen y en qué se sirven los siguientes alimentos.

■ **Por ejemplo:** los champiñones
> *Los venden en bolsas o cajas de plástico.*
> *Los sirven enteros o en trozos.* pieces
>   whole

Lo / La / Los / Las venden en...
lata / frasco / bolsa / botella
caja / envase plástico.

Lo / La / Los / Las sirven en...   strips
rebanadas / lascas / porciones / vaso /
trozos / rodajas / cucharaditas.
                                    teaspoon
                            slice
                            tomate

1. las papas
2. la mermelada
3. la mostaza — mustard
4. el cereal
5. las judías verdes
6. el jugo de manzana
7. las cebollas
8. el arroz
9. el pan *Lo*
10. el tocino *Lo*
11. las piñas *La*
12. el azúcar *Lo*

⊕ Con teleobjetivo

Para hablar: To refer to people and things already mentioned

Double object pronouns

In preceding chapters, you have practiced using two types of object pronouns. You have used indirect object pronouns (**me, te, le, nos, os, les**) to refer to people (or things) *to whom* or *for whom* something is done.

Como era el cumpleaños de mi tía, **le** hicimos un pastel grande. Y **les** compramos otras golosinas **a ella** y **a su hijita.**	*Since it was my aunt's birthday, we made a big cake **for her.** And we also bought some other sweets **for her** and **her little daughter.***

You also used direct object pronouns (**me, te, lo, la, nos, *os*, los, las**). These pronouns are used to avoid repetition of the direct object.

Me gusta el yogur. **Lo** como con frecuencia.	*I like yogurt. I eat **it** frequently.*

Often, you will want to use *both* types of pronouns (indirect and direct object) together. Study the following example.

—¿Quién **te** hizo la torta, Inés? —**La** hizo mi madrina. **Me la** hizo para el cumpleaños.	*—Who made the cake for you, Inés?* *—My godmother made **it**. She made **it** for me for my birthday.*

1. Notice that both pronouns go before the conjugated verb form.

—¿Por qué no **me** trajiste el arroz a la valenciana? —Porque no **te lo** podía hacer sin ayuda.	*—Why didn't you bring **me** the rice a la valenciana (Valencia style)?* *—Because I couldn't make **it for you** without help.*

2. Always use the indirect object pronoun (**I**) before the direct object pronoun (**D**).

—La tarjeta de cumpleaños **me la** dieron mis amigos.

$$\text{I} \quad \text{D}$$

—Y la torta, ¿quién **te la** trajo?

$$\text{I} \quad \text{D}$$

—Ah, ésa **me la** hizo mi mamá.

$$\text{I} \quad \text{D}$$

3. If the indirect object pronouns **le** or **les** are used with a direct object pronoun, replace **le** or **les** with **se**. If it is necessary, clarify to whom you are referring using a phrase with **a** + *person.*

—¿Quién **le** hizo las compras **a Jorge**?	—*Who did the shopping **for Jorge**?*
—**Se las** hizo su mamá.	—*His mother did **it for him**.*
—¿Y quién **les** trajo el jamón?	—*And who brought **them** the ham?*
—**Se lo** trajo el tío del campo.	—*Their uncle from the country brought **it to them**.*

4. The two pronouns may also be attached to the infinitive, as you have learned to do with indirect and direct object pronouns. When attaching two pronouns, the indirect object pronoun (I) comes before the direct object pronoun (D).

Me encanta la salchicha española.	*I love Spanish sausage. Thanks for*
Gracias por habér**mela** traído.	*having brought **it to me**.*

$$\text{I} \quad \text{D}$$

A. Mala atención. Imagínate que le has pedido varias cosas al mesero *(waiter)*, pero él no te las ha traído. ¿Cómo puedes quejarte al *maître?* Tú eres el cliente y tu compañero es el *maître.*

▪ **Por ejemplo:** una cuchara de sopa

  —*Señor (Señora), le pedí una cuchara de sopa al mesero.*
  —*Y se la trajo, ¿no?*
  —*No, no me la ha traído todavía.*

1. la sal y la pimienta	**6.** un plato grande
2. una servilleta	**7.** un tenedor de postre
3. un plato de pan	**8.** el azúcar
4. una copa para el vino	**9.** un vaso de agua fría
5. una cucharita de café	**10.** la cuenta *(the check)*

B. Buena gente. Pregúntale a tu compañero(a) quién ha hecho lo siguiente por él o ella. Él (Ella) te contesta las preguntas.

▪ **Por ejemplo:** mandarle una tarjeta de cumpleaños

  —*¿Quién te mandó esa tarjeta de cumpleaños?*
  —*Mi hermano me la mandó.*
  o: —*Yo mismo(a) me la compré.*

1. pagarle la cuenta cuando fue a cenar	**5.** darle el dinero para los libros
2. prestarle unos dólares el mes pasado	**6.** conseguirle un trabajo bueno
3. hacerle una fiesta para su cumpleaños	**7.** pagarle la matrícula
4. comprarle los alimentos del mes	**8.** mandarle unas golosinas

C. Todavía no. Di qué cosas has o no has hecho.

■ **Por ejemplo:** regalarle un anillo caro a tu novio(a)
　　　　　　　Todavía no se lo he regalado.
　　　　　o: *Ya se lo he regalado.*

1. llevarle un ramo de flores grande a tu madre o tu padre
2. prestarle cien dólares a un(a) amigo(a) / a tu...
3. mandarle un telegrama de amor a una persona que te interesa
4. prepararle una comida completa a tu madre para su cumpleaños
5. decirle un gran secreto a tu mejor amigo(a)
6. declararle tu amor a cierta persona
7. escribirle un poema de amor a alguien
8. darle una tarjetita de saludo a tu profesor (profesora)

Ch. No me resultó. Imagínate que ibas a hacer algo pero al fin no lo hiciste. De la lista, da tres ejemplos de cosas que no has hecho todavía y explica por qué.

■ **Por ejemplo:** lavarle el coche a un(a) amigo(a)
　　　　　　　***Iba a** lavarle el coche, **pero todavía** no se lo he lavado **porque** llovió.*

hacerle las compras a... / escribirle una carta a... / mandarle un...a... / comprarle un pastel a... / pedirle una tarea (libro, etc.) a... / contarle algo a... / darle un...a... / lavarle el...a... / ordenarle el...a... / limpiarle el...a... / enseñarle el (los, etc.) ...a... / comprarle un...a...

D. Adivina quién lo hizo. Di quién hizo cada una de las siguientes cosas: el mesero, la cliente o la cocinera *(cook)*. Sigue el ejemplo.

■ **Por ejemplo:** pedirle la cuenta al mesero
　　　　　　　La cliente se la pidió al mesero.

1. traerle la comida a la cliente
2. dejarle una propina *(to leave a tip)* al mesero
3. prepararle las gambas al ajillo a la cliente
4. hacerle los panqueques a la francesa a la cliente
5. pedirle un cuchillo para la carne al mesero
6. servirle el desayuno a la cliente
7. echarle *(to pour)* agua al vaso a la cliente
8. ponerle la mesa a la cliente
9. pagarle la cuenta al mesero
10. pedirle la comida en la cocina a la cocinera

¡Última hora!

Para hablar: Following restaurant etiquette

Restaurant talk

What you say and how you act in a restaurant are as important as knowing what to order. Here is a list of some common expressions.

Greeting and seating yourself: Use appropriate formal greetings.

Al entrar en el restaurante, hay que saludar y buscar una mesa. No esperes *(Don't expect)* que el (la) mesero(a) te lleve a una mesa.

—Buenos días, ¿podemos sentarnos aquí?

—Sí, cómo no. Ya vuelvo; aquí tienen la carta *(el menú)*, mientras tanto *(in the meantime)*.

Ordering food and then drinks: Use **quisiera (quisiéramos) / me gustaría**

Cuando vuelve el (la) mesero(a), él (ella) dice...

Mesero: ¿Qué desean los señores?

Cliente 1: Yo quisiera el menú del día *(the house special)*.

Cliente 2: Para mí, el bistec con patatas y una ensalada mixta.

Cliente 3: Y a mí me gustaría *(I would like)* el pollo asado con guisantes y jamón.

Mesero: Sí, muy bien. Las patatas, ¿cómo las quiere el señor?

Cliente 2: Asadas, por favor.

Mesero: Muy bien, y de beber, ¿qué quieren? Hay vino de la casa y cerveza.

Cliente 1: ¿Nos puede traer tres botellas grandes de cerveza, por favor? Y también quisiéramos *(we would like)* pan y queso.

Mesero: Sí, cómo no.

La comida al paso al aire libre sabe mejor, ¿verdad? ¿Dónde puedes comer al aire libre en tu ciudad? ¿Qué comida al paso prefieres?

VOZ

¿Y tú? Dale consejos a otra persona sobre el arte de comer bien.

De un *Arte de bien comer*, primera lección:
No has de coger la cuchara con el tenedor.

-Antonio Machado

Reacting to the unexpected: Use expressions of regret or surprise

Unos minutos después...

Mesero: Lo siento mucho, señores, pero sólo tenemos cerveza malta negra.
Cliente: Ah, ¡qué lástima *(too bad)*! A mí no me gusta la malta. Para mí, media botella de vino tinto, entonces.

Catching the waiter's or waitress's eye and complaining: Use **¡Señor, señor! (¡Señorita, señorita!)**

El mesero trajo la cerveza, pero nunca trajo el vino.
Cliente: ¡Señor, señor! (¡Señorita, señorita!) Le pedí media botella de vino, pero no me la trajo.
Mesero: ¿No se la traje? Perdone, se la traigo inmediatamente.
Cliente: Que sea *(Make sure it is)* vino tinto, ¿eh?
Mesero: Sí, sí; en seguida.

Requesting something else: Use **¿Me (Nos) puede traer... ?**

Luego llega la comida y el mesero pregunta si quieren algo más.
Mesero: ¿Desean algo más, los señores?
Cliente: Sí, mire *(look)*, por favor, ¿me puede traer *(can you bring me)* aceite de oliva para la ensalada?

Toasting and enjoying: Use **¡Salud!, ¡Provecho!**

Cuando levantan las copas para beber, digan *(say)*...
—¡Salud!
Cuando empiezan a comer, digan...
—¡Buen provecho!

Décimo capítulo

Asking for the check: Use **¿Me (Nos) puede traer la cuenta?**

Una hora después...

Cliente: ¡Hombre, ya es demasiado tarde! Nos tenemos que ir; pidamos *(let's ask for)* la cuenta. Señor, señor, ¿me puede traer la cuenta, por favor?

Mesero: ¿No van a servirse algo de postre? Hay manzanas asadas y flan.

Cliente: No, gracias, estamos satisfechos *(we're full)*; comimos muy rápido. Traiga tres cafés y la cuenta, nada más.

Paying and leaving a tip: Use appropriate leave-taking expressions

El mesero trae la cuenta y los amigos pagan. Uno(a) de ellos le pasa la propina *(tip)*.

Cliente: Gracias, ¿eh? Hasta mañana. El bistec estaba fenomenal.

Mesero: Me alegro, señor. Aquí estamos, para servirle.

A. ¿Quién lo dice? ¿Quién le dice lo siguiente a quién en un restaurante? ¿El (La) mesero(a) o el (la) cliente?

■ **Por ejemplo:** ¿Algo de postre?
El mesero se lo dice al cliente.

1. Falta un cuchillo aquí, por favor.
2. ¿Qué quisiera pedir, señorita?
3. Este vaso no está limpio. ¿Me lo puede cambiar, por favor?
4. ¿No se lo traje? Se lo traigo de inmediato.
5. ¿Me puede traer más pan, por favor?
6. Aquí estamos, para servirle.
7. Cómo no. Vuelvo inmediatamente.
8. ¡Salud!
9. ¿Tiene una mesa con vista al mar?
10. Lo siento, no hay camarones hoy día, pero tenemos langosta.
11. Le pedí una mineral y no me la trajo.
12. Faltan las copas para el vino, por favor.
13. ¡Buen provecho!

B. Quejas. Atrae la atención del mesero y pídele algo para resolver cada uno de estos problemas.

■ **Por ejemplo:** La carne está fría.
¡Señor, señor! El bistec está frío. ¿Me puede traer otro por favor?

1. El vaso está roto.
2. El vino blanco no está bastante frío.
3. No tenemos ni pan ni mantequilla.
4. No me dio vaso para la Coca-Cola.
5. El guacamole está demasiado picante.
6. El bistec está casi crudo.
7. Faltan unos vasos para los refrescos.
8. El pescado está quemado.

C. Ensayo general. Con otros tres compañeros(as), usen la siguiente carta para pedir una comida completa. Una persona es el (la) mesero(a), dos son clientes y una es el (la) *maître*. El (La) mesero(a) debe informarle al (a la) *maître*, quien también va a la mesa a ver que todo ande bien. Los clientes también le informan al (a la) *maître* sobre la calidad de la comida y la atención del (de la) mesero(a). El (La) mesero(a) calcula la cuenta y los clientes calculan la propina que van a dejar.

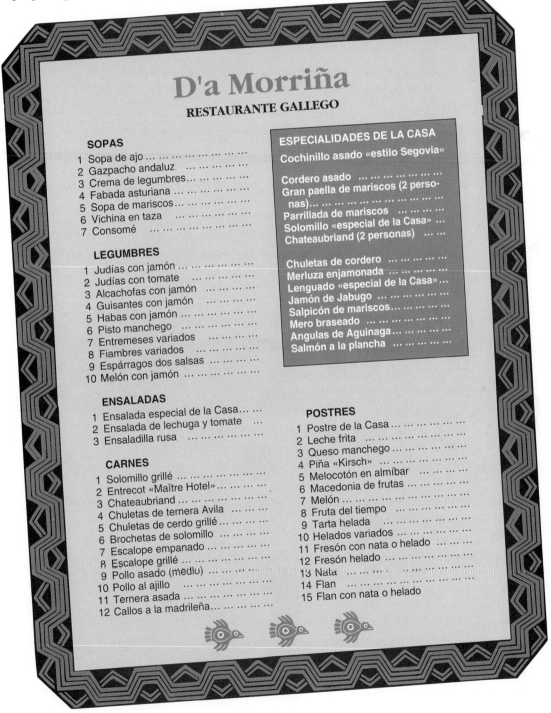

D'a Morriña
RESTAURANTE GALLEGO

SOPAS
1 Sopa de ajo … … … … … … …
2 Gazpacho andaluz … … … … …
3 Crema de legumbres… … … … …
4 Fabada asturiana … … … … … …
5 Sopa de mariscos … … … … … …
6 Vichina en taza … … … … … …
7 Consomé … … … … … … … …

LEGUMBRES
1 Judías con jamón … … … … … …
2 Judías con tomate … … … … …
3 Alcachofas con jamón … … … …
4 Guisantes con jamón … … … …
5 Habas con jamón … … … … …
6 Pisto manchego … … … … … …
7 Entremeses variados … … … …
8 Fiambres variados … … … … …
9 Espárragos dos salsas … … … …
10 Melón con jamón … … … … …

ENSALADAS
1 Ensalada especial de la Casa… …
2 Ensalada de lechuga y tomate …
3 Ensaladilla rusa … … … … …

CARNES
1 Solomillo grillé … … … … … …
2 Entrecot «Maître Hotel» … … … …
3 Chateaubriand … … … … … …
4 Chuletas de ternera Avila … … …
5 Chuletas de cerdo grillé … … …
6 Brochetas de solomillo … … …
7 Escalope empanado … … … …
8 Escalope grillé … … … … … …
9 Pollo asado (medio) … … … …
10 Pollo al ajillo … … … … … …
11 Ternera asada … … … … … …
12 Callos a la madrileña… … … …

ESPECIALIDADES DE LA CASA
Cochinillo asado «estilo Segovia»

Cordero asado … … … … … …
Gran paella de mariscos (2 personas)… … … … … … … …
Parrillada de mariscos … … … …
Solomillo «especial de la Casa» …
Chateaubriand (2 personas) …

Chuletas de cordero … … … …
Merluza enjamonada … … … …
Lenguado «especial de la Casa» …
Jamón de Jabugo … … … … …
Salpicón de mariscos… … … …
Mero braseado … … … … …
Angulas de Aguinaga… … … …
Salmón a la plancha … … … …

POSTRES
1 Postre de la Casa … … … … …
2 Leche frita … … … … … … …
3 Queso manchego … … … … …
4 Piña «Kirsch» … … … … … …
5 Melocotón en almíbar … … … …
6 Macedonia de frutas … … … …
7 Melón … … … … … … … …
8 Fruta del tiempo … … … … …
9 Tarta helada … … … … … …
10 Helados variados … … … … …
11 Fresón con nata o helado … …
12 Fresón helado … … … … … …
13 Nata … … … … … … … …
14 Flan … … … … … … … …
15 Flan con nata o helado … … …

Ch. Espero que haya... Con otra persona, digan qué dice el (la) mesero(a) y qué espera el (la) cliente que haya en el restaurante en cada caso. Sigan el ejemplo.

■ **Por ejemplo:** para el desayuno
> —¿*Qué desea tomar para el desayuno?*
> —***Espero que haya*** *(I hope there is / are) huevos revueltos.*

1. para el desayuno, el almuerzo, la cena, una merienda
   huevos revueltos / pan tostado / sopa de fideos / bistec a la parrilla / camarones al ajillo / tarta de manzana
2. sentarse
   una mesa al lado de la ventana / cerca de la puerta / cerca de la cocina / donde no haya fumadores / con vista al lago / con vista al mar

⊕ Con teleobjetivo

Para hablar: Saying what you hope has happened

Present perfect subjunctive

In the preceding activity, you used the expression **espero que haya...** to say what you hope there will be. Notice that, like **hay**, the word **haya** does not change when used to mean *there is* or *there are,* regardless of whether you refer to one (singular) or several things (plural).

Visión

¡Qué calor! Para calmar la sed, un poco de vino nuevo que trajo en la bota (bolsa de cuero para el vino). ¿Y tú? ¿Qué quieres llevar en tu bota?

En el restaurante:

Espero que **haya** mariscos.
*I hope **there are** shellfish.*

En el mercado al aire libre:

Espero que **haya** trucha hoy.
*I hope **there is** trout today.*

1. Recall that in previous chapters you used the words **hay** and **había** to express the notions *there is / are* and *there was / were*. These words, as well as **haya**, come from the verb **haber. Haya** is the *present subjunctive* form of **haber.** The present subjunctive is always used after the expression **esperar que...** *(to hope that...)* to say what you hope there is / there are / there will be.

   Espero que todavía **haya** ensaladas en la cafetería; ya es tarde.

   *I hope that **there** still **are** some salads in the cafeteria; it's already late.*

2. The present subjunctive of **haber** may also be used with a past participle to indicate something that you hope has occurred. In the following examples, notice the difference between **ha** + *past participle* (what has happened) and **haya** + *past participle* (what you hope has happened).

   Dice mi tío que mis padres ya me **han mandado** el cheque para las compras del mes. Espero que me **hayan mandado** un poco más que el mes pasado.

   *My uncle says that my parents **have** already **sent** me the check for this month's food. I hope that they **have sent me** a little more money than last month.*

   Veo que **has terminado** de preparar el pollo para ponerlo a cocinar. Espero que no le **hayas puesto** demasiada sal; es mejor ponerle especias.

   *I see you **have** already **finished** preparing the chicken to start cooking it. I hope you **haven't put** too much salt on it; it's better to put spices on it.*

3. The following are the forms of **haber** in the present subjunctive, which you use with the past participles you already know.

Esperan que...	
(yo)	**haya** hecho el postre.
(tú)	**hayas** hecho el postre.
(él, ella, Ud.)	**haya** hecho el postre.
(nosotros / nosotras)	**hayamos** hecho el postre.
(vosotros / vosotras)	**hayáis** hecho el postre.
(ellos, ellas, Uds.)	**hayan** hecho el postre.

   Mis amigos van a comer en casa también. Espero que mamá **haya hecho** suficiente asado para todos.

   *My friends are going to eat at home too. I hope Mom **has made** enough roast for everyone.*

   La carne está un poco dura. Espero que la **hayamos hervido** suficiente para ablandarla.

   *The meat is a little tough. I hope we **have boiled** it enough to soften it.*

   El mesero espera que **hayamos calculado** bien su propina y, por su parte, el cocinero espera que nos **haya gustado** la cena.

   *The waiter hopes we **have calculated** his tip well and the cook hopes we **have enjoyed** the dinner.*

A. Lo doy por sentado. ¿Qué esperas encontrar en los siguientes lugares?

■ **Por ejemplo:** en un kiosko de revistas
Espero que haya revistas de moda (fashion).

1. en la playa
2. en un hotel de lujo
3. en la cafetería de la residencia
4. en un almacén grande
5. en una bombonería
6. en la cocina de un apartamento
7. en un restaurante español
8. en un restaurante mexicano
9. en una panadería
10. en un restaurante americano
11. en una pescadería buena
12. en una fiesta navideña

B. Crisis. Imagínate que has tenido un problema y que varias personas te han ofrecido ayudar en casa. Di qué esperas que ellos hayan hecho. Incluye *me* en tus frases, porque ellos lo están haciendo *por ti.* Sigue el ejemplo.

■ **Por ejemplo:** ¿Limpiaron el acuario?
Espero que me lo hayan limpiado.

1. ¿Hicieron las compras?
2. ¿Sacaron la basura?
3. ¿Llevaron la ropa a lavar?
4. ¿Sacaron a pasear al perro?
5. ¿Prepararon la cena?
6. ¿Contestaron mis mensajes?
7. ¿Recogieron (*Did they collect, pick up*) mis cartas?
8. ¿Le dieron comida al gato?

C. Fin de año. Has gastado (*You have spent*) tus ahorros (*savings*) en distintos regalos para las fiestas. Di qué reacciones esperas de tus amigos y familiares.

■ **Por ejemplo:** ¡Qué blusa más linda le compré a mi mamá!
Espero que le haya gustado.
¡Qué animalitos de felpa más preciosos les llevé a mis sobrinas!
Espero que les hayan gustado.

1. ¡Qué corbata tan preciosa le mandé a mi papá!
2. ¡Qué discos tan brutales les compré a mis hermanos!
3. ¡Qué colonia tan fina le regalé a mi novio(a)!
4. ¡Qué bombones tan exquisitos les mandé a mis tíos!
5. ¡Qué planta tan hermosa le compré a mi amiga!
6. ¡Qué libro más interesante le llevé a mi hermanita!

Ch. Gran banquete. Vas a preparar una comida mexicana completa y varias personas van a traer distintos ingredientes. Di qué esperas de cada uno(a) de ellos para poder preparar el banquete. Sigue el modelo.

■ **Por ejemplo:** Margarita tiene que comprar carne de res para las enchiladas.
Espero que Margarita me la haya comprado.

1. Juan Esteban tiene que encontrar aguacates para el guacamole.
2. Mauricio debe buscar cebollas para las fajitas de carne.
3. Rosita tiene que comprar tortillas de maíz frescas.
4. Alberto tiene que conseguir un pollo fresco.
5. Roberto va a buscar camarones frescos, no congelados.
6. María Inés debe traer los chiles picantes.

D. Ya viene mi cumpleaños. Cuando se acerca tu cumpleaños, di qué esperas de cuatro de tus amigos y familiares. Sigue el modelo.

■ **Por ejemplo:** Espero que...mi hermano me haya mandado unos pantalones.

Posibles verbos: preparar / comprar / hacer / mandar / escribir / traer / regalar / cocinar...

En voz alta

A. Escucha la conversación entre una madre y su hijo. Ordena las siguientes frases según la receta. Usa *primero, segundo, tercero, cuarto,* etc.

agregar los guisantes congelados
freír el arroz
poner las verduras

cortar la cebolla
agregar pedazos de pollo
poner sal, hierbas y especias

B. Escucha otra vez y anota todos los ingredientes que se mencionan de los siguientes grupos.

carnes y aves
cereales y carbohidratos

pescados y mariscos
verduras

hierbas y especias
grasas y aceites

▐▌🖼 Otro vistazo

Piensa...

A. Lo que caracteriza a una cocina nacional son ciertos platos e ingredientes que se cocinan una y otra vez — ¡a veces diariamente! Sin embargo, ahora la gente no siempre tiene tiempo de prepararlos a menudo, porque un plato tradicional toma más tiempo y porque hay que comprar carnes y verduras frescas específicas. Describe un plato tradicional de tu región y di cuándo se sirve.

■ **Por ejemplo:** *En el verano, siempre hacemos... .*

¿Qué platos y alimentos típicos reconoces ■ en esta foto?

B. Con dos personas más, hagan una lista de todos los platos tradicionales hispanos que conozcan.

- **Por ejemplo:** *calamares fritos, sopa de ajo...*

- ¡Qué fresco está el gazpacho! Está hecho de tomate, pimientos verdes, pepino, cebolla, ajo y aceite de oliva.

C. Como no hay tiempo para preparar comida tradicional, en Estados Unidos se ha hecho muy popular *la comida al paso* (la comida rápida). Con otra persona, hagan una lista de los platos y alimentos que se consideran comida al paso en los EE.UU. Luego, pónganlos en uno de los siguientes grupos.

| precocinados | congelados | procesados | fritos |

Ch. Con tu compañero(a), piensen en las ventajas *(advantages)* y desventajas de la comida al paso y escríbanlas en dos columnas.

Las ventajas son... .   **Las desventajas son... .**

D. Según tú, ¿qué platos y alimentos de tu lista no se encontrarían en los países hispanos?

- **Por ejemplo:** *No creo que haya quesos procesados.*
  Dudo que haya hamburguesas procesadas.

Mira...

E. Ahora, mira el título y la introducción del siguiente artículo de una revista española que está en la página 329. Adivina a qué se refiere.

1. platos tradicionales de la cocina española
2. los peligros de la comida al paso
3. la buena nutrición de los platos tradicionales
4. las ventajas e inconvenientes de la comida al paso

Lee...

F. Lee el primer párrafo y copia las palabras y frases que describen la «hamburguerización» de la sociedad española.

G. Ahora lee los otros párrafos y completa el siguiente resumen.

> **Cuando tenemos prisa, podemos... . Sin embargo, la comida al paso... . La comida procesada a menudo *(often)* tiene... . Sin duda, los peligros más graves son... . Lo más importante de todo esto es... .**

H. ¿Qué ventajas y desventajas de la comida al paso puedes agregar a la lista que hiciste en la Actividad **Ch**?

Ya conoces este restaurante de comida al paso, ¿verdad? ¿Qué vas a pedir tú?

EL SUPER MENU

SUPER CLASSIC, PATATAS FRITAS Y REFRESCO.

WENDY HAMBURGERS.

Por su nombre y por sus ingredientes las conocerás.

Wendy Super Classic
Pan
Mayonesa
Ketchup
Pepinillo
Cebolla
Tomate
Lechuga
Carne fresca de primera

Super Classic con queso
Todo lo que tiene la Super Classic. Y además, una loncha de queso encima de la carne.

Super Classic Doble
Una Super Classic por partida doble. Con doble carne y todo lo que hace súper a la Super Classic.

Super Classic Doble con queso
Y encima de esto una loncha de queso.

Doble Bacon Cheeseburger
Tiene doble carne con queso. Mayonesa, tomate, lechuga y mucho bacon crujiente.

Hamburguesa
Lleva ketchup, pepinillo, mostaza y carne fresca

Cheeseburger
Igual que la Hamburguesa pero con queso.

Sandwich de Pollo
Un jugoso Sandwich de Pollo con lechuga, tomate y mayonesa. Lo puedes pedir con bacon y queso.

Sandwich de Pescado
Otro Sandwich la mar de rico. Delicioso pescado rodeado por un océano de lechuga y salsa tártara.

McCain Patatas fritas

Rápidas, pero...

Una salchicha con una bolsa de patatas fritas o una hamburguesa completa con una bebida gaseosa pueden ser muy rápidas, pero... dejan secuelas más tóxicas que nutritivas.

El alimento es como el aire: lo incorporamos sin pensar, como parte del ritmo de nuestras rápidas vidas. Es lógico que, ante la aceleración de nuestros días, tratemos de simplificar todo lo que lleva demasiado tiempo; por ejemplo, cocinar en forma tradicional. Así hemos contribuido a la propagación de lo que en Estados Unidos se llama *fast food*, comida rápida o al paso, también conocida como *junk food* o «comida basura».

Las cadenas de restaurantes que ofrecen comida al paso ya han invadido el mundo y han generado un cambio sociológico importante en muchos países, donde a los jóvenes les gusta sentir un «gusto a *Dallas*[1]» en lo que comen. Por eso, los platos tradicionales se hallan en peligro ante la invasión, porque los valores tradicionales de la calidad de la comida se erosionan lentamente y la alimentación se vuelve cada vez más parecida en todos los países. Es muy difícil resistir la «hamburguerización» de la sociedad.

¿Qué nos aporta una comida rápida? Prácticamente NADA. Las salchichas contienen un 20% de grasas, 12% de proteínas y 4% de hidratos de carbono. Mientras tanto, un trozo de carne magra° contiene un 20% de proteínas y 5% de grasa, y una porción de pescado aporta 20% de proteínas y sólo 3% de grasa.

Aunque Ud. haya comprado la mejor fritura, ese alimento retiene del 8 al 10% de la grasa usada para freírlo. Por ejemplo, 100 gramos de patatas fritas pueden equivaler a 37 gramos de aceite o de grasa. Además, todas las frituras comerciales están hechas con mantecas vegetales que son particularmente inestables y poco aptas para freír. Por todo esto, una alimentación basada únicamente en comidas rápidas está lejos de contribuir a una dieta adecuada. No sólo pueden provocar desnutrición sino que también plantean un mayor riesgo de contaminación e intoxicación que las comidas «lentas».

A pesar de que el hombre es orgánicamente el mismo en los Estados Unidos que en España, hay alimentos y aditivos que son prohibidos en aquel país que son consumidos en el nuestro. Por ejemplo, los pollos con salmonela, las manzanas cancerígenas y las carnes tratadas con hormonas son alimentos preferidos por los norteamericanos que se convirtieron en alimentos peligrosos. Sin embargo, aquí se consumen diariamente. En las cajas de los supermercados los comentarios denotan preocupación, si no pánico: «No tengo ganas de comer nada. El colesterol te mata, el pescado tiene mercurio, el pollo tiene hormonas».

Además están los conservantes, colorantes, saborizantes, texturizantes y docenas de sustancias químicas de nombres incomprensibles impresos en los envases y envoltorios. La gente se pregunta, ¿serán buenos o malos para la salud? Para saberlo, sería necesario un doctorado en química orgánica, por lo menos.

Desgraciadamente, la lista de los problemas de los alimentos procesados no acaba con los aditivos y los conservantes. Los alimentos también pueden estar contaminados con bacterias patógenas, cuyos efectos más comunes son los trastornos de tipo gastrointestinal. Basta unos pocos estafilococos dorados en una planta procesadora para que se contaminen grandes cantidades de alimentos. Recientemente, el peligro de contaminación mayor lo representan los gérmenes del cólera, grave enfermedad entérica que ha atacado a algunos países latinoamericanos.

Lo más importante es adoptar una dieta adecuada. Toda alimentación debe ser variada con cereales, carnes (cuyas proteínas forman el sistema inmune y los tejidos), verduras y frutas (que contienen vitaminas, minerales y fibras que limpian las toxinas del aparato digestivo) y lácteos que aportan el calcio necesario. Así se pueden evitar muchas enfermedades cancerígenas, alérgicas y cardiovasculares. Sin embargo, el primer paso es darle tiempo suficiente a cada comida, para evitar las toxinas que aporta la internacionalmente conocida «comida basura» y desarrollar una vida más sana.

Tomado de *Ser uno mismo*, España

---

[1] La telenovela *Dallas* ha tenido tal impacto en el extranjero que mucha gente identifica la teleserie con la cultura norteamericana: riqueza y *glamour*.

magra...sin grasa

I. Copia por lo menos cinco palabras del artículo que definen las comidas....

«rápidas»   «lentas»

J. Con otra persona, ubiquen las palabras de la Columna A en el artículo. En seguida, únanlas con las palabras asociadas de la Columna B.

A	B
secuelas	cualquier alimento frito
comida al paso	sirven para poner cosas en ellos
fritura	da
lácteos	aceites, mantecas y mantequillas
trastornos	productos derivados de la leche
saborizantes	consecuencias
envases	tiene riesgo *(risk)*
peligroso	molestias, enfermedades
gérmenes	comida rápida
grasas	microbios
aporta	sustancia que mejora el sabor

K. En el párrafo 4, encuentra las expresiones *aunque, además,* y *sino que también*. Una de ellas es equivalente a *pero también*, otra a *no importa que (it doesn't matter)* y la otra es similar a *también*. Lee el párrafo y determina cuál es cuál. Luego, completa las frases que siguen con *aunque, además* o *sino que también* según el contexto.

1. La dieta de los jóvenes es pobre en fibra y rica en grasas. _____ , a los jóvenes les gusta el sabor «a Dallas» de cierta comida.

2. Los peligros vienen principalmente de la contaminación. _____ , se le agregan una gran cantidad de conservantes y texturizantes a los alimentos procesados.

3. _____ el pollo frito que Ud. compre sea de muy buena calidad, toda fritura retiene gran cantidad de grasa y es mala para la salud.

4. No sólo hay que consumir alimentos frescos, _____ hay que preocuparse de que no estén contaminados con bacterias o gérmenes.

5. _____ hoy haya comido alimentos tan importantes como manzanas y pescado fresco, Ud. también debe saber si les han agregado sustancias cancerígenas.

L. Con otra persona, den por lo menos un ejemplo de cada uno de los grupos que siguen. Pueden usar sus propios ejemplos o buscarlos en el artículo.

1. secuelas tóxicas
2. «comida basura»
3. cadenas de restaurantes de comida al paso
4. frituras
5. carne procesada
6. lácteos

Video: Prog. 10, **Millones en el mercado**—markets, supermarkets, and **pulperías**

Aplica...

Ll. Con un(a) compañero(a), planeen un menú «lento» para un día completo; incluyan el método de preparación y los aceites o grasas que van a usar.

II📖 Mi diccionario

▶ Para hablar

Las comidas

el almuerzo
la cena
el desayuno
la merienda

Los alimentos

el ajo
la avena
las barras de chocolate
los caramelos
el chile
una ensalada con aderezo de aceite y vinagre
las golosinas
la hamburguesa con mostaza o ketchup
la margarina
la mermelada
la miel

la mostaza
las palomitas de maíz
los panecillos dulces
los panqueques americanos
las papitas fritas
sándwiches de atún
el sirope
sopa de fideos
un submarino
el tocino
un yogur de dieta

▶ Para reconocer

el beicon
la crema
la gaseosa
el grano
el pan de jengibre
el pan integral
la pechuga de pollo
la rosca glaseada
el salame
el salvado de cereal
la tostada

▶ Para hablar

Las medidas

una cucharada de...
una cucharadita de...
un gramo de...
una onza de...

¿Cuánto quieres?

una bolsa
una botella
una caja
un envase plástico
un frasco
una lata

una lasca
una porción
una rebanada
una rodaja
una taza
un trozo

La mesa está puesta, pero falta(n)...

una copa.
una cuchara de sopa.
una cucharita de té.
un cuchillo.
la pimienta.
un plato.

la sal.
una servilleta.
una taza.
un tenedor.
un vaso.

Para hablar

En el restaurante

¡(Buen) Provecho!
la carta
la cuenta
Estamos satisfechos.
Me gustaría(n)…
¿Me (Nos) puede traer… ?
el menú del día
el (la) mesero(a)
Quisiera…
Quisiéramos…
¡Salud!

Para hablar

Otras palabras y expresiones

Huele a…
preferir (ie, i)
Sabe a…
sólo

Para reconocer

el (la) cocinero(a)
echar agua
la propina

Para reconocer

la caloría
el peso
la proteína
la salud
sano(a)

⬛🔷 En cámara lenta

Esta sección te ayuda a repasar lo que aprendiste y cómo lo aprendiste en los **Capítulos 9** y **10**.

¿Qué aprendimos?

En el *Quinto Tema* aprendiste lo siguiente.

✓ distinguir por qué y para qué	*por* y *para*
✓ describir la comida y su preparación	*está* + *crudo, cocido, quemado, asado, frito, etc.*
✓ dar las gracias y expresar pesar	*Gracias por haber..., Siento + (no) haber + presente perfecto...*
✓ hablar del pasado y hacer un resumen	*he, has, etc., + participio pasado*
✓ hacerle preguntas al (a la) mesero(a)	*¿Me puede traer...?, ¿Está incluída la propina?*
✓ pedir comida en un restaurante	*Quisiera...de postre, etc.*
✓ referirme a personas y cosas ya mencionadas	*pronombres de complemento directo e indirecto: me lo (la), te lo (la), se lo (la), etc.*
✓ decir lo que yo y otros esperamos que haya pasado	*el presente perfecto de subjuntivo*

Here are some other things you practiced doing in this unit, which will be part of your language use from now on.

You learned to...	by using...
name foods and condiments and describe their aspect, taste or aroma:	**picante, duro, seco; Huele a...**/ **Sabe a...**
indicate serving quantity:	**porción, lasca, rebanada,** etc.
or container:	**lata, bolsa, botella,** etc.
use names of culinary measures and recognize their abbreviations:	**cda., cdta.,** etc.
express exchange and duration:	**por**
express destination, goal, and recipient:	**para**
use expressions of time to summarize the past:	
Have you ever...?	**¿...alguna vez?**
Not yet (Still haven't)...	**Todavía no...**
never	**nunca**
join statements to show	
contrast:	**sin embargo, aunque**
combination:	**además (de), no sólo...sino**
opinion:	**por mi parte**
substitution:	**en vez de**
exclaim reactions:	**¡Qué** + *adjective*!

Estrategia

Remembering *how* you learned is just as important as remembering *what* you learned. This section of your textbook summarizes some of the strategies you used in practicing the language in this unit.

A. You used strategies for speaking and writing Spanish.

1. Combining. For example, you combined your use of the preterit tense and the imperfect tense with your use of present perfect tense to both summarize and specify events from the past.

> **¿Has buceado alguna vez?**
> **Sí, el año pasado buceé por primera vez en el Caribe.**
> **Sí, antes, mi hermana y yo buceábamos mucho en el Atlántico.**
> **No, nunca he buceado.**

Find out if your classmate has done the following. If it was a frequent or routine activity in the past, your classmate will give his or her description in the imperfect. Otherwise, your classmate will describe the occasion using the preterit.

> **cocinar mucho / comer frutas tropicales / preparar arroz / comer pescado**

2. Cooperating. You worked with others to practice using the language and to collect information. Compare your own experiences with the activities listed in 1 to the experiences of those classmates you interviewed.

3. Organizing thoughts. You have been using certain words to organize your thoughts in terms of time, contrast, consequence, addition, or illustration. Complete the following statements:

> **Todavía no he...pero una vez... .**
> **He...muchas veces; sin embargo, nunca he... .**
> **Además de..., he... .**
> **He...mucho. Por ejemplo,... .**
> **No he... ; por eso,... .**

4. Using culturally appropriate expressions to conduct transactions in a restaurant.
For each of the following, provide the missing opening or reaction.

1. **Mesero:** ¿Qué desean los señores?
    Cliente A: ...
    Cliente B: ...
    Cliente C: ...

2. **Cliente:** Le pedí un café expreso.
    Mesero: ...

3. **Cliente:** No tengo tenedor;...
    Mesero: ...

"¿No es de Colombia? No gracias."

Café de Colombia
El mejor café del mundo.

¿Qué productos asocias con otros países hispanos?

5. Developing flexibility. You began to prepare yourself to understand how the Spanish language varies from one country to another. Match A to B below.

A	B
refresco	gambas
camarones	pimientos
chiles	papa
patata	maíz
bocadillo	sándwich
elote	gaseosa

B. You used some strategies for learning new words.

1. Categorization. Categorizing and re-categorizing words often helps us remember them. For each of the following lists, name a category to which all pertain. Some categories are:

> entremeses / desayuno / fruta / platos mexicanos / platos españoles / carnes / pescados / mariscos / productos lácteos / postres / golosinas / cubiertos (utensilios) / porciones / bebidas no alcohólicas / bebidas alcohólicas / medidas / envases / legumbres / condimentos

cucharada, cucharadita, taza
mole, guacamole, chocolate, tortillas de maíz
leche, yogur, crema
helado de chocolate, galletitas, queso, tarta de manzana
camarones, ostras, almejas
tocino, panecillos, mermelada
bistec, pavo, pollo
piña, manzanas, guayabas
judías con jamón, champiñones con ajo y cebolla, puré de patatas
bolsa, vaso plástico, botella
rebanada, trozo, ración, rodaja
mayonesa, mostaza, vinagre
vino blanco, cerveza, cerveza malta
jugo de manzana, gaseosa, limonada
caramelos, barras de chocolate, bombones
trucha, salmón, sardinas
cucharita de café, cuchillo de postre, cuchara de postre

Now, add one or two more items to each category above.

2. Associating. For each of the following, think of preparations, dressings, spices, or condiments that go with them.

manzanas: azúcar, tarta, asadas, puré

pan	guisantes	hamburguesa
ensalada	salchicha	huevos
papa al horno *(baked)*	bistec	jamón

Now, list foods that you associate with the following containers.

lata	cajas	frascos
bolsas plásticas	bolsas de celofán	botellas
vasos plásticos	botellas plásticas	envases plásticos

3. **Personalizing.** You applied what you learned to describe your life. Provide a complete description for each of the following meals, from your point of view. Include the type of preparation, condiments, etc.

la mejor cena	**la peor cena**	**el mejor desayuno**
el peor desayuno	**la mejor merienda**	**la mejor golosina**

C. You used some strategies to recognize and understand what you had not learned yet. You taught yourself by...

1. **Anticipating.** You used background knowledge and experience to anticipate. Between what people and where would the following conversations be likely to take place?

   a. —¿Me da un kilo de almejas, por favor?
      —Sí, cómo no. Pero los camarones están más frescos hoy.
      —¿Y a cómo están?
      —Un poquito más caros, pero vale la pena, señora.

   b. —La comida está lista. ¡Todos a la mesa, rápido, que se quema el puré de papas!
      —Pero a mí no me gusta el puré. ¿No tienes el caldo de carne de ayer?
      —Sí, sí hay. ¿Quieres que te caliente una porción?

   c. —Es un escándalo; las uvas están tan caras.
      —Sí, pero recuerda que en esta época de frío, las tienen que importar de Chile.
      —¿De veras? No tenía idea; entonces estas fresas y las frambuesas son de allá también?

2. **Relying on context clues.** In the previous exchanges, use context clues to guess what the following might be.

frambuesas	**caldo de carne**
época de frío	**¡todos a la mesa!**

3. **Identifying words that look like English words you know.**

bistec	brócoli	chocolate
nativo	cultivar	dieta
espárragos	coliflor	variedad
ingrediente	usar	ensalada

   List five other words in this unit that look like English words you know.

4. **Identifying words that look like Spanish words you know.** See if you can guess the meaning of some of the following, using the familiar Spanish words listed to the left.

aderezo	aderezar	dulce	endulzarte
grasoso	grasa	almuerzo	almorzar
seco	secar	bocadillo	bocado
duro	durar	crema	descremado
alimento	alimentar	frito	fritura
quemado	quemar	merienda	merendar

   What do the following abbreviations stand for?

   gr. / cdta. / cda. / mg. / cal. / prot.

Para escribir con soltura:
Una semana de la vida de tu pobre estómago

You can write informative summaries and reports by asking the right questions, analyzing your information, and making comparisons and contrasts. Here, you will be writing about eating habits.

A. Listing and ordering. Devise a list of ten questions you could ask about your classmates' eating habits this past week. Notice that you will use the present perfect tense.

■ **Por ejemplo:** 1. *¿Cuántas veces has tomado desayuno esta semana?*
2. *Como promedio* (On the average), *¿cuánto tiempo has pasado en la mesa para almorzar o cenar esta semana?*

B. Anticipating and grouping responses. To use your questions as a survey, you will need to provide a *range of possible answers*. For each of your ten questions, write at least three plausible choices that will capture the most responses. Use expressions such as the following:

más de…	de…a…minutos / porciones…
siempre	…veces al día
menos de…	rara vez
casi siempre	nunca

■ **Por ejemplo:** *Como promedio, ¿cuánto tiempo has pasado en la mesa para almorzar o cenar esta semana?*

de 0 a 9 minutos	de 10 a 15 minutos
más de 15 minutos	más de media hora

C. Reporting and summarizing. Use your questions to survey at least ten students. Tally their responses. Then, prepare a report to summarize your findings. Use expressions of quantity such as the following:

Un treinta por ciento de…
Un cuarto (¹/4) de… / } la gente (los encuestados) dijo /
Un tercio (¹/3) de… . opinó / piensa / cree que… .

La mitad (¹/2) / Tres cuartas
partes (³/4) consume…refrescos a la semana.

Uno / Dos/ Tres…de cada
diez alumnos / La mayoría… come pizza, no comida.

Una minoría… ingiere tres frutas al día.

■ **Por ejemplo:** *Sólo un tercio de los encuestados dijo que consumía verduras todos los días. De hecho (In fact), la mayoría sólo ha consumido tres o cuatro porciones de verduras esta semana.*

Ch. Analyzing and concluding. Write a one-paragraph conclusion, analyzing the results from different perspectives. Look at your data and see if you can generalize on the basis of age, sex, national origin, living arrangements at home, in the dorm, in an apartment, or any other criteria suggested by the data.

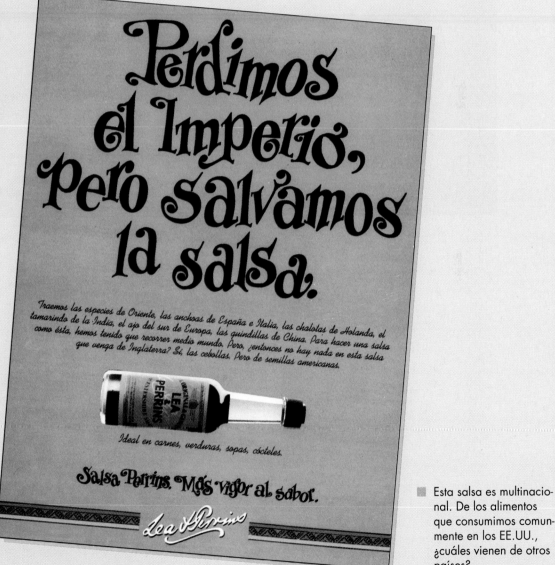

■ Esta salsa es multinacional. De los alimentos que consumimos comunmente en los EE.UU., ¿cuáles vienen de otros países?

«El Quitasol», 1777
Francisco Goya
oil on canvas, 1.04 x 1.52 m
Prado Museum, Scala / Art Resource, New York

6
SEXTO TEMA
La gracia latina

¿CÓMO SE VISTE ESTA PAREJA? ¿Te gusta la moda de otras épocas?

No es un secreto que nos vestimos según cómo nos sentimos. ¿Cómo te vistes tú cuando te sientes feliz? Tampoco es un secreto que la moda siempre ha recibido la influencia del gusto y la gracia hispana. ¿Y tú, qué países o ciudades asocias con la moda?

11

■ DÉCIMO PRIMER CAPÍTULO

¿Qué me pongo?

Ésta es la famosa pregunta de todos los días. Bueno, pues abre el guardarropa de tu libro y veamos qué puedes elegir. ¿Te preocupa la moda? ¡Ya vamos a ver!

«En el camerino», 1900, Pablo Picasso
pastel on paper, 48x 53 cm
Picasso Museum, Barcelona
©1992, ARS, N.Y. / SPADEM

Quiero aprender a...

- describir la ropa que se pone la gente
- decir lo que quiero que otras personas hagan
- en un grupo de artículos, indicar uno específico

ponerse, probarse, llevar + artículo de ropa
quiero que + presente del subjuntivo
los adjetivos demostrativos: *este, esta, estos, estas, ese, esa, esos, esas, aquel, aquella, aquellos, aquellas*

⎍ A simple vista

Ya puedes leer y comprender bastante español. Para recordar lo que ya sabes, completa las siguientes actividades.

A. Liquidatodo. Con un(a) compañero(a), miren el anuncio de liquidación de una tienda de Santiago de Chile y hagan una lista de palabras y expresiones que puedan reconocer.

B. ¡La liquidación del año! ¿Sabes en qué estación del año apareció este anuncio: en primavera, verano, otoño o invierno? ¿Por qué?

LIQUIDATODO

MICHAELY
LA GRAN TIENDA M.R.

TODONIÑO

Blusa Niña, Tolín.
Estampada S/M T. 4–16
$1.490

Jardinera corta, Tolín.
Floreada. T. 0-3
$2.490

Pantalón niño gabardina
JOU JOU T. 2–8
$3.390

Kit Atari 65 XE.
Con cassettera
$68.900

Radio Cassette Phillips
AQ 5191
$18.690

Jeans Cacao.
Listado. T. 6-16
$2.990

TODOMODA

Chaqueta Cruzada en Gabardina Brindizzi.
$9.990

Jeans. Variedad de modelos,
desde
$5.290

Bermuda Gabardina.
$1.990

Ropa Ambo British Collection.
$24.900

Chaqueta Dama.
Gabardina.
$3.990

Short Hombre Deportivo.
Colores fosforescentes.
$1.990

TODOHOGAR

Lavadora Goldstar WP 3520
Con centrífuga incorporada
$69.900

Juego de Comedor Pilmaiquén.
Con 4 sillas.
$65.900

Toalla de mano Jordache
$900

TV Blanco y Negro 5"
con radio Samsung.
Y conexión a Batería, especial para camping.
$33.480

Pague en 5 · 10 · 15...
HASTA 24 MESES SIN PIE
PORQUE SI ES CREDITODO
ES DE MICHAELY ¡Y NO HAY MÁS!

MICHAELY
LA GRAN TIENDA M.R.

SAN DIEGO 284

TIENDA CLIMATIZADA
SÁBADO ABIERTO
TODO EL DÍA

C. Hay que organizarse. Ahora miren la lista de palabras reconocibles que hicieron en la Actividad **A** y clasifíquenlas en los siguientes grupos. Luego, miren el anuncio otra vez y agreguen más palabras a cada grupo.

1. el artículo más caro
2. un artículo para damas (mujeres)
3. un artículo para niñas
4. artículos electrónicos
5. artículos para el baño

6. el artículo más barato
7. un artículo para caballeros (hombres)
8. un artículo para niños
9. artículos para la casa
10. artículos para divertirse

Ch. Los materiales. ¿De qué están hechos? El anuncio menciona muchos artículos de varios materiales. Nombra artículos de ropa hechos...

de algodón.	de gabardina.	de lino.
de lona *(canvas).*	de nailón.	de poliéster.
de cuero.	de plástico.	de popelina.

D. ¿De qué los prefieres? ¿De qué tela o material te gustan los siguientes artículos?

■ **Por ejemplo:** una camiseta: ¿de mezcla con poliéster o de puro algodón?
De puro algodón.

1. una bolsa para equipo deportivo: ¿de lona o de nailón?
2. una billetera (para guardar el dinero): ¿de plástico o de cuero?
3. unos pantalones: ¿de gabardina o de denim?
4. una camisa: ¿de algodón o de popelina?
5. una blusa: ¿de seda lavable o de algodón?
6. una pluma fina: ¿de oro o de plástico?
7. unos aretes de verano: ¿de plástico o de plata y turquesas?
8. un marco para fotos: ¿de plástico o de metal?
9. un animalito: ¿de plástico o de felpa?
10. una corbata: ¿de seda o de algodón?
11. un pañuelo: ¿de algodón o de seda?
12. un juguete: ¿de metal o de plástico?
13. unas herramientas: ¿de metal pesado o de aluminio?

UN MUNDO DE TELAS Y COLORES
GABARDINAS · SEDAS · GASAS · YERSEY
VISCOSAS (Estampados Italianos)
COLORIDOS INIGUALABLES
José Pedro Alessandri 3208
☎ 2211785   (Macul)
Textil Aguad S. A. I.

Para ti, ¿qué telas o materiales ■ son inigualables? ¿Por qué?

Bajo el sol de **california.**

La última moda de baño a precios muy calientes.

Muy calientes, abrasadores. Las marcas más importantes y una amplísima variedad de modelos, colores y estampados, con unos precios al rojo vivo.

Para mujer: 11.000 maillots a **3.995 ptas.** y 10.500 bikinis a **2.995 ptas.**
Para hombre: 20.000 bañadores a **2.975 ptas.**
Para joven: 14.000 bañadores para chico a **2.475 ptas.**
8.500 bañadores y bikinis para chica a **2.995 ptas.**
Para niños: 6.000 maillots y bikinis para niña a **1.695 ptas.**
4.000 bañadores para niño a **995 ptas.**
Para todos: 10.000 toallas playeras en algodón 100% a **1.595 ptas.**

Sólo hasta el 7 de junio.
El domingo abrimos de 12 a 9h.,
excepto en Alicante, Barcelona, Oviedo, País Vasco y Valencia.

G A L E R Í A S

■ ¿Qué precios «calientes» hay en tu tienda preferida ahora?

En voz alta

A. Escucha una conversación sobre la moda, para saber si es...

1. una entrevista difícil.
2. un programa de la radio.
3. una pelea entre tres personas.
4. un anuncio comercial.

B. Marca todos los temas que se mencionan en esta conversación.

el clima *(climate)* / damas y caballeros / niños y mayores / los precios / telas y texturas / los colores / moda o corte / el confort

Ⅱ🄴🄰 Imágenes y palabras

Ahora que ya sabes cuánto español reconoces cuando lees anuncios de liquidación de ropa, ha llegado la hora de aprender palabras y expresiones para conversar. Para hablar de algo tan importante como la ropa y la moda, aquí tienes vocabulario útil.

¡No tengo ropa! ¡No tengo nada (*nothing*) **que ponerme! Necesito de todo**
(*everything*)...

ropa interior · calcetines · una camiseta · una sudadera · una camisa · una blusa · pantalones · un vestido · pantimedias · medias · una chaqueta · una corbata · un abrigo · un suéter de lana · zapatos · un par de *jeans*

Ya no (*No longer*) **llevamos ni blanco** (*white*) **con negro** (*black*), **ni gris** (*gray*),
ni azul marino (*navy blue*).

Quiero comprarme un(a)...

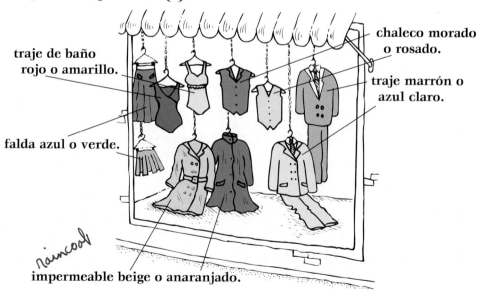

traje de baño rojo o amarillo. · chaleco morado o rosado. · traje marrón o azul claro. · falda azul o verde. · impermeable beige o anaranjado.

Quiero un abrigo oscuro (*dark*), **no claro** (*light*); **es más práctico.**

Ahora está de moda (*in style*)...
    el lino (*linen*).
    el algodón puro, porque **queda bien** (*looks good*).
    el rayón, porque **no se arruga** (*doesn't wrinkle*).

Ya no usamos...
    poliéster.

Mi amiga quiere que le compre...

una blusa de
    seda a rayas.
slige

una camisa de colores
vivos (*bright*).

una falda de
lana a cuadros.
plaid

un paraguas
de lunares.
umbrella

un vestido de *printed*
algodón estampado.

Quiero probarme (*to try on*) **los nuevos modelos** (*styles*).

Mi amigo quiere que vayamos a la zapatería cuanto antes (*as soon as possible*).

tienda
de ropa

lavandería

camisería   maletería

zapatería

tintorería

A. Por departamentos. Clasifica todas las prendas (los artículos) de ropa de acuerdo a las siguientes categorías.

ropa para damas / ropa para caballeros / ropa de invierno / ropa de otoño / ropa de verano / ropa de primavera / ropa de algodón / ropa de lana / ropa de cuero / ropa de seda

B. Otra vez. Clasifica toda la ropa y los complementos (*accessories*) que conoces según el material de que están hechas.

■ **Por ejemplo:** lino:
chaqueta, falda, pantalones, etc.

cuero / seda / algodón / metal / lino / plástico / lona / nailón / seda / seda lavable / rayón

C. ¿Cómo te sientes? Di qué colores prefieres cuando te sientes de la siguiente manera.

■ **Por ejemplo:** triste
Cuando estoy triste me pongo ropa negra.

1. aburrido(a)
2. contento(a)
3. deprimido(a)
4. alegre
5. extrovertido(a)
6. cansado(a)
7. con hambre
8. con sed
9. con sueño

VOZ

Aquí hay algunas maneras de referirse a la ropa y los adornos en distintas regiones del mundo hispano.

jeans: vaqueros, *yins*
sudadera: chándal (España)
camiseta: remera, polera, polo, franela
anillo: sortija (España)
aretes: pendientes, aros, zarcillos
cinturón: cinto, correa

suéter: pulóver, chompa (en los Andes),
deportiva, jerséy (España)
chaqueta: cazadora (España), campera
(Argentina), casaca (Chile), chamarra,
(México)
falda: pollera, enagua

¿Y tú? ¿Cómo le puedes explicar la diferencia entre *top, blouse, shirt* y *T shirt* a un(a) hispano(a)?

«A cada pájaro le gusta su propio canto.»

«El alhajero», 1942, María Izquierdo, oil on canvas, 65 x 95 cm, Colección Banco Nacional de México

Ch. Según la estación. Di qué colores predominan según la estación del año. Luego, agrega un comentario usando *quedar bien*.

Por ejemplo: *En pleno verano, la ropa es de colores vivos como... .*
En verano, un vestido amarillo queda muy bien.

D. Anatema. Todos tenemos ciertas preferencias para combinar colores y diseños. Describe las tuyas.

Por ejemplo: un traje gris
No me gusta llevar un traje gris con una camisa roja.
Un traje gris queda bien con una camisa azul y una corbata azul marino.

1. una falda roja
2. una camisa rosada
3. unos pantalones negros
4. unos *jeans* viejos
5. un impermeable anaranjado
6. una chaqueta azul marino
7. una camiseta verde
8. unos zapatos blancos

E. ¿Qué me pongo? Di qué ropa te pones para ir a los siguientes lugares.

Por ejemplo: *Para ir..., me pongo... .*

1. a la casa de un(a) amigo(a)
2. a un baile elegante
3. a un partido de fútbol americano
4. a casa, los domingos
5. a la iglesia
6. a la playa
7. al médico
8. a hacer alpinismo

Décimo primer capítulo

F. Y tú, ¿qué llevas? Mira alrededor tuyo y elige un(a) compañero(a). Luego, describe la ropa que lleva sin decir el nombre de la persona. Ve si tus compañeros(as) pueden adivinar de quién se trata.

■ **Por ejemplo:** *Esta persona lleva... .*

G. Ahora te toca a ti. Describe cuatro prendas de ropa o complementos y adornos sin decir el nombre. Di de qué es el artículo y explica para qué sirve. A ver si tus compañeros adivinan de qué se trata.

■ **Por ejemplo:** —*Es de gabardina o de nailón. Sirve para la lluvia.*
　　　　　　　—*¿Qué será? (What can it be?) ¡Un impermeable!*

H. Ya viene tu cumpleaños. Di qué prendas de ropa o adornos quieres que te compren tres personas diferentes para tu cumpleaños. Sé específico(a).

■ **Por ejemplo:** ***Quiero que mi hermano me compre****...unos aretes de oro,* etc.

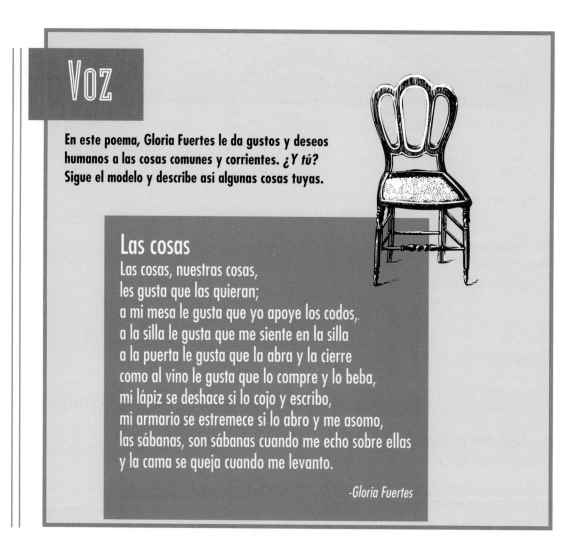

VOZ

En este poema, Gloria Fuertes le da gustos y deseos humanos a las cosas comunes y corrientes. ¿Y tú? Sigue el modelo y describe así algunas cosas tuyas.

Las cosas

Las cosas, nuestras cosas,
les gusta que las quieran;
a mi mesa le gusta que yo apoye los codos,.
a la silla le gusta que me siente en la silla
a la puerta le gusta que la abra y la cierre
como al vino le gusta que lo compre y lo beba,
mi lápiz se deshace si lo cojo y escribo,
mi armario se estremece si lo abro y me asomo,
las sábanas, son sábanas cuando me echo sobre ellas
y la cama se queja cuando me levanto.

-Gloria Fuertes

◈ Con teleobjetivo

Para hablar: To talk about what somebody wants us to do

The present subjunctive

In Activity **H** of the previous section, you used the expression **Quiero que me compre...** to say what you want someone to buy for you. In this expression the verb **comprar** takes a new form, the *present subjunctive form.* You learned the present subjunctive form of **haber** in Chapter 10. Do you remember what is different about it?

1. The present subjunctive is used when you are expressing what you or others want somebody else or others to do, as well as what you or others recommend, suggest, or advise them to do. Here are some expressions that require the subjunctive.

Te **recomiendo que...**	*I recommend that* you...
Me **aconseja que...**	*He / She / You advise(s)* me to...
Quieres que ella...	*You want* her to...
Necesito que él...	*I need* him to...
Sugieren que tú...	*They suggest that* you...
Me **gusta que** Ud....	*I like it that* you...

2. To form the present subjunctive, take the **yo** form of the present indicative tense, and for each person replace the **-o** ending with the **opposite** vowel ending as shown.

-ar verbs change to **e** endings

diseñar → diseñ**o** → que (yo) diseñ**e**, que (tú) diseñ**es**, que (él, ella, Ud.) diseñ**e**, que (nosotros, nosotras) diseñ**emos**, que (*vosotros, vosotras*) *diseñéis,* que (ellos, ellas, Uds.) diseñ**en**.

-er or **-ir** verbs change to **a** endings

vender → vend**o** → que (yo) vend**a**, que (tú) vend**as**, que (él, ella, Ud.) vend**a**, que (nosotros, nosotras) vend**amos**, que (*vosotros, vosotras*) vend**áis**, que (ellos, ellas, Uds.) vend**an**.

vestir → vist**o** → que (yo) vist**a**, que (tú) vist**as**, que (él, ella, Ud.) vist**a**, que (nosotros, nosotras) vist**amos**, que (*vosotros, vosotras*) *vistáis,* que (ellos, ellas, Uds.) vist**an**.

poder → pued**o** → que (yo) pued**a**, que (tú) pued**as**, que (él, ella Ud.) pued**a**, que (nosotros, nosotras) pod**amos**, que (*vosotros, vosotras*) *podáis,* que (ellos, ellas, Uds.) pued**an**.

Quiere que yo **diseñe** los vestidos para el baile de la fraternidad ahora mismo, y que los **mande** a hacer en la tienda «Jóvenes».	*He / She / You want(s) me to **design** the gowns for the fraternity formal right now, and **to send** them to "Jóvenes" to be made.*

Notice how similar the subjunctive and the indicative (present tense) are. The only difference is that subjunctive endings use the *opposite* vowel. Note also that: (a) the **yo** and the **Ud.**, **él**, and **ella** subjunctive forms (first and third persons singular) are identical, and (b) stem changes in the subjunctive follow the same pattern as the present indicative.

3. Remember to form the subjunctive from the present indicative **yo** form of the verb, so that any changes that exist in this form are carried over to the subjunctive, as in the following examples.

probarse →	me prueb**o** →	me prueb**e**, te prueb**es**, se prueb**e**, nos prob**emos**, *os prob**éis*,** se prueb**en**
poner →	pong**o** →	pong**a**, pong**as**, pong**a**, pong**amos**, *pong**áis*,** pong**an**
conocer →	conozc**o** →	conozc**a**, conozc**as**, conozc**a**, conozc**amos**, *conozc**áis*,** conozc**an**
traer →	traig**o** →	traig**a**, traig**as**, traig**a**, traig**amos**, *traig**áis*,** traig**an**
salir →	salg**o** →	salg**a**, salg**as**, salg**a**, salg**amos**, *salg**áis*,** salg**an**
hacer →	hag**o** →	hag**a**, hag**as**, hag**a**, hag**amos**, *hag**áis*,** hag**an**
pedir →	pid**o** →	pid**a**, pid**as**, pid**a**, pid**amos**, *pid**áis*,** pid**an**

Quiero que **vengas** a casa y **conozcas** al diseñador de los uniformes del equipo de la universidad.

*I want you **to come** home and **meet** the designer of the university's (sports) team uniforms.*

4. Many high-frequency verbs have irregular forms in the subjunctive. Look for patterns below.

	present	present subjunctive
haber →	hay →	**haya, hayas, haya, hayamos,** *hayáis,* **hayan**
ir →	voy →	**vaya, vayas, vaya, vayamos,** *vayáis,* **vayan**
ser →	soy →	**sea, seas, sea, seamos,** *seáis,* **sean**
estar →	estoy →	**esté, estés, esté, estemos,** *estéis,* **estén**
dar →	doy →	**dé, des, dé, demos,** *deis,* **den**
saber →	sé →	**sepa, sepas, sepa, sepamos,** *sepáis,* **sepan**

5. Recall that, to say what you yourself want or need to do rather than what you want someone else to do, the verbs **querer** and **necesitar** are used with an infinitive, as in the following.

Quiero cambiar todo mi guardarropa.

*I **want to change** my entire wardrobe.*

Martín **necesita comprar** otra chaqueta.

*Martín **needs to buy** another jacket.*

However, **querer** and **necesitar** are used with the subjunctive when someone wants or needs *someone else* to do something. In other words, the subjunctive is used with these verbs *only* when there is a *new* subject following the word **que**. Study the following contrast.

Quiero cambiar todo mi guardarropa porque **mis amigos quieren que** yo **esté** más a la moda.

*I **want to change** my entire wardrobe because **my friends want me to be** more in style.*

Martín **necesita comprar** otra chaqueta, pero **su padre no quiere que vaya** de compras este fin de semana.

*Martín **needs to buy** another jacket, but **his father doesn't want him to go** shopping this weekend.*

A. Publicista. En el gran almacén El Corte Inglés de Madrid, han preparado el siguiente anuncio para el Día de las Madres. Léelo y complétalo con los verbos indicados para poderlo imprimir *(to print)*. Algunos verbos — pero no todos — deben ir en el subjuntivo.

La más guapa

Si quieres que mamá _____ (estar) aún más guapa, mira cuántas ideas te _____ (ofrecer) El Corte Inglés. Ideas que además _____ (llevar) la firma de marcas internacionales como Lancôme, Estée Lauder, Christian Dior, Yves Saint Laurent, Guérlain, Chanel...porque mamá siempre debe _____ (tener) lo mejor. Si tu padre quiere que tú le _____ (comprar) algo especial a mamá este año, búscalo aquí.

El Corte Inglés

PRECIADOS • GOYA
CASTELLANA • PRINCESA

_____ (haber) perfumes y colonias de las más delicadas fragancias. Sombras, lápices de labios, coloretes... _____ (tener) la más completa gama de maquillaje para realizar la belleza de mamá. Secadores y moldeadores de pelo, aparatos de gimnasia y masaje...y muchos otros artículos si quieres que ella _____ (ser) la más guapa y _____ (tener) la línea de belleza más completa de hoy.

B. Una indirecta. A veces, la gente no nos dice directamente lo que quieren; lo sugieren cortésmente. Di a qué tienda sugieren las siguientes personas que vayamos. Sigue el modelo.

■ **Por ejemplo:** No hay ropa limpia hoy.
Quiere que vayamos a la lavandería.

1. No tengo camisas. Todas son viejas.
2. Hay que comprar ropa ahora.
3. Toda la ropa está sucia.
4. Necesito lavar esta blusa de seda.
5. Me gusta la nueva moda de zapatos.
6. Hay que lavar la ropa de lana.

C. Consejos de amigos. Los estudiantes nuevos siempre necesitan un buen consejo. Ayúdalos.

■ **Por ejemplo:** recibir el horario de clases
Si no has recibido el horario de clases todavía, te recomiendo (sugiero, aconsejo) que lo pidas en el edificio... .

1. comprar ropa nueva todavía
2. hacer amigos todavía
3. buscar un apartamento
4. resolver *(resuelto)* tus problemas
5. conseguir un trabajo
6. probar las mejores hamburguesas
7. tener un examen difícil
8. ver una buena película

Ch. No dejen de ver... ¿Qué consejos les puedes dar a unos turistas que vienen a tu ciudad?

— *large store*

■ **Por ejemplo:** *Les recomiendo que vayan a los almacenes... .*

1. Les recomiendo que... .
2. Les aconsejo que... .
3. Necesito que... .
4. Quiero que... .
5. Les sugiero que... .
6. Espero que... .
7. Insisto en que... .
8. Es necesario que... .

Sugerencias: (no) ir a... / (no) pedir...en el restaurante... / (no) visitar... / (no) ver... / (no) dar un paseo por... / saber algo de... / (no) probar el plato de...en... / conocer... / traer... / (no) estar... / divertirse en... / (no) vestirse... / llevarse bien con...

D. Estudiantes de intercambio. Imagínate que los estudiantes de intercambio de tu ciudad te preguntan qué ropa ponerse en los siguientes lugares u ocasiones. Diles qué ponerse.

■ **Por ejemplo:** un partido de básquetbol
Para ir a un partido de básquetbol les aconsejo que se pongan... .

Para ir...

1. al lago cuando está fresco
2. a una discoteca los viernes por la noche
3. de vacaciones de primavera en Florida
4. de compras al centro
5. a un partido de béisbol
6. a la fiesta de *Homecoming*
7. a una fiesta
8. a la piscina

E. Antes sí, pero ahora no. Di qué pasaba *ocurre* antes que no quieres que ocurra este año.

■ **Por ejemplo:** para mi cumpleaños, mis abuelos...
*Antes, para mi cumpleaños, mis abuelos siempre **me regalaban** ropa. Un año **me dieron** un animalito de felpa. Pero este año, quiero que **me den...***

Antes,...

1. para Chanukkah / Navidad, mis papás...
2. todos los veranos, mis primos...
3. mis compañeras(os) de cuarto...
4. para el 4 de julio, nosotros...
5. para mi cumpleaños, mis amigos...
6. todos los festivos, mi familia...
7. para el Día de los Enamorados, mi novio(a)...
8. todos los inviernos, nosotros...

F. Aunque ya sea grande... Nuestros padres siempre quieren que hagamos ciertas cosas, no importa cuántos años tengamos. Da cinco ejemplos de cada tipo.

Mis padres quieren que yo...   **Mis padres no quieren que yo...**

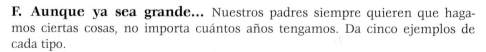

G. Para el porvenir. Haz una lista de al menos tres cosas que deseas que pasen en el futuro.

■ **Por ejemplo:** *Espero que haya más comunicación entre la gente del mundo y que tengamos más / menos... .*

⊕ Con teleobjetivo

Para hablar: To single out or indicate specific items from a group

Demonstrative adjectives

In Spanish, the words you use to indicate *this* or *that*, *these* or *those*, change depending on the following considerations:

1. whether the person, place, thing, or occasion you refer to is masculine or feminine, and singular or plural;
2. whether the person, place, thing, or occasion is close or far away in distance or time.

	masculine	feminine
a. To say *this*, use... (close)	*este* / este vestido	*esta* / esta camisa
b. To indicate *these*, use... (close)	*estos* / estos vestidos	*estas* / estas camisas
c. To indicate *that*, use... (farther away)	*ese* / ese vestido	*esa* / esa camisa
ch. To indicate *those*, use... (farther away)...	*esos* / esos vestidos	*esas* / esas camisas
d. To indicate *that...over there*, use... (farthest away)...	*aquel* / aquel vestido	*aquella* / aquella camisa
e. To indicate *those...over there*, use... (farthest away)	*aquellos* / aquellos vestidos	*aquellas* / aquellas camisas

■ ¿Ves aquellas camisas ...allá atrás, esas chaquetas y estas blusas de aquí cerca? Todo está en oferta hoy, por eso las señoras buscan con cuidado.

Esta chaqueta es para una niña.	***This*** *jacket is for a little girl.*
Ese suéter es para una persona mayor.	***That*** *sweater is for an older person.*
Aquella parka es para una persona que viva donde hace frío.	***That*** *parka **over there** is for a person who lives where it's cold.*

Note that demonstratives can also indicate three degrees of remoteness in time.

Este año se usa mucho el verde oscuro. Cuando me gradué de la secundaria era diferente. **Ese** año se llevaba el negro para todo. En **aquel** tiempo lo pasábamos muy bien.	***This*** *year people are wearing dark green a lot. When I graduated from high school it was different. **That** year everyone wore black for everything. In **those** days we used to have a great time.*

Visión

Si quieres algo de segunda mano, el Rastro *(flea market)* de Madrid tiene absolutamente de todo a precios muy convenientes. Nadie paga el precio que pide el comerciante, sino que se regatea hasta conseguir el precio más bajo. *¿Y tú?* ¿Hay algún Rastro en tu ciudad?

A. Regalos. Buscas regalos para dos personas. Tu compañero(a) es el (la) dependiente en estas tiendas de ropa. Indícale al (a la) dependiente qué quieres y para quién es. Sigue el modelo.

■ **Por ejemplo:** Buscas algo para tu novio(a).

>**Dependiente:** *Buenos días, señor (señorita). ¿En qué puedo servirle?*
>
>**Tú:** *Buenos días, señor (señorita). Busco algo para mi novia(o). Por favor, quiero que me muestre (show) esa (esta, aquella) chaqueta...*
>
>**Dependiente:** *¿Esa chaqueta de lana a cuadros?*
>
>**Tú:** *Sí, esa roja (that red one). A mi novia(o) le encantan las chaquetas de lana. ¿Cuánto vale?*

B. Según la distancia. Describe a una persona de la clase que esté *cerca* de ti y otra que esté *lejos* de ti. Tus compañeros(as) adivinan quiénes son.

■ **Por ejemplo:** *Este chico lleva shorts y una camiseta verde, pero aquella chica lleva minifalda y un suéter de algodón amarillo.*

C. Todo tiempo pasado fue mejor. Siempre pensamos que el pasado fue mejor. Describe qué pasaba hace mucho tiempo y después avanza gradualmente hasta que llegues al presente. Sigue el ejemplo.

■ **Por ejemplo:** *En aquel tiempo, **cuando era muy chico(a)**, me gustaba... .*
*En esos años, **cuando estaba en la secundaria**, nosotros... .*
***Ahora**, este año quiero que... .*

Ch. ¿A ver? Dile a la vendedora qué artículo te gusta.

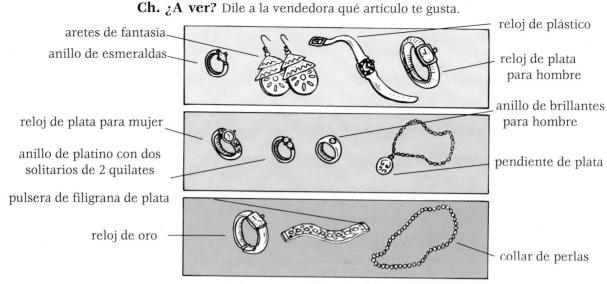

aretes de fantasía

anillo de esmeraldas

reloj de plástico

reloj de plata para hombre

anillo de brillantes para hombre

reloj de plata para mujer

anillo de platino con dos solitarios de 2 quilates

pulsera de filigrana de plata

pendiente de plata

reloj de oro

collar de perlas

X Tú estás aquí.

■ **Por ejemplo:** Te interesa algo que no sea muy caro.
  ¿A ver? Quisiera ver ese pendiente.

1. Te interesa algo fenomenal; no importa el precio.
2. Quieres un reloj práctico que puedes llevar puesto cuando vas a nadar.
3. Te han invitado a una fiesta enorme, de etiqueta *(formal)*.
4. Tus padres (tíos, hermanos, etc.) te quieren regalar algo estupendo.
5. Quieres una pulsera para tu novio(a) y quieres ponerle el nombre.
6. Te interesa algo barato.

⊕ Con teleobjetivo

Para hablar: To say what people want us to do

Some stem-changing and spelling-changing verbs in the subjunctive

Recall that the present subjunctive is formed from the present indicative tense. Therefore, if a verb has a stem change in the present tense, it will also have a stem change in the present subjunctive.

1. You learned many stem-changing verbs in Chapters 3 and 4. Let us review the types of stem changes in the present tense that are carried through to the present subjunctive.

Change	Present	Present subjunctive
o → ue	pruebo	que pruebe, pruebes, pruebe, probemos, *probéis*, prueben
u → ue	juego	que juegue, juegues, juegue, juguemos, *juguéis*, jueguen
e → ie	pienso	que piense, pienses, piense, pensemos, *penséis*, piensen

Notice that as in stem-changing verbs in the present indicative, there is no stem change in the **nosotros** and **vosotros** forms of these verbs.

2. There is another group of verbs that has an e → i change in the present.

Change	Present	Present subjunctive
e → i	**pido**	**que...pida, pidas, pida, pidamos,** *pidáis,* **pidan**
	me visto	**que...me vista, te vistas, se vista, nos vista-mos,** *os vistáis,* **se vistan**
	consigo	**que consiga, consigas, consiga, consigamos,** *consigáis,* **consigan**

Notice that in these verbs *all* forms change.

3. A few verbs break these rules. Notice that the verbs shown change also in the **nosotros** and **vosotros** forms.

dormir: que duerma, duermas, duerma, **durmamos,** *durmáis,* duerman

morir: que muera, mueras, muera, **muramos,** *muráis,* mueran

divertirse: que me divierta, te diviertas, se divierta, **nos divirtamos,** *os divirtáis,* se diviertan

4. The following types of verbs have changes in their written forms. These changes are necessary to represent the language as it is spoken.

Verbs ending in...

-gar → are spelled	**-gue** — arrugar: **arrugue, arrugues, arrugue, arruguemos,** *arruguéis,* **arruguen** also **jugar, llegar, pagar, agregar, navegar**
-car → are spelled:	**-que** — colocar *(to place)*: **coloque, coloques, coloque, coloquemos,** *coloquéis,* **coloquen** also **sacar, buscar, tocar, practicar, pescar, indicar, secar, explicar**
-zar → are spelled:	**-ce** — almorzar: **almuerce, almuerces, almuerce, almorcemos,** *almorcéis,* **almuercen** also **analizar, comenzar, organizar, empezar**
-ger → are spelled:	**-ja** — escoger *(to choose)*: **escoja, escojas, escoja, escojamos,** *escojáis,* **escojan**
-gir → are spelled:	**-ja** — elegir: **elija, elijas, elija, elijamos,** *elijáis,* **elijan** also **recoger** *(to pick up),* **corregir**
-guir → are spelled:	**-ga** — seguir: **siga, sigas, siga, sigamos,** *sigáis,* **sigan** also **conseguir**
-uir → are spelled:	**-uya** — construir: **construya, construyas, construya, construyamos,** *construyáis,* **construyan** also **disminuir, destruir**

A. Así es la vida. Los amigos y compañeros de habitación siempre quieren que hagamos algo. ¿Qué quieren que hagas tú? Haz frases con los siguientes verbos.

■ **Por ejemplo:** *Mis compañeros de habitación quieren que **coloque** mi ropa en el armario y que **saque** mis zapatos de la sala.*

(no) sacar / practicar / hacer / llegar (temprano, a tiempo) / arreglar / recoger / ponerse / colocar / indicar / explicarle / jugar / vestirse / organizar / buscar / escoger / pensar en / conseguir / pedir

B. Te toca a ti. ¿Y qué quieres tú que ellos (tus amigos y compañeros de habitación) hagan por ti? Elige verbos de la lista de la Actividad **A**.

■ **Por ejemplo:** *Quiero que no coloquen su ropa en mi armario y que saquen la basura más a menudo.*

C. Según mi parecer. Describe lo que te gusta que usen los jóvenes del sexo opuesto en las siguientes oportunidades.

■ **Por ejemplo:** para ir a la piscina o la playa
   —*Me gusta que las chicas vistan ropa deportiva y traje de baño de una pieza, no de dos piezas.*
   —*Y a mí me gusta que los chicos vistan bermudas, una gorra* (cap) *y gafas de sol* (sunglasses).

1. para ir a un baile de la fraternidad
2. para hacer un picnic
3. para salir a bailar
4. para salir a cenar afuera
5. para ir a un partido de béisbol
6. para un baile elegante
7. para una cena en casa con tus padres
8. para venir a clase
9. para ir al templo o la iglesia
10. para ir de compras

Ch. No es justo. Parece que todo el mundo sabe exactamente lo que tienen que hacer los estudiantes. Da las opiniones de distintos profesionales.

■ **Por ejemplo:** los médicos: dormir, divertirse
   Los médicos quieren que los estudiantes durmamos más y que no nos divirtamos.

1. los profesores: practicar, salir, hacer problemas de cálculo, pensar, dormir
2. los periodistas: hacer comentarios, escuchar, seguir sus programas
3. los entrenadores *(trainers)* deportivos: practicar, hacer ejercicio, elegir alimentos sanos
4. los médicos: pagar, disminuir las grasas, almorzar, ponerse enfermo(a)
5. los diseñadores de moda: escoger, vestirse bien, probarse
6. los padres: sacar buenas notas, quejarse, pelearse, conseguir, limpiar, escoger buenos alimentos, disminuir las grasas

D. De sentido común. Da cinco recomendaciones para tus compañeros(as) de la universidad. Recomiéndales cómo mantener su salud y bienestar general. Usa los siguientes verbos:

vestirse / dormir / pedir / almorzar / pensar / jugar / divertirse / conseguir / seguir / hacer / etc.

■ **Por ejemplo:** *Es necesario que durmamos ocho horas todas las noches.*

E. Conflicto. Con otra persona, preparen una conversación para resolver un problema entre un(a) profesor (profesora) y un(a) estudiante universitario(a).

El (La) profesor (profesora): Dile al (a la) alumno(a) lo que **no ha hecho** todavía *(present perfect)* y dale algunos **ejemplos específicos de la semana pasada** *(preterit)* y **de siempre** *(present)*. Luego, dile lo que esperas que **haya hecho** (**haya** + *participle*) para hoy. Finalmente, dale una **recomendación** o un **consejo** *(subjunctive)*.

El (La) estudiante: Explícale al (a la) profesor (profesora) lo que **has hecho** y no **has hecho** *(present perfect)*. Dale ejemplos específicos de lo que hiciste durante la semana pasada *(preterit)*. Háblale sobre tu vida de ahora *(present)*. Dile que **sientes no haber hecho** distintas cosas (**siento no haber +** *participle)*. Finalmente, pídele que tenga confianza *(confidence)* en ti *(subjunctive)*.

■ **Por ejemplo:** *No **has escrito** el informe, ni **has**... . La semana pasada no **viniste** a clase. Cuando **vienes** a clase, siempre **llegas** tarde y nunca **estás**... . Espero que ya **hayas escrito**...y que **hayas practicado**... . Quiero que **cambies** tu actitud de inmediato y te recomiendo que...*

■ **Por ejemplo:** *No **he podido** terminar porque..., ni **he escrito** el informe porque **fui** a casa (**trabajé**, etc.)... . Ahora **tengo** muchos cursos y además... . **Siento no haber**... . Espero que usted...y quiero que Ud. me **dé** más tiempo para...y que Ud. (**tenga** más confianza en mí...).*

En voz alta

A. Escucha la conversación sobre la ropa. ¿En qué piensa María Carolina cuando diseña ropa? Elige de lo siguiente y, luego, escoge lo más importante de todo, según ella.

la tela y su textura	**las ideas de otros diseñadores**	**el color**
el sexo del cliente	**la opinión de los vendedores**	**el clima**
la calidad de la tela	**la edad de la persona**	**el precio**

B. Haz columnas con los aspectos que elegiste en la Actividad **A**. Luego escucha la conversación otra vez y anota los detalles que se dan sobre ellos.

Bellissima btq.

Vestidos elegantes de noche y de oficina para la mujer profesional.

Liliana Ramírez antes en Liancarlo, ahora en BELLISSIMA

Servicios Especiales:
• Horarios Preferenciales
• Hombre ejecutivo obtenga desde su buró el regalo perfecto para la mujer amada
Para mas información llame al: (305) 442-1015

Reciba un 10% de descuento en su compra con éste anuncio.
Oferta vence el 31, de Enero, 1992

Estilos que traen Recuerdos

323 Miracle Mile • Coral Gables, Florida 33134
Telefono: (305) 442-1015 • (305) 442-8260

■ Para ti, ¿cómo es la ropa de oficina? ¿Qué le aconsejas que compre una mujer ejecutiva?

‖🌀 Otro vistazo

Piensa...

A. Di cuál de los siguientes artículos es más caro. Indícalo claramente usando *este(a)*, *estos(as)* o *ese(a)* o *esos(as)*. Luego, recomienda qué comprar.

Si es muy caro di: es un robo lo que piden, vale una fortuna, sale demasiado caro, cuesta un ojo de la cara.

Si es barato di: es baratísimo, es una ganga, es una gran oportunidad, es superbarato.

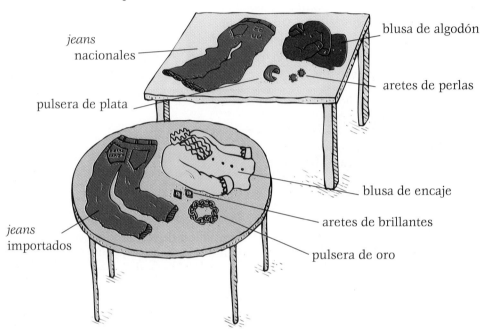

jeans nacionales

blusa de algodón

aretes de perlas

pulsera de plata

blusa de encaje

aretes de brillantes

pulsera de oro

jeans importados

- **Por ejemplo:** *Ese reloj de marca Rolex cuesta (vale) más.* **A menos que sean** *(Unless you are)* **millonarios***, les aconsejo que compren este Timex porque es muy práctico y además es baratísimo.*

1. ¿la pulsera de oro o la de plata?
2. ¿los aretes de brillantes o los de perlas?
3. ¿la blusa de encaje *(lace)* o la de algodón?
4. ¿los *jeans* importados o los nacionales?

B. Conecta las expresiones idiomáticas que siguen con las explicaciones correspondientes. (Ojo: Se usa una de las explicaciones *dos* veces.)

- **Por ejemplo:** Salió **en traje de Adán.**
  Estaba desnudo.

Cambia de opinión cuando le conviene. / Se puso bajo la protección de... . / Las cosas de la familia no se discuten *(aren't discussed)* en público. / Ese hombre es un Don Juan. / desnuda / Él es el jefe. / Aceptó el desafío *(challenge)*. / Es exactamente lo que yo quería (necesitaba). / Se jugaron todo lo que tenían en el casino. / Hay gente que nos escucha.

1. No se lo digas a nadie; **la ropa sucia se lava en casa.**
2. ¡Calla! **Hay ropa tendida.** Después conversamos.
3. Fueron a Las Vegas y **se jugaron hasta la camisa.**
4. Este auto **me viene como anillo al dedo.**
5. Mi papá lo escuchó gritar *(scream)* y, furioso, **recogió el guante.**
6. Mi primo es muy **aficionado a las faldas.**
7. La ayuda de mi amiga **me viene de perlas;** ahora no tengo tanto trabajo.
8. En esta casa, **el que lleva los pantalones** soy yo.
9. Ese político **se cambia de camisa** a cada rato.
10. **Se puso el abrigo** de la casa porque había mucho viento.
11. Hacía mucho calor y andaba en **traje de Eva.**

Mira...

C. La lectura de la página 364 narra la historia de una prenda de ropa muy especial. Lee los primeros *dos* párrafos y ubica la siguiente información.

1. Según tú, ¿qué significa *es más caro que la camisa de Margarita Pareja?* ¿Sabes otra expresión parecida?
2. ¿Dónde ocurrió esta historia y hace cuánto tiempo?
3. ¿Quiénes son los personajes de este cuento?
4. ¿Qué tipo de narración es ésta? ¿Un ensayo, una leyenda, un artículo, un anuncio, un cuento, una biografía?

Lee...

Ch. Ahora lee toda la narración y anota o subraya todas las palabras que entiendas o hayas adivinado. Recuerda que no necesitas saber todas las palabras para comprender de qué trata esta lectura.

D. Toma apuntes sobre los personajes a medida que lees.

Personaje	¿Cómo es?	¿Qué quiere?	¿Qué le pasa *(happens to him / her)*?

LA CAMISA DE MARGARITA

uando las viejas de Lima se sorprenden al ver el precio de un artículo dicen: «¡Qué! Si esto es más caro que la camisa de Margarita Pareja». Y ésta es la historia de la camisa de Margarita.

Corría el año de 1765 y, en aquella época, Margarita Pareja era una hermosa limeñita, la hija preferida del colector de impuestos del Callao, don Raimundo Pareja. Tenía un par de ojos negros como dos torpedos cargados con dinamita que hacían explosión en el corazón de todos los galanes° de Lima.

Por aquel tiempo, llegó de España un arrogante joven, llamado don Luis Alcázar, que tenía en Lima un tío solterón muy rico y muy orgulloso de su apellido y su familia. Sin haber heredado la fortuna del tío todavía, don Luis era más pobre que una rata. Pero un día conoció a la bella Margarita y se sintió más rico que un Virrey, porque la muchacha le llenó el ojo y le flechó° el corazón. La verdad es que los dos jóvenes se enamoraron locamente y don Luis fue a hablar con don Raimundo para pedirle la mano de Margarita.

—Quiero que Margarita sea mi esposa, dijo el joven.

Pero a don Raimundo no le gustó mucho la idea, porque pensó que don Luis era muy pobre para su hija, y dijo que no. Además, les contó a sus amigos que don Luis no era un buen partido° para su hija. Uno de estos caballeros fue con la historia a don Honorato, el tío de don Luis, quien se puso furioso° por esta ofensa.

Don Raimundo también le dijo a Margarita, «No quiero que veas a don Luis» y a Margarita le dio un ataque de nervios. Todos los días desde entonces lloraba todo el tiempo y se arrancaba el pelo, gritaba y perdía sus colores y no quería salir a ninguna parte. ¡Quería hacerse monja°!

Entonces don Raimundo se empezó a preocupar muy en serio y también los médicos dijeron que la única medicina para los nervios de Margarita no se vendía en la farmacia. ¡Había que casarla con don Luis o Margarita moriría! Por eso corrió don Raimundo a la casa de don Honorato y le dijo: «Quiero que los muchachos se casen lo antes posible, porque no hay otro remedio° para mi niña». El diálogo fue violento porque don Honorato recordaba que don Raimundo se había expresado mal de su sobrino Luis. Por fin, el tío consintió en que Luis y Margarita se casaran, pero con una condición, dijo don Honorato: «No quiero que Ud. le dé ni un centavo a su hija para la boda».

—Quiero que la niña venga a casa de su marido sólo con la ropa puesta, dijo don Honorato.

—¿Puedo darle su dote° y regalarle algo de ropa nueva y el ajuar°?, preguntó el padre.

—No, nada; ni un alfiler°, ni ajuar, ni muebles, ni dinero, ni nada, contestó el tío, quien finalmente aceptó que don Raimundo le diera a Margarita sólo la camisa de noche° para cambiarse.

Don Raimundo Pareja cumplió con el compromiso° al pie de la letra°. El único regalo que recibió Margarita cuando se casó fue su camisa de noche. Sólo que la camisa estaba adornada con encajes que costaron una fortuna y que el cordoncillo del cuello era una larga cadena de oro y brillantes que bien valía un Perú[1]. Y así fue como la camisa de Margarita se hizo famosa en Lima, por lo única y por lo cara.

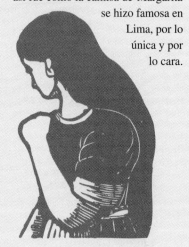

Adaptado de *Tradiciones peruanas completas*, Ricardo Palma

---

[1] La inmensa cantidad de oro y plata que los españoles encontraron en el Perú le dieron al país tal fama que desde entonces cualquier cosa de gran valor—que bien vale la pena trabajo y sacrificios—se compara con el Perú y se dice que «vale un Perú».

*galanes...jóvenes, flechó...robó, partido...elección, se puso furioso...se enojó, monja...*nun, *remedio...medicina, dote...*dowry, *ajuar...mantelas y otra ropa para la casa y la novia, alfiler...*pin, *camisa de noche...camisa de dormir, compromiso...acuerdo, al pie de la letra...literalmente*

E. Di si estas frases son verdaderas o falsas según la leyenda. Si alguna no es verdad, corrígela para que lo sea. Si es verdad, cita la evidencia o da ejemplos de la lectura.

1. El padre de Margarita era rico.
2. Margarita era la única hija de don Raimundo.
3. El sobrino de don Honorato ya recibió la fortuna de su tío.
4. Los dos jóvenes querían casarse.
5. Don Luis se enamoró de doña Margarita, pero ella no quería casarse.
6. Al principio, el papá de doña Margarita y el tío de don Luis no querían que los jóvenes se casaran.
7. Doña Margarita se entristeció tanto que se fue a un convento.
8. El papá decidió que lo mejor era hablar con Luis de hombre a hombre.
9. El tío se enojó y les dijo que no iba a pagar nada porque las bodas son muy caras.
10. El papá y el tío llegaron a un acuerdo (compromiso): Margarita podía casarse con Luis pero sin recibir el dinero que su familia le tenía para la boda.
11. El tío consintió en que el papá le regalara la camisa de novia, pero nada más.
12. La camisa de novia de Margarita estaba hecha de oro, brillantes y encajes.

F. Completa las siguientes frases para indicar los deseos de los personajes del cuento.

1. La niña Margarita (no) quiere que... .
2. Don Luis (no) quiere que... .
3. Don Raimundo (no) quiere que... .
4. Don Honorato (no) quiere que... .

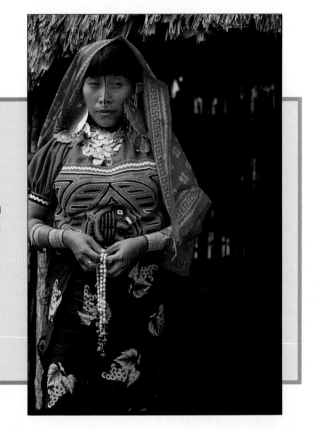

VOZ

Las mujeres cunas de las islas de San Blas de Panamá son famosas por sus *molas*. Las molas, hechas a mano, tienen colores muy vivos y figuras geométricas y de animales. ¿Y tú? ¿Quieres diseñar tu propia mola?

G. Ubica y escribe todas las palabras y expresiones que ilustren o describan lo siguiente.

1. un precio muy (demasiado) alto
2. la belleza de Margarita
3. la pobreza de Luis
4. una prenda de ropa muy cara
5. una enfermedad del alma que no se cura
6. la riqueza de los viejos
7. el amor a primera vista
8. la furia, el enojo
9. la tristeza y la desesperación
10. la dote y el ajuar

H. Busca otra manera de decir lo siguiente.

1. una chica de Lima, o sea,...
2. un artículo de ropa, o sea,...
3. recibir algo de un familiar que ha muerto, o sea,...
4. amarse muchísimo, o sea,...
5. ponerse pálido, o sea,...
6. el ajuar, o sea,...
7. exactamente, cumpliendo todas las condiciones, o sea,...

Aplica...

I. Fíjate en las siguientes palabras que aparecen en la leyenda. Indica que las aprendiste, aplicándolas de las siguientes maneras.

1. *Limeño(a)* = de Lima. ¿Qué quieren decir *norteño, sureño, costeño, angeleño*?
2. *Único(a)* = significa **only**. Completa las siguientes frases.
   La única cosa que recuerdo de... es... .
3. *Había que* es el pasado de *hay que (es necesario)*. Di tres cosas que había que hacer para alegrar a Margarita.
4. *Sin haber heredado*. Completa lo siguiente.
   Sin haber...saqué una buena nota en el examen de... .
   Toqué el violín en el concierto sin haber... .
5. *Por lo única y por lo cara*. Completa las siguientes frases con un adjetivo adecuado. Recuerda que el adjetivo debe concordar con el sustantivo.
   a. Por lo...que es el amor, nadie debe tratar de influir a los novios.
   b. Por lo...que es la vida estudiantil, no se puede... .
   c. Por lo...que es la ropa, recomendamos que no... .

J. Escribe tres exageraciones parecidas a las de la narración.

■ **Por ejemplo:** *Si Margarita no se casa con Luis, se muere.*

1. Si no me gradúo en..., voy a... .
2. Cuando sepan..., mis padres... .
3. Mi amigo(a) es tan... que... .

K. ¿Qué dichos o refranes *(sayings)* puedes crear que empiecen así? Piensa en las personas que conoces para completar las siguientes frases.

■ **Por ejemplo:** *Margarita es más rica que un Onassis.*

1. Es más rico(a) que... .
2. Es más generoso(a) que... .
3. Es más bello(a) que... .
4. Es más pobre que... .
5. Es más cabeza dura *(stubborn)* que... .
6. Es más... .

L. Escribe una leyenda para explicar una de las expresiones idiomáticas de la Actividad **K**.

Mi diccionario

Para hablar

¡No tengo nada que ponerme! Necesito...

un abrigo.
una blusa.
calcetines.
una camisa
una camiseta.
una corbata.
un chaleco.
una chaqueta para el trabajo.
una falda.
un impermeable.
medias.

unos pantalones.
pantimedias.
un par de medias.
ropa interior.
una sudadera.
un suéter.
un traje.
un traje de baño.
un vestido.
zapatos.

Para hablar

Los colores

amarillo(a)
anaranjado(a)
azul (marino)
beige
blanco(a)
gris

marrón
morado(a)
negro(a)
rojo(a)
rosado(a)
verde

Las telas

a cuadros
a rayas
de algodón
de colores vivos
de gabardina
de lona
de lunares

de nailón
estampado(a)
floreado(a)
el lino
el poliéster
el rayón

Las tiendas

la camisería
la lavandería
la maletería

la tienda de ropa
la tintorería
la zapatería

Para hablar

Otras palabras y expresiones

aquel (aquella)
aquellos (aquellas)
cuanto antes
de todo
el modelo
ese (esos)
esa (esas)

este (estos)
esta (estas)
estar de moda
No se arruga.
probarse
Queda bien.
ya no usamos...

Para reconocer

La ropa

los bermudas
la camisa de noche
el encaje
los mocasines
la prenda de ropa
ropa para caballeros
ropa para damas
las sandalias
las zapatillas

Para reconocer

el ajuar / la dote
al pie de la letra
el compromiso
Había que...
por lo...
Sin haber...

12

La moda no incomoda

Si te preocupa la moda, éste es el capítulo indicado para ti. Aquí vas a aprender cómo usar y transformar tu guardarropa. ¿Qué hay en la guardarropa de esta maja?

■ «La maja vestida», circa 1802, Francisco Goya, oil on canvas, 95 x 190 cm
Prado Museum, Madrid, Giraudon / Art Resource, N.Y.

Quiero aprender a...

- describir cómo me queda la ropa
- quejarme de la ropa
- describir lo que busco cuando voy de compras

- expresar el propósito de una acción

Me, te, le, les, nos, os queda bien / mal.
Está + *adjetivo*
Busco un(a) + *artículo* + *que* + *presente del*
  subjuntivo
para que + *presente del subjuntivo*

A simple vista

Ya puedes leer y comprender bastante español. Para recordar lo que ya sabes,
completa las siguientes actividades.

A. Cómo cuidar la ropa. Los anuncios que siguen en la página 370 son de
una pequeña publicación que contiene buenas ideas para el hogar y la vida
diaria. Indica en la siguiente lista los temas de los anuncios.

1. se vende   **3.** se alquila   **5.** se repara
2. se transforma **4.** se lava   **6.** se permuta

B. Soluciones domésticas. Une los problemas con sus posibles soluciones.

Problemas: una chaqueta vieja que no está a la moda
  un collar de perlas roto
  una cremallera que
    no funciona
  un zapato estropeado
  unos pantalones demasiado
    largos
  una blusa blanca común y
    corriente
  un vestido rosado man-
    chado de chocolate

Soluciones:
transformar para que esté más a la
  moda
teñir (colorear o pintar)
reparar o arreglar
tirar a la basura
cortar
quitar la mancha *(stain)*
anudar *(to knot)* las perlas

C. Anuncios de servicios. En los anuncios que siguen, subraya o marca todas las palabras que reconoces. Luego, completa las actividades en las páginas 371–372.

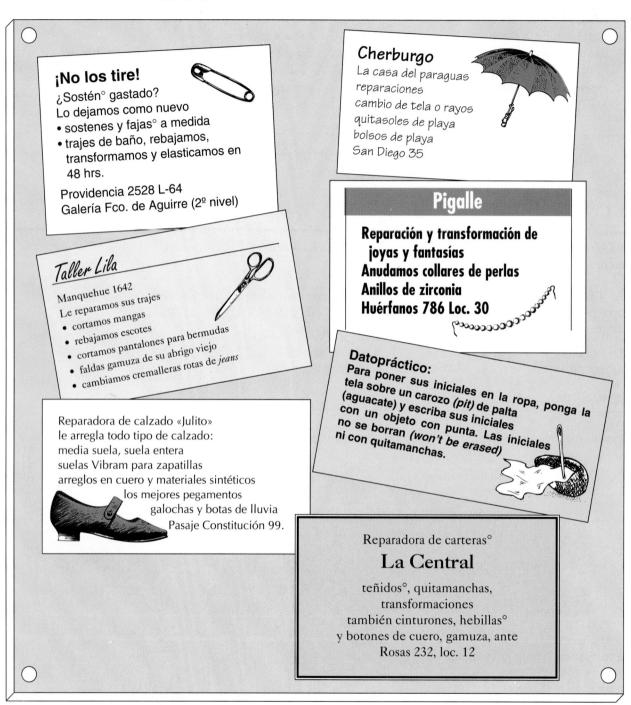

¡No los tire!
¿Sostén° gastado?
Lo dejamos como nuevo
- sostenes y fajas° a medida
- trajes de baño, rebajamos, transformamos y elasticamos en 48 hrs.

Providencia 2528 L-64
Galería Fco. de Aguirre (2º nivel)

Taller Lila
Manquehue 1642
Le reparamos sus trajes
- cortamos mangas
- rebajamos escotes
- cortamos pantalones para bermudas
- faldas gamuza de su abrigo viejo
- cambiamos cremalleras rotas de *jeans*

Reparadora de calzado «Julito»
le arregla todo tipo de calzado:
media suela, suela entera
suelas Vibram para zapatillas
arreglos en cuero y materiales sintéticos
los mejores pegamentos
galochas y botas de lluvia
Pasaje Constitución 99.

Cherburgo
La casa del paraguas
reparaciones
cambio de tela o rayos
quitasoles de playa
bolsos de playa
San Diego 35

Pigalle
Reparación y transformación de joyas y fantasías
Anudamos collares de perlas
Anillos de zirconia
Huérfanos 786 Loc. 30

Datopráctico:
Para poner sus iniciales en la ropa, ponga la tela sobre un carozo *(pit)* de palta *(aguacate)* y escriba sus iniciales con un objeto con punta. Las iniciales no se borran *(won't be erased)* ni con quitamanchas.

Reparadora de carteras°
La Central
teñidos°, quitamanchas, transformaciones
también cinturones, hebillas°
y botones de cuero, gamuza, ante
Rosas 232, loc. 12

---

sostén…bra, *fajas*…girdles, *carteras*…wallets, coin purses, *teñidos*…dyes, *hebillas*…buckles

Ch. Ando buscando... Di el nombre de la tienda o taller donde...

1. venden artículos de lluvia.
2. venden artículos de cuero.
3. venden ropa interior.
4. venden adornos y complementos.
5. reparan joyas.
6. hacen faldas de abrigos.
7. transforman ropa.
8. reparan zapatos.

D. ¡Problemas, problemas! Di a qué taller vas cuando necesitas lo siguiente.

1. Acabas de comprar un vestido rosado largo y necesitas botones y cinturón del mismo color.
2. Quieres poner a la moda un traje de los años ochenta.
3. Tu abuela te compró unos pantalones de salir pero te quedan muy grandes.
4. Llevabas tu abrigo de cuero cuando llovió y ahora está manchado *(stained)*.
5. Compraste un traje de baño hace cuatro años, pero ahora está gastado *(worn out)*.
6. Quieres ponerle suelas Vibram a tus zapatillas de trotar *(jogging)*.
7. La hebilla de tu cinturón está rota y ya no sirve.
8. Engordaste un poco y se te rompió la cremallera de los pantalones.
9. Como no tienes dinero para diamantes, quieres comprar un anillo de zirconia.
10. Estás aburrido(a) de tu paraguas azul marino; quieres tener uno amarillo.

E. Adivinanza. Busca claves *(clues)* para adivinar el significado de las siguientes palabras. Usa el contexto o busca el parecido con otras palabras inglesas o españolas que ya conoces.

A	B
galochas	Sirven para cerrar las chaquetas y las camisas.
suela	Sirven para mantener abierto un paraguas.
botones	Es un diamante falso.
zirconia	Se usa para unir dos cosas de manera permanente.
rayos	Es la parte de abajo de los zapatos.
pegamento	Se usan para proteger los zapatos de la lluvia.

VOZ

La moda está muy bien, pero yo me pongo lo que me gusta, no lo que dicta la moda. ¿Y tú? ¿Qué cosas te gustan siempre?

«Moda, la que acomoda.»

-Refrán popular

F. Palabras compuestas. ¿Qué significan las siguientes palabras? Cada una de ellas está formada de dos palabras que completan su significado. Trata de adivinar con un(a) compañero(a).

quitamanchas   guardarropa
cubrecama   paraguas
abrelatas   portadocumentos
quitasoles

G. ¿De qué son? Mira los anuncios otra vez y copia los nombres de los artículos que están hechos de los siguientes materiales.

1. de zirconia
2. de metal
3. de gamuza *(suede)*
4. de telas elásticas
5. de plástico
6. de materiales sintéticos
7. de cuero
8. de telas impermeables

En voz alta

A. Escucha la descripción que hace una joven para saber de qué habla. Habla de…

una tienda de ropa / la gente de su oficina / un viaje / una fiesta

B. ¿Cómo reacciona? Elige más de una posibilidad.

¡Qué horror! / ¡Qué elegante! / ¡Qué desastre! / ¡Qué risa! / ¡Qué amable!

II⊡A Imágenes y palabras

Para hablar de algo tan importante como la ropa y la moda, aquí tienes vocabulario útil.

Busco un saco *(sports coat)* **que tenga bolsillos grandes.**
                             botones *(buttons)* **de cuero.**

Busco una chaqueta que sea...

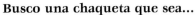

color

más oscura.

más clara.

más abrigada *(warmer)*.

material

más delgada *(lighter)*.

de manga larga
(long sleeve)

de manga corta
(short sleeve).

use ... gustar

Esta chaqueta no me queda bien.
Quiero una que sea...

más suelta *(looser)*.

más ajustada *(tighter)*.

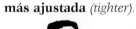

Necesito un cinturón nuevo que haga juego con ese conjunto *(outfit)*.
Ese bolso no hace juego con
(doesn't go with)...

En mi mochila *(backpack)* **tengo de todo:**

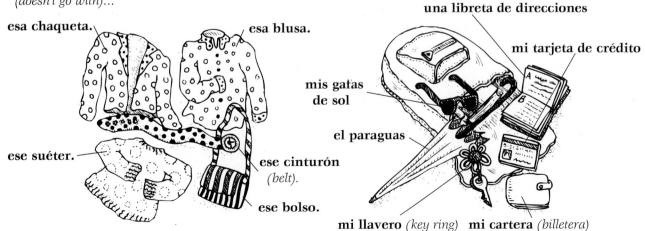

esa chaqueta.

esa blusa.

una libreta de direcciones

mi tarjeta de crédito

mis gafas
de sol

el paraguas

ese suéter.

ese cinturón
(belt).

ese bolso.

mi llavero *(key ring)*   mi cartera *(billetera)*

small case / bag

stained

fit

Mi maletín de viaje está manchado. Hay que
  quitarle la mancha.
La cremallera *(zipper)* de mi mochila está rota *(broken)*. Hay que repararla /
  arreglarla.
Mi bolso deportivo está sucio *(dirty)*. Hay que lavarlo.
Hay que teñir *(to dye)* mi vestido viejo.
          transformar *(to remodel)*
          cortar *(to cut, shorten)*

A. No hacen juego. Dales un consejo o diles un cumplido *(compliment)* a las
siguientes personas. Si quieres, puedes trabajar con otra persona.

■ **Por ejemplo:** *Esos(as)...no hacen juego con esa(e)...porque los...no quedan*
                bien con los... .
                Ese(a)...le queda muy bien; hace juego con el (la, los, las)...y el
                (la, los, las)... .

1. Una chica lleva una blusa de manga corta color rosado con una falda de lana
   a cuadros negros y unos zapatos rosados de bailarina.
2. Un chico lleva *jeans* negros con un suéter beige y camiseta roja clara.
3. Una señora lleva un vestido amarillo de lana con zapatos marrones de plástico, un bolso que hace juego con los zapatos y un pañuelo de seda en tonos
   de verde.
4. Un niñito lleva pantalones a rayas verdes y rojas con una camiseta morada y
   un gorro de béisbol azul claro.
5. Un chico tiene unos shorts amarillos con una camiseta blanca de su universidad y unas zapatillas blancas de básquetbol.
6. Un señor lleva una camisa deportiva a rayas azules de manga corta con un
   pantalón de lino azul y un saco blanco de verano con botones de metal.
7. Una chica universitaria lleva una falda larga de algodón negro con una blusa
   de rayón verde a lunares amarillos. Los zapatos son unas sandalias amarillas.

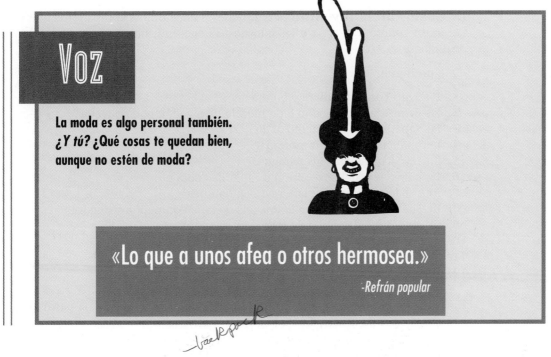

VOZ

La moda es algo personal también.
¿Y tú? ¿Qué cosas te quedan bien,
aunque no estén de moda?

«Lo que a unos afea o otros hermosea.»

-Refrán popular

B. ¿Qué pusiste en la mochila? Haz una lista detallada de todas las cosas que llevas a los siguientes lugares.

1. si vas a clase
2. si vas a hacer una excursión
3. si vas a una entrevista de trabajo
4. si vas a la playa
5. si vas de compras
6. si vas a esquiar

C. ¿Quién lo tiene? Pregúntale a tus compañeros si tienen las siguientes prendas de ropa y anota su nombre en cada caso. Sigue preguntando (*Keep asking*) hasta que hayas encontrado al menos una persona para cada prenda.

1. guantes de cuero o gamuza (*suede*)
2. una camisa a rayas de mangas cortas
3. un paraguas rojo
4. un abrigo o chaqueta con botones de cuero
5. una falda con bolsillos grandes
6. unos *jeans* ajustados
7. una camisa de seda
8. una chaqueta de cuero para motociclista con muchas cremalleras
9. una camiseta de polo
10. ropa interior de seda
11. calcetines rosados
12. una chaqueta de lino
13. un pijama a cuadros
14. un saco de lana

Ch. A ver, a ver. Mira a tu alrededor y cuenta cuánta gente lleva las siguientes prendas.

1. camisas, camisetas, suéteres o blusas de manga larga
2. camisas, camisetas, suéteres o blusas de manga corta
3. pantalones o chaquetas con bolsillos grandes
4. calcetines blancos o negros
5. faldas o pantalones sueltos
6. pantalones o faldas abrigadas
7. suéteres, blusas, camisas o camisetas a rayas o cuadros

D. Gustos de la juventud. Pregúntales a doce de tus compañeros qué prefieren en cuanto a la ropa y los adornos. Luego, escribe un informe dando los resultados.

¿Qué prefieren,...

1. los *jeans* con cremallera o botones?
2. las camisetas de algodón o de mezcla de algodón con poliéster?
3. las zapatillas de básquetbol o de correr?
4. la ropa nacional o la importada?
5. los impermeables o los paraguas?
6. las botas *(boots)* de excursión o zapatillas para el invierno?
7. una chaqueta con cremallera o con botones?
8. un suéter de lana pura o de mezcla de lana con nailon y angora?
9. un suéter de algodón o de seda con algodón?
10. camisas o blusas que se arrugan o que son inarrugables?
11. un gorro *(cap)* de lana o un gorro de béisbol?
12. ropa suelta o ajustada?

E. Persona desaparecida. Uno(a) de tus compañeros(as) se ha perdido(a) y hay que darle una descripción a la policía. Escríbela según el siguiente formulario y luego dásela a un(a) compañero(a), para que se la lea a la clase. Ellos tienen que decidir quién ha desaparecido según tu descripción.

Color de pelo: _____ Color de ojos: _____

Anteojos / gafas y color: _____ Edad: _____

Ropa (colores, diseños, telas, condiciones): _____

_____

Complementos: _____

F. De veras, me quedan bien. Describe tus tres tenidas (conjuntos) preferidas y di cuándo te las pones.

■ **Por ejemplo:** *Me queda muy bien mi chaqueta de gamuza con los jeans viejos y la camisa azul que me regaló mi hermano. A veces, también me pongo una camiseta debajo de* (underneath) *la camisa.*

G. Devoluciones. La gente del dibujo quiere devolver *(to return)* la ropa que compró. Da dos quejas en cada caso. ¡Sé original!

■ **Por ejemplo:** *Quisiera devolver esta camisa; está rota y no me gusta el color.*

⊕ Con teleobjetivo

Para hablar: To talk about what we are looking for

Present subjunctive for giving specifications

You have practiced describing articles of clothing and accessories in terms of fit, features, colors, and fabric.

Tengo una chaqueta de lana azul
con cremalleras en los bolsillos.

Quisiera probarme ese conjunto
de seda morada que está allí.

*I have a blue wool jacket with zippers
on the pockets.*

*I would like to try on that purple silk
outfit that's over there.*

In these cases you have described specific articles that someone owns, that you have seen, or that you know about. To describe or give specifications for articles that you are looking for, and that *may* or *may not* exist, you will use forms of the present subjunctive.

Description of known item:
Voy a comprarme el abrigo azul
marino que **tiene** unos bolsillos
enormes y **está** en la tienda «Zeus».

Description of desired item:
Busco una chaqueta de cuero que
tenga muchas cremalleras y que
sea abrigada.

Notice in the second example that the subjunctive is used because the speaker is giving specifications for an item that may or may not exist.

Visión

En los pintorescos mercados mexicanos se puede encontrar de todo, desde frutas y legumbres hasta joyas, ropa y artesanía del lugar. ¿Y *tú*? ¿Qué quisieras comprar en este mercado?

Use the subjunctive to describe desired, possibly non-existent, things or persons. For example, use it in the following situations:

1. to describe a person you are looking for but aren't sure exists...

   Busco un novio que **sea** alto, de ojos negros, que **tenga** buen trabajo, que **sepa** cocinar y que... .

   *I'm looking for a boyfriend who **is** tall, with black eyes, who **has** a good job, who **knows** how to cook and who... .*

   Busco profesores que **den** exámenes fáciles, que **sean** simpáticos y que **enseñen** bien.

   *I'm looking for professors who **give** easy exams, who **are** nice, and who **teach** well.*

2. to describe an ideal item of clothing, an accessory or any other item you are looking for (but haven't seen yet and aren't sure exists)...

   Busco una bolsa que **sea** grande y que **tenga** varios bolsillos y que **tenga** cremallera para el dinero.

   *I'm looking for a purse that **is** big and that **has** several pockets and that **has** a zipper for money.*

3. to describe an ideal place you are looking for (but haven't even seen yet)...

   Quiero alojarme en un hotel que **tenga** piscina, que no **esté** lejos de la plaza y donde **haya** buena atención.

   *I want to stay in a hotel that **has** a pool, that **is** not far from the square and where **there is** good service.*

A. Nunca estamos contentos. No importa *(It doesn't matter)* qué tengamos, siempre deseamos algo más, ¿verdad? Completa las siguientes frases.

1. Los profesores quieren estudiantes que... .
2. Los padres quieren hijos que... .
3. Los hijos quieren padres que... .
4. Los norteamericanos queremos un presidente que... .
5. Los vendedores quieren clientes que... .
6. Los hombres quieren gente que... .
7. Las damas quieren amigos que... .
8. Los diseñadores quieren clientes que... .
9. Los clientes quieren diseñadores que... .

B. Ya lo tengo, pero... Describe lo que ya tienes y lo que deseas tener.

■ **Por ejemplo:** *Ya tengo un paraguas pequeño, pero quiero uno que sea más grande.*

1. Ya tengo una mochila..., pero quiero una que... .
2. Ya tengo unos *jeans*..., pero busco unos que... .
3. Ya tengo unos pantalones..., pero busco unos que... .
4. Ya tengo una billetera..., pero quiero una que... .
5. Ya tengo una libreta..., pero busco una que... .
6. Ya tengo un llavero..., pero necesito uno que... .
7. Ya tengo un suéter..., pero quiero uno que... .

C. Exigente. Da todos los detalles que esperas encontrar en cada uno de los siguientes artículos.

■ **Por ejemplo:** unas gafas de sol
   Quiero (Busco) unas gafas de sol que sean de oro y que...y que... .

1. una billetera
2. una mochila
3. un saco o una chaqueta
4. un llavero
5. unos pantalones
6. un suéter
7. un pañuelo
8. unas gafas de sol

Ch. Se busca. Encuentra por lo menos una persona que haga cada una de las siguientes cosas. Luego, comunícaselo a *(inform)* la clase.

■ **Por ejemplo:** ayudarme a hacer las tareas
   Busco una persona que me ayude a hacer las tareas.

   Kim puede ayudarme a hacer las tareas.
   o: *Nadie puede ayudarme a hacer las tareas.*

1. saber un poema de memoria
2. nunca llegar tarde a clase
3. haber viajado al extranjero
4. haber sido mesero(a)
5. jugar ajedrez
6. gustarle la ópera
7. siempre vestirse con elegancia
8. poder hacer trucos mágicos
9. tomar desayuno siempre
10. saber hablar tres idiomas
11. saber una canción irlandesa
12. siempre saber los verbos

D. Quisiera... Describe tu ideal en cada uno de los siguientes casos.

■ **Por ejemplo:** *Ando buscando* (I am looking for) *alguien que arregle galochas.*
   Aquí llueve mucho y quiero que les pongan una buena suela.

1. un(a) novio(a)
2. una clase
3. amigos(as)
4. un lugar para estudiar
5. un(a) esposo(a)
6. un(a) profesor (profesora)
7. un coche
8. una residencia
9. una tienda
10. un taller *(repair shop)*

✳ ¡Última hora!

Para hablar: How to shop for clothing

Shopping protocols

Here are some useful phrases to use and understand when shopping for clothes.

Cliente: **Quisiera probarme** esa chaqueta, por favor.
Dependiente: **¿Cuál es su talla** *(size)***?**
Cliente: Creo que es 34 o 36. También quisiera ver unos zapatos negros.
Dependiente: ¿Zapatos negros? **¿Cuánto calza** *(What size shoe do you wear)***?**
   ¿Qué número?
Cliente: **Calzo** *(I wear shoe size)* 37 y medio.

   . . .

Cliente: **¿Cuánto valen** las gafas de sol?

Dependiente:	Las hay de muchos precios. **¿De qué marca** las prefiere? Éstas cuestan 66.000 Ptas.
Cliente:	Las que están en la vitrina son más baratas, ¿no?
Dependiente:	¿Cuáles?
Cliente:	Las rojas *(The red ones)*.
Dependiente:	¡Ah! sí; **están en oferta** *(on special)*. Ya se las muestro.

...

Cliente:	**Quisiera devolver** *(to return)* este vestido, por favor.
Dependiente:	Sí, cómo no. ¿Por qué no le gustó?
Cliente:	Porque **me queda demasiado grande** y no me gusta mucho esta tela.
Dependiente:	¡Ah! Ya veo. Puede probarse otros que le queden mejor.
Cliente:	Sí, es lo que pienso hacer ahora.

TALLAS

Caballeros

Trajes, suéteres, abrigos

Continental	44	46	48	50	52	54	56
EE.UU.	34	36	38	40	42	44	46

Camisas

Continental	36	37	38	39	40	41	42
EE.UU.	14	$14^{1}/_{2}$	15	$15^{1}/_{2}$	16	$16^{1}/_{2}$	17

Zapatos

Continental	39	40	41	42	43	44	45
EE.UU.	$7^{1}/_{2}$	8	$8^{1}/_{2}$	9	$9^{1}/_{2}$	10	$10^{1}/_{2}$

Damas

Vestidos, trajes, abrigos

34	36	38	40	42	44	46
6	8	10	12	14	16	18

Blusas y suéteres

40	42	44	46	48	50	52
32	34	36	38	40	42	44

36	37	$37^{1}/_{2}$	38	$38^{1}/_{2}$	39	40
6	$6^{1}/_{2}$	7	$7^{1}/_{2}$	8	$8^{1}/_{2}$	9

A. Buena organización. Copia el siguiente formulario en otra hoja de papel y complétalo para indicarle a un(a) compañero(a) qué regalo de cumpleaños te puede hacer. Cambia fichas *(cards)* con otra persona y transfiere las tallas americanas a tallas continentales para no cometer errores en la tienda.

Nombre: _____   Fecha de cumpleaños: _____

Pasatiempos preferidos: _____

Colores (Diseños) preferidos: _____

Telas preferidas: _____

Preferencias y necesidades: _____

Tallas		Número	
pantalones: _____		zapatos: _____	
vestido o traje: _____		guantes: _____	
camisa o blusa: _____		anillo: _____	

B. En la tienda. Tú eres el (la) cliente y tu compañero(a) es el (la) dependiente de la tienda. Describe lo que te gusta de la vitrina y él (ella) te pregunta la talla, color y otros detalles.

C. Lo que quiero es... . Usa los dibujos de la página 376, Actividad **G.** Tú quieres cambiar algo y explicas lo que deseas, dando *(giving)* las especificaciones del artículo. Tu compañero(a) es el (la) dependiente.

■ **Por ejemplo:** *Esta blusa está rota (manchada, etc.).*
Quisiera devolverla, por favor.
Quiero una blusa que no esté rota (manchada, etc.).

||⊕ Con teleobjetivo

Para hablar: To state the purpose or goal of an action

Present subjunctive with *para que*

Use the expression **para que** *(so that, in order to)*, to indicate the purpose or goal of an action. **Para que** is always followed by a verb in the subjunctive.

Voy a regalarle mis esquíes viejos a mi hermana **para que ella pueda** aprender a esquiar este invierno y **para que pueda** competir cuando tenga unos diecisiete años. Yo no pude hacer eso.	*I'm going to give my old skis to my sister **so that she can** learn to ski this winter and **so that she can** compete when she is about seventeen. I was not able to do that.*

A. Justo lo que necesitábamos. En la segunda columna, busca las soluciones a los problemas de la primera.

1. Para que no arruines tu ropa de seda, cuando llueve...
2. Para que no te enfermes...
3. Para que lleves de todo...
4. Para que ahorremos un poco de dinero...
5. Para que él no pierda mi llave...
6. Para que ella limpie su falda nueva...

a. le voy a comprar un quitamanchas.
b. debes llevar tu paraguas.
c. le voy a dar un llavero.
ch. lo que necesitas es una mochila.
d. necesitas calcetines de lana.
e. voy a transformar mi abrigo de lana.

B. Cicerón. Un grupo de gente está de visita en tu universidad y ciudad. Diles qué deben ver y hacer y para qué deben ir a los siguientes lugares.

■ **Por ejemplo:** el centro deportivo

Les aconsejo (sugiero, recomiendo) que lo visiten para que vean dónde juega nuestro famoso equipo de... .

1. la tienda de ropa...
2. el parque de atracciones...
3. el centro comercial...
4. el restaurante...
5. la tienda de artículos deportivos...
6. el sitio histórico...
7. el hotel...
8. el almacén...
9. un cine o teatro...
10. el centro estudiantil...

C. ¿Para qué? Di para qué hacen (o no hacen) tú o tus amigos(as) las siguientes cosas. Da al menos dos objetivos en cada caso.

■ **Por ejemplo:** Compramos en las liquidaciones para que (no)... .
Compramos en las liquidaciones para que nos den los precios más bajos.

1. Estudiamos español para que (no)... .
2. Hacemos las tareas todos los días para que (no)... .
3. Asistimos a todas las clases para que (no)... .
4. Nos juntamos con otros amigos(as) para que (no)... .
5. Ahorramos dinero para que (no)... .
6. Llamamos a casa para que (no)... .

Ch. Buen corazón. Un poquito de generosidad ayuda mucho al mundo. Piensa qué le puedes dar a alguien o a una institución para que puedan realizar sus planes.

■ **Por ejemplo:** *Le puedo pagar el viaje a mi hermano menor para que vaya a Los Ángeles al campeonato de patinaje (ice skating championship). Así le ayudo para que sea campeón.*

En voz alta

A. Escucha la conversación e indica el tema de la conversación.

gente que no sabe vestirse
vestidos infantiles

la elegancia de algunas parejas
hombres sin gusto

B. Escucha otra vez la conversación. Elige una de las personas descritas y anota qué llevaba. Da todos los detalles que puedas.

VOZ

Luis Cané (1897–1957), poeta argentino, describe la experiencia de una linda niña. ¿Por qué lloraba ella? ¿Y tú? ¿Has tenido una experiencia parecida?

Romance de la niña negra

Toda vestida de blanco,
almidonada y compuesta,
en la puerta de su casa
estaba la niña negra.

Un erguido moño blanco
decoraba su cabeza,
collares de cuentas rojas
al cuello le daban vueltas.

Las otras niñas del barrio
jugaban en la vereda;
las otras niñas del barrio
nunca jugaban con ella.

Toda vestida de blanco,
almidonada y compuesta,
en un silencio sin lágrimas
lloraba la niña negra.

Otro vistazo

La guayabera

Piensa...

En los anuncios de la pagina 370, se ofrecen servicios de transformación, arreglo, reparación y confección de distintas prendas de ropa.

A. Mira de nuevo los anuncios y di para qué vas a los siguientes lugares.

▨ **Por ejemplo:** *Voy a Cherburgo para que me cambien... .*

1. Julito
2. Cherburgo
3. Taller Lila
4. La Central
5. Pigalle

B. Como puedes ver, la gente hispana se preocupa de reparar las cosas que están viejas o pasadas de moda. Ésta es una tradición europea muy antigua. Por el contrario, ¿qué hace la gente de este país? Marca todas las respuestas correctas.

1. dar la ropa vieja a una institución de caridad *(charity)*
2. tirar la ropa a la basura
3. comprar una máquina de coser y transformar la ropa en casa
4. darle la ropa a un(a) hermano(a) o amigo(a)
5. poner un anuncio en el periódico para vender la ropa vieja

C. Describe algo que tengas en tu armario que no hayas usado por muchísimo tiempo — dos o tres años. Di cuánto tiempo hace que no lo usas, explica por qué no lo has usado y di qué puedes hacer con esa ropa o calzado para que sea más útil.

■ **Por ejemplo:** *Tengo una camisa a rayas de manga corta que está pasada de moda y que no hace juego con ningún pantalón. Hace tres años que no la uso; se la puedo dar a mi hermanito(a) o la puedo usar cuando trabajo en...*

Sugerencias: transformar / reparar / rebajar *(to reduce, to make some opening larger)* **/ cortar / alargar / teñir / dar a una institución benéfica / usar otra vez / vender / regalar / tirar a la basura / usar para limpiar el coche**

Ch. También puedes haber notado en los anuncios de estos capítulos que la gente va al sastre *(tailor)* o a la modista *(dressmaker)* para hacerse ropa nueva o para transformar o arreglar la ropa nueva; es decir, no siempre van a la tienda a comprar ropa. Siempre se prefiere a la modista o al sastre cuando hay un festejo importante como una fiesta, una boda, un cumpleaños, una entrevista para un trabajo, una entrega de diplomas *(graduation)*, etc.

Y tú, ¿qué haces? Di adónde se puede ir en los siguientes casos.

1. Aquí, la ropa más cara se vende en... .
2. Aquí, la ropa más barata se vende en... .
3. Aquí, las mejores gangas *(bargains)* se encuentran en... .
4. Aquí, los dependientes más serviciales se encuentran en... .
5. Aquí, los trajes (vestidos, etc.) más elegantes se venden en... .
6. Aquí, la ropa más bonita y fuera de lo común *(unusual)* se ve en... .

Mira y lee...

D. El artículo que sigue en la página 385 describe una prenda de ropa que es muy popular en la zona del Caribe. Di qué prenda de ropa se describe y cómo lo adivinaste. Entonces, lee el artículo, enfocándote en las palabras que conozcas o que puedas adivinar.

La guayabera

Para cierto hombre latino de raíces° o afinidades caribeñas, la guayabera clásica de manga larga, de lino o de algodón, es casi un uniforme. Esta prenda, descendiente de la túnica militar, imparte un aire de sobria disciplina, reemplazando° al traje en ocasiones formales.

En su famosa **Casa de las guayaberas** de Miami (305-266-9683), Ramón Puig vende guayaberas hechas o las hace para una selecta clientela de latinos y norteamericanos. Unos las prefieren ajustadas y otros más sueltas. Y a sus clientes que son policías, Puig les pregunta a qué lado llevan el arma para ponerles un poco más de tela y evitar un bulto sospechoso°.

Tomado de *Más*, Estados Unidos

raíces...origen, reemplazando...sustituyendo,
sospechoso...suspicious

Visión

Alrededor de toda la cuenca del Caribe, incluidas la Florida y las costas de Texas y Luisiana, la guayabera es la prenda ideal para el calor y la humedad del largo verano. *¿Y tú?* ¿Qué prenda de ropa es ideal para los universitarios en tu región?

E. Piensa en esta prenda de ropa y da todas las respuestas que puedas a cada pregunta.

1. ¿Para quiénes es?   **3.** ¿Cómo es?
2. ¿De qué es?   **4.** ¿De dónde es?

F. Mira el artículo otra vez y encuentra palabras relacionadas con lo siguiente.

1. orígenes de la prenda   **3.** tamaño o estilo
2. policías   **4.** clientes

G. Mira el artículo y completa este resumen.

Este artículo de ropa, o sea, la _____ , es de origen, o sea, de _____ caribeñas. Se lleva en vez de traje, es decir que las guayaberas _____ al traje. Algunos clientes las prefieren sueltas; otros las prefieren entalladas, o sea, _____ . Los policías necesitan más tela en _____ para esconder la pistola, o sea, el _____ , es decir, para que no se vea un _____ sospechoso.

Oda a los calcetines

Piensa...

H. Con otra persona, hagan una lista de todas las palabras que asocien con lo siguiente.

■ **Por ejemplo:** los zapatos
andar, caminar, correr, dar un paseo, bailar, calzar, cuero, suela, calcetines, medias, ajustados, número...

1. el traje de baño   **6.** la camiseta
2. el traje de novia   **7.** las ocasiones formales
3. el traje de hombre   **8.** el uniforme
4. los guantes   **9.** el abrigo
5. el sombrero   **10.** el paraguas

I. Ahora vas a leer un poema sobre otra prenda de ropa muy útil y necesaria, los calcetines o medias de caballero. Antes de leer el poema, con otra persona haz una lista de todas las palabras que se asocien con calcetines. Sigan el modelo y agreguen sus propias ideas.

■ **Por ejemplo:** los calcetines...
Se compran de a dos, o sea, en...; son buenos cuando hace frío en el...; son de...o de...; vienen con..., pero no hacen juego con...; (no) los llevamos cuando... .

Mira y lee...

J. Ahora mira el siguiente poema para ver si algunas de las asociaciones que hicieron aparecen en esta oda. Luego, lee el poema completo. No te preocupes si no entiendes todas las palabras; sólo intenta enfocarte en las ideas principales.

Oda a los calcetines

Pablo Neruda

Me trajo Maru Mori
un par de calcetines
que tejió° con sus manos de pastora,
dos calcetines suaves...
En ellos
metí los pies
como en
dos
estuches°
tejidos
con hebras° del
crepúsculo°
y pellejo de ovejas°.

Violentos calcetines,
mis pies fueron
dos pescados
de lana,...
de azul ultramarino
atravesados
por una trenza° de oro,
dos gigantescos mirlos°
dos cañones:
mis pies
fueron honrados
de este modo
por
estos
celestiales
calcetines.

...y lo que es bueno es doblemente
bueno
cuando se trata de dos calcetines
de lana
en el invierno.

tejió...hizo (knitted)

*trenza...*braid (cable stitch)
mirlos...pájaros negros
estuches...cajas

*hebras...*threads, yarns
crepúsculo... twilight
*pellejo de ovejas...*sheepskin

(Tomado de *Nuevas odas elementales*, 1955)

K. Copia las palabras y expresiones del poema que se refieren a lo siguiente.

1. al calor que dan los calcetines
2. al color de los calcetines
3. a la forma de los calcetines
4. a las imágenes que evocan los calcetines puestos en los pies
5. al material con que se hacen los calcetines

Aplica...

L. Con otra persona (o solo/a), escribe tu propio poema sobre una prenda de ropa que te gusta mucho a ti. Usa el siguiente modelo.

La prenda: *Los jeans*
Cuándo la llevas: *Los llevo siempre.*
Una descripción: *Azules, ajustados, rotos,*
Los adornos: *con bolsillos, sin cinturón.*
Una imagen: *Son viajados y suaves como mi piel.*
Otra imagen: *Estos pantalones son amigos míos,*
Un adjetivo: *doblemente viejísimos.*

Video: Prog. 12, **La literatura es fuego**—mini-portraits of famous writers

Mi diccionario

Para hablar

La ropa

Busco un saco que tenga…
  bolsillos.
  botones.

Quiero que sea…
  abrigado(a).
  ajustado(a).
  claro(a).
  de manga larga / corta.
  delgado(a).
  oscuro(a).
  suelto.

Ese cinturón no hace juego con ese conjunto.
No me queda bien.

Para reconocer

estropeado(a)
la faja
las galochas
la gamuza
la hebilla
el sostén
la suela

Para hablar

Los problemas

Mi maletín de viaje está manchado.
roto.
sucio.
La cremallera no funciona.
Hay que arreglarlo.
Hay que devolverlo (ue).
Hay que lavarlo.
Hay que quitarle la mancha.
Hay que repararlo.
Hay que teñirlo (i).
Hay que transformarlo.

Los complementos

En mi mochila tengo de todo:
  una cartera.
  unas gafas de sol.
  una libreta de direcciones.
  un llavero.
  un paraguas.
  una tarjeta de crédito.

Para hablar

En la tienda

¿Cuál es su talla?
¿Cuánto calza?
¿Cuánto vale(n)… ?
¿De qué marca lo (la, los, las) prefiere?
Está(n) en la vitrina.
Está(n) en oferta.
Quisiera devolver… .

Esta sección te ayuda a repasar lo que aprendiste y cómo lo aprendiste en los **Capítulos 11** y **12.**

¿Qué aprendimos?

En el **Sexto Tema** aprendiste a hacer lo siguiente.

✓ describir la ropa que se pone la gente	ponerse / probarse / llevar + *artículo de ropa*
✓ decir lo que quiero que otras personas hagan	quiero que + *presente del subjuntivo*
✓ en un grupo de artículos, indicar uno específico	*los adjetivos este, esta, estos, estas, ese, esa, esos, esas, aquel, aquella, aquellos, aquellas*
✓ describir cómo me queda la ropa	Me, te, le, les, nos, os queda bien / mal.
✓ quejarme de la ropa	Está + *adjetivo*
✓ describir lo que busco cuando voy de compras	Busco un(a) + *artículo* + *que* + *presente del subjuntivo*
✓ expresar el propósito de una acción	para que + *presente del subjuntivo*

Here are some other things you practiced doing in this unit, which will be part of your language use from now on.

You learned to...	by using...
describe characteristics of clothing...	
features:	**de manga corta / larga** **suelto, ajustado,** etc.
colors:	**verde, anaranjado,** etc.
fabric type:	**lino, seda,** etc.
fabric pattern:	**a rayas, a cuadros,** etc.
if it matches:	**(no) hace juego con, (no) viene con:**
if it is fashionable or not:	**Está de moda... .** **Ya no usamos... .**
give advice or recommendations regarding the actions of others:	**aconsejar / recomendar / sugerir que** + *present subjunctive*
ask questions about...	
what something is for:	**¿Para qué sirve... ?**
what something is made of:	**¿De qué es... ?**
which one:	**¿Cuál... ?**
what size:	**¿Qué talla (número)... ? ¿Cuánto calza?**
what brand:	**¿De qué marca?**
what something is like:	**¿Cómo es... ?**

Estrategia

Remembering *how* you learned is just as important as remembering *what* you learned. This section of your textbook summarizes some of the strategies used in practicing the language in this unit.

A. You used strategies for speaking and writing the language.

1. **Combining.** For example, you combined your knowledge of past participle formation with new vocabulary to describe the condition of articles of clothing. For each of the following, give an opposite.
   a. **Está planchado** *(ironed).*   b. **Está limpio.**   c. **Está ajustado.**

   You also combined ways of expressing your wishes with the expression of your purpose or goal. For example, complete the following:
   a. **Quiero que mis amigos... para que... .**
   b. **Mis padres quieren que yo... para que... .**

2. **Cooperating.** You worked with others to practice using the language and to collect information.

   In groups of four, survey your classmates to determine their preferences in the following categories.

   Los chicos:
   ¿Prefieren... ?
   vestirse con *jeans* o traje.
   llevar camisetas o camisas.
   andar con o sin corbata.
   llevar cinturón o tirantes *(suspenders).*

   Las chicas:
   llevar faldas largas o cortas.
   llevar calcetines o medias.
   llevar blusa de seda o de algodón.
   llevar zapatos o zapatillas.

   Todos:
   a. ¿Quieren vestirse como se visten los demás o de una manera diferente?
   b. ¿Quieren vestirse a la moda de los años 50, 60, 70, 80 u 90?

3. **Organizing thoughts.** You have been using certain words to organize your thoughts in terms of time, contrast, or purpose. Complete the following statements regarding clothing.
   Yo prefiero... . *En cambio*, mis amigos prefieren... .
   La moda siempre cambia. *Por ejemplo*, he visto fotos de los años cincuenta en que... .
   En aquella época se llevaba... . En cambio, en los ochenta se llevaba... .
   Recuerdo los años setenta. En esa época se llevaba... . En cambio, en los noventa llevamos... .
   Si vas a la playa es necesario que...*para que... .*
   Si vas a la sierra, es necesario que...*para que... .*
   Si vas a acampar, es necesario que...*para que... .*

4. Using culturally appropriate expressions to conduct transactions.

Complete the following conversation between a clerk and a customer.

—Buenas tardes, señorita.   —...
—¿En qué... ?   —Quisiera ese...que está en la vitrina.
—Sí, cómo no. ¿Qué...usa?   —...
—Y ¿de qué...lo prefiere?   —...

Luego,...

—¿Cómo le queda?   —...
—¿Quiere probarse otro?   —Sí, ese(a) azul que está... .
—¿Cuál?   —Ese(a) azul de la derecha.

5. Developing flexibility.
You began to prepare yourself for language variance from one country to another. Use the illustrations to complete the following.

a. En el Perú, este artículo se llama una *chompa*. Es un... .
b. En España, éstos se llaman *vaqueros*. Son... .
c. En España, ésta se llama *cazadora* y en Argentina, *campera*. Es una... .
ch. En algunas partes dicen *billetera*. Es una... .
d. En algunos países dicen *cinto*. Es un... .
e. En el sur de Sudamérica dicen *pollera*. Es una... .
f. Esta prenda tiene muchos nombres: *remera, polera, polo*. Es una... .
g. En España dicen *sortija*. Es un... .
h. En algunas partes dicen *pendientes* y en otras, *aros*. Estos son... .
i. En España, este conjunto se llama un *chándal*. Es una... .

B. You used some strategies for learning new words.

1. **Categorizing.** Categorizing and re-categorizing words often helps us remember them. For each of the following lists, name a category to which all pertain.
   - a. anillos, collares, pulseras, aretes
   - b. zapatos, botas, zapatillas, sandalias
   - c. galochas, paraguas, impermeables, capas
   - ch. abrigos, guantes, bufandas, gorros
   - d. cartera, bolso, maletín, mochila
   - e. traje de baño, quitasol, gafas de sol, toalla
   - f. manchado, sucio, gastado, estropeado, roto
   - g. teñir, reparar, rebajar, cortar, arreglar
   - h. algodón, lino, seda, poliéster, tela de lana

2. **Associating.** Sometimes it helps to form associations by way of a key word or mnemonic device. Choose a word that you have difficulty remembering and use it as the key word to begin a series of other words or statements, as in the examples.

Rara, fina	**C**on o sin tacón
Otoño, invierno, primavera…	**A**justados
Para jóvenes y mayores	**L**impios, nuevos
Algodón, lana, seda	**Z**apatos
	Once es mi número.

3. **Personalizing.** You applied what you learned to describe your likes and dislikes. Complete the following with your own specifications.
   - a. Busco un abrigo que… .
   - b. Busco un reloj que… .
   - c. Necesito zapatos que… .
   - ch. Prefiero las camisas (blusas) que… .
   - d. Busco una tienda de ropa que…(donde haya…).
   - e. Para el baile de la fraternidad, necesito un(a)…que… .

C. You used some strategies to recognize and understand what you had not learned yet. You taught yourself by…

1. **Anticipating**. You used background knowledge and experience to anticipate. Where would the following conversations likely take place?
   - a.
     Cliente: Quisiera ver unas camisas y una guayabera de seda inarrugable.
     Dependiente: ¿Cuál es su talla?
     Cliente: Bueno, yo uso talla 17 con manga 36.
   - b. **Dependiente:** ¿Quiere probarse éstos del número 41 o prefiere ver otros más grandes y más cómodos?
     Cliente: Sí, quisiera encontrar un par que me calce bien.
   - c. **Dependiente:** Estas argollas de matrimonio son muy finas. ¿Quieren probárselas? Las podemos ajustar, si es necesario. Son de oro de 22.

2. **Relying on context clues.** In the previous exchanges, use context clues to guess what the following might be.

> inarrugable   argolla
> cómodos   ajustar
> que me calce bien

3. **Identifying words that look like English words you know.** What do the following mean?

> **galochas / sandalias / blusas / pantalones / verde oliva / estilo / importado / liquidación / descuento / mocasines / chaqueta**

Look through Chapters 11 and 12 and list at least five other words that are cognates.

4. **Identifying words that look like Spanish words you know.** See if you can guess at the meaning of some of the following, using the familiar Spanish words they come from listed to the left.

moda	modista
gustar	gusto
abrir	abertura
norte	norteño
arrugar	arrugado
collar	cuello
impermeable	impermeabilización
calza	descalzo(a)
rico(a)	riqueza
pobre	pobreza

Según el anuncio, ¿qué ventajas ofrecen estos zapatos?

COMODIDAD CLARKS

Estar de pie, andar o ir de compras será diferente con unos Clarks. Porque las sandalias Clarks significan: Un confort excepcional. Por su flexibilidad anatómica. Por su suela de poliuretano con burbujas de aire que absorbe los choques y le aisla del calor. Por su piel suave y flexible. Visite su zapatería Clarks y vea los elegantes 'Clarks-Caribees' y sienta su comodidad.

Clarks

DEJE QUE SUS PIES LE CONVEZCAN

Para más información: Comercializacion Internacional de Zapatos, S.L. -C/ General Yagüe, 10 - 7oE - 28020 Madrid, Tel.: (91) 5563695

Para escribir con soltura:
Querido lector
This section will guide you to write more accurately by attending to certain language features at the organizing and editing phases.

A. Imagining. You are editor of a youth magazine column and must give advice to young teens who write to you with concerns. Choose one of the following problem letters that have just arrived.

1.
> Acabo de conseguir mi primer empleo y mi madre insiste en que me ponga pantalones y no jeans. Sin embargo, he preguntado en la oficina y me dijeron que no hay normas estrictas en cuanto a la ropa.
>
> Juan Carlos

2.
> Tengo doce años y quiero arreglarme como mis amigas y ponerme minifalda o pantalones elásticos y cosméticos, pero mi papá no quiere que me pinte ni me ponga ropa llamativa. Ya soy grande.
>
> María Paz

3.
> Siento que mis amigas se ríen de mí porque no llevo ropa de la marca que está de moda. Mis padres se resisten a comprarme ropa tan cara sólo por la marca.
>
> Beatriz

B. Analyzing. Break the problem down into its components to determine what subtopics you will have to deal with in giving your advice. Then, sketch a response for each topic, including reasons, consequences, exceptions and examples for each. In each case, circle the pronouns you used. Follow the model.

■ **Por ejemplo:** Problema 1

En cuanto a los *jeans,* es mejor que no te (los) pongas si…

Con respecto a los pantalones, es conveniente que (los) lleves cuando…

Si pensamos en los consejos de mamá, es mejor que (los) sigas porque…

Con relación a las normas de…, te aconsejo que (las) observes para que…

Hablando del primer empleo, es necesario que (lo) tomes en serio porque…

C. Editing. Verify the accuracy of your statements in each topic area, paying particular attention to the object pronouns you have circled. Check for: placement, order (reflexive, indirect, direct), and form of the pronouns. If you are unsure of the form, draw a line to connect the pronoun to the person or thing to which it refers, as shown in **B.**

D. Integrating. Combine your statements to form a letter with cohesive and well developed paragraphs that would appeal to persons of this age group. Avoid repetition, using pronouns and sentence variety.

«¡Qué bonita es la vida cuando nos da de sus riquezas!», 1943
Frida Kahlo, oil on masonite, 40 x 49 cm
collection Francisco Osio, U.S., courtesy Galería Arvil, Mexico

7

Vida sana

¿QUÉ SÍMBOLOS DE LA VIDA SANA se ven en este cuadro? ¿Qué hace la gente estresada para mantenerse sana? Hoy en día la salud es un tema prominente de nuestras conversaciones y un aspecto muy importante de nuestras vidas diarias.

En los Capítulos 13 y 14 vas a aprender a describir tu salud y tu régimen físico, a quejarte de los dolores y malestares comunes y a decirles a tus amigos qué deben hacer para cuidar su salud y para llevar una vida agradable.

13

■ DÉCIMO TERCER CAPÍTULO

El físico es muy importante

¿Por qué se preocupa la chica del cuadro? ¿Le duele algo?

En este capítulo vas a aprender a quejarte de algunos dolores y decirle al (a la) médico(a) dónde te duele. También vas a darles consejos a tus amigos sobre el ejercicio, la dieta sana y el bienestar físico.

■ «Estudio de Tina Modotti»
1927, Diego Rivera
62 x 48 cm
private collection, courtesy
Galería Arvil, Mexico

Quiero aprender a...

- decirle a mis amigos lo que deben y no deben hacer
- describir cómo se llega a distintos lugares
- indicar la distancia entre dos lugares

- indicar si estoy enfermo(a) y quejarme de los dolores

órdenes informales, el subjuntivo para expresar órdenes informales negativas

sigue..., dobla...

está a... cuadras / millas de..., está detrás de, delante de, etc.

me duele(n)...

A simple vista

Ya puedes leer y comprender bastante español. Para recordar lo que ya sabes, completa las siguientes actividades.

A. ¿Cuál es el tema? Cuando lees un artículo sobre ejercicios físicos, ¿qué esperas encontrar en él? Usa el título del artículo de la página 400 para adivinar el tema. Luego, mira la lectura y haz un círculo alrededor de las palabras que se parecen a palabras inglesas. Di estas palabras en voz alta para que descubras las conexiones con el inglés.

B. ¿De qué vamos a hablar? Al mirar este artículo, ¿qué puedes predecir *(to predict)* acerca del vocabulario que vas a aprender en este capítulo? Marca tu predicción en la lista que sigue.

1. el sistema métrico
2. los deportes
3. las partes del cuerpo *(body)*
4. la comida
5. los trabajos
6. los males del cuerpo

C. Mucho interés. ¿A quiénes les puede interesar este artículo? Elige todos los grupos que te parezcan bien y explica por qué.

1. los que quieren bajar de peso
2. los niños o los jóvenes
3. los que están enfermos
4. los que se preocupan mucho
5. los que se recuperan de un accidente grave
6. los que trabajan (o estudian) demasiado
7. la gente sedentaria
8. los que hacen deporte
9. los que quieren divertirse
10. los que conducen vehículos
11. los modelos
12. las amas de casa
13. los estudiantes
14. los policías
15. los dentistas
16. los contadores
17. los médicos
18. los artistas
19. los pilotos
20. los enfermeros

Ch. Los estudiantes y el estrés. Muchos estudiantes universitarios tienen horarios muy difíciles. ¿Qué recomendaciones les puedes dar a tus compañeros para cuidar su salud y sacar buenas notas, sin enfermarse *(getting sick)*? Dales por lo menos cinco buenos consejos.

1. Les aconsejo que... .
2. Les sugiero que... .
3. Insisto en que... .
4. Les recomiendo que... .
5. Quiero que... .

D. Otra mirada. Otra vez, mira sólo el título y la primera frase del artículo y contesta lo siguiente.

1. ¿Con qué frecuencia se recomiendan estos ejercicios?
2. ¿A qué hora se recomiendan?
3. ¿Cuánto tiempo debe durar este régimen, por lo menos?

E. ¡A leer! Ahora, lee el artículo, concentrándote en las palabras que conoces o que puedes adivinar. No te preocupes por la cantidad de palabras nuevas que hay en este artículo; ya las vas a estudiar.

EJERCICIOS
Anti-Estrés

Hazlos diariamente, preferentemente por la mañana...¡y en un par de semanas te sentirás como nuevo!

Para calentar...
To warm up
*pon...*put

1. Para calentar° el cuerpo, de pie con las piernas separadas, dobla un poco las rodillas y contrae el abdomen. Extiende el brazo izquierdo sobre la cabeza lo más que puedas; pon° la mano derecha en la cadera. Cuenta hasta diez y repite con el otro brazo.

*Para estirar...*To stretch

*Mantén...*Keep

2. Para estirar° los músculos de las piernas, gira lentamente el pie izquierdo hacia adentro e inclina el cuerpo hacia adelante. Mantén° la pierna derecha tensa y hacia atrás. Cuenta hasta diez. Luego, estira la pierna izquierda y dobla la rodilla derecha; mantén la izquierda tensa. Cuenta hasta diez y repite.

3. Para estirar la parte baja de la espalda y los muslos, con los pies paralelos y separados, dobla las rodillas ligeramente y pon las manos en los muslos. Mantén la espalda en línea recta, desde el comienzo de la espina dorsal hasta la parte superior de la cabeza. Cuenta hasta diez.

*Para relajar...*To relax

*hala...*pull

*Para fortalecer...*To strengthen

*sujeta...*hold

4. Para relajar° el cuello, los hombros y la espalda, sentada como muestra la foto, hala° los muslos hacia tu pecho e inclina los hombros primero hacia abajo y luego hacia atrás. Cuenta hasta diez. Luego, trata de tocar el pecho con la barbilla y dobla la espalda como muestra la foto. Cuenta hasta diez.

Tomado de *Buenhogar,* EE.UU.

5. Para fortalecer° la parte baja de la espalda, acuéstate boca arriba con las piernas extendidas y las plantas de los pies hacia arriba, sujeta° los muslos justo debajo de las rodillas. Hala los muslos hacia el pecho. Haz pequeños círculos con ambos pies, y deja que la parte baja de la espalda se mueva contra el suelo.

F. Investigaciones. Para comprender un artículo que tiene muchas palabras nuevas, hay que trabajar como detective, buscando claves (*clues*) que te ayuden a encontrar otras claves. Haz listas de palabras que tú crees que son...

1. nombres de partes del cuerpo
2. palabras que te dicen qué debes hacer
3. palabras que indican en qué dirección debes moverte
4. palabras que te dicen dónde está algo

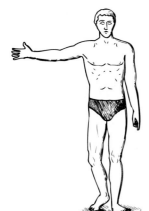

G. Las partes del cuerpo. Examina las fotos que acompañan el artículo y lee cada párrafo para poder adivinar las palabras. Luego, con otra persona, ve cuántos nombres de partes del cuerpo puedes colocar en el dibujo que está al lado. No importa si no puedes identificarlas todas.

la pierna	los muslos	el brazo
el pie izquierdo	el pecho	los hombros
el pie derecho	la espalda	la mano derecha
la rodilla	el cuello	la mano izquierda
la cabeza	el abdomen	el codo

H. Los movimientos. Las palabras que siguen describen algunos movimientos. En el artículo, busca y copia partes del cuerpo que se asocian con cada movimiento.

1. dobla (doblar)
2. gira (girar) o haz círculos
3. hala (halar)
4. inclina (inclinar)
5. extiende (extender)
6. estira (estirar)
7. pon (poner)
8. mantén (mantener)

I. En todas direcciones. En los dibujos que acompañan este artículo, se pueden ver varios movimientos en distintas direcciones: **up, down, behind, in front of, to the left, to the right**. Ve si puedes determinar cuáles corresponden a los siguientes movimientos.

1. brazos hacia abajo
2. manos detrás de la cabeza
3. pierna izquierda hacia adelante
4. cuerpo hacia adelante
5. piernas hacia arriba
6. mano detrás del cuerpo
7. pierna derecha hacia atrás
8. manos debajo de las rodillas

En voz alta

A. Escucha la grabación y contesta lo siguiente. ¿Qué tipo de programa es?

1. de instrucciones para niños
2. para enseñar los pasos de un baile
3. de ejercicios para relajarse
4. para aprender a correr

B. Lo que la chica hace parece...

1. difícil.
2. fácil.
3. necesario.
4. imaginativo.

⫴🄰 Imágenes y palabras

Para hablar de algo tan importante como el cuerpo, los ejercicios y la vida sana, aquí tienes vocabulario útil.

Haz *(Do)* **unos ejercicios** *(exercises)*…

    si te duele[1] *(aches, hurts you)*…
    o si te duelen *(ache, hurts you)*…

las manos.

la muñeca.

los hombros.

el brazo.

el pecho.

el codo.

la cintura.

las caderas.

la espalda.

la pierna.

la rodilla.

los pies.

el tobillo.

Para combatir el estrés, relaja los músculos *(relax the muscles)*…

de la cabeza *(head)*.

de la cara *(face)*.

de las cejas.

de los ojos.

de la boca.

de la barbilla.

del cuello.

de los dedos.

Ponte *(Put on)* **ropa de lana. Tienes…**

la nariz fría *(a cold nose)*.
las orejas frías *(cold ears)*.
los dedos de los pies fríos *(cold toes)*.

---

[1]**Doler (ue)** is like **gustar: me / te / le / les / nos / os duele / duelen**… .

Lleva *(Live)* **una vida sana** *(healthy life)*
  para que tengas...
    los pulmones *(lungs)* **fuertes.**
    el hígado *(liver)* **sano.**
    un estómago sano.
    el pelo brillante *(shiny).*
    los intestinos *(intestines)* **sanos.**

    un corazón *(heart)* **fuerte.**
    los huesos *(bones)* **fuertes.**
    los oídos *(ears)*[1] **sanos.**
    los dientes *(teeth)* **sin caries** *(cavities).*
    los riñones *(kidneys)* **sanos.**

  A la izquierda *(To the left),* **está el páncreas.**
  A la derecha *(To the right),* **está el hígado.**

A. Pares. ¿Qué partes del cuerpo son pares? Haz una lista de por lo menos diez partes.

◾ **Por ejemplo:** *Tengo un par de pulgares* (thumbs).

B. Impares. ¿Qué partes del cuerpo no son pares? Haz una lista de por lo menos diez partes, y, cuando sea apropiado, di a qué lado del cuerpo están: *a la derecha* o *a la izquierda.*

◾ **Por ejemplo:** *El estómago está un poco hacia la izquierda.*

C. ¿Quién soy yo? Adivina qué parte(s) del cuerpo se describe(n) en cada adivinanza.

◾ **Por ejemplo:** *Son largas y te llevan por el mundo.*
              ¡Son las piernas!

  1. Por la noche, nos cerramos estas dos ventanas que ven el mundo.
  2. Me usas para reírte, hablar y probar deliciosos platos.
  3. Somos dos y servimos para abrazar a un amigo.
  4. Si bebes demasiado, me pongo muy enfermo.
  5. Cuando estás enamorado te acelero el pulso. *corazón*
  6. No me gusta cuando comes demasiado.
  7. Si patinas mucho siempre nos lastimas.
  8. Cuando hace mucho frío me pongo muy roja.
  9. Si bailas en una fiesta nos usas mucho.
10. Sin nosotros no puedes escuchar música ni la voz de una persona amada.

Ch. ¿Dónde se llevan? Di en qué parte del cuerpo se llevan, se usan o se ponen las siguientes prendas de ropa, complementos o artículos.

◾ **Por ejemplo:** el reloj
             Se pone *en la muñeca.*
             los pantalones
             Se ponen *en las piernas.*

1. los aretes	**6.** los zapatos	**11.** los *jeans*
2. las gafas	**7.** los calcetines	**12.** la bufanda
3. un radio portátil	**8.** un cinturón	**13.** un anillo
4. los frenos *(braces)*	**9.** un sombrero	**14.** el teléfono
5. los guantes	**10.** una pulsera	**15.** un collar

[1]**Oídos** = internal part of ear; **orejas** = external part.

Según este dicho popular, el afecto sincero dura mucho. ¿Y tú? ¿Estás de acuerdo con este refrán? ¿Por qué?

«Manos frías, corazón caliente, amor de siempre.
Manos calientes, corazón frío, amor para un día».

D. Asociaciones. Di qué partes del cuerpo asocias con las siguientes acciones o actividades.

1. respirar *(to breathe)*
2. digerir *(to digest)*
3. levantar pesas
4. jugar fútbol
5. tocar piano
6. escribir
7. escuchar una clase
8. correr
9. hablar
10. remar *(to row)*
11. patinar
12. comer
13. leer
14. tomar cosas que otra persona te da
15. bailar
16. pensar
17. nadar
18. besar
19. sentir
20. dibujar
21. cantar
22. dormir

E. Consejos. Describe cada cosa según sus efectos sobre la salud.

▪ **Por ejemplo:** la grasa
Es muy mala para el corazón.
Un poquito es buena para la piel.

1. los cigarrillos
2. los dulces
3. la fruta
4. los tacones altos *(high heels)*
5. dormir ocho horas por noche
6. el sol
7. la sal
8. los helados
9. la aspirina
10. el calcio
11. la leche
12. las legumbres
13. los audífonos *(headphones)*
14. los huevos
15. la vitamina A
16. la vitamina C

F. Control de anatomía. Si estudiaste bien tu libro de biología en el colegio, sabes las respuestas de este control sobre el cuerpo humano.

1. De 60 a 65% del _____ humano es agua.
2. Hay _____ huesos en el esqueleto humano.
3. Todos tenemos 32 _____, excepto cuando el dentista ya nos ha sacado las muelas del juicio (wisdom).
4. El intestino delgado mide unos _____ pies o de 5,5 a 6 metros.
5. Los dos lados de la _____ son simétricos, pero no perfectos.
6. Tu _____ es del mismo largo de tu brazo, del codo a la muñeca.
7. El lado _____ del cerebro es lógico y analítico; por el contrario, el lado _____ es artístico e intuitivo.
8. Las arterias y demás vasos (veins) dan la vuelta al mundo _____ veces si los pones uno a continuación del otro.
9. Tu _____ bombea (pumps) más de 1800 galones de sangre al día, pero apenas pesa (weighs) _____ onzas.
10. El 46% de la población del mundo tiene sangre de tipo _____.
11. La temperatura normal promedio del cuerpo es de _____ grados centígrados.
12. Tu _____ crece (grows) de 5 a 6 pulgadas al año.
13. Cuando hace mucho calor, la _____ puede perder varios litros de agua al día por evaporación y transpiración.

G. Parientes, pero no cercanos. Describe una diferencia física importante entre los humanos y los siguientes animales.

■ **Por ejemplo:** *Los seres humanos (no) tienen / puede(n)... .*
En cambio, el (la)...tiene(n) / puede(n)... .

1. la jirafa
2. el mono (monkey)
3. la vaca (cow)
4. las culebras
5. los peces (fish)
6. los osos (bears)
7. los caballos (horses)
8. los perros

Visión

En Barcelona, estos atletas deben calentar bien sus músculos antes del maratón de «El Corte Inglés». ¿Y tú? Escribe la serie de acciones que deben hacer para precalentarte.

H. Síntomas. Explica qué te pasa cuando te duelen cuatro partes diferentes del cuerpo.

■ **Por ejemplo:** *Si me duelen los brazos... .*
Si me duele la mano... .

I. Juguemos al médico. Completa los siguientes consejos.

■ **Por ejemplo:** Estírate bien si... .
...tienes / te duele el / la... .

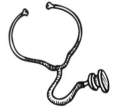

1. Toma una aspirina si... .
2. Acuéstate si... .
3. Come más si... .
4. Ponte los calcetines de lana si... .
5. Haz ejercicio si... .
6. Anda al (*Go to*) dentista si... .
7. Respira aire puro si... .
8. Ponte guantes si... .

⊕ Con teleobjetivo

Para hablar: To tell a friend what to do or not to do

Informal or *tú* commands, affirmative and negative

In the opening article of this chapter you saw words such as: **mantén, dobla, extiende, gira,** and **inclina.** Then, in Activity **I,** you saw the word **ponte.** **Ponte** is the familiar command forms of the verb **ponerse.** The words you saw in the opening article are also familiar commands.

These command or imperative forms (**órdenes**) are used to tell a friend, a peer, or a family member — a person you would address with **tú** in Spanish — what to do. In Chapters 11 and 12, you practiced saying what you wanted, recommended, or advised people to do. Command forms allow you to tell or *command* someone to do something.

Toma tu remedio.	***Take*** *your medicine.*
Come más pescado.	***Eat*** *more fish.*
Estira la pierna.	***Stretch*** *your leg.*
Dobla la rodilla.	***Bend*** *your knee.*
Relaja los músculos del cuello.	***Relax*** *your neck muscles.*
Inclina el cuerpo hacia adelante.	***Lean*** *(your body) forward.*
Bebe más líquido para los riñones.	***Drink*** *more fluids for the kidneys.*

1. Notice that these **tú** commands use a form of the present tense with which you are already familiar: the **él / ella / Ud.** form.

tomar	→	**¡Toma!**
comer	→	**¡Come!**
escribir	→	**¡Escribe!**

Therefore, to make a **tú** command, use an **él / ella / Ud.** form and change the intonation to tell your friend or peer what to do. Later you will learn how to tell someone *not* to do something.

Toma las vitaminas todas las mañanas.	***Take*** *your vitamins every morning.*
¡Piensa en tu salud! No debes fumar.	***Think*** *of your health! You should not smoke.*
Cuida tu corazón; la grasa es mala.	***Take care*** *of your heart; fat is bad.*
Reduce tu consumo de grasas para bajar de peso.	***Reduce*** *your fat intake to lose weight.*
Cuenta hasta diez y después **salta** con el otro pie.	***Count*** *to ten and then **jump** on the other foot.*
Pide una cita con el médico porque tienes mucha tos.	***Ask for*** *an appointment with the doctor because you cough too much.*

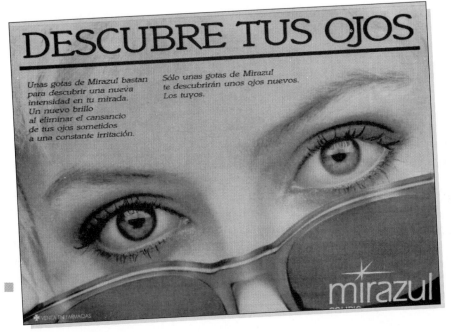

Usa órdenes para escribir un anuncio para algo que nos ayude a llevar una vida sana.

2. The following commands are used very frequently. In fact, the words **¡Mira!** and **¡Oye!** are often used as attention-getting phrases, similar to the English expressions, "Hey!," "Look!," "Listen!" **¡Anda!** is used as an expression of surprise ("You're kidding!") or to say "Move, get going!" It is also almost always used instead of **ve**, the command form of **ir**.

andar → **¡anda!** ¡Anda!, no sabía que el ejercicio era para la espalda.

mirar → **¡mira!** ¡Mira!, ¡qué ejercicio tan bueno para las piernas!

oir → **¡oye!** ¡Oye!, inclina el cuerpo para este lado ahora.

3. Some verbs have irregular command forms. By now, you can probably guess which verbs some of the following forms correspond to. Fill in the missing infinitives in the following chart.

irse	**ve(te)**
decir	**di**
_____	**ven**
_____	**pon(te)**
_____	**haz**
ser	**sé**
_____	**sal**
tener	**ten**
_____	**(contén)**
_____	**(detén)**
mantener	**mantén**

4. To tell someone *not* to do something, use the **tú** form of the *present subjunctive*, which you practiced in Chapters 11 and 12.

Si tienes sinusitis, toma mucho líquido, pero **no tomes** leche.

*If you have sinusitis, drink lots of fluids, but **don't drink** milk.*

No hagas ejercicio cuando tengas una infección viral.

***Don't exercise** when you have a viral infection.*

No salgas a correr con este viento; te puede dar bronquitis.

***Don't go out** jogging in this wind; you can catch bronchitis.*

A. Alternativas. Di qué consejos sobre la salud le darías a un(a) amigo(a). ¿Hacer o no hacer lo siguiente?

■ **Por ejemplo:** usar una almohada *(pillow)* dura
No uses una almohada dura.

1. comer comida vegetariana
2. seguir la dieta del arroz
3. tomar sólo café por la mañana
4. hacer ejercicio por la noche

5. comer legumbres y frutas
6. tomar helados para la depresión
7. correr cuatro veces a la semana
8. llevar una vida sana

B. ¿Qué dice la gente? Di qué órdenes de los padres o sugerencias de otra gente puedes oír *(to hear)* a menudo en los siguientes lugares. Da por lo menos dos sugerencias (una afirmativa y otra negativa) en cada caso.

■ **Por ejemplo:** en la casa
¡Pon la mesa!
¡No pongas los pies en el sofá!

1. en la playa o la piscina
2. en la oficina del médico
3. en tu dormitorio
4. en urgencias del hospital
5. en la clase de español
6. en la biblioteca
7. en casa de un(a) amigo(a)
8. en el gimnasio

C. No metas la pata. Di qué consejos le puedes dar a un(a) estudiante extranjero(a) o nuevo(a) que recién llega a tu universidad. Dile qué cosas no hacer en ciertas ocasiones: qué ropa no usar, los lugares donde no debe ir, las cosas que no debe comer y lo que no debe hacer en las clases.

■ **Por ejemplo:** *No vayas al restaurante O'Henry porque la comida es pésima* (terrible) *ni tomes desayuno en el centro estudiantil porque los huevos siempre están fríos. No compres nada en el almacén...porque los precios son un escándalo y no hables nunca en la biblioteca porque el bibliotecario es muy antipático.*

Ch. Consejos de salud. Pregúntales a cuatro compañeros qué problemas generales de salud o de bienestar físico tienen. Luego, dales un buen consejo de salud.

■ **Por ejemplo:**
Tú: ¿Qué te pasa?
Linda: Engordo *(I gain weight)* en el invierno.
Tú: Haz ejercicio en el gimnasio cuando hace frío afuera.

D. El mejor remedio. Da tu receta para el mejor remedio para el resfrío *(cold)* o la gripe *(influenza)* y explica cómo hacerlo.

■ **Por ejemplo:** *Lo mejor es la limonada caliente. Toma cinco limones; sácales el jugo. Agrega agua caliente y azúcar. Vete a la cama; toma la limonada en cama y duerme unas ocho horas.*

E. Pequeñas cosas que molestan mucho. Piensa en las cosas que te molestan todos los días. ¿Qué le dirías *(would you say)* al familiar, compañero(a) o amigo(a) que hace esas cosas que te molestan? Prepara cinco letreros *(signs)* para hacerle saber de tu desagrado *(warn him or her of your displeasure)*.

■ **Por ejemplo:** Tu compañero(a) usa tu calculadora.
Tu letrero dice: «*No uses mi calculadora*».

‖ ✹ ¡Última hora!

Para hablar: Giving directions

Adverbs of location and place

In the article on anti-stress exercises, you saw and used words that indicated direction or location: **Pon la mano *detrás* del cuerpo. Inclina el cuerpo *hacia adelante*.**

These words are also used when giving directions to a place:

La sección de cuidados intensivos está **cerca / lejos.**

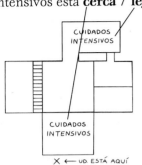

La sala de urgencias está **arriba** *(above)* / **abajo** *(below).*

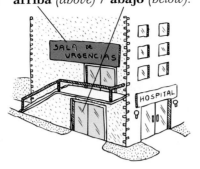

Dobla a la **izquierda** *(to the left)* / **a la derecha** *(to the right).*

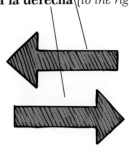

La clínica está **detrás** *(behind)* / **delante del** *(in front of)* edificio blanco.

Las ambulancias están **adentro** *(inside)* / **afuera del** *(outside)* recinto (lugar).

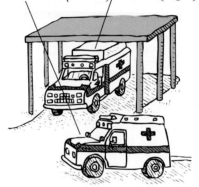

Entra por la puerta **de adelante** *(front)* /

de atrás *(back)*

Sigue **derecho** *(straight ahead)* **hasta** el policlínico infantil.
Cruza la calle donde está el pabellón pediátrico.

Dobla a la derecha y mantente a la izquierda; urgencias está **detrás** del pabellón de pediatría.
Sigue derecho por Avenida Italia; el dentista está **después de** la calle Arjona, **a la izquierda.**

*Turn **to the right** and stay **to the left**; emergency is **behind** the pediatrics pavilion.*
*__Continue straight along__ Italia Avenue; the dentist is **after** Arjona street, **on the left**.*

En la calle:

—¿Dónde está el Hospital del Trabajador?

—*Where is Worker's Hospital?*

—En la Gran Avenida, **no muy lejos de aquí.**

—*On Grand Avenue, **not very far from here**.*

—**¿A cuántas cuadras?**

—***How many blocks away?***

—Unas cuatro o cinco.

—*Four or five.*

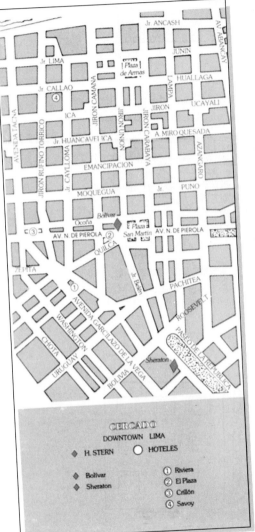

A. Estoy confundido(a). Una amiga te ha dado instrucciones para ir a varios lugares, pero ahora no te acuerdas cuál es cuál. Piensa que estás en el Hotel Sheraton y luego conecta las instrucciones con el lugar apropiado.

1. Sigue por la calle Bolivia y dobla a la izquierda. Cuando llegues a la Avenida Garcilaso de la Vega, dobla a la derecha y camina cuatro cuadras. ¿Dónde estás?
2. En la calle Bolivia, ve hacia la derecha hasta llegar al Jirón Belén. Allí, dobla a la izquierda y camina hasta la calle Quilca. ¿Dónde estás?
3. Quieres dar un paseo. Cruza el Jirón Belén, donde pasa por el lado del hotel. ¿Dónde estás?
4. Del hotel, dobla a la izquierda en el Jirón Belén y camina hasta la Plaza de San Martín. Allí, sigue derecho por el Jirón Unión y camina cinco cuadras. ¿Dónde estás?

B. En caso de emergencia. Dale instrucciones a un(a) compañero(a) para que vaya desde este edificio (donde tienes la clase) a otro lugar en la universidad como la clínica estudiantil, la policía, la biblioteca o la enfermería. No le digas a tu compañero(a) cuál es el destino final. Tu compañero(a) escucha las instrucciones y te dice adónde llegó; si llega a otra parte, revisa tus instrucciones.

■ **Por ejemplo:** *Sal del edificio por la puerta de atrás.*
Sigue derecho por el jardín hasta el reloj grande.
Dobla a la izquierda y... .

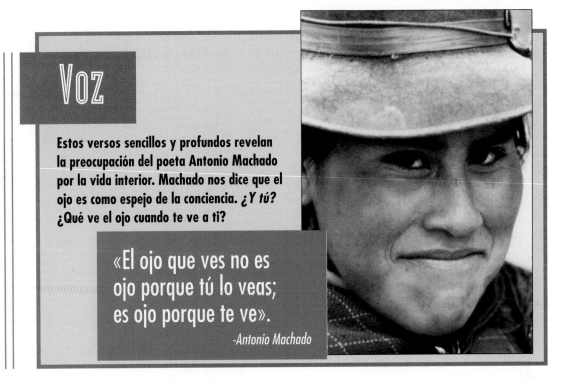

C. Recién llegado(a). Dale consejos a un(a) estudiante recién llegado(a). Dile adónde ir en ciertos edificios o lugares y descríbelos.

■ **Por ejemplo:** en la biblioteca

La biblioteca está a tres cuadras de... .
En la biblioteca, toma el ascensor y siéntate (sit) en... . No te
sientes en... . La fotocopiadora está... .

1. en la cafetería
2. en la biblioteca
3. en la tienda de la universidad
4. en el centro estudiantil
5. en el garaje / estacionamiento *(parking lot)*
6. en la clínica

⊕ Con teleobjetivo

Para hablar: To advise peers or friends what to do or not to do

Informal *tú* commands with reflexive and object pronouns

You have already practiced telling someone what to do using familiar command forms of verbs. These command forms are taken from the **él / ella / Ud.** present tense form of verbs.

¡**Cepíllate** los dientes después de todas las comidas!

Acuérdate de hacer las tareas para mañana.

Ten cuidado con las enfermedades contagiosas.

Brush *your teeth after each meal.*

Remember *to do the homework for tomorrow.*
Be *careful with contagious diseases.*

Very often, you will want to use pronouns with some of these command forms, as in "put *it* on / take *it* off" (**póntelo / póntela, quítatelo / quítatela**), "tell *me*" (**dime**), or "bend *them*" (**dóblalos / dóblalas**).

1. Notice that all pronouns are *attached* to the end of the *affirmative* command form.

   —**Dame** la sal.
   —**Búscatela.** No sé dónde está.

   —*Give me* the salt.
   —*Look for it yourself.* I don't know where it is.

   When you tell someone *not* to do something, any pronouns you use will come *before* the negative command form. Compare the following.

Negative	Affirmative
Las tabletas, no **te las tomes** con agua.	**Tómatelas** con un jugo.
No **le des** aspirinas si tiene gastritis.	**Dale** acetaminofén.
No **te pongas** una bufanda de lana si tienes calor.	**Ponte** una de algodón.

   Notice that sometimes you must add a written accent to the letter of the verb that maintains the original stress: **acuesta → acuéstate.**

2. Remember that you have used three types of pronouns, reviewed in the following sections.

   • You have used reflexive pronouns for verbs such as: **divertirse, acostarse, levantarse, dormirse, ponerse, probarse, relajarse, enfermarse** and **sentarse** (ie) *(to sit)*.

Siempre **te sientas** en la silla.	*You always **sit** in the chair.*
Siéntate aquí ahora.	***Sit** here now.*
Siempre **te acuestas** tarde.	*You always **go to bed** late.*
Acuéstate temprano para que te relajes.	***Go to bed** early so you relax.*
¿**Me pongo** el abrigo?	*Should I **put on** my overcoat?*
No te pongas nada más. No hace frío.	***Don't put** anything else **on**. It's not cold.*
No me divierto en el gimnasio.	*I **don't have a good time** at the gym.*
No vayas al gimnasio. **Anda** a la piscina y **diviértete** más nadando.	***Don't go** to the gym. **Go** to the pool and **have more fun** swimming.*

   • You have used indirect object pronouns to describe what people do to or for other people.

No **les** escribo **a mis padres** con frecuencia.	*I don't write **to my parents** frequently.*
Escríbeles, entonces, porque te echan de menos.	***Write to them** then, because they miss you.*
Yo sé qué **le** van a preguntar a **Tito** en la entrevista. **Dile**, por favor. Está muy preocupado.	*I know what they are going to ask **Tito** in the interview. **Tell him**, please. He's very worried.*
¿A **quién le** compramos las aspirinas? A Rosa. **Dáselas** porque **le duele** la cabeza.	*For **whom** did we buy the aspirin? For Rosa. **Give them to her** because **her head aches**.*

3. You have used direct object pronouns to refer to *it*.

Ya traje el remedio.	*I brought the medicine already.*
Lo compré en la Farmacia Rojas. Es muy bueno. **Ponlo** en la mesa, por favor. Voy a tomar una tableta luego.	*I bought **it** at Rojas' Pharmacy. It's excellent. Please, **put it** on the table. I'm going to take a tablet later.*
¿Has visto el termómetro?	*Have you seen the thermometer?*
Búscalo en la cómoda.	***Look for it** in the dresser.*

4. Finally, you have used an indirect or reflexive pronoun with a direct object pronoun. Notice in the following examples how both pronouns are attached to the command form.

Tengo frío.	*I'm cold.*
Ponte mi suéter rojo. Aquí está, **póntelo** ahora mismo.	***Put on** my red sweater. Here it is; **put it on** right now.*
No le quiero prestar mi máquina de ejercicios **a nadie.**	*I don't want to lend my exercise machine **to anyone.***
Pero, **préstamela** a mí, por favor; sólo un ratito.	*But **lend it to me**, please; only for a short while.*

5. Notice that in several of the previous examples a written accent is necessary when the pronouns are attached to the affirmative **tú** commands, except in the case when one pronoun is added to command forms of only one syllable:

dilo	dalo	hazlo	vete	ponlo	tenlo
dile	dale	hazle	vente	ponle	tenle

Compare these to...

dímelo	dámelo	házmelo	pónmelo	tráemelo	mándamelo
díselo	dáselo	préstamelo	pónselo	ténmelo	cuéntaselo

A. Me lo merezco. ¿Qué hiciste que diferentes personas te dijeron lo siguiente?

■ **Por ejemplo:** ¡Llámame hoy sin falta!
Ayer no llamé a mi amigo.

1. Sácala esta noche.
2. Acuéstate a las nueve.
3. Lávalos de inmediato.
4. Póntelo ahora; aquí está.
5. Dímelo, que me muero por saber.
6. Ten cuidado con la gripe.
7. Sal de aquí; quiero estar solo.
8. No tomes tantos antibióticos.
9. Llámame esta tarde.
10. Dámelo hoy.
11. Sé bueno(a) con tu hermano.
12. No comas más dulces.
13. Hazlo ahora mismo.
14. Cállate *(Be quiet)* que tengo sueño.
15. Recógelos *(Pick them up)* antes de las cinco.
16. Sé más responsable.

B. Más alternativas. Di qué consejo le darías *(would give)* a un(a) amigo(a): ¿hacer o no hacer lo siguiente?

■ **Por ejemplo:** pasear todo el día
No pasees todo el día ahora.
En julio, pasea todo el día.

1. dormir todo el día
2. tomar refrescos todo el tiempo
3. pedirle dinero a...
4. relajarse por la tarde
5. comer grasas y dulces
6. olvidarse del futuro
7. conseguirse un trabajo
8. pesarse *(to weigh oneself)* todos los días
9. ponerse ropa de algodón

C. Hablemos con franqueza. Imagínate que ahora puedes decir esas cosas que siempre evitas *(avoid)*. Pídele a un(a) amigo(a) que no haga ciertas cosas que te molestan.

■ **Por ejemplo:** *Enrique, por favor, no me despiertes con la tele todos los días.*

1. tu compañero(a) de cuarto
2. tu novio(a)
3. tu papá o mamá
4. tu ayudante de química...
5. un(a) compañero(a) de clase
6. el (la) director (directora) de piso (R.A.)
7. tu hermano(a) o primo(a)
8. un(a) amigo(a)

Ch. La salud es lo principal. Si sabes cómo cuidarte, da dos consejos sobre qué hacer y dos sobre qué no hacer en cada caso.

■ **Por ejemplo:** Para cuidar bien el cuello y la espalda...
...compra una buena silla y siéntate derecho(a).
No estudies ni en el suelo ni en la cama.

Para cuidar bien los dientes, el corazón, los pulmones, los riñones, el hígado, la piel,...

Para bajar de peso, dejar de fumar, mejorar el tono muscular, aumentar la capacidad respiratoria, evitar las alergias,...

VOZ

Zapata luchó en la Revolución Mexicana (1910–1920) y expresa así su filosofía. ¿Y *tú*? ¿Cuál de las dos posibilidades es mejor para ti?

«Mejor morir de pie que vivir de rodillas».

D. ¡Que te reprendan *(reprimand)*! Dile a la clase tres cosas que pensabas hacer esta semana, pero que todavía no has hecho. Tus compañeros te sugerirán *(will suggest)* que las hagas.

■ **Por ejemplo:** *Iba a leer dos capítulos, pero no los he leído todavía.*
¡Léelos esta noche, pues!

E. ¡No aprendes nunca! Reprende a tu compañero(a) de habitación por lo que ha hecho y dale consejos para que no se repita el problema.

■ **Por ejemplo:** *Ayer pasé tanto frío.*
¿Por qué pasaste frío? La próxima vez, ponte un abrigo.

1. Ayer llegué tarde al trabajo.
2. No hice las compras.
3. Me olvidé de pagar el teléfono.
4. No fui a la reunión del piso.
5. No llamé a mi profesora.
6. No tomé desayuno.
7. Me fue mal en la prueba.
8. Perdí las llaves.

F. Mensajes. Tu compañero(a) te va a decir qué quiere que haga otro(a) compañero(a). Tú le das el mensaje a la otra persona.

■ **Por ejemplo:** *Él (Ella):* *Quiero que Olivia me dé un lápiz.*
Tú: *Olivia, dale un lápiz a Luisa.*

Décimo tercer capítulo

cuatrocientos diecisiete ■ **417**

G. Me muero de curiosidad. Di cómo reaccionas ante lo siguiente.

■ **Por ejemplo:** Tu amigo(a) se compró una camisa nueva.
   ¡Préstamela (Muéstramela, Dámela), por favor!

1. Alguien ya no quiere usar su bicicleta.
2. Un amigo sabe un secreto sobre otra persona.
3. Tu amiga va a ir al pueblo de Uds.
4. Alguien sabe dónde venden unos muebles baratos.
5. Alguien ya hizo la tarea de biología para mañana.
6. Una persona te va a traer un libro que necesitas.

En voz alta

A. Escucha otra vez la grabación y anota
1. todas las partes del cuerpo que se mencionan.
2. lo que se hace con cada una.

B. ¿Qué clase de ejercicios se enseñan en este programa? Son ejercicios…
1. aeróbicos.
2. anti-estrés.
3. para bajar de peso.
4. para la oficina.

Otro vistazo

El artículo de las páginas 400–401 describía algunos ejercicios para reducir los efectos del estrés.

Piensa...

A. Dile a un(a) amigo(a) que está estresado(a) lo que debe hacer o no debe hacer en cuanto a los siguientes problemas.

■ **Por ejemplo:** en cuanto a los estudios
   No los tomes tan en serio y mantén un horario regular.

1. en cuanto a la comida
2. en cuanto al trabajo
3. en cuanto al descanso
4. en cuanto a los familiares
5. en cuanto a los estudios
6. en cuanto al ejercicio
7. en cuanto a las diversiones
8. en cuanto al amor

B. ¿Qué haces tú cuando te sientes estresado(a)? Marca todas las alternativas que correspondan a tu caso y modifícalas, si es necesario.

1. Duermo demasiado.
2. Como demasiado.
3. Hablo por teléfono con mis amigos.
4. Practico la meditación o yoga.
5. Me enojo fácilmente con todos.

6. No duermo lo suficiente.
7. No como bastante.
8. No hablo con nadie.
9. Salgo de fiesta.
10. Me enfermo.

Mira...

C. El artículo que está en la página 420 trata de uno de los problemas mencionados en la Actividad **B**. Lee el título para saber cuál de ellos es.

Ch. Basándote en tus propias experiencias, dale una recomendación a la gente que sufre de este problema.

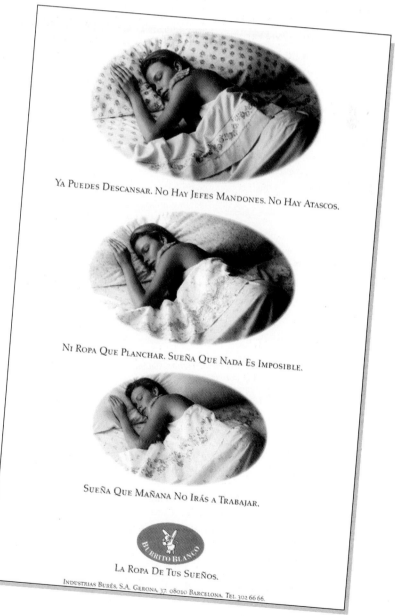

YA PUEDES DESCANSAR. NO HAY JEFES MANDONES. NO HAY ATASCOS.

NI ROPA QUE PLANCHAR. SUEÑA QUE NADA ES IMPOSIBLE.

SUEÑA QUE MAÑANA NO IRÁS A TRABAJAR.

BURRITO BLANCO

LA ROPA DE TUS SUEÑOS.

INDUSTRIAS BURÉS, S.A. GERONA, 37. 08010 BARCELONA. TEL. 302 66 66.

Soñar no cuesta nada. *¿Y tú?* Escribe tres frases sobre cosas que se pueden soñar.
Sueña que nadie... .
Sueña que nada... .
Sueña que tampoco... .

Lee...

D. Ahora lee el artículo a ver si aparece tu sugerencia.

¿INSOMNIO? ¡PUES, A DORMIR SE HA DICHO!

Los síntomas del insomnio son universales: quieres dormir, y no sabes qué hacer para conseguirlo… Una vez en el lecho°, la inquietud y la desazón° se agigantan a medida que pasan los segundos…, y los minutos… ¡y las horas!, mientras que tus ojos siguen fijos en el techo°… Y una vez más tienes la certeza absoluta de que pasarás la noche ¡en vela°…! Si éste es tu cuadro°; si ya no sabes qué hacer porque lo has probado todo—cocimientos y tisanas° de cuanta hierba hay en el mundo, meditación trascendental, yoga y hasta autohipnotismo—poco o nada perderás° probando estos consejitos que pueden ser la diferencia entre el insomnio y ¡el ansiado sueño!

- El enemigo Nº1 de tu plan de ataque es la preocupación de si podrás° o no conciliar el sueño° esta noche. Entonces, enciérrate en tu habitación y echa fuera de ella todo pensamiento nefasto°…

- Es un hecho que somos entes° de costumbres y rutinas; entonces, si lo que buscas es echarte en brazos de Morfeo (ininterrupidamente toda la noche), hazte el hábito de acostarte siempre a la misma hora y ¡verás los resultados!
- ¿No sabes que el sueño y la digestión son actividades totalmente incompatibles porque el sueño huye° cuando el estómago está lleno…? Recuerda el refrán que dice: «La comida, reposada°, y la cena, paseada°», y ¡síguelo al pie de la letra…!°
- Media hora antes de irte a la cama, vacía tu mente de toda preocupación. Si quieres dormir, y dormir bien, deja los problemas y las inquietudes al otro lado de la puerta de tu habitación.
- Los ejercicios son únicos para relajar la mente y el cuerpo. No te acuestes sin cumplir este requisito indispensable.
- Aunque «para gustos se han hecho los colores…», una habitación

agradable y fresca (18°C o 64°F) invita al sueño.
- Si con todos estos cuidados, aún sigues despierto, ponerte nervioso o indignarte no te harán° dormir. Pasado un tiempo prudencial, levántate de la cama y paséate por la casa, o siéntate a leer algo ligero. ¡Todo, menos desesperarte!
- Las constantes fluctuaciones en el número de horas que descansas llevan al desvelo°. Entonces, averigua las que necesitas ¡y duérmelas a pierna suelta°!
- Si tu día ha sido espantoso, ¿cómo esperas entonces que la noche sea mejor…? Alegrando tu rostro no sólo conseguirás° evitar las arrugas prematuras, sino que ahuyentarás° el desvelo. Una actitud positiva propiciará° el sueño reparador que tanto necesitas.

Tomado de *Buenhogar*, EE.UU.

lecho…cama; desazón…intranquilidad; fijos en el techo…siguen abiertos; mirando el techo; en vela…sin dormir; cuadro…estado; tisanas…tés de hierbas; perderás…vas a perder; podrás…vas a poder; conciliar el sueño…empezar a dormir; nefasto…negativo, pesimista; entes…seres, gente; huye…se va; reposada… seguida de un descanso; paseada…seguida de un paseo; al pie de la letra…literalmente; no te harán…no te van a hacer; al desvelo…a no poder dormir; a pierna suelta…like a log; conseguirás…vas a conseguir; ahuyentarás…vas a eliminar; propiciará…va a ayudar

E. Ahora vuelve al artículo y copia toda la información sobre el insomnio que puedas encontrar que pertenezca a las siguientes categorías.

causas   síntomas   remedios

F. Busca las líneas del texto que equivalen a las siguientes, más o menos.

1. La inquietud y las preocupaciones crecen mientras miras el techo de la habitación.

2. Estás seguro que vas a pasar la noche despierto(a).

3. No vas a poder dormir si tus ganas de dormir se convierten en una obsesión.

4. Si quieres dormir como un ángel, sigue un horario regular.

5. Es difícil dormir después de haber comido mucho.

6. Tu habitación debe servirte de refugio de los problemas del día.

7. Un poco de ejercicio te prepara bien para el sueño.

8. Si sonríes más y tienes una actitud positiva vas a dormir mejor.

G. Une los términos opuestos.

1. pasar la noche en vela	a. alegrarse
2. acuéstate	b. desvelarse
3. insomnio	c. actitud positiva
4. dormir a pierna suelta	ch. dormir a saltos
5. amigo	d. se agigantan
6. dormirse	e. sueño
7. preocuparse	f. levántate
8. se disminuyen	g. enemigo
9. pensamiento nefasto	h. dormir como ángel

H. Une los términos similares.

1. entes	a. ansiedad
2. rostro	b. cama
3. entonces	c. desvelado
4. echarte en brazos de Morfeo	ch. cara
5. lecho	d. gente
6. en vela	e. infusión de hierbas (té)
7. inquietud	f. por lo tanto
8. tisana	g. conciliar el sueño

Aplica...

■ **¿Y tú?** Escribe tu propio anuncio para una buena alternativa.

□ Video: Prog. 13, **Deportistas y aficionados**—soccer, jai alai, and other typical sports

I. Dale a tus compañeros(as) tu propio remedio para echarte en los brazos de Morfeo. Explica con detalles qué haces tú e incluye la hora, la comida que te sirves, el tipo de almohada *(pillow)* que tienes, las películas que ves, etc.

■ **Por ejemplo:** *Mi remedio para el insomnio siempre funciona: acuéstate tarde y lee un libro aburrido en la cama. Sin embargo, no comas en la cama; es mejor dormirse con un poco de hambre.*

‖📖 Mi diccionario

▶ Para hablar

Haz unos ejercicios si te duele(n)...

el brazo.
las caderas.
la cintura.
el codo.
la espalda.
los hombros.
las manos.
la muñeca.
el pecho.
la pierna.
los pies.
la rodilla.
el tobillo.

Para combatir el estrés, relaja los músculos...

de la barbilla.
de la boca.
de la cabeza.
de la cara.
de las cejas.
del cuello.
de los dedos.
de los ojos.

▶ Para hablar

Ponte ropa de lana. Tienes...

los dedos de los pies fríos.
la nariz fría.
las orejas frías.

Lleva una vida sana para que tengas...

un corazón fuerte.
los dientes sin caries.
un estómago sano.
el hígado sano.
los huesos fuertes.
los intestinos sanos.
los oídos sanos.
el páncreas sano.
los pulmones fuertes.
los riñones sanos.

▶ Para reconocer

el abdomen
calentar (ie)
contraer
digerir (ie, i)
extender (ie)
fortalecer (zc)
girar
halar
el muslo
respirar
sujetar

▶ Para hablar

Para indicar la ubicación

a la izquierda / a la derecha
adentro / afuera de
arriba / abajo
cerca / lejos de
de atrás / de adelante
derecho
detrás / delante de
está a...cuadras de...
hasta

Los movimientos

andar
cruzar
doblar
estirar
inclinar
mantenerse
relajar
seguir (i, i) derecho
sentarse (ie)

▶ Para hablar

Otras palabras y expresiones

brillante
cuidar
doler (ue)
reducir (zc)
saltar
la salud
la vida sana

▶ Para reconocer

la almohada
desvelar (en vela)
el insomnio
el lecho
el sueño
la tisana

CORAZÓN ● RIÑONES
HÍGADO ● PULMONES

DE ELLOS DEPENDE SU VIDA

POR ESO . . . ¡APRENDA!
CÓMO CUIDAR LOS
GRANDES ÓRGANOS

CÓMO CUIDAR
LOS GRANDES
Órganos
.Corazón
.Riñones
.Hígado
.Pulmones

En este libro descubrirá detalles interesantísimos sobre
la influencia que ejerce, sobre estos órganos, factores
como la alimentación, el modo de vida, el clima, la
presión atmosférica y la contaminación ambiental.

● PREVENCIÓN DE
ENFERMEDADES

● PRIMEROS AUXILIOS EN CASOS
RELACIONADOS CON ESTOS
ÓRGANOS

● RECONOCIMIENTO DE
LOS PRIMEROS SÍNTOMAS PARA
ACTUAR A TIEMPO

● ILUSTRACIONES EXPLICATIVAS

A la venta en su librería o puesto de revistas favorito

■ *¿Y tú?* ¿Qué recomiendas
que la gente haga para
cuidar estos grandes
órganos?

14

■ DÉCIMO CUARTO CAPÍTULO

El mejor remedio

En este cuadro, se ven muchos símbolos de la vida moderna estresada. ¿Cuántos objetos puedes identificar? ¿Qué simboliza cada uno para ti?

En este capítulo vas a aprender a describir los síntomas de algunas enfermedades y a darle consejos a la gente sobre los remedios preferidos. También vas a aprender a expresar tus sentimientos, deseos y opiniones acerca de las acciones de otras personas.

■ «El cielo se viene para abajo», Gilberto Ruíz
acrylic on paper, courtesy of Barbara Gilman Gallery, Miami, Florida

Quiero aprender a...

■ describir síntomas y enfermedades   Tengo....
■ hablar de alergias   Soy alérgico(a) a....
■ decir que lo siento   Siento que + presente de subjuntivo
■ expresar duda   No creo que + presente de subjuntivo
■ decirles a otros que (no) hagan algo Órdenes formales

⊡ A simple vista

Ya puedes leer y comprender bastante español. Para recordar lo que ya sabes, completa las siguientes actividades.

A. En mi casa... ¿Usan tú u otra persona de tu familia algún remedio natural de plantas o frutas o algún remedio casero *(home remedy)*? Con otros cuatro compañeros, hagan una lista de todos los remedios que conozcan para los siguientes problemas.

1. el dolor de cabeza
2. un ojo morado
3. quemaduras de sol
4. el dolor de garganta
5. un ataque de nervios
6. dolor de una articulación *(joint)*

7. el dolor de espalda
8. el dolor de estómago
9. las picaduras de insectos
10. el hipo *(hiccups)*
11. la gripe o el resfrío
12. los problemas dentales

B. Palabras familiares. Ahora, mira los recortes *(clips)* de la página 426 y haz una lista de todas las palabras que reconozcas o que puedas adivinar. Luego, completa las actividades que siguen.

Consejos prácticos de la Tía Ernestina

Cuando esté resfriado, métase a la cama y tome mucho líquido y caldo de ave.

Cuando tenga dolor de garganta, tome miel con limón.

No haga ejercicio cuando esté con catarro.

Cuando le duela la garganta, haga gárgaras de salmuera°.

Para primeros auxilios, compre sávila° pura o aloe vera y manténgala en el refrigerador para que esté fresca. Si se quema o lastima, apliquese un poco de la jalea directamente sobre la parte afectada y el dolor se pasa en un santiamén°.

Si le picó una abeja, haga un emplasto de barro° y póngalo sobre la picadura.

Para la sinusitis, corte un pedacito de pimiento picante y póngaselo debajo de la nariz por unos minutos.

Para dormir como un ángel, prepare una infusión de manzanilla° o de hojas de naranjo y tómesela antes de acostarse.

Cuando haya comido mucho, no coma pastel o tarta de postre; coma piña o papaya porque ayudan a hacer la digestión de una comida pesada.

Según los especialistas, la gente que se ríe mucho, vive más. Por eso, si hace mucho que anda serio, ríase ya y se sentirá mejor.

No coma huevos crudos, porque pueden tener salmonela. Evite la mayonesa hecha en casa y los huevos fritos que no estén cocidos del todo.

gárgaras de salmuera...saltwater gargle; *manzanilla*...chamomile; *sávila*...aloe; *santiamén*...*muy pronto*; *barro*...mud, clay

C. A clasificar. Usa las dos columnas que siguen para hacer listas sobre las enfermedades y los remedios sugeridos en los recortes. No te preocupes si no entiendes todas las palabras.

Dolores y enfermedades   Remedios

Ch. Y más clasificaciones. Ahora haz dos listas más con lo que es malo para la salud o bueno para la salud.

Lo bueno para la salud   Lo malo para la salud

D. Definiciones. Mira los recortes y une los términos con sus definiciones.

1. salmuera
2. barro
3. miel
4. en un santiamén
5. emplasto
6. hojas
7. jalea
8. caldo de ave
9. hacer gárgaras
10. abeja
11. contagiar

a. sustancia transparente y viscosa
b. lavar la boca con un líquido
c. partes verdes de una planta o un árbol *(tree)*
ch. solución de agua con sal
d. contaminar
e. mezcla de tierra *(earth, dirt)* con agua
f. insecto que produce miel y que pica fuerte
g. compresa o masa de barro
h. muy rápido, pronto
i. líquido caliente del pollo cocido
j. sirope muy dulce hecho por un insecto

EXTRACTOS NATURALES

LAVANDA   TOMILLO   PIÑA   MENTA   GINSENG

SALVIA   ALMENDRAS   ROSA   ALGA   CAMOMILA

LIMON   HIEDRA   HENNA   HAMAMELIS   LUPULO

NATURALEZA Y VIDA
extracto natural

■ La infusión de hierbas es un remedio natural muy popular en el mundo hispano. ¿Conoces alguna de estas hierbas? ¿Para qué sirve?

E. Consejos médicos. ¿Qué remedios caseros puedes sugerir en los siguientes casos?

1. Tu amigo está resfriado.
2. Una abeja picó a tu amiga.
3. Tu mamá se quemó en la cocina.
4. Tu amiga se dobló un pie.
5. Una compañera no puede hablar porque tiene laringitis.

F. ¿Remedios útiles o poco eficaces? Con otras tres personas decidan cuáles de los remedios mencionados hacen efecto y por qué, según las experiencias que hayan tenido.

En voz alta
Escucha la grabación de un programa de la radio y marca los aspectos que se tratan.

el estrés	los alimentos	los carbohidratos	el colesterol	la grasa
los niños	los adultos	el crecimiento	la dieta sana	la proteína

Imágenes y palabras

Ahora que sabes cuánto español puedes reconocer, es hora de aprender vocabulario para conversar. Para hablar de algo tan importante como los malestares comunes, aquí tienes vocabulario muy útil.

¡Ay, qué lástima! *(What a shame!)* **Siento que tengas** *(I'm sorry you have)* **un tremendo dolor** *(pain, ache)* **de...**

cabeza.   **garganta** *(throat).*   **oídos.**

muelas.   **estómago.**   **espalda.**

Me siento pésimo(a) *(terrible)* **y tengo...**   **Por favor, déme...**

náuseas.   un calmante.
                  un antiácido.

fiebre *(fever)*.   un antifebril.

escalofríos *(chills)*.   un analgésico.

(la) tos *(a cough)*.   un jarabe *(syrup)*.

estornudos *(sneezes)*.   un antialérgico.

No salgas; no vayas al campo hoy. Te puede dar alergia.

catarro / un resfrío (cold).
sinusitis.
bronquitis.
laringitis.

Por favor, déme una crema para...

las ronchas (rash).

las cortaduras (cuts).

las lastimaduras (scrapes).

las quemaduras (burns).

las picaduras (stings) de insectos, como mosquitos. abejas (bees).

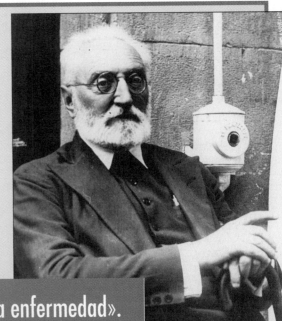

Por favor, dígame qué hacer para...

el hipo (hiccups).	**Me duele el pecho.**
la alergia al polen.	**Me pican** (itch) **los ojos.**
la gripe (flu).	**Me arde** (burns) **la garganta.**
la nariz tapada (stuffy).	**Me corre** (runs) **la nariz.**

Con...se va a mejorar (get better).
    te vas a mejorar.
    se va a sentir mejor.

estas cápsulas	**esta curita**	**esta venda**	**estas píldoras**

este caldo	**este emplasto**	**esta tisana** (herbal tea)

 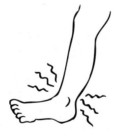

¡Ay! Necesito primeros auxilios (first aid).

Me corté (I cut) **la mano.**	**Me doblé** (I twisted) **un tobillo.**	**Me quebré** (I broke) **el brazo.**	**Me lastimé** (I hurt) **el codo.**

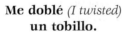
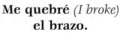
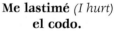

Hoy en día, nos preocupamos mucho por el SIDA *(AIDS).*
    el cáncer.
    la tuberculosis.
    la presión alta (high blood
      pressure).
    el colesterol alto.

A. Síntomas. Describe los síntomas que generalmente se asocian con lo siguiente.

1. la gripe
2. la laringitis
3. la alergia al polen o al humo (smoke)
4. el resfriado común
5. las picaduras de insectos
6. la apendicitis

B. Mi remedio. Dile a tu compañero(a) qué hacer en caso de tener lo siguiente.

■ **Por ejemplo:** *Si tienes una quemadura, es mejor que te pongas un poco de crema con antibiótico.*

1. una picadura de abeja
2. Te arde la garganta.
3. Te pican los ojos.
4. tos

5. una cortadura
6. una quemadura
7. bronquitis
8. un tobillo doblado

C. Alergias más comunes. Muchísima gente le tiene alergia a algo. En un grupo de cinco compañeros(as), vean qué alergias tiene cada uno(a) y después escriban un resumen para la clase.

■ **Por ejemplo:** *En nuestro grupo, tres personas son alérgicas al humo del cigarrillo, una es alérgica al...y dos son... .*

Soy alérgico(a) a (al, a la)...

los mariscos / el pescado / el maíz / el trigo *(wheat)* **/ la leche / los gatos / los antibióticos / la contaminación / el humo del cigarrillo / el polen / algunas plantas / los cosméticos / las tinturas** *(dyes)* **de la ropa / el polvo** *(dust)* **/ el moho** *(mold)* **/ la aspirina / la novocaína...**

Ch. Yo sé para qué es. Di con qué asocias cada uno de los siguientes consejos o remedios.

1. dejar de respirar por un minuto
2. poner compresas frías en la frente *(forehead)*
3. acostarse y dormir
4. hacer gárgaras de salmuera *(gargle with salt water)*
5. darse un baño muy caliente

6. tomar caldo de ave
7. ponerse hielo *(ice)* de inmediato
8. bañarse con agua fría
9. tomar una aspirina
10. poner un emplasto de bicarbonato con agua
11. tomar café descafeinado

D. Fue culpa tuya. Di qué hizo un(a) amigo(a) para enfermarse de lo siguiente.

■ **Por ejemplo:** tiene la nariz tapada
Seguro que estuvo en un lugar lleno de humo.

1. laringitis
2. dolor de muelas
3. sinusitis
4. bronquitis

5. quemadura de sol
6. Le corre la nariz.
7. Le arde la garganta.
8. náusea, vómitos y diarrea

■ ¿Para qué sirve esta medicina?

E. No hay botica sino botiquín. En los países hispanos, te pueden dar remedios y consejos en la farmacia o botica, sin necesidad de ir al médico. Las farmacias también venden hierbas, por lo general. Di para qué sirven los siguientes remedios.

▨ **Por ejemplo:** *La crema con antibióticos sirve para... .*

1.

2.

3.

4.

5.

6.

F. Medicina al día. La vida moderna ha producido enfermedades totalmente nuevas. Lee las descripciones que siguen y busca el nombre del síndrome en la siguiente lista.

1. sordera *(deafness)* rocanrolera
2. roncha de los *jeans*
3. tiroiditis del cinturón de seguridad
4. acidez del atleta
5. síndrome de tercera clase

El (La) paciente presenta un dolor agudo que parece cambiar de lugar después de un largo viaje en avión en un asiento estrecho e incómodo. El dolor se debe a un coágulo que se formó en una pierna durante el viaje en una posición incómoda, con movimientos limitados.

Se presenta en enfermos jóvenes que parecen no oír cuando la gente les habla a volumen normal. Se debe a la gran cantidad de decibeles que hay que soportar en un concierto popular o al usar audífonos en casa.

Esta acidez estomacal parece no venir de los alimentos; se produce después que el enfermo ha hecho ejercicio o ha corrido unos kilómetros. Al parecer, el jugo gástrico sube por el esófago con el ejercicio vigoroso.

El (La) enfermo(a) se queja de dolor en el cuello. La tiroides y otras glándulas parecen inflamadas y sensibles al tacto.

El (La) paciente presenta inflamación de la piel en el abdomen, en el área del ombligo. La roncha se encuentra justo debajo del botón metálico de los *jeans.* Es una reacción alérgica al zinc que contiene el botón.

G. Te toca a ti. Ahora, con otra persona, describan su propio síndrome moderno. Puede ser alguna molestia que hayas experimentado tú o algún compañero(a). Dénle un nombre al síndrome.

■ **Por ejemplo:** *Síndrome del sábado: el enfermo se muere de dolor de...y también tiene... . Nada parece aliviarlo, excepto... .*

H. De veras, me siento pésimo(a). Explícale a la clase por qué no vas a ir a la próxima clase. Di qué tienes y describe tus síntomas con muchos detalles. La clase va a aceptar o rechazar *(to reject)* tu excusa, según lo convincente que seas.

■ **Por ejemplo:** aceptación y lástima: *Sentimos mucho que estés tan enfermo(a).*

rechazo y duda: *Eso no es verdad. No creemos que estés tan enfermo(a). Lo más seguro es que tengas «matematiquitis» / «bioligitis» / «inglesitis».*

||⊕ Con teleobjetivo

Para hablar: To express your feelings

The present subjunctive

In Chapter 9 you used the word **siento** to express regret about having done or not having done something.

Siento no haber tomado antibióticos para la infección de la garganta.	***I'm sorry*** *I didn't take antibiotics for my throat infection.*

Earlier in this chapter, you also used **siento** with **que** to express regret about something that has or hasn't happened.

Siento que te hayas enfermado.	***I'm sorry (that)*** *you have gotten sick.*

You may use this expression as well as **alegrarse** *(to be happy* or *pleased about something)*, **ojalá**[1] **(que),** and **esperar que** *(to hope for something to happen)* to say how you feel about certain things, such as talking to a friend who is sick.

Siento tanto **que** estés con gripe, pero **me alegro que** ya no tengas fiebre. **Espero que** te mejores pronto.	***I'm sorry (that)*** *you got the flu but* ***I'm glad (that)*** *you don't have a fever any longer.* ***I hope*** *you get better soon.*
Ojalá que no sea nada grave.	***I hope*** *it's nothing serious.*

1. Notice that the present subjunctive is used after expressions of regret.

Siento que te **hayas** doblado el tobillo.	***I'm sorry*** *you* ***have*** *twisted your ankle.*
Lástima que no puedas comer nada, porque hice un asado.	***It's a shame that*** *you* ***can't*** *eat anything, because I made a roast.*

---

[1] **Ojalá**, literally "if Allah wishes," is used to mean "I hope." Its form never changes.

2. The present subjunctive is also used after expressions of satisfaction or emotional reaction.

Me alegro que te **hayas** mejorado tan pronto.	*I'm happy that* you *have* gotten better *so soon.*
Qué bueno que ya **estés** bien (mejor).	*How nice (that)* you *are* well (better) *already.*

3. Also use the present subjunctive after expressions of hope, doubt, disbelief, uncertainty, or absolute denial.

Espero que te **mejores** prontito.	*I hope* you *get better* soon.
Dudo que tenga la gripe; es un resfrío nada más.	*I doubt (that)* she (he, you) *has* the *flu; it's a cold, nothing more.*
No creo que se **haya vacunado** (*vaccinated*); por eso le dio la escarlatina.	*I doubt (that) / don't think* she *got vaccinated; that's why she got scarlet fever.*
No hay nada que **pueda** detener el cólera aquí. Es un nuevo tipo de microbio.	*There is nothing* that *can* stop *cholera here. It's a new strain of germ.*

4. Use the present subjunctive after expressions that indicate desirability, necessity, doubt, denial, or emotional reaction.

Es conveniente que te **preocupes** de tu salud. El médico es muy caro.	*It's advantageous that* you *worry about your health. The doctor is very expensive.*
Es posible que el médico **le haya dado** una dieta especial.	*It's possible that* the doctor *has given him* a special diet.
Es necesario que te **vacunes** contra la gripe.	*It's necessary that* you *get vaccinated* for the flu.
Es preciso que tomemos más vitaminas porque estamos agotados.	*It's important that* we *take* more *vitamins because we're exhausted.*

Visión

Si te duele algo o tienes una infección en la garganta, puedes ir a la farmacia y allí te pueden dar un buen remedio o un antibiótico. ¿Y tú? ¿Qué te pueden vender o no en la farmacia aquí?

5. Always use the present subjunctive after the expressions **a menos que** *(unless)*, and **con tal de que** *(provided that)*.

A menos que me **den** antibióticos, esta infección no se me va a pasar.	*Unless they give me antibiotics, this infection is not going to go away.*
Voy a tomar el examen **con tal de de que me sienta** mejor mañana.	*I'll take the exam, provided I feel better tomorrow.*

6. Summary: Remember from Chapters 11 and 12 that you also use the present subjunctive to...

- say what you want or hope will happen.

Espero que me **acepten** en la Facultad de Medicina.	*I hope (that) they accept me to the School of Medicine.*

- say what you want or recommend others to do.

Insisto en que te **pongas** una compresa fría en la pierna.	*I insist that you put a cold compress on your leg.*

- give the specifications for a non-specific person, place, or thing.

Necesito una venda que **sea** especial para el tobillo.	*I need a bandage that is specially designed for the ankle.*

- state the purpose for which something is done **(para que...)**.

Le voy a poner un emplasto de mostaza **para que respire** mejor.	*I'm going to put a mustard plaster on you so that you breathe better.*

- tell a friend what not to do.

No quiero que vayas al campo hoy porque hay mucho viento y te vas a enfermar.	*I don't want you to go to the country today because it's very windy and you'll get sick.*

En este cuadro vemos la unión del ser humano con la naturaleza. ¿Qué símbolos de los dos puedes encontrar?

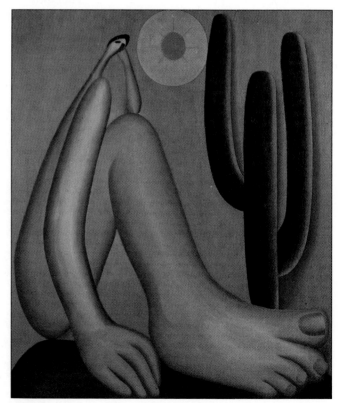

«Abaporu», 1928, Tarsila do Amaral
oil on canvas, 34" x 29"
collection María Anna and Raul de Souza
Danta Forbes, Saõ Paulo

A. ¿Mitos o realidad? Lee las siguientes ideas acerca de la salud y expresa tu duda acerca de aquéllas que no te parecen correctas. Si es posible, di por qué te parecen incorrectas.

▪ **Por ejemplo:**   Se dice que...las preferencias alimenticias se heredan
       (are inherited).
       No creo que se hereden porque... .
    o: *Sí, creo que es verdad porque... .*

Se dice que...

1. No debes bañarte (lavarte el pelo) si tienes un resfrío.
2. Para no roncar *(to snore)* no debes cenar tarde.
3. Beber mucho, fumar y consumir drogas es una cuestión genética.
4. Los mellizos *(twins)* tienen la misma salud y preferencias.
5. Los bostezos *(yawns)* son reacciones reflejas como los estornudos.
6. Para curar el hipo lo mejor es respirar adentro de una bolsa.
7. Los gatos les roban el oxígeno a los bebés.
8. Si tienes catarro debes tomar caldo de ave.
9. Para mejorarse rápido lo mejor es dormir mucho.
10. Debes tomar mucha leche para que no se te quiebren los huesos.

B. Historia médica. Imagínate que el (la) médico(a) te hace las siguientes preguntas sobre tu historia médica y tú no estás seguro(a) qué contestar. Tú eres el (la) paciente y tu compañero(a) es el (la) médico(a).

▪ **Por ejemplo:**   —*¿Tiene muchos parientes que hayan tenido enfermedades intestinales?*
       —*No creo que nadie haya tenido enfermedades de los intestinos.*
    o: —*Sí, creo que un tío tuvo un problema intestinal.*

1. enfermedades del corazón   5. presión alta
2. escarlatina o tuberculosis   6. epilepsia o convulsiones
3. enfermedades de la sangre   7. sarampión *(measles)*
4. cáncer   8. asma o enfermedades de los pulmones

C. ¡Pobrecito! Tu mejor amigo(a) está bastante enfermo(a). Ofrécele algunos consejos sobre qué hacer o adivina qué causó la enfermedad. Después dile lo mucho que lo sientes y que se mejore pronto.

▪ **Por ejemplo:** la colitis
       Es posible que necesites comer más frutas y verduras. ¡Qué lástima más grande! Espero que tengas mejor apetito mañana. Ojalá que te sientas mejor.

1. el dolor de garganta   6. la fiebre
   Es necesario que... / siento que...   No creo que... / a menos que...
2. el dolor de cabeza   7. las alergias
   Es posible que... / espero que...   Me alegro que... / ojalá que...
3. el dolor de muelas   8. las náuseas
   Te recomiendo que... / dudo que...   Lástima que... / me alegro que...
4. la sinusitis   9. la laringitis
   Te aconsejo que... / no creo que...   Quiero que... para que...
5. el catarro   10. las ronchas
   Mejórate pronto para que...   Cuídate mucho para que...

Ch. La hora de la verdad. Di qué te entristece y de qué estás contento(a). Da tres cosas en cada caso.

■ **Por ejemplo:** *Siento que mis padres se hayan divorciado cuando yo era bebé. En cambio, me alegro que pueda ver a mi papá en Chicago todos los meses.*

D. Pesimista. Nombra cinco cosas que no creas que tú o tus amigos(as) puedan hacer en el futuro.

■ **Por ejemplo:** *No creo que ninguno(a) de nosotros(as) pueda comprar... . Dudo mucho que mi amigo(a)...llegue a ser...porque... .*

E. Me decidí. Hay ciertas cosas que no te gusta hacer pero que harías *(you would do)* bajo ciertas condiciones. Completa las frases.

■ **Por ejemplo:** Le voy a ayudar a mi amigo(a) en su proyecto **con tal de que...**
...él (ella) me ayude a mí después.
Pero no pienso hacerle los problemas de cálculo **a menos que...**
...me preste su motocicleta.

1. Voy a limpiar la casa (apartamento) **con tal de que...**
2. Pero no pienso hacer lo que debe hacer mi compañero(a) **a menos que...**
3. No me queda más remedio que estudiar...**con tal de que...**
4. Pero no pienso hacer el trabajo de...**a menos que...**
5. No quiero...**a menos que...**

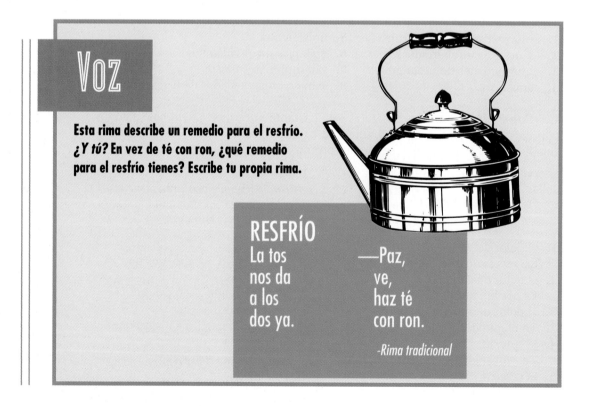

VOZ

Esta rima describe un remedio para el resfrío. ¿Y tú? En vez de té con ron, ¿qué remedio para el resfrío tienes? Escribe tu propia rima.

RESFRÍO

La tos
nos da
a los
dos ya.

—Paz,
ve,
haz té
con ron.

-Rima tradicional

F. Todo tiene un precio. Explica *qué* quieres que haga alguien por ti, *para qué*, y *qué condiciones* pone esa persona.

■ **Por ejemplo:** *Quiero que el dentista me arregle estos dos dientes para que se vean mejor* (look better). *Pero no me los va a arreglar a menos que yo prometa ponerme el freno* (braces) *todos los días.*

Quiero que… / para que… / Pero no…a menos que…

G. Una verdadera lotería. Estás sentado(a) en el centro de salud, esperando que llegue tu nuevo(a) médico(a), (consejero/a, enfermero/a). ¿Cómo deseas que sea o no sea? Escribe una descripción completa.

■ **Por ejemplo:** *Ojalá que sea una persona (activa, interesante, callada, habladora, etc.) porque yo… .*
No quiero que…para que… . En cambio, prefiero que…para que… .

Para hablar: Adding color to your speech

Figurative idiomatic expressions

In Spanish, as in English, figurative expressions express certain ideas more graphically or in a more interesting way than literal statements. Here is a group of expressions that uses names of parts of the body.

La cirugía estética **cuesta (vale) un ojo de la cara.**	Cosmetic surgery **costs an arm and a leg.**
Te estoy tomando el pelo; no hay remedio para el resfrío.	**I'm pulling your leg;** there is no cure for the common cold.
Se lavó bien, **de pies a cabeza.**	He (She) washed thoroughly, **from head to toe.**
Mi papá tiene **una salud de hierro.**	My Dad has **an iron constitution.**
Dame una mano con el coche.	**Give me a hand** with the car.
Para otra vez, no pagues dos veces por el mismo examen médico; **en boca cerrada no entran moscas.**	Next time, don't pay twice for the same test; **don't let them take you.**
Mi amigo Juan **habla hasta por los codos.**	My friend Juan **is very talkative.**
Metí la pata; no la saludé para su día.	**I put my foot in my mouth;** I didn't wish her a happy birthday.

A. La palabra precisa. Une cada situación con la expresión apropiada.

1. tomar el pelo
2. hablar hasta por los codos
3. de pies a cabeza
4. meter la pata
5. en boca cerrada no entran moscas
6. tener salud de hierro
7. dar una mano
8. cuestan un ojo de la cara

a. Le dijeron que no hay necesidad de ir al dentista sino *(except)* cada diez años.

b. Le dije al señor que no le tenía ningún respeto a los médicos, ¡pero resultó que él es médico también!

c. Mi primo es muy divertido. Es muy hablador y siempre tiene muchas cosas que contar.

ch. Nadie tiene mejor salud que mi abuelita; nunca se enferma.

d. Los miró con mucho cuidado, de arriba a abajo.

e. Ayúdame a subir la escalera ahora que tengo la pierna quebrada.

f. Esos frenos *(braces)* para los dientes cuestan carísimos; no creo que pueda pagar todo el tratamiento.

g. Nunca le explicaron por qué no resultó la operación. Que eso no te pase a ti.

B. Conclusión lógica. En la columna de la izquierda, busca una buena conclusión para las expresiones de la derecha.

■ **Por ejemplo:** No compre esas gafas tan caras.
Valen un ojo de la cara.

1. El SIDA no tiene raza ni sexo.
2. Descubrieron una droga para eso…
3. No interrumpa a su jefe aunque…
4. Dígame la verdad;
5. No le digas nada;
6. Tome sus vitaminas y minerales,
7. Deje que el médico lo examine bien,

a. hable hasta por los codos.
b. de pies a cabeza.
c. en boca cerrada no entran moscas.
ch. Déles una mano a los enfermos.
d. pero vale un ojo de la cara.
e. no me tome el pelo.
f. para que tenga salud de hierro.

⊕ Con teleobjetivo

Para hablar: To ask for something politely

Formal commands
In Chapter 13, you practiced giving advice to a friend by using command forms of verbs.

Ven a mi casa y **trae** la tisana que me ofreciste. Pero **no traigas** tus cigarrillos, porque tengo una alergia espantosa.

*Come to my house and **bring** the herbal tea you offered me. But **don't bring** your cigarettes, because I have a frightful allergy.*

Visión

Si no quieres tomar más remedios, puedes tomar una infusión de hierbas y las puedes comprar en este mercado de Sonora, México.

Although usage varies from country to country and from group to group, in general, the **tú** commands are used when you are talking directly to someone who is...

- a good friend
- younger than you
- about the same age as you
- a family member

However, as you know, in Spanish there are two ways of addressing people. Courtesy requires that you address other people with the more formal *usted* form:

- your professors
- your boss
- your elders
- customers and salespeople in a store
- someone you have just met or do not know very well

1. To give advice or counsel or to make a request of someone whom you would normally address as **usted,** simply use the **usted** form of the present subjunctive and attach any necessary pronouns.

En la farmacia:

Por favor, **déme** una crema para las quemaduras.

*Please **give me** a cream for burns.*

En la universidad:

Por favor, **escríbame** una excusa médica para mi profesora.

*Please **write me** a medical excuse for my professor.*

En el centro médico:

Por favor, **dígame** cuándo puedo volver a clases.

*Please **tell me** when I can return to classes.*

En el dentista:

Por favor, **póngame** otra inyección de novocaína.

*Please **give me** another injection of novocaine.*

2. In the previous examples the pronouns are attached to the command forms. However, as is also the case with the **tú** commands, if you tell someone *not* to do something, the pronouns go before the command forms.

No se preocupe demasiado si tiene un resfrío común.

Don't worry too much if you have a common cold.

No le diga que tiene cáncer; **no se lo diga** a menos que esté seguro.

Don't tell him he has cancer; don't tell him that unless you are certain.

	Sí	**No**
Tú	dímelo, dámelo	no me lo digas, no me lo des
Ud.	dígamelo, démelo	no me lo diga, no me lo dé

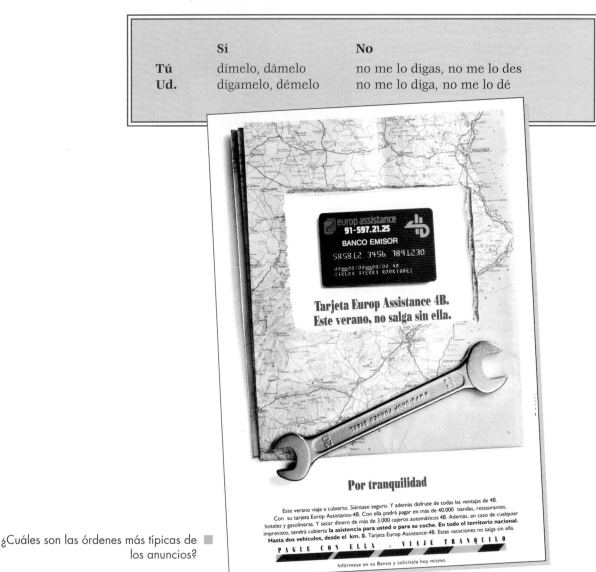

Tarjeta Europ Assistance 4B.
Este verano, no salga sin ella.

Por tranquilidad

Este verano viaje a cubierto. Siéntase seguro. Y además disfrute de todas las ventajas de 4B. Con su tarjeta Europ Assistance-4B. Con ella podrá pagar en más de 40.000 tiendas, restaurantes, hoteles y gasolineras. Y sacar dinero de más de 3.000 cajeros automáticos 4B. Además, en caso de cualquier imprevisto, tendrá cubierta **la asistencia para usted o para su coche. En todo el territorio nacional.** **Hasta dos vehículos, desde el km. 0.** Tarjeta Europ Assistance-4B. Estas vacaciones no salga sin ella.

PAGUE CON ELLA · VIAJE TRANQUILO

Infórmese en su Banco y solicítela hoy mismo.

¿Cuáles son las órdenes más típicas de los anuncios?

3. If you are giving a command to a group of people ("all of you"), use the *ustedes* form of the present subjunctive and follow the same rules for placement of pronouns.

Vacúnense contra la malaria antes de ir al trópico.

Get vaccinated for malaria before going to the tropics.

No pospongan las visitas regulares al dentista dos veces al año.

Don't postpone regular visits to the dentist twice a year.

4. Remember that commands with pronouns attached may require a written accent.

démelo	**dígame(lo / la)**	**hágamelo**	**véngase**
déselo	**dígale, dígaselo**	**hágaselo**	**váyase**

5. Native speakers soften direct commands by using general statements, subjunctive statements, or questions.

A veces **es mejor dejar** las grasas para perder unos kilos.

*Sometimes **it is better to stay off** fats in order to lose some kilos.*

Es mejor que Ud. vaya al dentista ahora mismo; así no sufre tanto.

***It is better for you to go** to the dentist right now; this way you don't suffer as much.*

¿Cuándo vamos a saber las notas, Sr. López?

***When will we know (find out)** our grades, Mr. López?*

A. Intuición. Divide las siguientes situaciones en dos grupos: aquéllas que exigen usar *Ud.* y aquéllas en que *tú* es lo correcto.

■ **Por ejemplo:** acabas de conocer a un(a) compañero(a)
    tú

1. una entrevista de trabajo
2. una reunión de amigos del colegio
3. una conversación con el (la) dueño(a) de tu casa
4. una conversación con tu profesor (profesora)
5. una charla con tu abuelo(a)
6. una llamada a una amiga
7. una visita al (a la) dentista
8. una charla con tu ayudante de física

B. Cortesía. Ahora piensa en cada una de las situaciones de la Actividad **A** y dale una orden o pedido típico a la persona indicada. No te olvides de decir *por favor*.

■ **Por ejemplo: a una persona de tu edad:** *Por favor, tráeme unas aspirinas.*
       a un profesor: *Por favor, perdóneme por no haber venido a clase ayer.*

C. Náufrago(a). Perdido(a) *(Lost)* en una isla desierta, has decidido mandar un mensaje en una botella todos los días (había muchísimas botellas en el barco). Con mucha cortesía, pídele a la gente que encuentre las botellas que te ayuden.

■ **Por ejemplo:** *A quien encuentre esta botella: Por favor, búsqueme. Estoy en una isla muy lejos, cerca de… .*

1. primer día
2. segundo día
3. quinto día
4. décimo día
5. después de un mes
6. después de un mes y medio
7. después de seis meses
8. después de dos años

Ch. Modestamente. Imagínate que tienes la oportunidad de pedirle algo a toda la gente de la siguiente lista. Aprovecha *(Take advantage of)* la ocasión.

> ▪ **Por ejemplo:** a las madres del mundo
> *Por favor, enséñenles a los niños a cuidar la Tierra* (Earth) *porque... .*

1. a los políticos del mundo
2. a los profesores del mundo
3. a los enamorados del mundo
4. a los ricos del mundo
5. a los padres del mundo
6. a los artistas
7. a los hombres y mujeres de negocios
8. a los químicos
9. a los médicos
10. a los agricultores

D. Sólo yo sé. Dales instrucciones a tus compañeros(as) para ir a reunirse contigo en tu tienda, restaurante o lugar preferido.

> ▪ **Por ejemplo:** *Para ir a..., doblen a la...en la calle...y caminen dos cuadras. Crucen la calle...y doblen a la... . Caminen media cuadra más y ahí, frente a..., está la tienda... .*

E. Cúralotodo. Diles a tus compañeros cuál es tu remedio casero preferido y dales las instrucciones para prepararlo. Si no conoces ninguno, invéntalo y ve cuántas personas creen en tu remedio casero.

> ▪ **Por ejemplo:** *Corten un pedacito de...y agréguenle... . No le pongan azúcar porque...; en cambio, un poquito de...es mejor. Después, pónganlo en...o tómenlo por la noche... .*

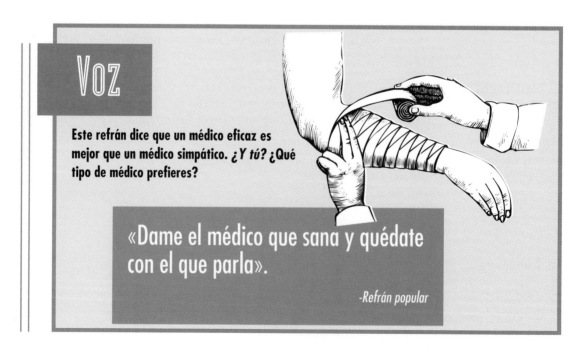

VOZ

Este refrán dice que un médico eficaz es mejor que un médico simpático. ¿Y tú? ¿Qué tipo de médico prefieres?

«Dame el médico que sana y quédate con el que parla».

-Refrán popular

En voz alta Escucha la grabación otra vez y marca *sí* o *no*.

1. Una dieta de bajas calorías es buena para todos.
2. La gente no debe preocuparse tanto por el colesterol.
3. El colesterol es peligroso *(dangerous)* para los niños también.
4. La falta de colesterol puede causarles problemas a los bebés.
5. El colesterol y las grasas influyen mucho en el crecimiento *(growth)*.

Otro vistazo

Piensa...

A. Con otra persona, hagan una lista de todas las acciones que se asocien con las siguientes partes del cuerpo.

■ **Por ejemplo:** los pies
correr, andar, caminar, dar un paseo, subir y bajar la escalera...

1. los dedos
2. la boca
3. los pulmones
4. los dientes
5. los oídos y las orejas
6. los ojos
7. los hombros y la espalda
8. la nariz
9. los brazos
10. los codos y las rodillas

B. El cuerpo humano ha sido tema de muchas obras literarias. Con otra persona, elijan una parte del cuerpo y escriban su nombre verticalmente. Luego, describan algo que se hace con esta parte del cuerpo, como en el ejemplo.

■ **Por ejemplo:** *B* osteza (yawns)
O ra (prays)
C anta
A limenta

Mira...

C. Los siguientes fragmentos humorísticos del escritor argentino Julio Cortázar nos dan instrucciones detalladas de cómo hacer ciertas cosas rutinarias. Antes de leer, copia los títulos de los tres fragmentos de las páginas 446–447 y, en dos columnas, haz listas de las palabras que esperas encontrar. Sigue el ejemplo.

	Partes del cuerpo	Acciones
1.		
2.		
3. subir una escalera	*rodillas*	*doblar*

Lee...

Ch. Ahora, lee los tres fragmentos, concentrándote en las palabras conocidas. Ubica y copia las partes del cuerpo y sus acciones correspondientes en cada fragmento. Usa el siguiente esquema para cada fragmento.

Parte del cuerpo	Acciones
1. _____	_____
2. _____	_____
3. _____	_____

Instrucciones para llorar°

por Julio Cortázar

Dejando de lado los motivos, atengámonos° a la manera correcta de llorar... El llanto° medio u ordinario consiste en una contracción general del rostro° y un sonido espasmódico acompañado de lágrimas y mocos, estos últimos al final, pues el llanto se acaba° en el momento en que uno se suena° enérgicamente.

Para llorar, dirija la imaginación hacia usted mismo, y si esto le resulta imposible por haber contraído el hábito de creer en el mundo exterior, piense en un pato cubierto de hormigas° o en esos golfos del estrecho de Magallanes *en los que no entra nadie, nunca.*

Llegado el llanto, se tapará° con decoro el rostro usando ambas manos con la palma hacia dentro. Los niños llorarán con la manga del saco contra la cara, y de preferencia en un rincón° del cuarto. Duración media del llanto, tres minutos.

llorar...to cry
atengámonos...sigamos
llanto...acción de llorar
rostro...cara
se acaba...termina
se suena...se limpia la nariz
pato cubierto de hormigas...
  duck covered with ants
se tapará...va a cubrir
rincón...corner of a room

Instrucciones para cantar

por Julio Cortázar

Empiece por romper los espejos de su casa, deje caer los brazos, mire vagamente la pared, *olvídese*. Cante una sola nota, escuche por dentro. Si oye un río por donde bajan barcas pintadas de amarillo y negro, si oye un sabor de pan, un tacto de dedos, una sombra de caballo, creo que estará bien encaminado.

Después compre solfeos y un frac°, y por favor no cante por la nariz y deje en paz a Schumann.

solfeos y un frac...voice
  lessons and a tuxedo

Instrucciones para subir una escalera

por Julio Cortázar

Las escaleras se suben de frente, pues hacia atrás o de costado° resultan particularmente incómodas. La actitud natural consiste en mantenerse de pie, los brazos colgando° sin esfuerzo, la cabeza erguida° aunque no tanto que los ojos dejen de ver los peldaños° inmediatamente superiores al que se pisa, y respirando lenta y regularmente. Para subir una escalera se comienza por levantar esa parte del cuerpo situada a la derecha abajo, envuelta casi siempre en cuero, y que salvo excepciones cabe° exactamente en el escalón. Puesta en el primer escalón dicha°

parte, que para abreviar llamaremos pie, se recoge° la parte equivalente de la izquierda (también llamada pie, pero que no ha de confundirse con el pie antes citado), y llevándola a la altura del pie, se la hace seguir hasta colocarla en el segundo escalón, con lo cual en éste descansará° el pie, y en el primero descansará el pie. (Los primeros escalones son siempre los más difíciles, hasta adquirir la coordinación necesaria. La coincidencia de nombres entre el pie y el pie hace difícil la explicación. Cuídese especialmente de no levantar al mismo tiempo el pie y el pie.)

de costado...de lado
colgando...hanging
erguida...levantada
peldaños...escalones (parte de una escalera)
cabe...fits
dicha...esta
se recoge...se levanta
descansará...va a descansar

Tomado de *Historias de cronopios y de famas*, Julio Cortázar, Argentina

D. Con otra persona, ubiquen y copien las frases que se refieran a lo siguiente.

■ **Por ejemplo:** Para llorar:
No vamos a tratar el tema de la razón por qué lloramos.
«Dejando de lado los motivos...»

1. Para llorar:
   a. Los síntomas del llanto se reconocen.
   b. Hay algo que indica el momento final del llanto.
   c. Si quieres llorar y te resulta difícil pensar en ti mismo(a), piensa en algo feo o triste.
   ch. Hay que usar las manos de una cierta manera,
   d. Los niños lloran de manera diferente.
   e. El llanto no debe durar mucho tiempo.

2. Para cantar:
   a. Primero, haz los preparativos para cantar, siguiendo un método.
   b. Después de haberlo probado, hay que evaluar el producto del canto.
   c. Si has cantado bien, la nota que has cantado debe evocar ciertas sensaciones.
   ch. Si eres buen(a) cantante, tómalo en serio, pero no demasiado.

3. **Para subir una escalera:**
   a. Para empezar, hay que ver en qué dirección vas.
   b. Antes de empezar a subir, hay que asegurarse de que todo el cuerpo esté preparado.
   c. Empecemos con el pie derecho que generalmente no es más grande que el escalón.
   ch. Después de poner el pie derecho en el primer escalón, hay que levantar el pie izquierdo, tomando en cuenta que los dos pies se confunden fácilmente.

E. En «Instrucciones para subir la escalera», Cortázar nos da risa cuando sugiere la confusión que puede resultar de dos partes del cuerpo que llevan el mismo nombre. 1. Cita las líneas que ofrecen este comentario. 2. Haz una lista de otras partes del cuerpo cuyos *(whose)* nombres nos pueden causar confusión. 3. Con otra persona, inventen nombres imaginativos para distinguirlas entre sí.

▪ **Por ejemplo:**   *pie derecho: pie delantero, pie que se usa para...*
                  pie izquierdo: pie trasero, pie que...

Aplica...

F. En «Instrucciones para llorar», Cortázar deja de lado los motivos del llanto. Para ti, ¿cuáles son los motivos para el llanto y para cantar? Haz listas de las situaciones que te hacen llorar y que te hacen cantar.

G. Con otra persona, elijan una de las siguientes acciones y preparen instrucciones detalladas de cómo se hace. También pueden describir otras acciones rutinarias o automáticas, si quieren.

roncar	estornudar *(to sneeze)*	correr
bostezar *(to yawn)*	tener hipo	sonarse (la nariz)
hablar español	reír (o sonreír)	*(to blow one's nose)*
sentarse	toser	afeitarse

Video: Prog. 14, **Remedios tradicionales y modernos** — from healing to high-tech medicine

▪ Escribe tu propio anuncio. Empieza con las palabras «Prepárate para estar mejor...».

II📖 Mi diccionario

▶ Para hablar

Los síntomas y malestares

¡Ay, qué lástima! Siento que tengas un tremendo dolor de garganta.
Me siento pésimo(a) y tengo alergia.

> bronquitis.
> un catarro.
> escalofríos.
> estornudos.
> fiebre.
> laringitis.
> náuseas.
> un resfrío.
> sinusitis.
> tos.
> vómitos.

Por favor, déme una crema para las cortaduras.

> las lastimaduras.
> las picaduras de abeja.
> de mosquito.
> las quemaduras.
> las ronchas.

¿Qué hago para la alergia al polen?

> ¿la gripe?
> ¿el hipo?
> ¿la nariz tapada?

arderle a uno(a) la garganta
correrle a uno(a) la nariz
cortarse la mano
doblarse un pie
dolerle (ue) a uno(a) el pecho
lastimarse el codo
picarle a uno(a) los ojos
quebrarse (ie) la muñeca

▶ Para reconocer

la alergia al humo
al moho
al polvo
el dolor de una articulación
estornudar
un ojo morado
la sordera
tener un resfrío
toser

▶ Para hablar

Los remedios

Por favor, déme un analgésico.
un antiácido.
un antialérgico.
un antifebril.
un calmante.
una cápsula.
una curita.

un emplasto.
un jarabe.
unas píldoras.
un sedante.
una tisana.
una venda.

▶ Para reconocer

el emplasto de barro /
mostaza
las gárgaras de salmuera
las hojas de aloe vera
el jarabe de miel y limón
poner hielo
la vacuna

Para hablar

Las enfermedades graves

el cáncer
el colesterol alto
la presión alta
el SIDA
la tuberculosis

Otras palabras y expresiones

a menos que
alegrarse que
con tal (de) que
es conveniente que
es necesario que
es posible que
es preciso que
ojalá
los primeros auxilios

¿Sabes algo de
primeros auxilios?

EN CASO DE EMERGENCIA . . .

¿SABE UD. CÓMO SALVAR UNA VIDA?

MANUAL DE PRIMEROS AUXILIOS

El Manual de Primeros Auxilios contiene valiosa
información para asistir, con rapidez y eficacia,
a una persona enferma, herida, golpeada
o con fracturas, mientras espera la llegada del médico.
Esta asistencia, en muchos casos, puede salvar vidas.

¡YA ESTÁ A LA VENTA!

Adquiéralo en su librería o puesto de revistas favorito

Esta sección te ayuda a repasar lo que aprendiste y cómo lo aprendiste en los Capítulos 13 y 14.

¿Qué aprendimos?

En el **Séptimo Tema** aprendiste lo siguiente.

✓ Decirles a mis amigos lo que deben y no deben hacer	Órdenes informales, el subjuntivo para expresar órdenes informales negativas
✓ Describir cómo se llega a distintos lugares	Sigue..., dobla...
✓ Indicar la distancia entre dos lugares	Está a... cuadras / millas de..., está detrás / delante, etc.
✓ Indicar si estoy enfermo(a) y quejarme de los dolores	Me duele(n)...
✓ Describir síntomas y enfermedades	Tengo....
✓ Hablar de alergias	Soy alérgico(a) a....
✓ Decir que lo siento	Siento que + *presente del subjuntivo*
✓ Expresar duda	No creo que + *presente del subjuntivo*
✓ Decirles a otros que (no) hagan algo	Órdenes formales

Here are some other things you practiced doing in this unit, which will be part of your language use from now on.

You learned to...	by using...
express hope:	**Ojalá (que) / Espero que** + *subjunctive*
describe allergies:	**Soy alérgico(a) a...**
express happiness or pleasure:	**Me alegro de que / Qué bueno que** + *subjunctive*
express the purpose for or conditions under which an action will be carried out:	**para que, con tal de que..., a menos que...**
indicate right or left:	**a la derecha / izquierda**
up or down:	**arriba / abajo**
straight ahead:	**derecho**
toward or in the direction of:	**hacia**
until:	**hasta**
in front of or behind:	**delante de / detrás de**
near or far:	**cerca / lejos (de)**

describe certain ways of moving
the body:

use figurative language to make your
speech livelier:

describe bodily injuries and care:

doblar, inclinar, estirar
cuesta un ojo de la cara,
en boca cerrada no entran
  moscas, etc.
reflexive verbs + article:
Me corté un dedo y me puse
una curita, etc.

■ Escribe un anuncio para tu remedio
casero preferido.

¡POR FIN UNA ASPIRINA QUE NO IRRITA SU ESTÓMAGO!

Pensando en la molesta irritación que los analgésicos tradicionales provocan en su estómago, BAYER creó la nueva **ASPIRINA EFERVESCENTE 500.**

Al disolverse en el vaso con agua (y no en el estómago), **ASPIRINA EFERVESCENTE 500** forma una solución no ácida que al entrar en forma líquida al organismo, actúa más rápidamente y no irrita su estómago.

Para calmar el dolor no tiene que irritar su estómago... tome **ASPIRINA EFERVESCENTE 500** de **BAYER.** Y si es **BAYER** es buena.

"Si usted sufre de úlcera péptica o duodenal, consulte a su médico antes de ingerir ácido acetil salicílico".

Estrategia

Just as important as remembering *what* you learned is remembering *how* you learned. This section of your textbook summarizes some of the strategies you used in practicing the language in this unit.

A. You used strategies for speaking and writing the language.

1. **Organizing and connecting information.** You used certain words to refer to time and place. Use the two words **hacia** *(towards)* and **hasta** *(until)* to direct a classmate to the approximate location of your residence.

   Sigue derecho hacia... hasta llegar a... .

2. **Providing visual image through speech.** You used words to describe physical location and distance in terms of reference points.

   Ven a conversar un rato conmigo. Vivo en..., cerca de...y _____ de... .
   _____ de mi casa (edificio) está... .

3. **Using culturally appropriate expressions to conduct transactions.** Use **tú, usted,** or **ustedes** commands, as required by the situation and the speakers involved.

   a. You would like to ask for a medical appointment. **(Déme una cita, por favor.)**
   b. Ask your instructor for an extension **(más tiempo)**.
   c. Tell the nurse to put a bandage on.
   ch. Request a change in a doctor's appointment.
   d. Ask your mother for your allergy medicine.
   e. Ask a cousin or brother to buy an ointment for you.

B. You used some strategies for learning new words.

1. **Categorizing.** Categorizing and re-categorizing words often helps us remember them. For each of the following lists, name a category to which all pertain.

Categorías: los síntomas / los remedios caseros / las medicinas / la cara / el brazo / la pierna / las enfermedades / el catarro / las alergias / la cabeza / la boca / la gripe

- a. **Le arde la garganta. Tiene dolor de cabeza. Tiene fiebre.**
- b. **rodilla, muslo, pie, tobillo**
- c. **antibióticos, sulfas, analgésicos, antidiarreicos**
- ch. **orejas, nariz, boca, cerebro, pelo**
- d. **polen, súmac, gatos, leche, maíz**
- e. **dientes, garganta, lengua**
- f. **muñeca, antebrazo, codo, mano**
- g. **menta, manzanilla, caldo de ave, emplasto de mostaza**
- h. **boca, nariz, ojos**
- i. **sarampión, laringitis, la gripe, el catarro**
- j. **dolor de cabeza, tos, estornudos, un poco de fiebre**

2. **Associating.** List at least two activities or things you associate with each of the following.

las piernas	la cabeza	fiebre y tos
los pies	los pulmones	alergia en la piel
los hombros	el estómago	garganta inflamada
las manos	el corazón	infusión de hierbas
los ojos	la boca	caldo de ave

3. **Personalizing.** You applied what you learned to describe ailments and remedies. Complete the following:

No puedo...porque soy alérgico(a) a... .
Cuando estoy estresado(a),... .
Cuando me duele la garganta,... .

4. **Transferring.** You applied concepts associated with certain words to use in new contexts. For example:

- a. You used the verb **doblar** in two contexts. Can you provide an example of each? Do the same for the verbs **seguir** and **bajar.**
- b. You used words such as **pelo, pierna, mano, ojo, pata** (*foot or paw*), and **boca** not only to refer to a body part, but also as a component of certain expressions. List six expressions you remember that use these words.

  Can you guess what the following might mean? Give an explanation in Spanish when possible, or use them in a sentence.

echarse en los brazos de Morfeo	**las malas lenguas**
al pie de la letra	**hacer agua la boca**
dormir como ángel	**con los brazos abiertos**
manos a la obra	**piel de gallina**
cerrar la puerta en las narices (de)	**pedir la mano**

- c. You transferred your knowledge of how to form certain verbs from other, similar verbs. Add one verb that follows the same pattern to each verb shown.

  tener: detener, obtener,...   seguir: ...
  volver: devolver,...   cubrir: ...
                                  reírse: ...

C. You used some strategies to recognize and understand what you had not learned yet. You taught yourself by...

1. **Anticipating.** You used background knowledge and experience to anticipate. Where would the following conversations likely take place?

   a. —A ver, a ver. Puede que le tenga que operar. Veamos las amígdalas; abra la boca y diga «A».

      —Pero no puedo. Me duele demasiado la garganta.

   b. —Buenas tardes, señor Valenzuela. Hay mucha gente aquí hoy, ¿no? Fíjese que mi niño tiene fiebre y unas ronchas en el pecho y en la espalda. Déme algo para la fiebre, por favor.

      —Déle este antifebril. Sin embargo, si tiene ronchas, puede ser una peste infantil. Es mejor que llame al médico.

      —Muchas gracias. ¿Cuánto cuesta el remedio?

   c. —¡Ay, mamá!, ¡me corté un dedo! ¡Socorro! Me sale mucha sangre.

      —¡Hijo, por Dios! Lávate la mano aquí y no grites tanto. Te voy a poner un poquito de ajo[1] y una curita.

2. **Relying on context clues.** In the previous exchanges, use context clues to guess what the following might be.

amígdalas	no grites	déjeme
peste infantil	socorro	antifebril

3. **Identifying words that look like English words you know: remedio, menta, sedante, masaje, obeso, extendido, círculos, calmante, migraña.** Scan Chapters 13 and 14 to identify at least eight more of these cognates.

4. **Identifying words that look like Spanish words you know.**

   a. See if you can guess the meaning of some of the following words in the second and fourth columns, using the familiar Spanish words listed to the left.

consejos	aconsejar	casa	casero(a)
fuerte	fortalecer	barbilla	barba
corazón	rompecorazones	pulmones	pulmonía
diente	dentadura	caliente	calentar
dolor	doloroso(a)	muelas	sacamuelas

   b. Can you remember or find in this unit at least one word that is derived from or is a derivation of each of the following?

saludable	alergia
picar	cortar
quemar	sangriento
enfermo	lastimar
antifebril	

   c. What do you think the following abbreviations stand for?

   dcha. **izqda.** **Avda.**

---

[1] El ajo fresco detiene las hemorragias.

Para escribir con soltura:

En el consultorio
This section will guide you to explore variety in word choice and to employ your own experience and imagination to produce vivid, engaging dialogue.

A. Imagining and Outlining. You probably know some of the following types of patients and doctors. Choose one from each group and imagine a conversation between them. Outline your conversation by thinking about what you will write in the following areas.

- a detailed description of symptoms (Use prepositions!)
  Me duele aquí atrás a la izquierda, debajo de la cintura.
- responses to symptoms and advice (Use commands and prepositions!)
  Póngase hielo detrás de la rodilla y no doble el pie hacia atrás.

personal médico	**enfermo(a)**
el (la) charlatán *(quack)*	el (la) cascarrabias *(short-tempered)*
el (la) billete largo *(money-hungry)*	el (la) hipocondríaco(a)
el (la) misterioso(a)	el (la) despreocupado(a) *(carefree)*
el (la) métetentodo *(nosy)*	el (la) miedoso(a) *(worrier)*
el (la) siquiatra loco(a)	
el (la) sufrocontigo «*devoted Florence Nightingale*»	

B. Composing. Use your outline to develop the exchange between these two characters. Then, go back to each line of the conversation and indicate the tone or attitude of each speaker by adding phrases as in the examples.

—*Pero, ¿por qué no puedo comer pescado frito?*—**reclamó** *el despreocupado.*

—*¡Porque no! Porque es malo para su hígado*—**insistió** *el billete largo.*

reclamó *(exclaimed)*	protestó	sugirió *(suggested)*
lloriqueó *(whined)*	indagó *(examined, inquired)*	indicó
gritó *(shouted)*		respondió
se quejó	insistió	dijo
explotó *(exploded)*	agregó	contestó
lloró	susurró *(whispered)*	interrogó
exigió *(demanded)*	señaló *(indicated)*	reaccionó

«Picos de Europa», Carlos de Haes
Prado Museum, Madrid

8

Ciudadanos del mundo

¿QUÉ VISIÓN DEL FUTURO NOS OFRECE este cuadro? ¿Es una imagen optimista o pesimista? Explica.

No sólo eres habitante de tu país y de tu ciudad, sino también del planeta Tierra. Como ciudadano(a) del mundo, ¿crees que todos dependemos el uno del otro? ¿Por qué?

En los Capítulos 15 y 16 vas a analizar los cambios que han ocurrido durante el siglo XX y las nuevas responsabilidades que han surgido de ellos. También vas a explorar un mundo que todavía no conocemos y que sólo podemos intuir. Éste es el mundo del futuro.

15

Ciudades de ahora y de siempre

¿Qué imágenes del mundo actual y del futuro evoca esta pintura? Tus padres y tus abuelos han visto muchos cambios en su vida y tú, seguramente, verás todavía más. ¿Qué cambios vendrán? Este capítulo te ayuda a describir las ciudades y su gente y a expresar tus ideas sobre las realidades del presente y los cambios del futuro.

■ «Otro puerto», 1929, Alejandro Xul Solar, 28 x 37 cm
collection Marion and Jorge Helft, Buenos Aires, photograph: César Caldarella

Quiero aprender a...

■ decir que algo (no)existirá en el futuro   (no) habrá...
■ decir qué pasará en el futuro   el futuro
■ referirme a un punto en el futuro   cuando + subjuntivo
■ decir por cuánto tiempo va a durar algo   hasta que + subjuntivo
■ describir lo que está pasando   sigo / ando / paso / estoy +
     participio presente (el presente
     progresivo)

‖☞ A simple vista

Ya puedes leer y comprender bastante español. Para recordar lo que ya sabes, completa las siguientes actividades.

A. Tiempo pasado. Si pensamos en las distintas décadas desde el comienzo de este siglo, ¿cuáles de los siguientes aspectos de la vida han cambiado más? Explica, haciendo comparaciones.

■ **Por ejemplo:** ***Antes no había*** *aviones supersónicos ni calefacción.*
     Ahora hay *problemas urbanos y gente sin casa.*

Temas:

1. el transporte
2. los jóvenes
3. la educación
4. la vida diaria en casa
5. los valores (*values*) de la sociedad
6. las comunicaciones
7. las ciudades
8. los campos
9. las profesiones
10. la población
11. las leyes (*laws*) y el gobierno
12. los servicios comunitarios

B. Frases claves. Mira el fragmento de la página 460 **y** copia las frases más importantes que se refieren al pasado, presente y futuro.

La contaminación del aire no deja ver el presente. ■
¿Qué traerá el futuro?

C. Voces de niños. La lectura que sigue fue escrita por niños y trata de una gran ciudad. Mientras lees, piensa en qué actitudes se expresan. Elige entre las siguientes.

optimismo   orgullo *(pride)*   enojo   esperanza
pesimismo   miedo   tristeza   confusión

EL MÉXICO DE HOY

Pasado

Con mucha pureza, los hombres primitivos inventaron unas cuantas cosas distintas y fueron progresando cada día hasta llegar a esta época en que estamos, la era atómica, de muchas computadoras.

Presente

Mi ciudad es bonita; me gusta por su belleza, grande, espaciosa, porque tiene muchas industrias y en ellas pueden trabajar muchas personas, pues tiene las fábricas° más importantes. Me gusta también porque en ella hay diversiones y buenos espectáculos. Tiene también grandes centros comerciales donde puede uno comprar cosas a muy buen precio. Así veo a México y me gusta mucho.

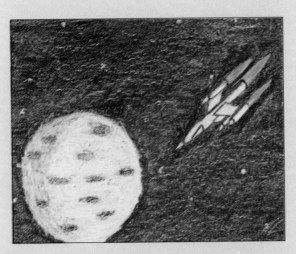

Tenemos la Torre Latinoamericana, que desde arriba se alcanza a° ver parte de nuestra ciudad, pero no muy bien por el *smog*. Después de todo, prefiero vivir en la ciudad llena de *smog* a un pueblo en donde no hay ni agua.

¿Futuro?

Hoy en día lanzan naves al espacio e inventan bombas atómicas para destruir cosas maravillosas y nadie se preocupa. ¿Será que todos nos estamos acostumbrando a vivir de acuerdo a los avances de la ciencia y todo nos parece natural?

Tomado de *México visto por sus niños*, los niños de México, México

*fábricas...*factories, *se alcanza a...uno puede, lanzan...*launch

Ch. Más perfecta no hay. Para ti, ¿cuál es la ciudad más extraordinaria del mundo? Escoge algunas de las siguientes palabras para describirla.

1. tradicional o contemporánea
2. atestada *(con mucha gente)* o con espacios abiertos
3. de cristal o de granito y ladrillos
4. moderna o antigua
5. pequeña o grande
6. ruidosa *(noisy)* o tranquila

D. No es como era... Con otras tres personas, describan un cambio en su ciudad o universidad, con respecto a lo siguiente.

1. el medio ambiente *(environment)*
2. los espacios públicos
3. las actividades culturales
4. las áreas verdes
5. los edificios
6. la locomoción colectiva (el transporte público)

En voz alta
Escucha la grabación y elige el tema principal de la transmisión radial.

1. las ciudades de México
2. oportunidades limitadas
3. proyectos de la Universidad de California
4. nuevas carreras
5. problemas de los agricultores
6. los problemas del campo

Visión

Un buen arquitecto es un artista del futuro tan bueno como César Pelli, el argentino que diseñó la nueva ala del Museo de Arte Moderno de Nueva York. ¿Y tú? ¿Qué otros artistas del futuro hay?

▌▐ Imágenes y palabras

Para hablar del futuro y las ciudades, aquí tienes vocabulario muy útil.

Actualmente (*Currently*) **en mi ciudad hay...**
- **rascacielos** (*skyscrapers*) **y torres** (*towers*).
- **semáforos** (*traffic lights*).
- **poca locomoción colectiva** (*public transportation*).

También se ven (*are seen*)...
- **sucursales** (*branches*) **de muchas empresas** (*businesses*).
- **muchos buzones** (*mailboxes*).
- **autopistas** (*highways*) **para conectar el centro con las afueras** (*suburbs*).

muchas gasolineras.

muchos conductores (*drivers*).

paradas (*stops*) **de taxi y autobús.**

muchas obras de construcción.

estaciones de metro y trenes.

muchos choques de autos.

En el próximo siglo habrá (*In the next century there will be*)...
- **ciudadanos** (*citizens*) **responsables.**
- **más centros urbanos de negocios.**

más guarderías infantiles.

más aceras (*sidewalks*) **para peatones** (*pedestrians*).

edificios de cristal (*glass*) **y acero** (*steel*).

más estacionamiento.

más ciclistas.

más centros para los mayores.

escaleras mecánicas.

más instalaciones para minusválidos (*more facilities for the handicapped*).

árboles y una plaza central.

Pagamos impuestos *(taxes)* **para mantener a...**

**el (los)
policía(s).**

el (los) alcalde(s)
(mayors).

**la cartera
(los carteros)** *(mail carriers).*

**la bombera
(los bomberos)**
(firefighters).

el (los) empleado(s)
(workers) **municipal(es).**

En el próximo siglo no habrá... tanta deuda *(debt)* **pública.**

vendedores de drogas *(drug sellers)*
en las esquinas *(corners).*

tráfico atascado.

fábricas *(factories)*
ni humo *(smoke).*

contaminación.

delincuencia.

basura en las calles.

tanto ruido.

huelgas *(strikes)* **de
trabajadores.**

Y en el futuro, habrá máquinas que funcionan *(work)* **y que no se estropean** *(break down).*

Me permito recomendar que...

aumenten *(they increase)* **las líneas de trenes.**
disminuyan *(they decrease)* **los estacionamientos en el centro.**
construyan sendas *(paths)* **para bicicletas.**
mejoren el sistema de salud.

A. ¿Quién será? Di a quién corresponde cada descripción.

1. Mantiene limpias las calles y los parques de la ciudad.
2. Te da una multa *(fine)* si manejas a más de la velocidad máxima.
3. Te ayuda en caso de incendio *(fire)*.
4. Te trae las cartas, revistas y cuentas a tu buzón.
5. Planifica la ciudad y diseña los edificios.
6. Es el jefe administrativo de la ciudad.
7. Trabajan en las fábricas y en algunos servicios.

B. Catálogo. Agrupa las palabras nuevas de las páginas 462–464 según las categorías que siguen u otras que tú prefieras.

gente / locomoción / estructuras públicas y edificios / centros comunitarios / los negocios / ventajas y desventajas de la ciudad

C. Ventajas y desventajas. Piensa en cada una de las siguientes cosas y da una ventaja (lo bueno) y una desventaja (lo malo).

■ **Por ejemplo:** *Lo bueno (La ventaja) de los (las)...es que... .*
   Lo malo (La desventaja) es que... .

1. los rascacielos
2. los semáforos
3. los autobuses
4. las autopistas
5. las obras de construcción
6. los estacionamientos
7. los espacios públicos
8. las fábricas
9. los letreros
10. los centros para mayores
11. las huelgas
12. los coches
13. la policía
14. las guarderías
15. los centros deportivos

Ch. Actitud positiva. Piensa en tu ciudad y di qué te gusta y no te gusta. Da una solución para cada problema que menciones.

■ **Por ejemplo:** *No me gusta el tráfico de las cinco de la tarde.*
   Debe haber *(There should be) más locomoción colectiva y más... .*

D. Letreros. En la municipalidad están pintando letreros para la ciudad. Usa los verbos indicados y escribe un letrero para cada uno de los siguientes lugares. La mitad *(Half)* de tus letreros deben ser prohibiciones.

■ **Por ejemplo:** para la plaza:

respetar / tirar / recoger / parar *(to stop)* **/ entrar / tocar / evitar** *(to avoid)* **/ poner / usar / fumar** *(to smoke)* **/ correr / mantener / estacionar / sentarse / apoyarse en** *(to lean on)*

1. estacionamiento
2. autopista o carretera
3. plaza
4. museo
5. escuela o guardería de niños
6. hospital
7. acera
8. escalera mecánica
9. estación de metro
10. gasolinera
11. buzón
12. bomberos
13. esquinas de la ciudad
14. autopista

E. Ciudades para su gente. Piensa en la gente de tu ciudad (empleados, niños, alumnos universitarios, personas mayores, minusválidos, profesionales, los sin casa, los ricos, etc.) y di qué necesita cada grupo.

■ **Por ejemplo:** *Los niños y padres necesitan guarderías y también necesitamos más... .*

F. Seamos periodistas. En grupos de tres, escriban un titular *(headline)* sobre algo importante que ocurrió en la universidad o en la ciudad. Luego, denle el titular a otro grupo para que escriban un informe corto. Usen los siguientes titulares de periódicos madrileños de modelo.

Dos millones de latas de refrescos 'decoran' el circuito

Detenido el conductor que huyó° después de atropellar° a 2 motoristas

Tráfico pone en marcha las medidas para las vacaciones

Incendio en una finca cercana a una urbanización en Canillejas

Ciclista atropellado por una furgoneta° cuando circulaba por la N–401

Dos fallecidos° en accidentes ferroviarios° en Cádiz y Barcelona

huyó...fled
atropellar...chocar con
furgoneta...van
fallecidos...muertos
ferroviarios...de tren

G. Ya se acaba el siglo XX. Completa el siguiente cuadro *(chart)* comparativo del pasado (**había**), presente (**hay**) y futuro (**habrá**).

Antes había...	Actualmente hay...	En el futuro habrá...
caballos (horses)	_____	_____
telegramas	_____	_____
_____	*microondas*	_____
lápices	_____	_____
aire puro	_____	_____
_____	*aviones supersónicos*	*astronaves*
conquistadores	_____	_____
caminos (roads) *de tierra*	_____	_____
tiendas pequeñas	_____	_____

⊕ Con teleobjetivo

Para hablar: To talk about what will happen

The future tense

In Activity **G** you used the word **habrá** to indicate what there will be in the future. **Habrá** is the future tense of **hay**. When you want to forecast or predict what will happen in the future, use the future tense.

1. To form the future tense, attach the following endings to any infinitive.

Yo (vivir + **-é**)	→	**No viviré** en ninguna ciudad grande. *I will not live in any big city.*
Tú (vivir + **-ás**)	→	Y tú, ¿**vivirás** solo el año próximo? *And you, will you live alone next year?*
Él / Ella (vivir + **-á**)	→	Con las alergias que tiene, **vivirá** mejor en edificios climatizados. *With the allergies he / she has, he / she will live better in climate-controlled buildings.*
Ud. (vivir + **-á**)	→	**Ud. vivirá** en una casa o en un apartamento. *You will live in a house or in an apartment.*
Nosotros / Nosotras (vivir + **-emos**)	→	**Viviremos** bien si reciclamos más. *We will live well if we recycle more.*

Vosotros / Vosotras (vivir + **-éis**)	→	**¿Viviréis cerca de la autopista?** *Will you live near the highway?*
Ellos / Ellas (vivir + **-án**)	→	En el futuro, **vivirán** en ciudades satélites. *In the future **they will live** in satellite cities.*
Uds. (vivir + **-án**)	→	**Uds. vivirán** más en armonía con la naturaleza. ***You will live** more in harmony with nature.*

contaminar:	no **contaminaré**, no **contaminarás**, no **contaminará**, no **contaminaremos**, *no contaminaréis*, no **contaminarán**
proteger:	**protegeré, protegerás, protegerá, protegeremos, *protegeréis*, protegerán**
destruir:	no **destruiré**, no **destruirás**, no **destruirá**, no **destruiremos**, no *destruiréis*, no **destruirán**

2. In addition to talking about the future, future forms are also used to wonder about events that are still uncertain or doubtful.

¿Será que todos nos estamos acostumbrando a vivir de acuerdo a los avances de la ciencia?	***I wonder** if we are getting used to living in accordance with scientific advances?*
¿Habrá menos tráfico y más horas libres en el siglo XXI?	***Will there be** less traffic and more free time in the 21st century?*
¿Disminuiremos el número de accidentes de tráfico?	***Will we decrease** the number of traffic accidents?*

VOZ

Este grito llegó a ser el lema de los republicanos contra los fascistas durante la Guerra Civil española. *¿Y tú?* ¿Qué sabes de esta época de la historia de España o del dictador Francisco Franco?

«No pasarán».

-Dolores Ibárruri, «La pasionaria»

3. Some frequently used verbs have irregular stems in the future. Note the insertion of a **d** in the second group of irregular forms.

Habrá más contaminación marina en el futuro.	**There will be** more sea pollution in the future.
Tendremos que desarrollar nuevas tecnologías para tratar las enfermedades graves.	**We will have** to develop new technology to treat serious illnesses.

decir:	**diré, dirás, dirá, diremos,** *diréis,* **dirán**
haber (hay, había, haya):	**habrá**
hacer:	**haré, harás, hará, haremos,** *haréis,* **harán**
saber:	**sabré, sabrás, sabrá, sabremos,** *sabréis,* **sabrán**
querer:	**querré, querrás, querrá, querremos,** *querréis,* **querrán**
poder:	**podré, podrás, podrá, podremos,** *podréis,* **podrán**
poner:	**pondré, pondrás, pondrá, pondremos,** *pondréis,* **pondrán**
tener:	**tendré, tendrás, tendrá, tendremos,** *tendréis,* **tendrán**
salir:	**saldré, saldrás, saldrá, saldremos,** *saldréis,* **saldrán**
venir:	**vendré, vendrás, vendrá, vendremos,** *vendréis,* **vendrán**

La poesía de Juana de Ibarbourou, escritora uruguaya (1895–1979), celebra los placeres de la vida, la naturaleza y el amor. ¿Dónde estaba Juana cuando escribió esta canción de verano? ¿Y tú? ¿Puedes escribir otra estrofa (Cantar...)?

ESTÍO
Cantar del agua del río.
Cantar continuo y sonoro,
arriba bosque sombrío
y abajo arenas de oro.

A. Poema futuro. El siguiente poema del mexicano Amado Nervo (1870–1919) fue escrito hace casi cien años. Lee la primera estrofa y decide:

¿A quién representa Cristóbal Colón? ¿A los conquistadores...viajeros...descubridores...marinos...españoles...astronautas...extraterrestres o habitantes de otros planetas?

El gran viaje

por Amado Nervo

¿Quién será, en un futuro no lejano,
el Cristóbal Colón de algún planeta?
¿Quién logrará°, con máquina potente,
sondar° el océano
del éter y llevarnos de la mano
allí donde llegaron solamente
los osados° ensueños del poeta?

¿Quién será, en un futuro no lejano,
el Cristóbal Colón de algún planeta?

¿Y qué sabremos tras el viaje augusto°?
¿Qué nos enseñaréis, humanidades
de otros orbes, que giran
en la divina noche silenciosa,
y que acaso°, hace siglos que nos miran?

...

¿Quién será, en un futuro no lejano,
el Cristóbal Colón de algún planeta?

logrará...podrá
sondar...explorar

osados...daring

augusto...importante

acaso...tal vez

B. ¿Qué cree el poeta? Según este poema, ¿cuáles de estas creencias tendría el poeta? Cita los versos *(lines)* que te dan esta información.

1. Hay vida en otros planetas.
2. Los habitantes de otros planetas son inteligentes.
3. El universo es vasto y oscuro como el mar.
4. Los habitantes de otros planetas saben mucho de nosotros.
5. Un día de éstos seremos capaces de colonizar otros planetas.
6. Es posible que sea erróneo el concepto que tenemos del mundo actualmente.
7. Todavía queda mucho por aprender.

C. Mi héroe. Piensa en tu héroe, alguien famoso que ha logrado cambiar o mejorar el mundo. Luego, completa la siguiente estrofa de tu propio poema.

¿Quién será, en un futuro no lejano,
el (la)...de...
¿Quién logrará, con...,
y...?

Ch. Programa internacional. Como vas a trabajar en el siglo XXI, seguramente tendrás un internado o práctica en el extranjero. Di cuáles de las siguientes cosas harás o no harás. Agrega dos cosas más que no estén en la lista.

■ **Por ejemplo:** usar moneda extranjera

Si voy a Puerto Rico, usaré la misma moneda, pero si voy a Venezuela o Trinidad, usaré bolívares o dólares trinitarios.

conocer otra gente / usar moneda extranjera / aprender a vivir en otra cultura / hablar otro idioma / comer comida al paso / ser antipático(a) / alojarse en un hotel de lujo / tener el mismo horario que aquí / hablar por teléfono larga distancia todos los días / pasear en coche / ir a la lavandería / mirar mucha televisión / querer volver en dos semanas / ponerse nervioso(a) (enojado/a, enfermo/a) / salir con amigos extranjeros por la noche / acostarse temprano / poder entender todo / usar locomoción colectiva / alquilar un coche / hacer la cama todos los días / decirle adiós a familiares y amigos

D. Creo que sí lo haré. Nombra diez de las cosas que harás en un futuro próximo. Agrega otras, si quieres.

■ **Por ejemplo:** buscar trabajo

En julio, buscaré trabajo en... .

vivir en... / trabajar en... / buscar... / conocer... / casarme con... / terminar mi carrera de... / organizar a los estudiantes en contra de... / ganar dinero / ahorrar dinero para... / pagar... / ir a... / postular *(to apply to)* **a un programa de post-grado / hacer la práctica en... / tratar de hacerme famoso(a) / comprar... / tener...hijos / irme para... / salir con...**

E. ¿Y tú, qué dices? Usa tu lista de la Actividad **D** para entrevistar a tu compañero(a). Resume las respuestas y dile a la clase qué semejanzas y diferencias hay entre Uds. dos.

■ **Por ejemplo:**

Pregúntale: *¿Buscarás trabajo aquí o en tu estado?*

Resume: *Los dos buscaremos trabajo en... .*

■ *¿Y tú?* ¿Qué llevarás cuando salgas en tu bici o tu auto? Haz una lista.

F. Indiscretos. Usa los interrogativos que siguen para hacerle unas preguntas (¿indiscretas?) a tu compañero(a) sobre el futuro.

cuándo / con quién / para qué / por qué / qué / cómo / dónde / adónde

G. ¿Qué te parece a ti? Lee las siguientes frases sobre el futuro y, si no estás de acuerdo, modifícalas y explica por qué. Ve si las personas de tu grupo están de acuerdo. Inventa una frase original también.

▨ **Por ejemplo:** Finalmente habrá paz (*peace*) en el mundo.
   No, no habrá paz en el mundo porque... .

1. Los niños aprenderán todo por medio de computadoras.
2. Como no habrá petróleo, reduciremos los viajes.
3. Viajaremos al planeta Marte.
4. Eliminaremos las drogas y la delincuencia en las grandes ciudades.
5. Todos viviremos hasta los 100 años o más.
6. Todas las naciones del mundo se llevarán bien.
7. Todos hablaremos el mismo idioma en uno o dos siglos.
8. Eliminaremos las enfermedades graves como el cáncer y el SIDA.

‖⊕ Con teleobjetivo

Para hablar: To talk about what may happen in the future

Cuando and *hasta que* with the subjunctive

You have already used the construction **para que** + *subjunctive* to express the goal or purpose of an action. Similarly, when you speculate about what *may* happen at some uncertain point in the future, you will often use **cuando** or **hasta que** with the present subjunctive. The subjunctive is used with these expressions *only* when you are referring to the future.

Cuando limpien el botadero de basura, podrán construir un centro comercial en ese sitio.	***When they clean*** *the dump, they'll be able to build a shopping center in that place.*
Los consorcios internacionales no invertirán dinero para proteger la naturaleza, **hasta que** el público **proteste**.	*International concerns will not invest money to protect nature, **until** the public **protests**.*
Nadie va a prestar atención **hasta que se produzca** un accidente en la planta atómica.	*Nobody is going to pay attention **until** an accident **occurs** at the nuclear plant.*

Note that either the future tense or the **ir a** + *infinitive* construction will accompany your predictions or opinions about the future.

A. Cuando lo consiga... Usa el tiempo futuro para decir lo que piensas hacer en cada uno de estos casos.

▨ **Por ejemplo:** tenga 50 años
   Cuando tenga 50 años me iré a Bali.

Cuando...

sea millonario(a) / consiga un buen trabajo / tenga más tiempo / tenga 60 años / tenga mi propia casa / me compre... / me jubile *(retire)* / me vaya a... / viva en... / termine de estudiar / me case / hable con... / encuentre... / me vuelva a casa

B. Planes a largo plazo. Piensa lo que harás cuando consigas lo siguiente.

■ **Por ejemplo:** Cuando consiga la dirección de...
    ...*mandaré solicitudes* (applications) *de trabajo.*

1. Cuando me gradúe,...
2. Cuando gane dinero en grande,...
3. Cuando tenga tiempo libre,...
4. Cuando sepa más español,...
5. Cuando pueda ir al extranjero,...
6. Cuando vaya a...,...

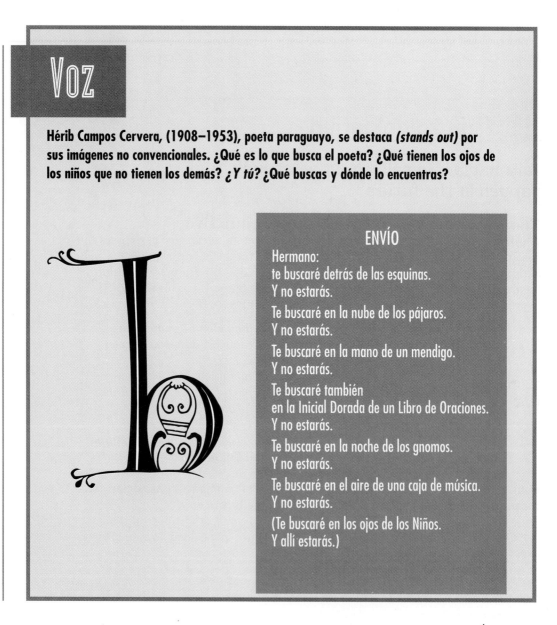

VOZ

Hérib Campos Cervera, (1908–1953), poeta paraguayo, se destaca *(stands out)* por sus imágenes no convencionales. ¿Qué es lo que busca el poeta? ¿Qué tienen los ojos de los niños que no tienen los demás? *¿Y tú?* ¿Qué buscas y dónde lo encuentras?

ENVÍO

Hermano:
te buscaré detrás de las esquinas.
Y no estarás.

Te buscaré en la nube de los pájaros.
Y no estarás.

Te buscaré en la mano de un mendigo.
Y no estarás.

Te buscaré también
en la Inicial Dorada de un Libro de Oraciones.
Y no estarás.

Te buscaré en la noche de los gnomos.
Y no estarás.

Te buscaré en el aire de una caja de música.
Y no estarás.

(Te buscaré en los ojos de los Niños.
Y allí estarás.)

C. Oráculo. Di cuándo va a suceder cada una de las siguientes cosas, aproximadamente.

■ **Por ejemplo:** Viajaré cuando...
Viajaré cuando tenga bastante dinero.

1. Compraré un(a)...cuando...
2. No iré de vacaciones hasta que...
3. Organizaré a los chicos de la universidad cuando...
4. No saldré a comer hasta que...
5. No estaré tranquilo(a) hasta que...
6. Me casaré cuando...
7. Trabajaré cuando...
8. Limpiaré la casa cuando...
9. Dormiré 48 horas cuando...
10. Tendré dinero cuando...

Ch. Hasta que me dure la cuerda. Di hasta qué punto piensas hacer lo siguiente.

■ **Por ejemplo:** Estudiaré español hasta que...
Estudiaré español hasta que lo pueda hablar perfectamente.

1. Este fin de semana, dormiré hasta que...
2. Después de los exámenes, comeré chocolate hasta que...
3. En el baile de graduación, bailaré hasta que...
4. Cuando reciba mi primer sueldo *(pay)*, gastaré dinero hasta que...
5. En cuanto pueda, ahorraré dinero hasta que...
6. Por desgracia, me quedaré en la universidad hasta que...
7. Seguiré mandando cartas para solicitar un puesto hasta que...

D. Cápsula del tiempo. Con otras tres personas, hagan una lista de lo que pondrán en una cápsula del tiempo que represente bien a los jóvenes y su estilo de vida para futuras generaciones. Incluyan al menos un objeto para cada uno de los sentidos: **vista (visión), oído, olfato, gusto, tacto.** En seguida, infórmenle a la clase.

■ **Por ejemplo:** *Pondremos un vídeo de Madonna para que los del futuro sepan cómo eran las chicas de ahora.*

E. Pregúntale a la bola de cristal. Piensa en las cosas que no se ven muy claras en tu futuro. Escribe tres preguntas sobre las dudas que tengas.

■ **Por ejemplo:** *¿Cuándo podré terminar mis estudios de leyes?*
¿Dónde estaré en el año 2000?
¿Con quién me casaré?

F. Galletitas chinas. Con tu compañero(a), escriban diez mensajes en papelitos pequeños para poner en unas galletitas chinas de la suerte.

■ **Por ejemplo:** *Conseguirás todo lo que deseas **cuando** menos lo esperes.*

⬦ Con teleobjetivo

Para hablar: To talk about actions in progress or towards a goal

The present progressive tense

At times you will want to describe things that you are doing that are moving you toward a goal in the future. You may also want to simply describe what is going on at this moment — what actions are in progress. In these cases, you will use the *present progressive tense*.

Estoy **aprendiendo** mucho ahora.	*I am **learning** a lot now.*
Paso los días **estudiando**.	*I spend my days **studying**.*
Sigo **estudiando** arquitectura.	*I continue **studying** architecture.*
Ando **buscando** trabajo.	*I am (go around) **looking** for work.*

1. As shown in the examples, to describe what is going on, you need to *combine* two components. *Both* are necessary to express your idea.

a. A form of **estar** *(to be doing something)*; **seguir (ie)** *(to continue, to keep doing something)*; **pasar** + **días** or **horas** *(to spend time doing something)*; or **andar** *(to go around doing something).*

b. The present participle of a second verb. Use the endings **-ando** with **-ar** verbs and **-iendo** with **-er** and **-ir** verbs to form present participles. These are equivalent to *-ing* forms in English.

---

mejorar → mejor**ando**	aprender → aprend**iendo**	reducir → reduc**iendo**
aumentar → aument**ando**	hacer → hac**iendo**	salir → sal**iendo**

---

2. Some frequently used irregular present participles are:

construir	**constru*y*endo**	seguir	**si*g*uiendo**	dormir	**d*u*rmiendo**
disminuir	**disminu*y*endo**	decir	**d*i*ciendo**	morir	**m*u*riendo**
(de)caer	**(de)ca*y*endo**	pedir	**p*i*diendo**		
traer	**tra*y*endo**	servir	**s*i*rviendo**		
leer	**le*y*endo**	divertirse	**div*i*rtiéndose**		

3. Notice that with verbs like **divertirse,** reflexive pronouns are attached to the end of the present participle. Other object pronouns — such as indirect object (**me, te, le, les, nos, os**) and direct object (**me, te, lo, la, nos, *os*, los, las**) pronouns — are attached to present participles as well. When pronouns are attached, a written accent is used. You have already practiced this in Chapters 13 and 14 with commands.

Estoy divirtiéndome tanto en la clase de geografía urbana porque **estamos entrevistando** a toda clase de gente.	*I am **having** so much **fun** in the urban geography class because we are **interviewing** all kinds of people.*
Ando durmiéndome en las clases porque me acuesto muy tarde.	*I keep **falling asleep** in classes because I go to bed very late.*
Paso los días enseñándoles conservación a los niños de un jardín infantil.	*I spend my days **teaching** conservation to a group of kindergarten children.*

Visión

Los molinos de La Mancha usan la energía más limpia que existe: la energía eólica o del viento. ¿Y tú? ¿En qué otra cosa se podrá usar el viento?

4. Use the progressive tense *only* when you want to...
   a. describe what is happening *right now.*
   b. indicate that an action is *in progress* toward some goal.

Estoy escribiendo un trabajo sobre los dominicanos de Nueva York.	*I am writing* a paper on the Dominicans in New York.
Sigo ahorrando todos los meses para poder ir a Perú y Bolivia.	*I continue saving* every month in order to be able to go to Perú and Bolivia.

A. Por el progreso. Describe dos programas que se están desarrollando para mejorar algo de tu ciudad o de tu universidad.

▨ **Por ejemplo:** *Están mejorando las instalaciones para los minusválidos.*
Están construyendo un nuevo centro administrativo.

B. ¿Por dónde andamos? Imagínate que estás en un lugar específico y describe qué está ocurriendo allí en este momento. La clase debe adivinar dónde te encuentras.

▨ **Por ejemplo:**

Tú: *Somos cinco personas y estamos esperando algo. Todos estamos mirando la puerta o un número con mucha atención, pero nadie habla. Un señor está leyendo un anuncio que hay en la pared.*

Tus compañeros: *Estás en un ascensor.*

C. Viaje al futuro. Estás en el futuro. ¿Han cambiado mucho las cosas? Escríbeles una postal a tus amigos para describirles lo que ves.

■ **Por ejemplo:** *Aquí en el futuro, somos mayores pero seguimos...y... . Todos andamos...y algunos nos pasamos los días... . Algunos chicos están..., pero la mayoría de las chicas está... .*

Ch. Así ando. Describe lo que estás haciendo actualmente. Escribe un párrafo corto como el modelo.

■ **Por ejemplo:** *Ando igual que siempre, loco(a): estoy aprendiendo a tocar guitarra y estoy tomando un curso nuevo de computación. También estoy estudiando español y ¡¡sigo sacando malas notas en mis matemáticas!! También estoy organizando a mis compañeros para que reciclemos el papel en las residencias universitarias.*

D. Buzón del corazón. Escribe una nota o poema de amor sobre tus sentimientos actuales *(current)* hacia una persona, animal o lugar.

■ **Por ejemplo:**

> Mi gato
> *Sigo queriéndote como el día*
> *en que te vi por primera vez.*
> *Andabas ronroneando* (purring) *por*
> *el salón y poniendo todas las cosas*
> *al revés...*

E. Más poesía. Con otra persona, escriban un poema sobre el futuro. Sigan el modelo.

1: la fecha o período	*2220*
2: nombre / adjetivo; nombre / adjetivo	*Tierra limpia, gente feliz*
3: tres participios en -ando / -iendo	*soñando, compartiendo, amando.*
4: una frase sobre el tema	*Debo anotar con mi lápiz:*
5: una palabra descriptiva	*paz.*

En voz alta

Escucha otra vez la transmisión radial y marca **sí** o **no.**

1. Las ciencias agrícolas ofrecen excelentes oportunidades.
2. Faltan jóvenes bilingües.
3. Es difícil conseguir trabajo en las comunidades rurales.
4. La agricultura ha llegado a ser una empresa internacional.
5. Esta década ofrece las mismas oportunidades de antes.

Piensa...

A. ¿Qué problemas de la lista te parecen más graves en tu ciudad? Elige uno y escríbele una carta al alcalde, sugiriéndole al menos una solución.

■ **Por ejemplo:**

> *Respetado(a) señor(a) alcalde (alcaldesa):*
>
> *Me he decidido a escribirle esta carta porque considero que el problema de...es muy grave. Nada se ha hecho para reducir (solucionar, cambiar, modificar, etc.)... ni para...*
>
> *Quisiera sugerir que se abra (cierre, limpie, elimine, repare, etc.)... y también me parece que todos deberían.... Además, me permito recomendar que....*
>
> *Rogándole° presentar estas ideas al consejo municipal, se despide de Ud.,*   *Su affmo.*
>
> _____ (firma)
>
> *Carnet de identidad Nº* _____
> *Dirección: Calle* _____

Begging, urging you

Posibles problemas:

1. **contaminación**: ruido, basura, calles sucias, humo y emanaciones industriales, río / lago / mar contaminado, playa con petróleo, etc.
2. **tráfico**: semáforos (que no funcionan), letreros, carreteras, autopistas, horas de mayor congestión, construcción de caminos (*roads*), falta de cortesía, sendas para bicicletas, etc.
3. **finanzas**: impuestos, deuda pública, permisos para abrir negocios, precios, etc.
4. **delincuencia**: vendedores de drogas, guerras (*wars*) de pandillas (*gangs*), robos, peligro (*danger*) en las calles, peligro en..., etc.
5. **uso del espacio**: espacios cubiertos / abiertos, jardines y áreas verdes, estacionamientos, espacios públicos, hermoseamiento (*beautification*) de la ciudad, etc.
6. **servicios básicos**: policía, bomberos, correos, colegios, guarderías de niños, centros para personas mayores, instalaciones para minusválidos, etc.
7. **edificios**: el número de rascacielos, espacios públicos, instalaciones, obras de arte y jardines exteriores / interiores, etc.

8. **tránsito y locomoción colectiva**: carreteras / autopistas, avenidas, empresa de autobuses municipales, condiciones o retraso (*delay*) de los trenes y del metro, huelgas de conductores y maquinistas, etc.

9. **seguridad de los ciudadanos**: aceras, letreros, salas de espera, etc.

Mira...

B. Las siguientes cartas están dirigidas a la sección Opinión y Cartas al Director de distintos periódicos madrileños. Míralos y decide a qué tipo de problemas de la ciudad se refieren.

Ciclistas en la ciudad

Muchos años de práctica ciclista me han demostrado el desprecio° que una gran parte de los conductores demuestra hacia el indefenso deportista de la bicicleta.

Resulta contradictorio que en un país tan aficionado al deporte del ciclismo haya tan poco respeto por los aficionados a montar en bicicleta. Con cierta frecuencia suelo desplazarme° en bicicleta hasta el parque del Retiro con el propósito de dar una vuelta. Pues bien, el trayecto desde mi casa hasta ese parque (más o menos 10 minutos) es un canto al riesgo° y el motivo no es otro que el olímpico desprecio al que nos someten los conductores madrileños, bocina° en mano y poco atentos a todo vehículo que circule a menos de 30 kilómetros por hora. El ciclista madrileño tiene que ser cauto° y prudente. Hace tiempo que descarté° la idea de desplazarme en bicicleta por Madrid, pues a fuerza de ver accidentes se asusta° uno. Los ciclistas somos los parias de la ciudad, y eso que no contaminamos.

Joaquín Valdepeñas N.

La señal de «Stop»

Deseo solicitar el apoyo° de sus lectores para conseguir la modificación de la señal de tráfico de *stop*. En lugar de ponerlo en inglés, consideramos que se debería usar alguna palabra española: «pare», «para» . «parar», o cualquier otra que resulte más adecuada, pero eso sí, recurriendo a palabras del idioma español, que es muy rico, porque no es bueno que dejemos que poco a poco el inglés nos colonice como lo está haciendo...

Antonia Martínez G.

desprecio...descuido, falta de atención
desplazarme...irme
riesgo...es peligroso
*bocina...*car horn
*cauto...*cautious
*descarté...*I rejected
se asusta...tiene miedo
*apoyo...*support

Los retrasos de los trenes de cercanías

Las personas que utilizamos los trenes de cercanías estamos habituados° a que lleguen, de vez en cuando, con cierto retraso°. Son cinco o diez minutos de margen que la mayoría de los usuarios° consideramos habituales y no llegan a sorprendernos.

Sin embargo, las esperas se han convertido, en las últimas semanas, en algo tan cotidiano° que resulta absolutamente insoportable viajar en tren.

Es frecuente esperar más de media hora, sin escuchar una justificación de los responsables de la compañía sobre la causa de la demora° y creo que es algo injusto.

He leído que los maquinistas mantenían una huelga porque están en desacuerdo con las nuevas frecuencias de los trenes marcadas por RENFE[1], que les obligan a trabajar más por el mismo salario.

Sea o no sea así, creo que los usuarios no tenemos la culpa° y no es justo que paguemos siempre por los problemas de los empleados, las averías° de los trenes, etc.

[1] RENFE: Red Nacional de Ferrocarriles (trenes) Españoles

habituados...acostumbrados
retraso...delay
usuarios...personas que viajan en tren
cotidiano...de todos los días, rutinario

demora...retraso
la culpa...fault, blame
las averías...breakdowns

Lee...

C. Ahora lee las cartas y subraya las palabras que entiendes. Toma apuntes sobre cada artículo, resumiendo los distintos aspectos del problema. Sigue el modelo.

▪ **Por ejemplo:**

Caso del	**ciclista**	vs.	**los conductores**
	no contamina		*poco atentos*

1. Caso del   **inglés**   vs.   **el español**

_____   _____

2. Caso de los   **usuarios del tren**   vs. **RENFE**   vs. **los maquinistas**

_____   _____   _____

Ch. Aunque hay muchas palabras nuevas en estas cartas, muchas se pueden adivinar. Con otras dos personas, ubiquen las siguientes frases, fíjense en el contexto en que se encuentran, y expresen la misma idea de otra manera.

1. Los ciclistas:
    a. «...con el propósito de dar una vuelta».
    b. «...un país aficionado al deporte...»
    c. «Los ciclistas somos los parias de la ciudad,...»
    ch. «...y eso que no contaminamos».

2. La señal de Stop:
    a. «Deseo solicitar el apoyo de sus lectores...»
    b. «...en lugar de ponerlo en inglés,...»
    c. «...no es bueno que dejemos que poco a poco nos colonice...»

3. Los retrasos:
    a. «...los trenes de cercanías...»
    b. «Son cinco o diez minutos de margen...»
    c. «...no llegan a sorprendernos».
    ch. «...resulta absolutamente insoportable viajar en tren».
    d. «...sobre la causa de la demora...»
    e. «...los maquinistas...están en desacuerdo con las nuevas frecuencias...»

Video: Prog. 15, **Pasajeros a bordo**—regional and urban transportation

Aplica...

D. Con otra persona, usen los apuntes de la Actividad **C** para preparar uno de los casos; Uds. pueden ser *defensores* o *acusadores*. En seguida, presenten su caso al *juez (judge)*; toda la clase será el juez. Gana el grupo con la mejor defensa de su cliente.

E. Eres reportero(a) de la radio o la televisión y estás en la escena misma donde ocurren estos problemas. Informa al público oyente o televidente, describe lo que está ocurriendo en el momento mismo y comenta según tu opinión personal del problema.

■ **Por ejemplo:** *Estoy en... . Aquí hay... . Estas señoras están esperando el tren pero... .*

■ ¿Qué medio de locomoción colectiva que no contamine les podrás recomendar a los motociclistas de Madrid?

||📖 Mi diccionario

▶ Para hablar

Actualmente en mi ciudad hay...
- poca locomoción colectiva.
- rascacielos y torres.
- semáforos.
- sucursales de muchas empresas.

También se ven...
- autopistas.
- estaciones de metro y trenes.
- muchas gasolineras.
- muchas obras de construcción.
- muchos buzones.
- muchos conductores.
- muchos choques de autos.
- paradas de taxi y autobús.

En el próximo siglo habrá...
- árboles y una plaza central.
- ciudadanos responsables.
- edificios de cristal y acero.
- escaleras mecánicas.
- más aceras para peatones.
- más centros para mayores.
- más centros urbanos de negocios.
- más ciclistas.
- más estacionamiento.
- más guarderías infantiles.
- más instalaciones para minusválidos.

Pero no habrá...
- basura en las calles.
- contaminación.
- delincuencia.
- fábricas.
- huelgas de trabajadores.
- humo.
- tanta deuda pública.
- tanto ruido.
- tráfico atascado.
- vendedores de drogas.

▶ Para hablar

Pagamos impuestos para mantener a...
- los alcaldes.
- los bomberos.
- los carteros.
- los empleados municipales.
- los policías.

Otras palabras y expresiones
- aumentar
- las afueras
- construir
- disminuir
- la esquina
- estropearse
- funcionar
- mejorar
- las sendas
- el sistema de salud

▶ Para reconocer
- el ambiente
- la avería
- la bocina
- el camino
- ferroviario
- la guerra
- las guerras de pandillas
- la paz
- el peligro
- el retraso (la demora)

▶ Para reconocer
- alcanzar
- atropellar
- el incendio
- el (la) juez
- el momento actual
- la desventaja
- la multa
- la ventaja
- lanzar
- rogar (ue)

16

¿Qué nos reserva el futuro?

¿Qué ves en esta obra de arte? ¿Qué actitud hacia el futuro se ve en la cara de esta madre?

Tomando en consideración los cambios de este siglo, ¿qué nos reserva el futuro? En este capítulo, vas a aprender a expresar tus deseos para el futuro y a ofrecer tus propias soluciones para los problemas actuales.

"The Mother," 1901, Pablo Picasso
oil on canvas, 30" x 20"
St. Louis Museum of Art
©1992 ARS, N.Y./SPADEM

Quiero aprender a...

- ▨ **expresar deseos para el futuro**   ojalá + *el imperfecto de subjuntivo*
- ▨ **describir posibles soluciones**
  a ciertos problemas   *el imperfecto de subjuntivo*
- ▨ **especular sobre lo que haría en**
  ciertos casos   *el tiempo condicional*
- ▨ **especular sobre lo que pasaría si**   *el condicional y el imperfecto de*
  se dieran ciertas condiciones   *subjuntivo*
- ▨ **conectar frases y párrafos**   *las conjunciones (connectors)*

‖⟲ A simple vista

Ya puedes leer y comprender bastante español. Para recordar lo que ya sabes, completa las siguientes actividades.

A. ¿Qué piensas? Ahora vas a leer un artículo sobre las opiniones de la gente joven. Antes de leer, piensa en tus ideas sobre el futuro y completa las siguientes frases. Luego, con dos compañeros, comparen sus respuestas y preséntenle los resultados a la clase.

1. Cuando pienso en el futuro, me siento tan...
nervioso(a)	**feliz**
inquieto(a)	**optimista**
inseguro(a)	**tranquilo(a)**
seguro(a)	**emocionado(a)**
ilusionado(a)	**entusiasmado(a)**
preocupado(a)	**deprimido(a).**

2. Por lo general, mi visión del futuro es bastante...
positiva / negativa	**optimista / pesimista**
conservadora /	**terrible / agradable**
revolucionaria	**clara / confusa.**
buena / mala	

3. Estoy seguro(a) que en el futuro mi vida será...
   mejor / peor / igual
   más fácil /más difícil
   más complicada / más simple.

4. Pero dudo que... .

5. En cuanto al planeta Tierra, creo que el futuro nos traerá más...
paz / guerra	**igualdad / desigualdad**
amor / odio	**libertad / justicia**
problemas /	**alegría / dolor.**
soluciones	

   ¿Y tú? ¿Qué promesa puedes hacer? ▨

PROMESA POR LA TIERRA

PROMETO hacer cuanto esté a mi alcance por contribuir a que la Tierra sea un hogar seguro y acogedor para las generaciones presentes y futuras.

Victoria Abril, actriz

Visión

Ciertamente, al ver este bellísimo paisaje de la Laguna Poco Sol, Costa Rica, el tema que predomina es la conservación del medio ambiente. ¿Y tú? ¿Qué tema te preocupa a ti?

B. Temas importantes. ¿Qué temas nos van a preocupar más en el futuro? Con dos compañeros más, elijan los cinco temas más importantes y pónganlos en orden de más importante (1) a menos importante (5). Prepárense para explicar por qué eligieron estos temas, dando ejemplos apropiados.

Nos va a preocupar el tema de...

la energía	la delincuencia *(crime)*	la mortalidad infantil
la educación	en las grandes ciudades	la ecología de nuestro
la violencia	la salud	planeta
la sobrepoblación	el transporte	la pobreza
las grandes ciudades	las armas nucleares	las drogas
o megalópolis	los derechos civiles	la tecnología
la protección de la	la vejez o tercera	el analfabetismo
naturaleza	edad	*(illiteracy)*
la guerra	el hambre	

C. ¡Última hora! Con un(a) compañero(a), escribe un titular de periódico sobre uno de los temas más importantes para Uds.

■ **Por ejemplo:** salud y medicina
 ¡DESCUBIERTA VACUNA CONTRA EL SIDA!

Ch. Nosotros, los jóvenes. Ahora lee el título del artículo de la página 485 y subraya o marca todas las palabras que reconoces para tener una idea general del tema. Luego, di, ¿a cuál de los temas se refiere?

Reportaje especial: Los problemas de nuestra generación

Vives en la era espacial — la época más compleja de la historia. Tu generación tiene más posibilidades, problemas, beneficios y decisiones difíciles que tomar que ninguna otra, si pudiéramos cambiar algunas cosas. ¿Qué piensan tú y los chicos de tu edad — que comparten tus sueños, circunstancias e inquietudes — del momento que viven? ¿Cómo ven el futuro? ¿De qué forma tratan de llevar su vida día a día y qué soluciones proponen a los problemas comunes?

Aquí tienes la opinión de un grupo de chicas y chicos hispanoamericanos.
Silvia, mexicana, 20 años
Gina, puertorriqueña, 18 años
Ramón, colombiano, 20 años

Comienza la conversación…

Gina: Todos dicen que vivimos momentos muy difíciles. Yo no lo veo así. Lo que pasa es que la mayoría de la gente se concentra en mirar lo negativo, como si no quedaran cosas lindas en el mundo.

Silvia: ¡Como si no quedaran…! Pero si cada vez quedan menos. ¿Ustedes no leen el periódico? Muchos animales están en peligro de extinción, estamos acabando con la capa de ozono y alterando la ecología del planeta…. En la Ciudad de México la contaminación ambiental es insoportable…. Ojalá no existieran, pero estos son problemas reales, Gina. Hay que ver el lado

bueno, como tú dices, pero también tenemos que hacernos conscientes de los peligros, para comenzar a hacer algo antes de que sea demasiado tarde. Si pudiera, yo organizaría a la juventud.
(Aplausos de los otros jóvenes)

Ramón: Silvia ha dicho algo muy importante: tenemos que hacernos conscientes de estos problemas porque — aunque metiéramos la cabeza en la arena — éstos son nuestros problemas, *no* los de nuestros padres. Hay que preocuparse de esto ahora mismo. ¿Qué clase de mundo vamos a legarle a nuestros hijos…?

Tomado de *Tú*, Estados Unidos

D. Más detalles. Busca en la conversación ejemplos específicos del tema que se está discutiendo. Anota las frases que encontraste. Luego, con dos compañeros, da dos ejemplos más del tema. Pueden usar palabras como:

construcción / destrucción / preservación / contaminación / desintegración / extinción / reducción / degradación / erosión / invención / preparación / etc.

E. Personalidades distintas. Según lo que dicen, ¿cómo son estos jóvenes? Elige palabras de la lista que sigue.

Gina es… .   **Silvia es… .**   **Ramón es… .**

pesimista / optimista, responsable / irresponsable, serio(a) / cómico(a), simpático(a) / arrogante, exagerado(a) / equilibrado(a), trágico(a) / alegre, deprimente / entusiasta, inquieto(a) / tranquilo(a), atrayente / repelente, preocupado(a) / despreocupado(a), joven / algo mayor

F. En fin, piensan que… Con dos compañeros(as), resuman la conversación, completando lo siguiente. Den ejemplos o detalles para demostrar que analizaron bien la conversación.

1. Los jóvenes se preocupan de… .
2. Dicen que hay que planear para el futuro para que… .
3. Los jóvenes sugieren que… .
4. También nos aconsejan que… .

G. Entrevista. Con dos compañeros, elijan uno de los temas de la lista de la Actividad **B** y escriban tres preguntas sobre él, para que puedan entrevistar a otro grupo de la clase. Comuníquenle los resultados a la clase.

En voz alta

Escucha la transmisión radial y elige el tema principal.
1. una civilización antigua
2. el crecimiento de la población
3. la contaminación de las aguas
4. investigaciones medicinales

IIEA Imágenes y palabras

Para hablar de algo tan importante como los problemas del mundo, aquí tienes vocabulario útil.

En cuanto al medio ambiente *(environment)*, **ojalá hubiera** *(if only there were)* **más...**

> **reciclaje de basura...**
> **reciclaje de...**

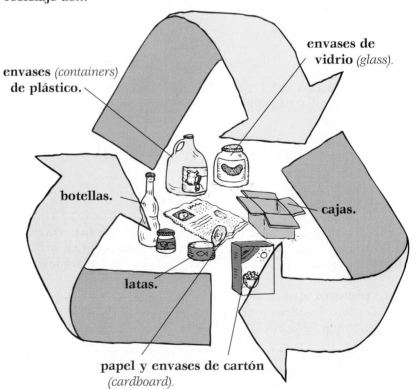

envases de vidrio *(glass)*.

envases *(containers)* de plástico.

botellas.

cajas.

latas.

papel y envases de cartón *(cardboard)*.

Ojalá hubiera menos animales en peligro de extinción (*endangered species*), **como...**

pájaros y peces.

elefantes y rinocerontes.

delfines y ballenas.

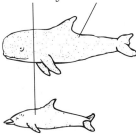

águilas (*eagles*) y cóndores

pumas y leones.

caimanes y tortugas.

La extinción es irreversible. *¿Y tú? ¿Cómo ayudarás?*

Ojalá hubiera menos **botaderos de basura** *(dumps)* con sus peligros
(dangers) **de...**

    infección y enfermedades.
    insectos y animales **dañinos** *(harmful)*.

destrucción del paisaje *(countryside)*, **como...**

    valles y mesetas (**áridos** y **fértiles**).
    las aguas (**océanos, bahías** *[bays]*, **costas**).

las sierras y cordilleras *(mountain ranges)* **y colinas** *(hills)*.

las dunas (**arenas** *[sands]* **de desiertos y playas**).

bosques y selvas *(forests and jungles)*.

VOZ

Federico García Lorca (1898–1936), fue uno de los más célebres poetas de su época en España. Su poesía evoca pasiones primarias y une lo real con lo simbólico. *¿Y tú?* Di por qué cree García Lorca que el mar es una parte del cielo.

MAR
El mar es
El Lucifer del azul.
El cielo caído
Por querer ser la luz.

-Federico García Lorca

En cuanto a la gente del mundo, ojalá que hubiera más / menos...
    justicia.   delincuencia *(crime)*.
    egoísmo.   solidaridad.

    amor *(love)*.

      paz *(peace)*.

    odio *(hate)*.

      guerra *(war)*.

    ahorros *(savings)*.

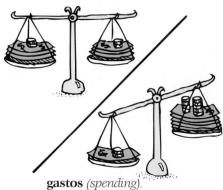

      riqueza *(wealth)*.

    gastos *(spending)*.

      pobreza *(poverty)*.

Ojalá pudiéramos *(we could)*...
    dejar de *(to stop)* **usar combustibles fósiles.**
          agotar *(to use up)* **los recursos naturales.**
    hacerles caso *(to pay attention)* **a los ecólogos.**
            los climatólogos.
    darnos cuenta *(realize)* **que van a escasear** *(become scarce)*...
      el agua potable y
      el aire puro y
      la lluvia.

La gente habla como si fuera *(as if it were)* **problema del gobierno nada
más.**
El gobernador habla como si él pudiera *(he could)* **resolverlo todo.**
Los políticos y los senadores hablan como si no hubiera *(there were)*
prisa *(hurry)* **/ tiempo.**
              hablan como si el mundo se acabara
              (were ending) **mañana.**
El alcalde habla como si la solución fuera conseguir más fondos *(funds)*.
Los economistas hablan como si los recursos naturales fueran infinitos.

En fin, ojalá que hubiera...

más energía solar (o del viento).
más presupuesto *(budgetary allocations)* **para los programas de**
   salud.
   educación.
   alfabetización *(literacy)*.
más recursos financieros para mejorar la agricultura.
menos escasez *(f.)* de alimentos.
más inversiones *(investments)* **en investigación del medio ambiente.**

A. Para la manifestación. Completa cada uno de los siguientes carteles *(signs)* con la causa de tu preferencia.

B. ¡Tíralo ahí! Di en qué recipiente habrá que poner cada una de las siguientes cosas.

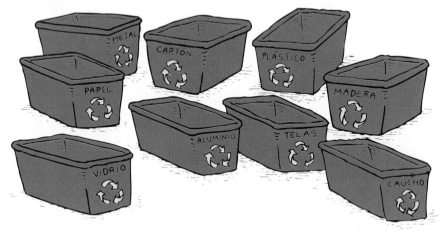

■ **Por ejemplo:** una blusa
      Habrá que poner esta blusa con las telas.

utensilios de cocina de aluminio / unas cajas de cartón / unos vasos y
un florero roto / un montón de periódicos / una llanta de automóvil /
unas botellas y platos plásticos / unas latas de cerveza / ropa vieja /
unos cuadernos / un montón de fotocopias / botellas de vino y licor /
dos sillas de metal / una escalera de madera

C. Persuasión. Crea un lema *(slogan)* para una campaña ecológica que te interese. Dile tu lema a la clase. Puedes usar palabras como las que siguen.

Aumente...   Proteja...   No destruya...   Cuide...   Limpie...
Reduzca...   No contamine...   Reciclemos...   No gaste...   Ahorre...

Ch. ¿Habrá más o menos? Di si va a haber más o menos de lo siguiente dentro de cincuenta años. Explica por qué o da ejemplos.

▨ **Por ejemplo:** *Habrá más / menos...porque... .*

1. agua potable en las ciudades
2. gente trabajando en su casa
3. presupuesto para la educación
4. consumo de carne
5. deuda nacional
6. uso de carbón y gasolina
7. uso de energía solar
8. escasez de recursos
9. apoyo para...
10. inversiones...

D. ¿Aumentar o reducir? ¿Qué harías en los siguientes casos? Explica por qué.

▨ **Por ejemplo:** el presupuesto de protección de los cóndores y águilas
Quisiera aumentar el presupuesto de protección de estos pájaros porque están en peligro de extinción.

1. las vacaciones escolares
2. la locomoción pública
3. las bahías protegidas
4. los coches en el centro urbano
5. las alumnas universitarias
6. los alumnos universitarios
7. los bosques vírgenes
8. los turistas convencionales
9. los estacionamientos
10. los botaderos de basura (basurales)
11. las manifestaciones *(demonstrations)*
12. las becas *(scholarships)*
13. los turistas en las ciudades y playas
14. los intercambios comerciales
15. los impuestos federales
16. los turistas estudiantiles

Visión

Por ahora, en el Archipiélago de las Galápagos todavía se conservan especies únicas como estos lagartos. ¿Qué quisieras llevar para allá para que no desaparezcan?

E. Las consecuencias son serias. Di a qué llevará lo siguiente.

- **Por ejemplo:** No habrá más elefantes si...
  ...no prohibimos la venta de collares de marfil (ivory) /...no dejamos de... .

1. Desaparecerán las águilas si seguimos...
2. Aumentará la temperatura global si...
3. Habrá más líquidos tóxicos en el suelo si....
4. El medio ambiente se verá más contaminado si...
5. No quedará ningún bosque virgen en Norteamérica si...
6. Se extinguirán las tortugas de México si...
7. Los recursos financieros no serán suficientes si...
8. Habrá mucha escasez de agua en...si...

F. Letreros. ¿Qué letreros se pueden poner en los siguientes lugares para proteger el medio ambiente y los animales?

- **Por ejemplo:** en un bosque de Vermont
  No tire basura.

1. en el zoológico
2. en un parque
3. en una autopista o carretera
4. en un bosque de Oregón
5. en la playa
6. frente a una planta atómica
7. en el botadero de basura
8. en un banco

G. Después me di cuenta. Piensa en los siguientes temas y di de qué te has dado cuenta *(have realized)* recientemente.

- **Por ejemplo:** las dunas
  *Antes creía que las dunas no eran importantes. Pero **me di cuenta** que son una parte importante del ecosistema del desierto.*

1. el presupuesto del gobierno federal
2. la escasez de...
3. los impuestos de...
4. la degradación del medio ambiente
5. la delincuencia
6. los senadores
7. el ahorro
8. las filtraciones en los botaderos
9. los alimentos nutritivos
10. la contaminación del suelo
11. los sin casa

H. Mi contribución. Anota dos ideas para solucionar cada uno de los siguientes problemas.

Palabras útiles: Les aconsejo a...que... . Sugiero que... . Recomiendo que... .

1. la quema de las selvas
2. la contaminación del aire
3. la escasez de árboles
4. la pesca de ballenas
5. la matanza *(killing)* de elefantes
6. el escape *(exhaust)* de los coches

⊕ Con teleobjetivo

Para hablar: To express your wishes and opinions about the future and to describe something in hypothetical terms

The imperfect subjunctive

1. To say what you wish would happen or be done about a problem or to express your wishes about the distant future, use **ojalá + imperfect (past) subjunctive.**

   ¡Ojalá **hubiera** menos guerras en el siglo XXI!

   *I wish **there would be** fewer wars in the XXI century.*

   ¡Ojalá **pudieran** encontrar una solución para la destrucción del ozono!

   *If only **they could** find a solution to ozone depletion.*

2. Also use the past subjunctive after **como si...** *(as if...)* to describe something or someone in hypothetical terms.

   Mucha gente gasta electricidad **como si no tuviéramos** problemas con el medio ambiente.

   *Many people use electricity **as if we didn't have** problems with the environment.*

Desarrollar	
pretérito:	**desarrollar(on)**
desarrollara	desarrolláramos
desarrollaras	*desarrollarais*
desarrollara	desarrollaran

Proteger	
pretérito:	protegier(on)
protegiera	protegiéramos
protegieras	*protegierais*
protegiera	protegieran

Invertir (ie, i)[1]	
pretérito:	**invirtier(on)**
invirtiera	invirtiéramos
invirtieras	*invirtierais*
invirtiera	invirtieran

To form the past subjunctive, drop the **-ron** ending of the preterit **ellos / ellas / Uds.** form of the verb and add the endings shown in the chart. Notice that the **nosotros** form needs a written accent mark.

As you can see from the chart, if the verb is irregular or has a stem change in the preterit tense, the irregularity will be carried over to the past subjunctive. Frequent irregulars are:

ser, ir(se):	(se) fueron	(me) **fuera**, (te) **fueras**, (se) **fuera(n)**, (nos) **fuéramos**, *(os) fuerais*
decir:	dijeron	**dijera, dijeras, dijera(n), dijéramos,** *dijerais*
dar:	dieron	**diera, dieras, diera(n), diéramos,** *dierais*
hacer:	hicieron	**hiciera, hicieras, hiciera(n), hiciéramos,** *hicierais*
venir:	vinieron	**viniera, vinieras, viniera(n), viniéramos,** *vinierais*

[1]-**Ir** verbs with stem changes in the preterit will also have stem changes in the imperfect subjuntive.

tener:	tuvieron	**tuviera, tuvieras, tuviera(n), tuviéramos,** *tuvierais*
poder:	pudieron	**pudiera, pudieras, pudiera(n), pudiéramos,** *pudierais*
saber:	supieron	**supiera, supieras, supiera(n), supiéramos,** *supierais*
haber:	(hay, haya, habrá) hubo	**hubiera**

A. ¡Ojalá pudiéramos hacer algo! Di tres cosas que deseas que se hagan para salvar la Tierra de la degradación ecológica.

■ **Por ejemplo:** *¡Ojalá subieran los precios del petróleo!*
¡Ojalá desarrollaran nuevas tecnologías!

B. ¿Qué deseas para ti? Ahora di qué deseas para ti mismo(a). Sigue el ejemplo.

■ **Por ejemplo:** *¡Ojalá pudiera graduarme antes que mi novio(a)!*
¡Ojalá me dieran el trabajo que quiero!

C. Críticos. Con otros dos compañeros, elijan a tres personajes importantes y escriban una crítica de tres frases (con el imperfecto de subjuntivo) sobre sus ideas y actitudes.

■ **Por ejemplo:** Pete Rose: *Se porta como si no tuviera… .*
Habla como si no pensara en… .
¡Ojalá que (no) abriera la boca!

Ch. Problemas de dinero. Completa lo siguiente con frases con **como si**.

■ **Por ejemplo:** Hicieron el presupuesto…
Hicieron el presupuesto como si tuvieran mucho dinero.

■ ¿Estamos al borde de la degradación total?

1. Acabaron de gastar todo el dinero…
2. Mataron *(They killed)* ballenas y delfines…
3. Nunca se dan cuenta de que no hay recursos, es…
4. No dejaron de usar combustibles fósiles…
5. Todos piensan en explotar las riquezas naturales,…
6. Los senadores y los políticos no le hacen caso a la gente…

D. Esto es lo que hay que hacer. Di qué piensas acerca de cada uno de estos problemas.

■ **Por ejemplo:** Habría *(There would be)* menos contaminación si…
…hubiera más transporte público.

1. Habría menos divorcios si…
2. Habría menos delincuencia si…
3. No tendríamos tantas guerras si…
4. Reciclaríamos más si…
5. La alfabetización tendría más éxito si…
6. Habría más paz y menos odio si…

Jorge Manrique (1440–1479), escritor español, escribió este poema después de la muerte de su padre, don Rodrigo, para expresar lo breve que es la vida y lo inevitable que es la muerte. ¿Y tú? Según Manrique, no importa que seas rico o pobre, desconocido o famoso, porque en la muerte nadie ve la diferencia. ¿Qué piensas tú?

COPLAS POR LA MUERTE DE SU PADRE

Nuestras vidas son los ríos
que van a dar a la mar,
que es el morir;
allí van los señoríos
derechos a se acabar
y consumir;
allí los ríos caudales,
allí los otros, medianos
y más chicos;
allegados, son iguales
los que viven por sus manos
y los ricos.

⊕ Con teleobjetivo

Para hablar y escribir: How to join your thoughts

Connectors

In all of the preceding chapters you have learned to connect your ideas to make them more forceful and clear. Here is a summary of some words and expressions that are used to connect thoughts.

1. For *adding another idea* or *narrating another step* in *a story* use:

- **y** *(and)*, **también** *(also)*, **además (de eso)** *(besides)*, **tampoco** *(nor / either / neither)*.

No han protegido a las águilas, **tampoco** a los pumas.	*They haven't protected the eagles, **nor** the pumas.*

- **entonces** *(then)*, **en seguida** *(then; immediately)*, **luego** *(then / later)*, **después (de)** + *infinitive (afterwards, after + -ing)*, **antes (de)** + *infinitive (before, after + -ing)*.
  no sólo...sino (que) también *(not only...but also...)*.

Después de conversar con el alcalde **no sólo** aparecimos en televisión, **sino que también** nos hicieron una entrevista para el periódico.	*After talking to the mayor, **not only** did we appear on television, **but also** they interviewed us for the newspaper.*

2. For *restricting what you have just said,* or for *expressing contrasting ideas* use:

- **pero, sin embargo** *(however)*, **a pesar de (que)** *(in spite of the fact that)*, **aunque** *(although)*, **en cambio** *(on the other hand)*.

Aunque no comprenden por qué es importante proteger la variedad ecológica, se dieron cuenta que no se puede explotar tanto el río.	***Although** they don't understand why it is important to protect ecological variety, they realized that they can't exploit the river so much.*

3. For *drawing a conclusion* use:

- **por** *(because of)*, **porque** *(because)*, **como** *(since)*, **por eso** *(therefore)*.

Como me preocupa mucho el ambiente, organizaré un comité en la universidad. Pero no hay fondos. **Por eso** voy a conseguir ayuda del director de la facultad de ciencias naturales.	***Since** the environment worries me a lot, I will organize a committee at the university. But there are no funds. **Therefore,** I will have to get the help of the director of the College of Natural Sciences.*

4. For *introducing different aspects of a topic* use:

- **en cuanto a** *(regarding...)*, **hablando de** *(speaking of / in reference to)*, **por lo general** *(generally)*, **no...sino (que)...** *(not...but rather...)*, **por un lado,...** *(on the one hand...)*, **por otro lado,...** *(on the other hand...)*.

Gracias... muchas gracias por darnos el

PRIMER LUGAR

PRIMER LUGAR
en todas las edades mayores de 12 años

PRIMER LUGAR
en las edades de 25 a 54 años

PRIMER LUGAR
en todas las edades de 6 a.m. a 10 a.m.!

PRIMER LUGAR
de todas las emisoras de inglés y español de 6 a 10 a.m. en audiencia femenina!
(de 25 a 54 y de 35 a 64 años)

¡QUÉ MÁS SE PUEDE PEDIR!

¡Gracias... muchas gracias a Ud. que se merece lo mejor!

Radio Mambi
WAQI 710 AM

Por un lado, están los intereses de las grandes compañías. **Por el otro,** está la comunidad que vive y trabaja en el lugar.	***On the one hand** are the interests of the big companies. **On the other** is the community that lives and works in the place.*

5. For *indicating frequency* use:

- **jamás** *(never)*, **casi nunca** *(almost never)*, **rara vez** *(rarely)*, **de vez en cuando, a veces** *(sometimes)*, **a menudo** *(frequently)*, **todo el tiempo, siempre** *(always)*.

6. For *ordering a sequence* use:

- **primero, segundo, tercero, por último, para empezar, para continuar, para resumir, para concluir.**

7. For *emphasizing* something use:

- **en realidad** *(actually)*, **de hecho** *(in fact)*,
  lo importante es que... *(what is important is that...)*,
  hay que darse cuenta que..., hay que tomar en cuenta que...
  (one must realize that...).

Hay que darse cuenta que si no actuamos rápidamente, se va a acabar todo el ozono sobre la Antártida.	***One must realize*** *that if we don't act rapidly, all the ozone over Antarctica will disappear.*

8. To *introduce actual speech* use:

- **dijo que..., señaló que...** *(indicated that...)*, **declaró que...,**
  insistió en que..., agregó que... *(added that...)*, **confirmó que... .**

Después de prometer más fondos para el proyecto del agua potable, el alcalde **agregó que** iba a conseguir fondos para construir otra escuela.	*After promising more funds for the drinking water project, the mayor **added that** he was going to get funds to build another school.*

9. To *set the time frame* use:

- **ahora, hoy (en día), actualmente** *(currently)*, **en estos momentos, este año / siglo** *(century)*, **ayer / anoche, anteayer / antenoche, el mes / el lunes pasado / la semana pasado(a)**, etc., **mañana, el mes próximo / el lunes próximo / la semana próxima**, etc....

10. For *stating or attributing an opinion...*
- **para mí, según mi parecer** *(in my opinion)*, **me parece que..., creo que..., por mi parte, según** *(nombre)... (according to...)*.

A. No estoy de acuerdo. Di qué piensas en cada uno de estos casos.

- **Por ejemplo:** No deben matar las ballenas sino...
  ...protegerlas.

1. No (sólo) deben prohibir la quema de bosques sino...
2. No sólo importa el dinero sino...
3. No deben importar...sino...
4. En la educación no hay que enfatizar...sino...
5. La política no es...sino...
6. Estas campañas no (sólo) promueven *(promote)* solidaridad sino...

B. Todos somos responsables. Cuando hablamos de problemas del medio ambiente, hay que reconocer que todos somos responsables en mayor o menor medida. Escribe un párrafo sobre qué estamos haciendo en cada caso y qué dicen ciertas autoridades del problema. Incluye por lo menos diez palabras conectivas.

- **Por ejemplo:** la basura
  Estamos reciclando más, aunque no es suficiente.
  El alcalde habla como si fuera problema del gobierno federal, sin embargo, según mi parecer,... .

⊕ Con teleobjetivo

Para hablar: To talk about what could be

Dejar	
dejaría	dejaríamos
dejarías	dejaríais
dejaría	dejarían

Proteger	
protegería	protegeríamos
protegerías	protegeríais
protegería	protegerían

Destruir	
destruiría	destruiríamos
destruirías	destruiríais
destruiría	destruirían

The conditional tense

When you want to hypothesize about what could happen in the future, use the conditional tense.

Yo **podría escribirle** a un senador y tú **podrías** organizar a los estudiantes.

*I **could write** to a senator and **you could** organize the students.*

Similarly, to report or relay what somebody said in the *past* about *future* plans that were still uncertain, use the following model.

declaró que / dijo que / insistió en que / anunció que } + *conditional*

El político **dijo** que nos **ayudaría** a conseguir recursos.

*The politician **said** that he **would help** us get funds.*

To form the conditional tense, attach the endings shown to the *infinitive* form of the verb.

Notice that, like the future tense, the conditional endings are the same for **-ar**, **-er**, and **-ir** verbs. Both the future and the conditional tenses add endings to the infinitive. In addition, verbs that are irregular in the future tense will also be irregular in the conditional. Remember the insertion of a **d** in many of the irregular forms.

Habría que[1] conseguir más ayuda del gobierno para la reforestación.

*It **would be necessary** to get more help from the government for reforestation.*

El senador **podría** hablar con la Oficina Nacional de Turismo.

*The senator **would be able to (could)** talk to the National Office of Tourism.*

Yo **tendría que** estudiar las posibilidades de abrir otro parque.

*I **would have to** study the possibilities of opening another park.*

tener: **tendría, tendrías, tendría, tendríamos,** *tendríais,* **tendrían**
venir: **vendría, vendrías, vendría, vendríamos,** *vendríais,* **vendrían**
poner: **pondría, pondrías, pondría, pondríamos,** *pondríais,* **pondrían**
salir: **saldría, saldrías, saldría, saldríamos,** *saldríais,* **saldrían**
poder: **podría, podrías, podría, podríamos,** *podríais,* **podrían**
saber: **sabría, sabrías, sabría, sabríamos,** *sabríais,* **sabrían**
haber (hay, había, haya, habrá): **habría**
hacer: **haría, harías, haría, haríamos,** *haríais,* **harían**
decir: **diría, dirías, diría, diríamos,** *diríais,* **dirían**
querer: **querría, querrías, querría, querríamos,** *querríais,* **querrían**

[1]Like **hay que (es necesario), habría que** = sería necesario.

VOZ

Borges es uno de los grandes de la literatura hispana. Su intelecto y su memoria fueron formidables armas que él usó para analizar el destino del hombre. ¿Y tú? Si pudieras ser niño(a) otra vez, ¿qué cosas te gustaría hacer que no hiciste antes? ¿Por qué?

INSTANTES

Si pudiera vivir nuevamente mi vida,
en la próxima trataría de cometer más errores;
No intentaría ser tan perfecto,
me relajaría más.

Sería más tonto de lo que he sido.
De hecho, tomaría muy pocas cosas con seriedad.
Sería menos higiénico.
Correría más riesgos, haría más viajes
y contemplaría más atardeceres.

Subiría más montañas, nadaría más ríos,
iría a más lugares a donde nunca he ido,
comería más helados y menos habas;
Tendría más problemas reales y menos imaginarios.

-Jorge Luis Borges

The conditional tense is often used with the past subjunctive to hypothesize about the future or to express what *would* happen *if* something else were true.

Si + *past subjunctive* + *conditional*

Si **pudiéramos** detener la contaminación ahora, **no tendríamos que** gastar dinero en programas de limpieza en el futuro.

*If **we could** stop pollution now, we **wouldn't have to** spend money on clean-up programs in the future.*

A. Si tan sólo pudiera. ¿Qué cosas quisieras cambiar?

En la universidad...

1. Ojalá pudiéramos... .
2. Ojalá hubiera más...y menos... .
3. Ojalá (no) tuviéramos (que)... .
4. Ojalá nos hicieran caso cuando... .

En tu vida, tu personalidad o tu físico...

1. Ojalá... .
2. Ojalá... .

Décimo sexto capítulo

cuatrocientos noventa y nueve ■ **499**

B. Si fuera verdad. Ahora imagínate que tus deseos de la actividad anterior se hicieran realidad. ¿Cuáles serían los resultados?

■ **Por ejemplo:** *Si hubiera más estacionamiento, no tendríamos que caminar a clase.*
Si tuviéramos menos trabajo, podríamos salir con nuestros amigos de vez en cuando.

C. Si cambiaran las cosas. Completa lo siguiente con lo que quisieras.

■ **Por ejemplo:** Si tuviera una computadora en mi habitación...
...escribiría más rápido.

1. Si estudiara más por la mañana...
2. Si comiera más frutas y legumbres...
3. Si durmiera más de cinco horas
por la noche...
4. Si fuera a más fiestas...
5. Si tuviera un trabajo además de los cursos...
6. Si tuviera mucho dinero...
7. Si me invitara...
8. Si viera a...

Ch. Promesas. Di qué dijeron cada uno(a) de estos personajes cuando se dieron cuenta de los graves problemas de la degradación del medio ambiente. Sigue el ejemplo.

■ **Por ejemplo:** el director de la escuela
El director dijo que empezaría un programa educacional.

1. un(a) senador (senadora)
2. el (la) presidente de los universitarios
3. el alcalde (la alcaldesa)
4. el (la) gobernador (gobernadora) del estado
5. un(a) artista de cine
6. un(a) candidato(a) a presidente
7. el (la) jefe de policía
8. un(a) representante de...

D. Ingeniosos. Di qué harías en las siguientes situaciones.

1. si no hubiera ni lápices ni bolígrafos y tuvieras que tomar un examen importante
2. si no hubiera televisión
3. si todos tus amigos vivieran en otro país
4. si no tuvieras ni un centavo a principios de mes

E. Y Uds., ¿qué piensan? Escribe varias preguntas sobre lo que haría o no haría otra persona bajo distintas circunstancias. Luego hazles las preguntas a tus compañeros.

■ **Por ejemplo:** *¿Qué harían ustedes si sólo les quedara un mes de vida?*
¿Qué dirían ustedes si pudieran hablar con el presidente?

En voz alta

Escucha la grabación una o dos veces y completa lo siguiente.

1. La civilización que se describe es... .
2. Algunas maravillas de esta civilización son... .
3. La civilización floreció durante los años... .
4. Sabían preservar sus... .
5. En cuanto a su población, tenían... .
6. Ahora se hacen investigaciones para saber qué métodos usó esta gente para conservar... .

Otro vistazo

Piensa...

A. En el artículo que leíste en la página 485, los jóvenes discutían sobre la degradación del medio ambiente. Mira otra vez el fragmento del artículo y copia tres de los problemas mencionados por los chicos.

Mira...

B. Antes de leer el resto de la conversación en la página 502, mírala y fíjate si los jóvenes se refieren a los mismos temas o a otros.

C. Ahora subraya o marca las palabras de la conversación que puedas reconocer.

Lee...

Ch. Lee bien la conversación de los chicos hispanoamericanos. Luego, ubica y copia las frases que expresen problemas y soluciones.

    problemas   **soluciones**

D. Busca en la conversación ejemplos de cómo la gente se acostumbra o se acostumbraría a una crisis. Por ejemplo, ¿cómo se describe el uso de las máscaras antigás? Da tu propio ejemplo de cómo nos acostumbramos a las tragedias de la vida moderna.

Todos dependemos de los niños del futuro. ¿Qué le pedirías a uno(a) de ellos?

Reportaje especial:
Los problemas de nuestra generación

(continuación)

**Silvia,
mexicana,
20 años**

**Ernesto,
venezolano,
22 años**

**Gina,
puertorriqueña,
18 años**

**Ramón,
colombiano,
20 años**

**Miriam,
cubana que vive
en los EE.UU.,
21 años**

Aquí tienes la opinión de un grupo de chicas y chicos hispanoamericanos.

Ramón: …¿Qué clase de mundo vamos a legarle a nuestros hijos?

Ernesto: Lo que pasa es que la gente piensa: «Eso está en el futuro». No se ponen a pensar que si seguimos destruyendo la capa de ozono, por ejemplo, sus nietos tendrán que salir a la calle con máscaras antigás para poder respirar.

Miriam: Pero entonces alguien fabricará máscaras de gases «de marca» y la gente se acostumbrará a usarlas, y el planeta seguirá decayendo hasta…

Ernesto: Oye… ¡Qué deprimente está eso que dices, Miriam!

Miriam: Pero ahí llegará la cosa. Nos están advirtiendo°: «Hay que controlar la contaminación; cuidemos los bosques, los animales; la ecología del planeta está en peligro, no lo hagamos inhabitable…». Pero la gente piensa que eso pasará dentro de cien años y que, después de todo, a ellos no les va a afectar.

Silvia: La cosa está en actuar. Yo me informo de todo lo que pasa en el mundo y, por ejemplo, no uso productos de compañías que fabrican atomizadores que dañan la capa de ozono y hago donaciones a un grupo llamado *Greenpeace* que protege a las ballenas que están en peligro de extinción.

Ramón: Uno puede escribirles a los políticos. (Risas.) ¡No!, en serio. Se puede recoger° firmas y escribirles a los políticos y pedirles que organicen programas para conservar los recursos naturales…

Ernesto: ¿Y si no te hacen caso? No, yo creo en ser directo, en movilizar a la gente y decirle: «No compren tal producto, porque las fábricas de esa compañía echan los desperdicios en el río, pudren° el agua y matan los peces. Hasta que dejen de hacerlo, no les damos ni un centavo». Hay que organizarse. En la unión está la fuerza, hermano.

Tomado de *Tú*, Estados Unidos

---

*advirtiendo…*warning, *recoger…*to gather, *pudren…contaminan* (rot)

E. Mira la conversación otra vez y copia las palabras o expresiones que ilustren o se asocian con lo siguiente.

1. la capa de ozono
2. la contaminación
3. los animales en peligro de extinción
4. los recursos naturales
5. las campañas de protesta
6. el estado de la tierra y el medio ambiente

F. Piensa en Miriam, Silvia, Ramón y Ernesto, y busca palabras que ayuden a describirlos, según sus opiniones. Da ejemplos de lo que dijeron los jóvenes para justificar tu selección de palabras. Recuerda cambiar el género de los adjetivos cuando sea necesario.

deprimente / directo(a) / trágico(a) / práctico(a) / activo(a) / serio(a) / responsable / pesimista / desconfiado(a) / alarmista / inteligente / curioso(a) / desagradable

G. Une las palabras de las dos listas, tomando en cuenta *(keeping in mind)* el contexto en que aparecen en la conversación o usando cognados u otras palabras que sepas de antes.

Palabras opuestas
1. dañar
2. informarse
3. conservar
4. ahogarse
5. matar

a. proteger
b. respirar
c. cuidar
ch. no hacer caso
d. destruir

Palabras asociadas
1. pudrir
2. basura
3. fuerza
4. hacer
5. firmas

a. control
b. desperdicios
c. nombres
ch. decaer
d. fabricar

H. Según los chicos, el futuro está en manos de la gente. Mira el texto otra vez y busca frases sobre el típico punto de vista de la gente.

■ **Por ejemplo:** La gente...*«no te hace caso»*

I. En la conversación hay descripciones de lo que está pasando ahora. Completa lo siguiente para ver qué le estamos haciendo a nuestro planeta.

1. Seguimos... . 2. Seguirá... . 3. Están... .

J. ¿Cuáles de las siguientes soluciones ofrecen los jóvenes? Cita las líneas donde aparecen las soluciones para dar ejemplos. Luego, di qué solución elegirías tú.

1. presentar una petición
2. apoyar organizaciones que...
3. hacer una manifestación
4. boicotear

Aplica...

K. Haz una lista de las ocho soluciones que ofrecen los chicos para el problema de la destrucción del medio ambiente. Agrega dos soluciones tuyas y escríbele una carta a la autoridad que mejor te parezca. Para la carta, sigue el modelo de la página 447.

L. Con otras dos personas, describen o inventan un nuevo uso para dos o tres de los siguientes objetos. Si quieren, pueden elegir otro objeto.

1. una llanta
2. una caja de huevos
3. una navaja de afeitar *(razor)*

4. un colgador de ropa *(hanger)*
5. un bolígrafo
6. unas fotocopias

Claro que es muy avanzada nuestra tecnología, pero siempre nos quedamos cortos. ¿Qué otros anticontaminantes inventarías tú para reducir la degradación ecológica?

⫼📖 Mi diccionario

▶ Para hablar

Ojalá hubiera más / menos...

ahorros / gastos.
amor / odio.
animales en peligro de extinción como...
  águilas y cóndores.
  delfines y ballenas.
  elefantes y rinocerontes.
  pájaros y peces.
  pumas y leones.
  tortugas y caimanes.
botaderos de basura con sus
  peligros de infección.

destrucción del paisaje, como...
  bosques y selvas.
  colinas.
  dunas y desiertos.
  océanos, bahías, costas.
  sierras y cordilleras.
  valles y mesetas.
justicia / delincuencia.
paz / guerra.
reciclaje de basura de cartón.
                plástico.
                vidrio.
riqueza / pobreza.
solidaridad / egoísmo.

▶ Para reconocer

el analfabetismo
las armas nucleares
la beca
la campaña de protesta
la desintegración de la familia
los desperdicios
la destrucción del ozono
las drogas
la matanza
la mortalidad infantil
la sobrepoblación
la vejez
la violencia

▶ Para hablar

Ojalá pudiéramos (dejar de)...

agotar los recursos naturales.
darnos cuenta que van a escasear el
  agua potable y el aire puro.
hacerles caso a los ecólogos.
             los climatólogos.
             usar combustibles fósiles.

Los expertos

el (la) ecólogo(a)
el (la) economista
el (la) gobernador (gobernadora)
el (la) político(a)
el (la) senador (senadora)

▶ Para hablar

Otras palabras y expresiones

la alfabetización
dañino(a)
la energía solar
      del viento
la escasez
financiero(a)
los fondos
la inversión
el medio ambiente
el peligro
el presupuesto

▶ Para reconocer

advertir (ie, i)
el caucho
el marfil
matar
recoger

‖◆ En cámara lenta

Esta sección te ayuda a repasar lo que aprendiste en los Capítulos 15 y 16.

¿Qué aprendimos?

En el **Octavo** y último **Tema** aprendiste lo siguiente.

✓ *decir que algo (no)existirá en el futuro*	*(no) habrá...*
✓ *decir qué pasará en el futuro*	*el futuro*
✓ *referirme a un punto en el futuro*	*cuando + subjuntivo*
✓ *decir por cuánto tiempo va a durar algo*	*hasta que + subjuntivo*
✓ *describir lo que está pasando*	*sigo / ando / paso / estoy + participio presente (el presente progresivo)*
✓ *expresar deseos para el futuro*	*ojalá + el imperfecto de subjuntivo*
✓ *describir posibles soluciones a ciertos problemas*	*el imperfecto de subjuntivo*
✓ *especular sobre lo que haría en ciertos casos*	*el condicional*
✓ *especular sobre lo que pasaría si se dieran ciertas condiciones*	*el condicional y el imperfecto de subjuntivo*
✓ *conectar frases y párrafos*	*las conjunciones (connectors)*

Here are some other things you practiced doing in this unit, which will be part of your language use from now on.

You learned to...	**by using...**
make hypothetical comparisons:	**como si** + *past subjunctive*
state opinions and convictions:	**según mi parecer...**
compare advantages and disadvantages:	**la ventaja / la desventaja**
compare time frames:	**antes, hace...(años), actualmente, hoy en día, en el futuro**
relate what someone said would happen:	**Dijo que (declaró que, etc....) iría (vendría, tendría, etc.)**
express restriction:	**No (sólo)...sino (que) (también)... .**
open a formal letter:	**Respetado(a) señor(a)...:**
close a formal letter:	**Se despide de Ud., su affmo(a)...**
express doubt / uncertainty / probability about future or present time:	*future tense for probability*

Estrategia

Just as important as remembering *what* you learned is remembering *how* you learned. This section of your textbook summarizes some of the strategies you used in practicing the language in this unit.

A. You used strategies for speaking and writing the language.

1. Combining. You combined your use of **como si** with a discussion of environmental issues. You also combined previous learning with new learning to make expanded statements. Use the following chart to make personal statements about yourself. Then, combine these statements in a paragraph of comparison and contrast using appropriate connecting words.

■ **Por ejemplo:** *Antes (hace…años)* **era**…*pero actualmente* **soy** *(todavía soy)*… .
En cambio, después de… **seré**… . *De hecho, si pudiera…* **sería**… .

	pasado	presente	futuro	condicional
estar				
tener				
divertirse				
poder				
haber				
querer				

2. Contrasting. You described situations, times, people, ideas, and so on in terms of differences and opposites. Choose ten of the following words and provide an opposite for each. Then, make a statement of contrast including both words, joined by a connecting word **(en cambio, sin embargo, aunque…).**

■ **Por ejemplo:** las afueras
　　　　　　　el centro
　　　　　　　En las afueras hay más árboles; en cambio, en el centro hay
　　　　　　　más cosas que hacer.

a. moderno
b. la ventaja
c. el gobierno municipal
ch. la justicia
d. las afueras
e. la contaminación
f. la deuda

g. la máquina
h. espacios cubiertos
i. privado
j. la seguridad
k. la riqueza
l. el amor
m. el presente

3. **Collaborating.** You worked with others to practice using the language and to collect information. For each of the following themes, devise *one* question to interview your classmate. Take notes and report to the class on what your classmate said **(dijo que...; opinó que...; respondió que...; según XX, afirmó que..., etc.)**.

■ **Por ejemplo:** el medio ambiente

Tú: *En cuanto al medio ambiente, ¿crees que habrá más contaminación o menos contaminación en el futuro?*

A la clase: *En cuanto al medio ambiente, mi compañero(a) opinó que habría menos contaminación en el futuro.*

Los temas son:

1. el medio ambiente   3. la tecnología   5. la salud
2. la delincuencia   4. el amor   6. la moda

4. **Organizing thoughts.** You have been using certain words to organize your thoughts in terms of time, contrast, consequence, addition, or illustration. With a partner, list the three most serious problems in your city or on your college campus, in your opinion. Give your list to another pair of students who will propose a one- or two-statement solution to each problem. Each statement will contain the following information:

a. Recognition or dispute of the problem:

ya que *(since)...,* **puesto que..., estamos seguros que..., es cierto que..., es una lástima que...**

or: **dudamos que..., no creemos que..., ojalá que...**

b. A word or phrase to connect the problem to a solution:

sin embargo..., por eso..., así es que...

c. A solution to the problem:

es necesario que..., es importante que..., es aconsejable que..., es mejor que...

■ **Por ejemplo:** *Es cierto que aquí no hay bastante estacionamiento para los estudiantes y por eso siempre llegamos tarde a clase.*

Ojalá que hubiera más estacionamiento para los estudiantes; sin embargo, las soluciones no son fáciles. Es necesario que los estudiantes compren bicicletas para que puedan llegar a tiempo.

5. **Reporting and summarizing.** You practiced reporting on what someone said.

a. Many verbs can be used to express not only what someone said, but also to describe the manner in which it was said. Make a list of as many words as you can remember that can be used instead of **dijo que...** .

■ **Por ejemplo:** *Declaró que... .*

b. Select verbs from your list and write a conversation between two of the following pairs of people.

- **él y ella, dos enamorados**
- **un político y una ciudadana**
- **un jefe y un empleado**
- **dos estudiantes sobre el medio ambiente**
- **otro tema**

■ **Por ejemplo:** *—¡Te amo tanto!—exclamó Juan.*

—Y yo a ti—agregó Juana. Pero quiero que te vayas.

—¿...?—preguntó Juan.

c. Give your conversation to another group of students. They will summarize what each person said, using words to connect the narration and enrich the description.

Por ejemplo: *Juan le declaró a Juana que la amaba y Juana agregó que ella lo quería a él también, pero dijo que quería que se fuera. Juan, confuso, le preguntó a ella... .*

B. You used some strategies for learning new words.

1. **Categorizing.** Categorizing and re-categorizing words often helps us remember them. For example, list as many items as you can in the following groups.
   a. lo reciclable:
      aluminio / papel / vidrio / telas / envases / plástico
   b. lo que se envasa en:
      cajas / botellas / latas / papel o cartón
   c. lo que se asocia con:
      los botaderos / la electricidad / las calles de la ciudad / las ciudades / partes de un edificio / la circulación o el tráfico / empleados municipales / las afueras / materiales para la construcción
   ch. lo que se asocia con:
      vista (visión), oído, olfato, gusto, tacto

2. **Associating.** Find one or more words from Chapters 15 and 16 that you associate with the following. Separate your lists into **verbos**, **sustantivos (nombres)**, and **adjetivos.**
   a. el gobierno
   b. el océano
   c. la selva o el bosque
   ch. los empleados
   d. la energía
   e. los recursos naturales
   f. la educación
   g. los recursos financieros

3. **Personalizing and imaging.** You applied what you learned to describe your likes and dislikes.
   a. Choose twenty words from the vocabulary in Chapters 15 and 16 and separate them into advantages and disadvantages of modern day life. Then, *in each column*, rank items from one to ten using **primero** *(greatest)* and **décimo** *(least).*
   b. Paint a word picture of one of the following to express your personal vision or associations.

   - **la contaminación de las aguas**
   - **la contaminación atmosférica**
   - **la guerra**
   - **mi ciudad actualmente**
   - **mi ciudad en el futuro**
   - **la paz**

C. You used some strategies to recognize and understand what you had not learned yet. You taught yourself by...

1. **Anticipating.** You used background knowledge and experience to anticipate. Where would the following conversations likely take place?
   a. **Sebastián:** —Mira, todo el mundo habla de reciclar, pero aquí en esta residencia, todo va a la basura, no cabe la menor duda. Yo no veo que la gente separe nada.
   Inesita: —Lo que pasa es que no hay recipientes para separar la basura. Si los tuviéramos, entonces sería más fácil, ¿no?

b.   **Belén:** —Me fue estupendo en la reunión con el secretario del gobernador de la provincia. Ya tenemos la campaña contra el uso de líquidos tóxicos totalmente organizada. Sólo me falta hablar con los dirigentes regionales.

Rosa María: —Ay, ¡qué susto! El gobierno regional está tan politizado. Ojalá que consigas algo con ellos.

2. **Relying on context clues.** In the above exchanges, use context clues to guess what the following might be.

no cabe la menor duda   **me fue estupendo**
provincia   **politizado**

3. **Identifying words that look like English words you know.** Go through Chapters 15 and 16 and identify at least ten words that are cognates.

4. **Identifying words that look like Spanish words you know.**
   a. See if you can provide the noun form of the following:
      reducir / inventar / preparar / destruir / respirar / conservar / proteger / manifestar / extinguir / matar / invertir
   b. See if you can provide the verb form of the following:
      la pesca / la venta / la quema / la escasez / la matanza / el aumento / la destrucción
   c. See if you can provide a noun form of the following:
      pobre / rico / gobernar / justo / pacífico / escaso

¿Y tú? Haz una lista de diez cosas que tú puedes poner para el futuro: *ilusión,…*

Para escribir con soltura:
Las últimas noticias

This section will guide you to analyze problems, summarize points of view, and, in the editing phase, focus on the accuracy of reported conversation.

A. Imagining. Think of a current, highly discussed problem on your campus. Choose from those below or think of your own.

espacios públicos y cinturones verdes   estacionamiento
construcción de un complejo deportivo   delincuencia
rampas / ascensores para minusválidos   residencias inadecuadas

B. Quoting. For the issue you have chosen, give two opposing sides. For example, it may be **alumnos vs. autoridades de la universidad, naturalistas vs. el (la) vocero(a) de la universidad / ciudad, derechistas vs. izquierdistas, feministas vs. machistas, los que viven en el campus vs. los que no viven en el campus, los de las hermandades** *(fraternidades)* **vs. los que no están en hermandades.** For each side, list at least five quotes that would be likely to come from the group (include commands).

■ **Por ejemplo:**

Los alumnos que viven aquí dijeron:	El (La) vocero(a) de la universidad dijo:
«Construyan residencias más… ».	«No es posible construir más… ».
«Reparen el techo / los baños de… ».	«Esperen tres años más… ».
«No corten los árboles de… ».	«Cuando decidan qué hacer con… ».
«Queremos residencias que… ».	«No hay nada que se pueda hacer… ».

C. Reporting. Write an article for the campus newspaper describing the problem and summarizing both sides of the argument by relating what was said by each group. Notice how this is done in English and Spanish.

*"We **will** build more dorms," they said.* →	*They said they **would** build more dorms.*
«Construyan…», exigieron… . →	Los alumnos que viven en el campus exigieron que la universidad construyera…
«No *es* posible», respondió… →	pero la voz oficial dijo que no era posible construir…y les pidieron a los alumnos que…
«Esperen tres años más». →	esperaran tres años más…

Ch. Editing. Now you have a report relating what was said by both groups. In the editing phase, check your accuracy in transforming direct quotes into reported speech from the past. Go through what you have written and underline all reporting expressions beginning with **«dijo que / declaró que / insistió que»** and the like. Then, check all phrases following these expressions according to the following formula.

If original quote contains...

- simple present tense
  (**pienso, construye,** etc.)
  voy, vas, va... + **a** + *infinitive*
- simple past tense
  (**planeaba, habló,** etc.)
- a command (**escuche, decida,** etc.)
- present subjunctive
  (**que esperen, vengan,** etc.)

Reported speech changes to...

→ imperfect tense (**pensaba, construía,** etc.)
  iba, ibas, iba... + **a** + *infinitive*
→ conditional (**planearía, hablaría,** etc.)
→ past subjunctive (**escuchara, decidiera,** etc.)
→ past subjunctive (**que esperaran, vinieran,** etc.)

MAPAS

El Mundo y Los Países de Habla Es

Groenlandia

Islandia

Alaska (EEUU)

Canadá

NORTEAMÉRICA

Irlanda

EUR

Portugal Esp

Estados Unidos

OCÉANO ATLÁNTICO

Marruecos

Islas Canarias

TRÓPICO DE CÁNCER

Sahara
Occidental

Hawai (EEUU)

México

Bahamas

Cuba

República
Dominicana

Puerto Rico

Mauritania

Ma

Belice

Jamaica Haití

San Cristóbal y Nevis

Senegal

Gambia

Burk

OCÉANO PACÍFICO

Guatemala

Honduras

Dominíca

Guinea-Bissau

Guinea

Fas

El Salvador

Costa

Barbados

Sierra Leona

Costa

Nicaragua

Rica

San Vicente y las Granadinas

Liberia

de G

CENTROAMÉRICA

Trinidad y Tobago

Marfil

ECUADOR

Panamá

Venezuela

Suriname

Ec

Colombia

Guyana

Guayana
Francesa

Islas Galápagos (Ec.)

Ecuador

Kiritoati?

SUDAMÉRICA

Perú

Brasil

Samoa Occidental

Bolivia

Tonga

TRÓPICO DE CAPRICORNIO

Paraguay

Isla de Pascua (Chile)

Chile

Argentina

Uruguay

Islas Malvinas

Los países de
habla española

Yugoslavia: Croacia, Serbia, Bosnia, Eslovenia, Macedonia, Montenegro

ola

andia
stonia
atvia
ania
elorrusia
a Ucrania
Moldavia
mania
garia Mar
Negro Georgia
Turquía Armenia
Siria
El Líbano
Israel Irak
Jordania
Egipto
Arabia
Saudita
Sudán Yemen
Jibuti
ica Etiopía
icana
re Uganda
uanda Kenia
urundi
Tanzanía
ambia
Malawi
Zimbabwe
ana
Mozambique
Suazilandia
ica Lesotho
ur

Rusia

A S I A

Kazakstán

Mongolia

Uzbekistán Kirgistán

Turkmenistán

Azerbaiján

Irán Afganistán

Paquistán

Nepal Bután

India Bangladesh

Birmania Laos

Tailandia Vietnam

Cambodia

Sri Lanka

Maldivas

Seychelles

OCÉANO ÍNDICO

Comores

Madagascar

Mauricio

Mar
Caspio

Kuwait
Bahrain Katar
Emiratos
Árabes
Unidos Omán

Somalia

China

Corea del
Norte
Corea del
Sur Japón

Taiwán

Filipinas

Brunei
Malasia

Singapur Indonesia

Namu

OCÉANO PACÍFICO

ECUADOR

Papua Nueva Guinea

Islas Salomón

Vanuatu Fiji

AUSTRALIA

Nueva
Zelanda

GUATEMALA — HONDURAS

MAR CARIBE

EL SALVADOR

NICARAGUA

COSTA RICA

PANAMÁ

Barranquilla
Cartagena

Valencia   Cumaná

Caracas

Lago de
Maracaibo

Medellín

Río Orinoco

VENEZUELA

GUYANA

SURINAME

GUAYANA FRANCESA

OCÉANO ATLÁNTICO

Manizales

Cali

★ **Bogotá**

COLOMBIA

ECUADOR

Quito ★

ECUADOR

Guayaquil

Iquitos

Río Amazonas

Piura

Trujillo

PERÚ

ANDES

Lima

Callao

Machu Picchu

Cuzco

Ayacucho

Lago Titicaca

BOLIVIA

B R A S I L

Santa Cruz

La Paz ★

Arica

Sucre

Potosí

Brasilia ★

Antofagasta

CHILE

PARAGUAY

Río Paraná

Río de Janeiro

Asunción ★

OCÉANO ATLÁNTICO

San Miguel de Tucumán

Iguazú

La Serena

Córdoba

Río Uruguay

URUGUAY

OCÉANO PACÍFICO

Rosario

Viña del Mar

Valparaíso

Santiago ★

Concepción

ARGENTINA

Buenos Aires ★

Montevideo ★

Mar del Plata

Valdivia

Bahía Blanca

Pto. Montt

PATAGONIA

Pto. Aisén

ISLAS MALVINAS (G.B.)

NIGERIA

ÁFRICA

CAMERÚN

GUINEA ECUATORIAL

AMÉRICA DEL SUR

Punta Arenas

Estrecho de Magallanes

Ushuaia

ECUADOR

GABÓN

TIERRA DEL FUEGO

ÁFRICA

0   1000 km

0   600 miles

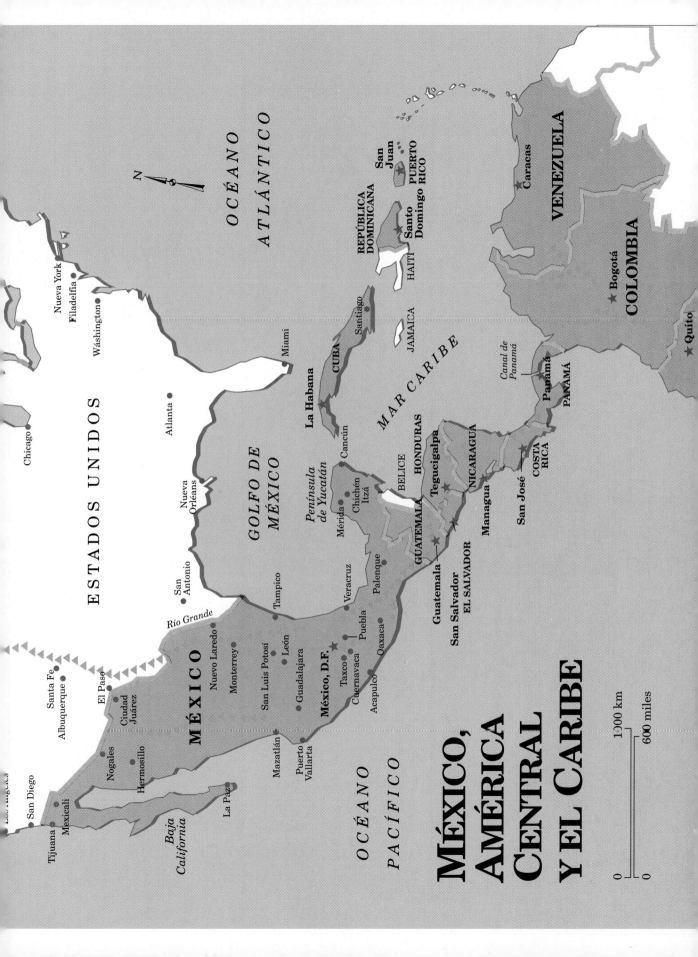

MÉXICO, AMÉRICA CENTRAL Y EL CARIBE

0 ⊢———⊣ 1000 km
0 ⊢———⊣ 600 miles

OCÉANO PACÍFICO

OCÉANO ATLÁNTICO

GOLFO DE MÉXICO

MAR CARIBE

N

ESTADOS UNIDOS

Chicago

San Diego
Los Ángeles
Tijuana
Mexicali
Santa Fe
Albuquerque
El Paso
Ciudad Juárez
Nogales
Hermosillo
La Paz

Baja California

MÉXICO

Nueva York
Filadelfia
Wáshington

Atlanta

Miami

San Antonio
Nueva Orleáns
Río Grande
Nuevo Laredo
Monterrey
San Luis Potosí
León
Guadalajara
Mazatlán
Puerto Vallarta
Tampico
México, D.F.
Taxco
Cuernavaca
Acapulco
Oaxaca
Puebla
Veracruz
Palenque
Mérida
Chichén Itzá
Cancún

Península de Yucatán

CUBA
La Habana
Santiago

JAMAICA

REPÚBLICA DOMINICANA
HAITÍ
San Juan
PUERTO RICO
Santo Domingo

VENEZUELA
Caracas

COLOMBIA
Bogotá
Quito

BELICE
Guatemala
GUATEMALA
San Salvador
EL SALVADOR
HONDURAS
Tegucigalpa
NICARAGUA
Managua
COSTA RICA
San José
PANAMÁ
Panamá
Canal de Panamá

ESPAÑA

FRANCIA

ANDORRA

OCÉANO ATLÁNTICO

MAR CANTÁBRICO

PIRINEOS

EUSKADI (País vasco)

GALICIA

Santiago

ASTURIAS

Santander
CANTABRIA

Bilbao

Pamplona

NAVARRA

CASTILLA Y LEÓN

Valladolid

LA RIOJA

Río Ebro

Zaragoza

ARAGÓN

CATALUÑA
Cataluña

Gerona

Barcelona

Costa Brava

Salamanca

Segovia

MADRID

Madrid

Río Tajo

Toledo

VALENCIA

Valencia

MAR MEDITERRÁNEO

EXTREMADURA

CASTILLA-LA MANCHA

Ciudad Real

MURCIA

Alicante

Murcia

PORTUGAL

Río Guadalquivir

Córdoba

ANDALUCÍA

Granada

Sevilla

Málaga

Costa del Sol

Cádiz

Gibraltar (G.B.)

Ceuta (Esp.)

Melilla (Esp.)

Estrecho de Gibraltar

MARRUECOS

MENORCA

MALLORCA

ISLAS BALEARES

IBIZA

ISLAS CANARIAS

TENERIFE

GRAN CANARIA

0   100 km.

0   100 m.

0   150 km.

0

Appendix A Regular Verbs

Simple Tenses

Infinitive	Present Indicative	Imperfect	Preterite	Future	Conditional	Present Subjunctive	Past Subjunctive	Commands
hablar *to speak*	hablo	hablaba	hablé	hablaré	hablaría	hable	hablara	
	hablas	hablabas	hablaste	hablarás	hablarías	hables	hablaras	habla (no hables)
	habla	hablaba	habló	hablará	hablaría	hable	hablara	hable
	hablamos	hablábamos	hablamos	hablaremos	hablaríamos	hablemos	habláramos	hablad (no habléis)
	habláis	hablabais	hablasteis	hablaréis	hablaríais	habléis	hablarais	
	hablan	hablaban	hablaron	hablarán	hablarían	hablen	hablaran	hablen
aprender *to learn*	aprendo	aprendía	aprendí	aprenderé	aprendería	aprenda	aprendiera	
	aprendes	aprendías	aprendiste	aprenderás	aprenderías	aprendas	aprendieras	aprende (no aprendas)
	aprende	aprendía	aprendió	aprenderá	aprendería	aprenda	aprendiera	aprenda
	aprendemos	aprendíamos	aprendimos	aprenderemos	aprenderíamos	aprendamos	aprendiéramos	aprended (no aprendáis)
	aprendéis	aprendíais	aprendisteis	aprenderéis	aprenderíais	aprendáis	aprendierais	
	aprenden	aprendían	aprendieron	aprenderán	aprenderían	aprendan	aprendieran	aprendan
vivir *to live*	vivo	vivía	viví	viviré	viviría	viva	viviera	
	vives	vivías	viviste	vivirás	vivirías	vivas	vivieras	vive (no vivas)
	vive	vivía	vivió	vivirá	viviría	viva	viviera	viva
	vivimos	vivíamos	vivimos	viviremos	viviríamos	vivamos	viviéramos	vivid (no viváis)
	vivís	vivíais	vivisteis	viviréis	viviríais	viváis	vivierais	
	viven	vivían	vivieron	vivirán	vivirían	vivan	vivieran	vivan

Compound tenses

Present progressive	estoy / estás / está	estamos / estáis / están	hablando	aprendiendo	viviendo
Present perfect indicative	he / has / ha	hemos / habéis / han	hablado	aprendido	vivido
Present perfect subjunctive	haya / hayas / haya	hayamos / hayáis / hayan	hablado	aprendido	vivido
Past perfect indicative	había / habías / había	habíamos / habíais / habían	hablado	aprendido	vivido

Appendix B Stem-changing Verbs

Infinitive Present Participle Past Participle	Present Indicative	Imperfect	Preterite	Future	Conditional	Present Subjunctive	Past Subjunctive	Commands
pensar *to think* e → ie pensando pensado	**pienso** **piensas** **piensa** pensamos pensáis **piensan**	pensaba pensabas pensaba pensábamos pensabais pensaban	pensé pensaste pensó pensamos pensasteis pensaron	pensaré pensarás pensará pensaremos pensaréis pensarán	pensaría pensarías pensaría pensaríamos pensaríais pensarían	**piense** **pienses** **piense** pensemos penséis **piensen**	pensara pensaras pensara pensáramos pensarais pensaran	**piensa** no **pienses** **piense** pensad (**no penséis**) **piensen**
acostarse *to go to bed* o → ue acostándose acostado	me **acuesto** te **acuestas** se **acuesta** nos acostamos os acostáis se **acuestan**	me acostaba te acostabas se acostaba nos acostábamos os acostabais se acostaban	me acosté te acostaste se acostó nos acostamos os acostasteis se acostaron	me acostaré te acostarás se acostará nos acostaremos os acostaréis se acostarán	me acostaría te acostarías se acostaría nos acostaríamos os acostaríais se acostarían	me **acueste** te **acuestes** se **acueste** nos acostemos os acostéis se **acuesten**	me acostara te acostaras se acostara nos acostáramos os acostarais se acostaran	**acuéstate** no te **acuestes** **acuéstese** acostaos (**no os acostéis**) **acuéstense**
sentir *to be sorry* e → ie, i **sintiendo** sentido	**siento** **sientes** **siente** sentimos sentís **sienten**	sentía sentías sentía sentíamos sentíais sentían	sentí sentiste **sintió** sentimos sentisteis **sintieron**	sentiré sentirás sentirá sentiremos sentiréis sentirán	sentiría sentirías sentiría sentiríamos sentiríais sentirían	**sienta** **sientas** **sienta** **sintamos** **sintáis** **sientan**	**sintiera** **sintieras** **sintiera** **sintiéramos** **sintierais** **sintieran**	**siente** **no sientas** **sienta** sentid (**no sintáis**) **sientan**
pedir *to ask for* e → i, i **pidiendo** pedido	**pido** **pides** **pide** pedimos pedís **piden**	pedía pedías pedía pedíamos pedíais pedían	pedí pediste **pidió** pedimos pedisteis **pidieron**	pediré pedirás pedirá pediremos pediréis pedirán	pediría pedirías pediría pediríamos pediríais pedirían	**pida** **pidas** **pida** **pidamos** **pidáis** **pidan**	**pidiera** **pidieras** **pidiera** **pidiéramos** **pidierais** **pidieran**	**pide** **no pidas** **pida** pedid (**no pidáis**) **pidan**
dormir *to sleep* o → ue, u **durmiendo** dormido	**duermo** **duermes** **duerme** dormimos dormís **duermen**	dormía dormías dormía dormíamos dormíais dormían	dormí dormiste **durmió** dormimos dormisteis **durmieron**	dormiré dormirás dormirá dormiremos dormiréis dormirán	dormiría dormirías dormiría dormiríamos dormiríais dormirían	**duerma** **duermas** **duerma** **durmamos** **durmáis** **duerman**	**durmiera** **durmieras** **durmiera** **durmiéramos** **durmierais** **durmieran**	**duerme** **no duermas** **duerma** dormid (**no durmáis**) **duerman**

Appendix C Change of Spelling Verbs

comenzar (e → ie) *to begin*; **z → c before e**; comenzando, comenzado

Present Indicative	Imperfect	Preterite	Future	Conditional	Present Subjunctive	Past Subjunctive	Commands
comienzo	comenzaba	**comencé**	comenzaré	comenzaría	**comience**	comenzara	
comienzas	comenzabas	comenzaste	comenzarás	comenzarías	**comiences**	comenzaras	**comienza (no comiences)**
comienza	comenzaba	comenzó	comenzará	comenzaría	**comience**	comenzara	**comience**
comenzamos	comenzábamos	comenzamos	comenzaremos	comenzaríamos	**comencemos**	comenzáramos	
comenzáis	comenzabais	comenzasteis	comenzaréis	comenzaríais	**comencéis**	comenzarais	comenzad (**no comencéis**)
comienzan	comenzaban	comenzaron	comenzarán	comenzarían	**comiencen**	comenzaran	**comiencen**

conocer *to know*; **c → zc before a, o**; conociendo, conocido

Present Indicative	Imperfect	Preterite	Future	Conditional	Present Subjunctive	Past Subjunctive	Commands
conozco	conocía	conocí	conoceré	conocería	**conozca**	conociera	
conoces	conocías	conociste	conocerás	conocerías	**conozcas**	conocieras	conoce (**no conozcas**)
conoce	conocía	conoció	conocerá	conocería	**conozca**	conociera	**conozca**
conocemos	conocíamos	conocimos	conoceremos	conoceríamos	**conozcamos**	conociéramos	
conocéis	conocíais	conocisteis	conoceréis	conoceríais	**conozcáis**	conocierais	conoced (**no conozcáis**)
conocen	conocían	conocieron	conocerán	conocerían	**conozcan**	conocieran	**conozcan**

construir *to build*; **i → y; y inserted before a, e, o**; construyendo, construido

Present Indicative	Imperfect	Preterite	Future	Conditional	Present Subjunctive	Past Subjunctive	Commands
construyo	construía	construí	construí	construiré	construiría	**contruya**	contruyera	
construyes	construías	construiste	construirás	construirías	**contruyas**	**contruyeras**	**construye (no construyas)**
construye	construía	**contruyó**	construirá	construiría	**contruya**	**contruyera**	**construya**
construimos	construíamos	construimos	construiremos	construiríamos	**contruyamos**	**contruyéramos**	
construís	construíais	construisteis	construiréis	construiríais	**contruyáis**	**contruyerais**	construid (**no contruyáis**)
construyen	construían	**construyeron**	construirán	construirían	**contruyan**	**contruyeran**	**construyan**

leer *to read*; **i → y; stressed i → í**; **leyendo, leído**

Present Indicative	Imperfect	Preterite	Future	Conditional	Present Subjunctive	Past Subjunctive	Commands
leo	leía	leí	leeré	leería	lea	**leyera**	
lees	leías	leíste	leerás	leerías	leas	**leyeras**	lee (no leas)
lee	leía	**leyó**	leerá	leería	lea	**leyera**	lea
leemos	leíamos	leímos	leeremos	leeríamos	leamos	**leyéramos**	
leéis	leíais	leísteis	leeréis	leeríais	leáis	**leyerais**	leed (no leáis)
leen	leían	**leyeron**	leerán	leerían	lean	**leyeran**	lean

Appendix C Change of Spelling Verbs *(continued)*

Infinitive Present Participle Past Participle	Present Indicative	Imperfect	Preterite	Future	Conditional	Present Subjunctive	Past Subjunctive	Commands
pagar *to pay* **g → gu** **before e** pagando pagado	pago pagas paga pagamos pagáis pagan	pagaba pagabas pagaba pagábamos pagabais pagaban	**pagué** pagaste pagó pagamos pagasteis pagaron	pagaré pagarás pagará pagaremos pagaréis pagarán	pagaría pagarías pagaría pagaríamos pagaríais pagarían	**pague** **pagues** **pague** **paguemos** **paguéis** **paguen**	pagara pagaras pagara pagáramos pagarais pagaran	paga (**no pagues**) **pague** pagad (**no paguéis**) **paguen**
seguir **(e → i, i)** *to follow* **gu → g** **before a, o** siguiendo seguido	**sigo** sigues sigue seguimos seguís siguen	seguía seguías seguía seguíamos seguíais seguían	seguí seguiste siguió seguimos seguisteis siguieron	seguiré seguirás seguirá seguiremos seguiréis seguirán	seguiría seguirías seguiría seguiríamos seguiríais seguirían	**siga** **sigas** **siga** **sigamos** **sigáis** **sigan**	siguiera siguieras siguiera siguiéramos siguierais siguieran	sigue (**no sigas**) **siga** seguid (**no sigáis**) **sigan**
tocar *to play, touch* **c → qu** **before e** tocando tocado	toco tocas toca tocamos tocáis tocan	tocaba tocabas tocaba tocábamos tocabais tocaban	**toqué** tocaste tocó tocamos tocasteis tocaron	tacaré tocarás tocará tocaremos tocaréis tocarán	tocaría tocarías tocaría tocaríamos tocaríais tocarían	**toqué** **toques** **toque** **toquemos** **toquéis** **toquen**	tocara tocaras tocara tocáramos tocarais tocaran	toca (**no toques**) **toque** tocad (**no toquéis**) **toquen**

Appendix CH Irregular Verbs

Infinitive / Present Participle / Past Participle	Present Indicative	Imperfect	Preterite	Future	Conditional	Present Subjunctive	Past Subjunctive	Commands
andar *to walk* **andando** andado	ando andas anda andamos andáis andan	andaba andabas andaba andábamos andabais andaban	**anduve** **anduviste** **anduvo** **anduvimos** **anduvisteis** **anduvieron**	andaré andarás andará andaremos andaréis andarán	andaría andarías andaría andaríamos andaríais andarían	ande andes ande andemos andéis anden	**anduviera** **anduvieras** **anduviera** **anduviéramos** **anduvierais** **anduvieran**	anda (no andes) ande andad (no andéis) anden
*caer *to fall* **cayendo** caído	**caigo** caes cae caemos caéis caen	caía caías caía caíamos caíais caían	caí **caíste** **cayó** **caímos** **caísteis** **cayeron**	caeré caerás caerá caeremos caeréis caerán	caería caerías caería caeríamos caeríais caerían	**caiga** **caigas** **caiga** **caigamos** **caigáis** **caigan**	**cayera** **cayeras** **cayera** **cayéramos** **cayerais** **cayeran**	cae (no caigas) **caiga** caed (**no caigáis**) **caigan**
*dar *to give* dando dado	**doy** das da damos dais **dan**	daba dabas daba dábamos dabais daban	**di** **diste** **dio** **dimos** **disteis** **dieron**	daré darás dará daremos daréis darán	daría darías daría daríamos daríais darían	**dé** **des** **dé** **demos** **deis** **den**	**diera** **dieras** **diera** **diéramos** **dierais** **dieran**	da (no des) **dé** dad (**no deis**) den
*decir *to say, tell* **diciendo** **dicho**	**digo** **dices** **dice** decimos decís **dicen**	decía decías decía decíamos decíais decían	**dije** **dijiste** **dijo** **dijimos** **dijisteis** **dijeron**	**diré** **dirás** **dirá** **diremos** **diréis** **dirán**	**diría** **dirías** **diría** **diríamos** **diríais** **dirían**	**diga** **digas** **diga** **digamos** **digáis** **digan**	**dijera** **dijeras** **dijera** **dijéramos** **dijerais** **dijeran**	**di (no digas)** **diga** decid (**no digáis**) **digan**
*estar *to be* estando estado	**estoy** **estás** **está** estamos estáis **están**	estaba estabas estaba estábamos estabais estaban	**estuve** **estuviste** **estuvo** **estuvimos** **estuvisteis** **estuvieron**	estaré estarás estará estaremos estaréis estarán	estaría estarías estaría estaríamos estaríais estarían	**esté** **estés** **esté** **estemos** **estéis** **estén**	**estuviera** **estuvieras** **estuviera** **estuviéramos** **estuvierais** **estuvieran**	**está (no estés)** **esté** estad (**no estéis**) **estén**

Appendix CH Irregular Verbs *(continued)*

*Verbs with irregular **yo** forms in the present indicative

Infinitive Present Participle Past Participle	Present Indicative	Imperfect	Preterite	Future	Conditional	Present Subjunctive	Past Subjunctive	Commands
haber	**he**	había	**hube**	**habré**	**habría**	**haya**	**hubiera**	
to have	**has**	habías	**hubiste**	**habrás**	**habrías**	**hayas**	**hubieras**	
habiendo	**ha [hay]**	había	**hubo**	**habrá**	**habría**	**haya**	**hubiera**	
habido	**hemos**	habíamos	**hubimos**	**habremos**	**habríamos**	**hayamos**	**hubiéramos**	
	habéis	habíais	**hubisteis**	**habréis**	**habríais**	**hayáis**	**hubierais**	
	han	habían	**hubieron**	**habrán**	**habrían**	**hayan**	**hubieran**	
*hacer	**hago**	hacía	**hice**	**haré**	**haría**	**haga**	**hiciera**	**haz (no hagas)**
to make, do	haces	hacías	**hiciste**	**harás**	**harías**	**hagas**	**hicieras**	**haga**
haciendo	hace	hacía	**hizo**	**hará**	**haría**	**haga**	**hiciera**	haced **(no hagáis)**
hecho	hacemos	hacíamos	**hicimos**	**haremos**	**haríamos**	**hagamos**	**hiciéramos**	**hagan**
	hacéis	hacíais	**hicisteis**	**haréis**	**haríais**	**hagáis**	**hicierais**	
	hacen	hacían	**hicieron**	**harán**	**harían**	**hagan**	**hicieran**	
ir	**voy**	**iba**	**fui**	iré	iría	**vaya**	**fuera**	**ve (no vayas)**
to go	**vas**	**ibas**	**fuiste**	irás	irías	**vayas**	**fueras**	**vaya**
yendo	**va**	**iba**	**fue**	irá	iría	**vaya**	**fuera**	id **(no vayáis)**
ido	**vamos**	**íbamos**	**fuimos**	iremos	iríamos	**vayamos**	**fuéramos**	**vayan**
	vais	**ibais**	**fuisteis**	iréis	iríais	**vayáis**	**fuerais**	
	van	**iban**	**fueron**	irán	irían	**vayan**	**fueran**	
*oír	**oigo**	oía	oí	oiré	oiría	**oiga**	**oyera**	**oye (no oigas)**
to hear	**oyes**	oías	**oíste**	oirás	oirías	**oigas**	**oyeras**	**oiga**
oyendo	**oye**	oía	**oyó**	oirá	oiría	**oiga**	**oyera**	oíd **(no oigáis)**
oído	**oímos**	oíamos	**oímos**	oiremos	oiríamos	**oigamos**	**oyéramos**	**oigan**
	oís	oíais	**oísteis**	oiréis	oiríais	**oigáis**	**oyerais**	
	oyen	oían	**oyeron**	oirán	oirían	**oigan**	**oyeran**	
poder (o → ue)	**puedo**	podía	**pude**	**podré**	**podría**	**pueda**	**pudiera**	
can, to be able	**puedes**	podías	**pudiste**	**podrás**	**podrías**	**puedas**	**pudieras**	
pudiendo	**puede**	podía	**pudo**	**podrá**	**podría**	**pueda**	**pudiera**	
podido	podemos	podíamos	**pudimos**	**podremos**	**podríamos**	podamos	**pudiéramos**	
	podéis	podíais	**pudisteis**	**podréis**	**podríais**	podáis	**pudierais**	
	pueden	podían	**pudieron**	**podrán**	**podrían**	**puedan**	**pudieran**	

Appendix CH Irregular Verbs (continued)

*Verbs with irregular **yo** forms in the present indicative

Infinitive / Present Participle / Past Participle	Present Indicative	Imperfect	Preterite	Future	Conditional	Present Subjunctive	Past Subjunctive	Commands
*poner *to place, put* poniendo **puesto**	**pongo** pones pone ponemos ponéis ponen	ponía ponías ponía poníamos poníais ponían	**puse** **pusiste** **puso** **pusimos** **pusisteis** **pusieron**	**pondré** **pondrás** **pondrá** **pondremos** **pondréis** **pondrán**	**pondría** **pondrías** **pondría** **pondríamos** **pondríais** **pondrían**	**ponga** **pongas** **ponga** **pongamos** **pongáis** **pongan**	**pusiera** **pusieras** **pusiera** **pusiéramos** **pusierais** **pusieran**	**pon (no pongas)** **ponga** poned (**no pongáis**) **pongan**
querer (e → ie) *to want, wish* queriendo querido	**quiero** **quieres** **quiere** queremos queréis **quieren**	quería querías quería queríamos queríais querían	**quise** **quisiste** **quiso** **quisimos** **quisisteis** **quisieron**	**querré** **querrás** **querrá** **querremos** **querréis** **querrán**	**querría** **querrías** **querría** **querríamos** **querríais** **querrían**	**quiera** **quieras** **quiera** queramos queráis **quieran**	**quisiera** **quisieras** **quisiera** **quisiéramos** **quisierais** **quisieran**	**quiere (no quieras)** **quiera** quered (no queráis) **quieran**
reír *to laugh* **riendo** **reído**	**río** **ríes** **ríe** **reímos** reís **ríen**	reía reías reía reíamos reíais reían	reí **reíste** **rió** **reímos** **reísteis** **rieron**	reiré reirás reirá reiremos reiréis reirán	reiría reirías reiría reiríamos reiríais reirían	**ría** **rías** **ría** **riamos** **riáis** **rían**	**riera** **rieras** **riera** **riéramos** **rierais** **rieran**	**ríe (no rías)** **ría** **reíd (no riáis)** **rían**
*saber *to know* sabiendo sabido	**sé** sabes sabe sabemos sabéis saben	sabía sabías sabía sabíamos sabíais sabían	**supe** **supiste** **supo** **supimos** **supisteis** **supieron**	**sabré** **sabrás** **sabrá** **sabremos** **sabréis** **sabrán**	**sabría** **sabrías** **sabría** **sabríamos** **sabríais** **sabrían**	**sepa** **sepas** **sepa** **sepamos** **sepáis** **sepan**	**supiera** **supieras** **supiera** **supiéramos** **supierais** **supieran**	sabe (**no sepas**) **sepa** sabed (**no sepáis**) **sepan**
*salir *to go out* saliendo salido	**salgo** sales sale salimos salís salen	salía salías salía salíamos salíais salían	salí saliste salió salimos salisteis salieron	**saldré** **saldrás** **saldrá** **saldremos** **saldréis** **saldrán**	**saldría** **saldrías** **saldría** **saldríamos** **saldríais** **saldrían**	**salga** **salgas** **salga** **salgamos** **salgáis** **salgan**	saliera salieras saliera saliéramos salierais salieran	**sal (no salgas)** **salga** salid (**no salgáis**) **salgan**

*Verbs with irregular **yo** forms in the present indicative

Infinitive Present Participle Past Participle	Present Indicative	Imperfect	Preterite	Future	Conditional	Present Subjunctive	Past Subjunctive	Commands
ser *to be* siendo sido	**soy** eres **es** **somos** **sois** **son**	**era** **eras** **era** **éramos** **erais** **eran**	**fui** **fuiste** **fue** **fuimos** **fuisteis** **fueron**	seré serás será seremos seréis serán	sería serías sería seríamos seríais serían	**sea** **seas** **sea** **seamos** **seáis** **sean**	**fuera** **fueras** **fuera** **fuéramos** **fuerais** **fueran**	**sé (no seas)** **sea** **sed (no seáis)** **sean**
*tener *to have* teniendo tenido	**tengo** **tienes** **tiene** tenemos tenéis **tienen**	tenía tenías tenía teníamos teníais tenían	**tuve** **tuviste** **tuvo** **tuvimos** **tuvisteis** **tuvieron**	**tendré** **tendrás** **tendrá** **tendremos** **tendréis** **tendrán**	**tendría** **tendrías** **tendría** **tendríamos** **tendríais** **tendrían**	**tenga** **tengas** **tenga** **tengamos** **tengáis** **tengan**	**tuviera** **tuvieras** **tuviera** **tuviéramos** **tuvierais** **tuvieran**	**ten (no tengas)** **tenga** tened (no tengáis) **tengan**
traer *to bring* **trayendo** **traído**	**traigo** traes trae traemos traéis traen	traía traías traía traíamos traíais traían	**traje** **trajiste** **trajo** **trajimos** **trajisteis** **trajeron**	traeré traerás traerá traeremos traeréis traerán	traería traerías traería traeríamos traeríais traerían	**traiga** **traigas** **traiga** **traigamos** **traigáis** **traigan**	**trajera** **trajeras** **trajera** **trajéramos** **trajerais** **trajeran**	trae **(no traigas)** **traiga** traed (no traigáis) **traigan**
*venir *to come* **viniendo** venido	**vengo** **vienes** **viene** venimos venís **vienen**	venía venías venía veníamos veníais venían	**vine** **viniste** **vino** **vinimos** **vinisteis** **vinieron**	**vendré** **vendrás** **vendrá** **vendremos** **vendréis** **vendrán**	**vendría** **vendrías** **vendría** **vendríamos** **vendríais** **vendrían**	**venga** **vengas** **venga** **vengamos** **vengáis** **vengan**	**viniera** **vinieras** **viniera** **viniéramos** **vinierais** **vinieran**	**ven (no vengas)** **venga** venid (no vengáis) **vengan**
ver *to see* viendo **visto**	**veo** ves ve vemos veis ven	**veía** **veías** **veía** **veíamos** **veíais** **veían**	**vi** **viste** **vio** **vimos** **visteis** **vieron**	veré verás verá veremos veréis verán	vería verías vería veríamos veríais verían	**vea** **veas** **vea** **veamos** **veáis** **vean**	viera vieras viera viéramos vierais vieran	**ve (no veas)** **vea** ved (no veáis) **vean**

Apéndice D Ideas prácticas para escribir

You may have noticed the following about the conventions of writing Spanish:

- **Two** question marks (one inverted) frame each questions: ¿... ?

- **Two** exclamation points (one inverted) frame each exclamation: ¡... !

- Certain words are *not* capitalized in Spanish:
  Words in a title or heading (except for the first word)
  words of nationality **(mexicano, europea, asiático)**
  names of days, months, seasons **(jueves, abril, otoño)**

- There are no double consonants where English uses them: **profesor** *(professor)*, **inteligente** *(intelligent)*, **apropiado** *(appropriate)*, **ncccsario** *(necessary)*, **inmcdiatamcntc** *(immediately)*, **accnto** *(accent)*, **aceptar** *(to accept)*.
  Some words will have **cc (lección, acción, diccionario),** but only when two sounds of the letter **c** are called for (*k* sound and *s* sound together).

- The **rr** and **ll** you see in some words are actually *letters* of the Spanish alphabet and have different sounds than the single **r** and **l.**

- The Spanish alphabet has another two additional letters: **ch** and **ñ.**

- The letter **q** never adds a *u* sound to a word as in English. It represents the sound *k* only.

- The letters **k** and **w** are used in Spanish only for foreign words.

- Spanish, unlike English, is spelled very closely to the way it is pronounced, but the letter **h** is never pronounced.

Sistema peninsular		Sistema hispanoamericano		Sistema del vos	
yo	nosotros (nosotras)	yo	nosotros (nosotras)	yo	nosotros (nosotras)
tú	*vosotros (vosotras)*	*tú*	*ustedes*	*vos*	*ustedes*
usted	ustedes	usted	ustedes	usted	ustedes
él (ella)	ellos (ellas)	él (ella)	ellos (ellas)	él (ella)	ellos (ellas)

Notice that in Spanish the three major dialectical groups differ only in the way they use pronouns that mean *you.* All the other pronouns in the system are the same.

In the Spanish-speaking countries of the Americas, the informal *you* may be either **tú** or **vos,** but the plural of both the formal and informal pronouns will always be **ustedes.** The area using **vos** is indeed very vast and includes all or most of the following countries: Argentina, Uruguay, Paraguay, Bolivia, Costa Rica, Nicaragua, Guatemala, El Salvador, and parts of México, Chile, Perú, and more.

In Europe, the informal you is **tú,** but the plural form of the informal you is **vosotros / vosotras.** The pair **usted / ustedes** is reserved for formal use only.

Apéndice F El vos

Vos users automatically use the **vos** form with any young foreigner to reduce the social distance. To comprehend their speech, it is useful to know the present tense and the command endings that go with **vos.** While you do not need to actually use these endings, it will help to be familiar with them to get used to the new pronunciation. Note that **vos** verbal forms are regular, unlike so many of the **tú** forms.

Vos endings for frequent verbs

Present tense			Commands		
-ar	**-er**	**-ir**	**-ar**	**-er**	**-ir**
tomás	querés	vivís	tomá	comé	dormi
pensás	bebés	conducís	pensá	bebé	conducí
estudiás	comés	venís	estudiá	hacé	vení
esquiás	entendés	construís	esquiá	entendé	construí
jugás	conocés	pedís	jugá	conocé	pedí
te levantás	te ponés	te dormís	levantate	ponete	dormite
te das cuenta	te aprendés	te servís	date	aprendete	servite

Apéndice G Resumen de los pronombres

	Direct object	Indirect object	Reflexive	Object of preposition*
yo	me	me	me	(a) mí **
tú	te	te	te	(a) ti **
él, Ud. (masc.)	lo	le	se	(a) él, (a) Ud.
ella, Ud. (fem.)	la	le	se	(a) ella, (a) Ud.
nosotros (nosotras)	nos	nos	nos	(a) nosotros (nosotras)
vosotros (vosotras)	os	os	os	(a) vosotros (vosotras)
ellos, Uds. (masc.)	los	les	se	(a) ellos, (a) Uds.
ellas, Uds. (fem.)	las	les	se	(a) ellas, (a) Uds.

* **De, en, a,** etc.
** But, **conmigo / contigo.**

Apéndice H   Los acentos

Words ending in a vowel, **n** or **s** are normally stressed on the next to the last syllable. Words ending in a consonant other than **n** or **s** are normally stressed on the final syllable. Words that are pronounced according to this pattern *do not* require a written accent. The basic rules to place a written accent on a Spanish word follow:

1. All words in which your voice goes up in the last syllable *and* that end in a vowel, **n** or **s** get an accent on the vowel of that last syllable. These are called **palabras agudas.**
   Ending in vowel: *nouns* — **papá, café, guaraní, rococó, bambú**
   verbs — **correrá, tomé, me vestí, se durmió**
   Ending in **n**: *nouns* — **león, camión, cinturón, catamarán, explosión***
   verbs — **correrán, destruirán, protegerán**
   Ending in **s**: *nouns* — **veintitrés, escocés, inglés, marqués, revés***
   verbs — **escribirás, vivirás, comerás, pedirás**

2. All words in which your voice goes up in the second to the last syllable *and* that end in a consonant that *is not* **n** or **s** get an accent on the vowel of that syllable. These are called **palabras graves.**
   Ending in consonant, but **not n** or **s**: **fácil, difícil, cárcel, mármol, césped, áspid, ántrax, tórax, bíceps, déme, déle**
   Some words ending in **ía**: **biología, armonía, hipocresía**

3. All words in which your voice goes up in the third to the last syllable get a written accent. These are called **palabras esdrújulas**: **átomo, península, víbora, estúpido, príncipe, génesis, máquina, cállate, póngalo, pregúntale, admítelo, díselo, pensándolo.**

4. All words, particularly certain verb forms (such as commands), in which your voice goes up in the fourth to the last syllable, get a written accent. These are called **palabras sobresdrújulas: mándaselo, corríjamelo, pásemela.**

5. All words ending in **-mente** that had an accent originally will keep that accent: **aritméticamente, rápidamente, fácilmente, íntimamente.**

Equivalencias

Longitud		
	1 centímetro	0.393 *inch*
	1 pulgada	2.54 *centimeters*
	1 pie	30.48 *centimeters*
	1 metro	39.37 *inches*
	1 yarda	0.914 *meter*
	1 kilómetro	0.621 *mile*
	1 milla	1.609 *kilometers*

Capacidad		
	1 litro	1.056 *quarts*
	1 cuarto	0.946 *liter*
	1 galón	3.785 *liters*

Peso		
	1 gramo	0.035 *ounce*
	1 onza	28.35 *grams*
	1 kilogramo	2.204 *pounds*
	1 libra	0.453 *kilogram*
	1 tonelada	2,200 *pounds*

Temperaturas

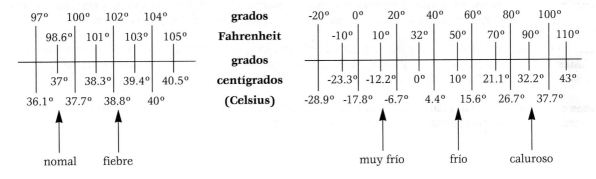

▪ A

a in at; **a causa de** *conj.* because of 4; **a cuadros** *adj.* checkered, plaid 12; **a menos que** *conj.* unless 11; **a menudo** *adv.* often 8; **a pesar de** *conj.* in spite of 4; **a rayas** *adj.* striped 12; **a veces** *adv.* sometimes 3
abajo *adv.* below 8
abierto *adj.* open 9
abogado(a) lawyer 1
abrigado *adj.* warm, heavy 12
abrigo overcoat 11
abril *m.* April 2
abrir to open 6
abuelo(a) grandfather,(-mother) 5
aburrido *adj.* bored, boring 3
aburrimiento boredom 3
aburrirse to become bored 4
acá here
acabar to finish, to end 6; **acabar de + inf.** to have just (done something)
acampar to camp 3
acaso: por si acaso maybe, just in case 15
aceite *m.* oil 9
aceituna olive 9
acera sidewalk 15
acero steel 15
acomodar to fit, suit 12
acompañar to accompany 5
acostarse (ue) to go to bed 4
acta *f.* certificate (but **el acta**) 5
actual *adj.* current 15
actualmente currently 16
acuerdo agreement 11; **estar de acuerdo** to agree
además besides, furthermore 1
además de besides 10
adentro inside 8
aderezo salad dressing 10
adivinanza *n.* guess 4
adivinar to guess 4
¿Adónde? (to) where? 2
advertir (i, i) to warn 13
aerobismo aerobics 2
afecto affection 5
afuera *adv.* outside 8; **afueras** *f. pl.* suburbs 15
agosto August 2
agotar to use up, exhaust 16
agradable pleasant 1
agradecer (zc) to thank 9

agradecimiento thanks 9
agregar to add 3
aguacate *m.* avocado 9
agudo sharp 1
águila eagle 16
ahí there
ahorros *m. pl.* savings 10
ahuyentar to drive away, banish 13
ajedrez *m.* chess 3
ajo garlic 9
ajustado tight, snug 12
al pie de la letra literally 11
al principio at the beginning 8
albergue *m.* lodging 7
alcalde (alcaldesa) mayor 15
alcanzar to reach, realize a goal 15
alegrarse to be happy, pleased 4
alegre happy 4
alegría happiness 5
alergias allergies 14
alfabetización literacy
alfiler *n. m.* pin 11
alfombra rug 7
algo something 1; *adv.* somewhat 2
algodón *m.* cotton 6
alguno some
alimento food 9
alma *f.* soul (but **el alma**) 5
almacén *m.* department store 3
almeja clam 9
almohada pillow 13
almorzar (ue) to eat lunch 5
alojarse to lodge 4
alquilar *v.* to rent 3
alquiler *n. m.* rent 7
alto tall, high 1
alumno(a) student P
allá there 4
allí there (specific place) 3
amante *m./f.* lover 3
amarillo yellow 11
ambiente *m.* environment 15
amigo(a) friend 1; **amigo(a) del alma** best friend 5
amistoso friendly 1
amor *m.* love 3
ampo whiteness 9
analfabetismo illiteracy 16
analgésico pain killer 14
anaranjado *adj.* orange 11
ancho wide 15
andar *(irreg.)* to walk, go 15; **andar en bici(cleta)** to ride a bicycle 8

anillo ring
anoche last night
anteayer *adv.* day before yesterday 5
antenoche night before last 16
antes de *prep.* before 4
antiácido antacid 14
antialérgico allergy reliever 14
anticipar to anticipate
antifebril *m.* fever reducer 14
anudar to knot 12
anuncio advertisement 1
año year 2
apartamento apartment 7
apellido last name 2
aplicado dilligent
aplicar to apply 2
apoyarse (en) to lean (on) 15
apoyo support 15
aprender to learn 2
aprovechar to take advantage of, use 5
apuntes *m. pl.* notes 6
aquel (aquella) that 8
aquellos (aquellas) those 11
aquí here 3
árbol *m.* tree 8
arder to burn, irritate 14
arena sand 16
arete *m.* earring 6
arma weapon 16
armario closet 7
arrastrar(se) to pull (oneself) 9
arreglar to fix, arrange; **arreglarse** to get ready 4
arriba above 8
arroz *m.* rice 9
arrugar to wrinkle 11
artesanía handcrafts, folk art 10
articulación joint 14
artículo article 6
asar to roast 7; **asado** roasted 9
ascensor *m.* elevator 7
asentir (ie, i) to agree 8
aseo half bath, restroom; cleanliness
así this way, in this manner 1
asistir to attend (class) 4
asomarse to peep, begin to appear 11
aspiradora vacuum cleaner 7
asunto matter, affair 5
asustar to frighten 15
atardecer *n.m.* dusk, evening 16
atascar to obstruct 15
atender (ie) to serve, attend to
atener *(irreg.)* to abide by, follow 14

atestar to cram, stuff 15
atropellar to run into, hit 15
atún *m.* tuna 10
audífonos *m. pl.* headphones 13
augusto important, majestic 15
aumentar to increase 15
aunque although 10
autobús *m.* bus 15
autopista freeway 15
auxilio: primeros auxilios first aid 14
ave *f.* (but **el ave**) poultry 9; bird 3
avena oatmeal 10
avería breakdown 15
averiguar to find out 10
avión *m.* airplane 4
aviso notice, advertisement
ayer yesterday 5
ayudar to help 5
azúcar *n.m.* sugar 9
azul (marino) blue (navy) 11

B

bahía bay 16
bailar to dance 1
baile *m.* dance 2
bajar to descend 7
bajo short (person) 1
ballena whale 16
bañar(se) to bathe (oneself) 4
baño bathroom, bath 7
barato inexpensive 6
barbilla chin 13
barco boat 4
barrio neighborhood 2
barro mud 14
bastante enough, somewhat 1
basura trash, garbage 7
batería drum set 8; battery 9
bautizo baptism 5
bebé (bebita) baby (baby girl) 2
bebida *n.* drink 9
beca scholarship 16
bendecir *(irreg.)* to bless 5
besar to kiss
beso kiss 5
biblioteca library P
bici(cleta) bicycle 2
bien *adv.* well
billetera billfold, wallet 6
bisnieto(a) great-grandchild 5
bistec steak 9
bizcocho cake 10
blanco white 9
blusa blouse 11
boca mouth 13
bocadillo sandwich 9
bocina horn 15
boda wedding 5
bolígrafo pen 6
bolsa bag, sack 10
bolsillo pocket 6

bolso purse, handbag 6
bombear to pump 13
bombero(a) firefighter 15
borracho drunk 8
borrar to erase 12
bosque *m.* forest 8
bostezar to yawn 14
bostezo yawn 14
bota boot 6
botar to throw out
botadero de basura dump 16
botella bottle 6
brazo arm 13
brillante *adj.* shiny 13; *n.m.* diamond 6
bucear to scuba dive 3
budín *m.* pudding 9
¡Buen provecho! Hearty appetite! 10
bueno good 4
bufanda scarf 6
buscar (qu) to look for 5
butaca arm chair, theater seat 8
buzón *m.* mailbox 15

C

caballero gentleman, man 6
caballo horse 13
cabello hair (of the head) 1
caber *(irreg.)* to fit 14
cabeza head 11; **cabeza dura** stubborn 11
cacahuete *m.* peanut 9
cachorro puppy 8
cadera hip 13
caerse *(irreg.)* to fall down 8
café *m.* coffee 9
caimán *m.* alligator 16
caja box, cash register 6
cajero(a) cashier
calabaza pumpkin, squash 9
calamar *m.* squid 9
calcetín *m.* sock 11
caldo broth 10
calentar (ie) to heat 13
caliente *adj.* warm 9
calmante *m.* sedative 14
calmarse to calm down 4
calor *n.m.* heat 3
caloría calorie 10
calzar to wear a shoe size
calle *f.* street 2
cama bed 7
cámara camera; **en cámara lenta** in slow motion 2
camarero(a) waiter (waitress) 1
camarón *m.* shrimp 9
cambiar to change 6
cambio change 2; exchange rate 7
camino road 15
camión *m.* truck 9
camisa shirt 11
camisería shirt store 11

camiseta T-shirt 6
campeonato championship 12
campo countryside 3
canal channel 6
canción song
cansarse to tire 4; **cansado** tired, fatigued 4
cantante *m./f.* singer 1
canto singing 2
cápsula capsule 14
cara face 13
caracol *m.* snail 9
caramelo candy 10
caridad *f.* charity 12
carie *f.* cavity (dental) 13
cariñoso *adj.* caring 5
carne *f.* meat 9; **carne de cerdo** pork 9; **carne de res** beef 9
carnicería butcher shop 9
caro expensive 6
carozo pit, core 12
carrera career 5
carretera highway 4
carta menu 9; letter 5; **cartas** playing cards
cartel *m.* sign 16
cartera wallet, purse 12
cartero(a) mail carrier 15
cartón *m.* cardboard 16
casa house 2
casado *adj.* married 2
casarse (con) to marry 5
casco helmet 8
casero homemade 14
casi almost; **casi nunca** almost never 16
castaña chestnut 7; **castaño** chestnut tree
catarata waterfall 4
catarro cold (illness) 14
caucho rubber 16
caudal abundant 16
cauto cautious, prudent 15
cazar to hunt 3
cebolla onion 9
ceja eyebrow 13
cena dinner 6
cenar to dine 4
centellear to sparkle 4
centro center, downtown 2
cerca near 4
cerrado *adj.* closed 9
cerveza beer 2
césped *m.* lawn 7
ceviche *m.* pickled fish 9
ciclista *m./f.* bicyclist 15
cielo sky, heaven 4
cigarra cricket 9
cine *m.* movie (theater) 2
cinta tape P
cintura waist 13
cinturón *m.* belt 12

ciudad *f.* city 2
ciudadano(a) citizen 15
claro clear 1
clave *f.* clue, key 12
clima *m.* climate 11
cocer (ue) to cook 9; **cocido** steamed, boiled 9
cocina kitchen 6
cocinar to cook 1
cocinero(a) cook 10
coche *m.* car 3
cochinillo suckling pig 9
código postal ZIP code 2
codo elbow 13
coger to grasp, seize 10
cola line (waiting) 6; tail 6
coleccionar to collect 8
colegio secondary school 2
colgador de ropa clothes hanger 16
colgar (ue) to hang 14
colina hill 16
colorín *m.* brightly-colored object 10
collar *m.* necklace 6
combatir to fight 13
combustible *m.* fuel 16
comedor *m.* dining room 7
comenzar (ie) to begin 5
comer to eat 1
cometa kite 8
comida food 7; **comida al paso** fast food 10
como as; like; since 16; **como promedio** on the average 10; **como si** *(past subj.)* as if 16
¿Cómo? how? 2; **¡Cómo no!** Of course!
cómoda chest of drawers 7
cómodo *adj.* comfortable 7
comprar to buy 2
comprender to understand 3
comprometido engaged 5
compromiso agreement, engagement 11
compuesto composed 12
común common; **común y corriente** typical, ordinary
comunicar (qu) to communicate 12
con with 1
con tal de que provided that 14
concierto concert 2
concha shell 8
conducir (zc, j) to drive 2
conductor (conductora) driver 15
confundir to confuse 6
conmigo with me 1
conocer (zc) to meet, be acquainted 3
conseguir (i, i) to get 5
consejo advice 9
consocio(a) associate 6
construir (y) to construct 5
contar (ue) to tell, count 3
contestar to answer P
contraer *(irreg.)* to contract 13
contratar to contract, hire 8

conversar to speak, converse 1
copa wine glass 9
copia copy 6
corazón *m.* heart 13
corbata tie 6
cordillera mountain range 3
corredor (corredora) agent, broker 7
correr to run 3
cortadora de césped lawnmower 7
cortadura cut 14
cortar to cut 6
cortesía courtesy 5
corto short 12
cosa thing 2
costa coast 16
costado side of the body, flank 14
costar (ue) to cost 6
cotidiano routine, daily, ordinary 5
crear to create 5
crecer (zc) to grow 5
crecimiento growth 14
creer (y) to believe, think
crema cream, ointment 9
cremallera zipper 12
crepúsculo twilight 12
crianza upbringing 5
cristal *m.* crystal, glass 6
cronista *m./f.* chronicler 1
crucero cruise 9
crudo raw, not cooked 9
cuaderno notebook 6
cuadra city block 13
cuadrado *adj.* square 9
cuadro painting 7
¿Cuál? Which?, **cual, lo cual** which 2
¿Cuándo? When?, **cuando** when 3
¿Cuánto? How much? 2; **¿Cuánto rato?** For how long? 5; **cuanto antes** as soon as possible 11; **¿Cuantos(as)?** How many? 2
cubierto *adj.* covered 15; *n.* utensil 10
cuchara spoon 10
cucharada tablespoonful
cucharadita teaspoonful
cucharita teaspoon 10
cuchillo knife 10
cuello neck 13
cuenca basin 12
cuenta bill, check 5; bead 12
cuentista *m./f.* storyteller 3
cuerdo sensible 2
cuero leather 6
cuerpo body 13
cuidado care 4
¡Cuidado! Be careful! 7
cuidar to care for 13
culebra snake 8
culpa fault, blame 15
culpabilidad *f.* guilt
cumpleaños birthday 2
cumplir to compliment 12; **cumplir (con)** to comply with

cuñado(a) brother (sister)-in-law 6
curiosidad *f.* curiosity 5
curita adhesive strip 14
curso *n.* course, class P
cuyo *adj.* whose 14

 CH

chalé *m.* vacation home 7
chaleco vest 11
champiñón *m.* mushroom 9
chico *adj.* young 8; *n.* boy, boyfriend; **chica** girl, girlfriend 4
chimenea fireplace 7
chisme *m.* gossip 6
choque *m.* crash, collision 15

 D

dama lady, woman 3
danza dance 2
dañino harmful 16
dar *(irreg.)* to give 3; **dar cuenta** report (on); **darse** *(irreg.)* **cuenta** to realize 16; **dar una vuelta en coche** to cruise in a car 2
datos *m. pl.* information 1
de of, from; **de adelante** in front 13; **de atrás** behind 13; **¿De dónde?** from where? 2; **de hecho** in fact 10; **de lunares** *m.* polka dotted 12; **de repente** suddenly 8; **de última** the latest (style)
debajo de under, beneath 7
deber ought to 4
décimo tenth 16
decir *(irreg.)* to say
declive *m.* downward slope
dedo finger 13; **dedo del pie** toe 13
dejar to leave behind; to let, allow 10; **dejar de** to stop 16
delante before, in front of 13
delgado thin, lightweight 1
delincuencia crime 15
demás: los demás the others 7
demasiado too much 1
demora delay 15
departamento apartment 7
dependiente (dependienta) clerk 6
deportista sports enthusiast 1
deprimido depressed 4
derecha *adv.* right(hand) 7; **derecho** *adv.* straight ahead 13; **derecho** *adj.* right hand; **derecho** *n.* right 7
derramar to pour, spill 7
desafío *n.* challenge 11
desagradar to displease 8
desagrado displeasure 13
desamparado forsaken, abandoned 7
desarrollo development, growth 5
desastre *m.* disaster 8
desayuno breakfast 10

descansar to rest 3
descartar to reject 15
describir to describe P
descubrir to discover 9
descuidado careless 8
deseo wish, desire 5
deshacerse *(irreg.)* to melt 11
desierto desert 16
desordenado disorganized 1
despacho office 7
despedida *n.* goodbye P
despedirse (i) to say good-bye 4
desperdicio waste 16
despertador *n.m.* alarm clock 6
despertarse (ie) to wake up 4
desplazar to go, move 15
desprecio disregard, disdain 15
después afterward 4
después de after 4
destacarse to stand out 15
destino destination 3
destruir (y) to destroy 5
desvelar to not sleep 13
desvelo insomnia, sleeplessness 13
desventaja disadvantage 15
detalle *m.* detail
detrás *adv.* behind 13
deuda debt 15
devolver (ue) to return (something) 9
día *m.* day 2
dibujar to draw 1
dibujo animado cartoon 3
diciembre *m.* December 2
dichoso *adj.* lucky, happy 5
diente *m.* tooth 13
digerir (ie, i) to digest 13
dinero money 3
dios (diosa) god (goddess) 4
dirección *f.* address 1
disco phonograph record 6
discutir to discuss 11
disfrutar to enjoy
disminuir (y) to decrease 15
distinto different
divertido funny 1
divertirse (ie, i) to have fun, a good time 3
doblar to bend, twist, turn 13
doble double 7
doler (ue) *v.* to ache 13
dolor *n.m.* pain 5
domingo *m.* Sunday 3
¿Dónde? Where?; donde where 2
dormir (ue, u) to sleep 3; dormirse to fall asleep 4
dormitorio bedroom 7
dramaturgo(a) playwright 2
droga drug 15
ducharse to shower 4
dulce *adj., m./f.* sweet 6; *n.m.* candy; dulcería candy store 6
duro *adj.* hard 9

echar to pour 10
edad *f.* age 1
edificio building 7
educado mannered, educated 1
eficaz *adj. m./f.* effective, efficient 14
egoísmo selfishness 16
egoísta *adj., m./f.* selfish 1
ejercicio exercise 13
electrodoméstico home appliance 6
elegir (i) to select 6
empezar(ie) to begin 5
emplasto plaster, poultice 14
empleado(a) employee 1
empresa business, enterprise 15
empresario(a) executive, businessperson 5
en *prep.* at, in; en cuanto a regarding 16; en effectivo in cash 7; en oferta on sale 12; en realidad *adv.* actually 16; en seguida *adv.* at once 16; en vez de *prep.* instead of 10
enamorado (de) in love (with) 5
encaje *m.* lace 11
encantar to please very much 4
encauzar to channel, guide 7
encerrar to contain, include 5
encontrar (ue) to find 3
encuesta survey; encuestados those persons surveyed
enchufar to plug in 6
enero *m.* January 2
enfermarse to sicken 4
enfermero(a) nurse 10
enfermo sick 6
enfocarse (en) to focus (on) 5
engordar to gain weight 13
enojarse to become angry 4; enojado *adj.* angry 4
ensalada (mixta) (tossed) salad 9
enseñar to teach 6
ente *m.* being 13
entonces *adv.* then 4
entre between, among P
entrenador (entrenadora) trainer 11
entretener(se) *(irreg.)* to entertain, amuse (oneself) 8; entretenido *adj.* entertaining, interesting 1
entrevista interview
entrevistar to interview 5
envase *m.* container 10
enviar to send 6
equipo equipment 6
erguir (i, i) to lift up straight 14
escalera stairway 7
escalofrío chill 14
escarlatina scarlet fever 14
escasear to become scarce 16
escasez *f.* scarcity 16
escondite hide-and-seek 8
escribir to write 2

escritor (escritora) writer 1
escritorio desk 7
escuchar to listen (to) P
ese (esa) that; esos (esas) those 11
espacioso spacious 7
espalda back 13
espanto fright 8
espejo mirror 8
esperar to hope, wait 5
esquí *m.* ski 2
esquiar to ski 3
esquina corner (outside) 6
estación *f.* season; station 3
estacionamiento parking (lot) 13
estadio stadium
estado state 2
estampado *adj.* printed 12
estampilla stamp 8
estancia visit, stay 3
estante *m.* shelf, bookcase 7
estar *(irreg.)* to be 3; estar de moda to be in style 12
estatura stature 1
este(a) this 1
estéreo stereo 2
estío summer 15
estirar to stretch 13
esto (esta) this; estos (estas) these
estómago stomach 13
estornudar to sneeze 14
estornudo sneeze 14
estrecho *adj.* narrow 7
estrofa stanza 15
estropear to ruin, break, tear 12; estropearse to break down 15
estudiar to study P
estuche *m.* box, case 12
estufa stove 7
estupendo wonderful, marvelous 2
evitar to avoid 9
evocar to evoke 3
excursionismo sight-seeing 2
exigente *adj.* demanding 5
exigir to demand 14
explotar to explode 14
extender to extend 13
extranjero *n.* foreign land, abroad 3; extranjero(a) *n.* foreigner; *adj.* foreign 3

 F

fábrica factory 15
fácil easy 4
faja girdle 12
falda skirt 11
fallecido(a) dead (person) 15
faltar to lack, be missing 7
familiar *m.* family member 5
fe *f.* faith 4
febrero February 2
fecha date 2

felicitaciones *f. pl.* congratulations 5
felpa plush 6
ferretería hardware store 6
ferroviario *adj.* pertaining to railroads 15
festejo feast, celebration 6
ficha card (index) 12
fideos noodles 10
fiebre *f.* fever 14
fiesta party 3; **ir de fiesta** to party; **ir de fiestas** to go on holiday
fijarse (en) to concentrate (on), notice 7
fijo *adj.* fixed 3
fila line, row 7
fino subtle, fine P
firmar to sign 5
flan *m.* custard 9
flor *f.* flower 6
floreado *adj.* flowered 12
florería flower shop 6
fondo depth 16
fondos *m. pl.* funds 16
footing *m.* running 2
fortalecer (zc) to strengthen 13
fósforo match (for fire) 8
frasco jar 10
frase *f.* phrase P
freír to fry 9
frenesí *m.* madness, frenzy 4
frenos braces 13
frente *f.* forehead 14
fresa strawberry 9
fresco *adj.* chilly; fresh 3
frijol *m.* bean 9
frío cold 3
frito *adj.* fried 9
frutería fruit store 9
fuente *f.* source 5
fuera *adv.* out, outside; **fuera de** *prep.* out of; **fuera de lo común** unusual 12
fuerte strong 13
fumar to smoke 15
funcionar to work, function 15
furgoneta van 15

 G

gabardina gabardine 12
gafas *f. pl.* eyeglasses 12
galleta cookie 9
gamuza suede, chamois 12
ganga bargain 12
garganta throat 14
gárgara gargle 14
gaseosa carbonated water, soft drink 10
gasolinera gas station 15
gastar to spend, wear out 10
gasto expense 16; **gastos** *m. pl.* expenditures 16
gato cat 8

gengibre *m.* ginger 10
gente *f.* people P
gerente *m./f.* manager 1
gimnasio gymnasium; gymnastics 3
girar to rotate 13
gobernador (gobernadora) governor 16
golosina sweet, delicacy 10
gorro cap (hat) 12
gramo gram 10
gran *m./f.* great 1
grande *adj. m./f.* big 7
grasa grease
grasoso greasy 9
gripe *f.* influenza 13
gris grey 11
gritar to scream, shout 11
grueso heavy set, thick 1
guante *m.* glove 6
guapo handsome 5
guardar to store, keep 7
guardarropa *m.* closet, wardrobe 11
guardería infantil nursery, daycare 15
guayaba guava 9
guayabera light weight tunic 12
guerra war 15
guía *m./f.* guide 6
guisante *m.* pea 9
gusano worm 9
gustar to please 1
gusto taste 15; pleasure P

H

haba broad bean
haber *(irreg.)* to have, be 4
había there was 7
habitación *f.* room 3
habituado accustomed 15
hablar to speak P
hace *(+ time)* ago 5
hacer *(irreg.)* to make, do; **hacer (buen) juego con** to go (well) with 12; **hacer (calor)** to be (hot) weather 3; **hacer caso a** to pay attention to 16; **hacer la cama** to make the bed 7; **hacer las tareas** to do homework 2; **hacer un viaje** to take a trip 4
hacia *adv.* towards 14
halar to pull 13
hambre *f.* (but **el hambre**) hunger 5
harina flour 9
harto sick and tired 4
hasta until 14; as much as 1
hay there is, are (pres. tense form of *haber*) **hay que** one needs to, it is necessary 5
hebilla buckle 12
hebra thread, strand, fiber 12
hecho made 8
heladería ice cream store 9

hermanastro(a) stepbrother (sister) 5
hermandad *f.* brotherhood, fraternity 16
hermano(a) brother, (sister) 1
hermoseamiento beautification 15
hermoso beautiful 3
herramienta tool 6
hielo ice 14
hierba herb 9
hierro iron (material) 7
hígado liver 9
hijastro(a) stepchild 5
hipo hiccups 14
historieta comic book 8
hogar *n.m.* home, hearth 6
hoja leaf 6, sheet (of paper) P
hombro shoulder 13
horario schedule 3
hormiga ant 9
horno oven 10
hoy today 3; **hoy en día** in this day and age, nowadays 16
huelga strike 15
huerto orchard 8
hueso bone 13
huevo egg 9
huir (y) to flee 13
humilde humble 1
humo smoke 14

I

ida y vuelta round trip
idioma *m.* language 2
iglesia church 3
impermeable *m.* raincoat 11
importar to matter 10
imprescindible necessary
imprimir to print 11
impuesto tax 15
incendio fire 15
inclinar to incline, lean 13
indagar to investigate, examine 14
indicar to indicate 13
inesperado unexpected 6
infancia early childhood, infancy 7
infante (infanta) prince (princess) 5
influir (y) to influence 5
ingeniería engineering P
ingeniero(a) engineer 1
ingresos earnings 5
inquieto curious 1
instalación *f.* facility 15
integral whole 10
intestinos intestines 13
inversión *f.* investment 16
invertido upside down 2
invierno winter 3
invitar to invite
ir *(irreg.)* to go 1; **irse** to go away 4; **ir de compras** to go shopping 1
isla island

izquierda left(hand) 2

 J

jamás never 16
jamón *m.* ham 9
jarabe *m.* cough syrup 14
jardín *m.* garden 7
jefe *m./f.* boss 16
joven *adj.* young 1; **joven** *n.m./f.* young person
joya jewel 6; **joyas de fantasía** costume jewelry 6
jubilarse to retire 7
judías verdes green beans 9
juego game; set 2
jueves *m.* Thursday 3
juez *m./f.* judge 15
jugar (ue) to play (a game) 3
jugo juice 9
juguete *m.* toy
juguetería toy store 6
juicio wisdom 13
julio July 2
junio June 2
juntarse to get together 4
justicia justice 16

 L

lado side 8
ladrillo brick 7
lagarto lizard 16
lago lake 3
lágrima *n.* tear 7
lámpara lamp 7
lana wool 6
langosta lobster 9
lanzar to launch 15
lápiz *m.* pencil P
largo *adj.* long 12
lasca strip (of bacon) 10
lastimadura scrape, cut 14
lastimar to hurt 14
lata can 10
lavadora washing machine 7
lavandería laundry 7
lavar to wash 3
lectura *n.* reading P
leche *f.* milk 9
lechería dairy store 9
lechuga lettuce 9
leer to read 2
legumbre *f.* vegetable 9
lejos far 4
lema *m.* slogan 16
lentes *m. pl.* (contact) lenses, glasses 8
lento *adj.* slow 6
leño log 6
letrero sign 13
levantar to lift; **levantarse** to get up 4
ley *f.* law 15

libertador (libertadora) liberator 2
libre *adj. m./f.* free P
librería bookstore 6
limpiar to clean 3
limpio clean 3
lino linen 11
lío mess 8
lirio lily 8
loco crazy 6
lograr to achieve 15
lona canvas 11
lucha libre wrestling 2
luego *adv.* later, then 4
lugar *n.m.* place 4
lujo luxury 3
lujoso luxurious 7
luna moon 7
lunes *m.* Monday 3
lupa magnifying glass 8

 LL

llamar to call; **llamarse** to be named, P
llanto cry 14
llave *f.* key 12
llavero key ring 12
llegar to arrive 6
lleno full 7
llevar to carry, take 6; **llevar una vida** to lead a life 13; **llevarse (bien) con** to get along (well) with 5
lloriquear to whine 14
llorón (llorona) complainer 2
llover (ue) to rain 3
lluvia rain 3

 M

madera wood 6
madrastra stepmother 5
madrina godmother 5
madurar to mature 8
maíz *m.* corn 9
maleta suitcase 6
maletería luggage store 6
maletín *m* briefcase 6
malo *adj.* bad 4; **mal** *adv.* badly, poorly
mancha stain 12
manchar to stain 12
mandar to send, order 6
manera manner, style, method 1
manga sleeve 12
mano *f.* hand 13
mantener *(irreg.)* to maintain 13
mantequilla butter 9
manzana apple 9
mañana *adv.* tomorrow; *n.* morning 3
máquina fotográfica camera 6
mar *n.m./f.* sea 2
marca brand 8
marcar to mark, indicate
marco pictureframe 6

marfil *m.* ivory 16
marido husband 5
marinero(a) sailor 3
marino(a) sailor
marisco shellfish 9
marrón brown 11
martes *m.* Tuesday 3
marzo March 2
mascota pet 2
matanza *n.* killing 16
matar to kill 16
mate brown-skinned 1
matiz *f.* hue, tint 1
matrícula tuition 6
mayo May 2
mayor *adj.* older, oldest; major 1
mayoría majority 4
medianoche *f.* midnight 4
medias *f. pl.* stockings 11
medida measurement 10
medio *adj.* half 9
mediodía *m.* noon 4
mejor *adj.* better, best 4; **mejor (que)** *adj.* better (than) 6
mejorar to better, improve; **mejorarse** to get better
mellizos twins 14
mendigo(a) beggar
menos fewer, less 6
mentira lie 9
mercado market 9
merendar (ie) to snack 9
merienda snack 10
mermelada marmalade, jam 10
mes *m.* month 2
mesa table 7
mesero(a) waiter (waitress) 9
meseta plateau 16
meterse to get into, hide oneself 8
metro subway 15
microondas microwave 7
miedo fear 5
miel *f.* honey 9
mientras *adv.* while; **mientras tanto** in the meantime 10
miércoles *m.* Wednesday 3
migajón *m.* crumb 9
minusválido(a) handicapped 15
mirar to look at 1
mirlo blackbird 12
mismo *adj.* same 5
mitad *n.f.* half 15
mochila backpack 12
mochilero(a) backpacker 3; **ir de mochilero** to go backpacking
moda fashion 6
modelo style 11
modista *f.* dressmaker 12
modo method, manner P
moho mold 14
mole *m.* spicy Mexican sauce made from chocolate 9

molino mill 15
moneda coin 8
monja nun 11
monje *m.* monk 3
mono monkey 3
monopatín *m.* skateboard 8
montaña mountain 3
montañismo mountain climbing 2
montar (en bici) to ride (a bike) 3
moño bun (hairdo) 12
morado purple, bruised 11
moreno brunette 1
morirse (ue, u) to die 4
mostaza mustard 10
mostrar (ue) to show 6
moto(cicleta) *f.* motorcycle 8
mucho(s) *adj.* much (many) 1; **muchísimo(s)** very much (many) 1
mudarse to move (residence) 7
muebles *m.pl.* furniture; **mueblería** furniture store 6
muela molar, tooth 14
muerte *f.* death 6
mujer woman, wife 5
multa fine 15
mundo world 2
muñeca wrist 13; doll 6
músculo muscle 13
muslo thigh 13
muy very 1

N

nacer (zc) to be born 2
nacimiento birth 2
nada nothing 1
nadar to swim 1
nadie nobody 3
naranja *n.* orange 9
nariz *f.* nose 13
natación *f.* swimming 2
náuseas *f. pl.* nausea 14
navaja de afeitar razor 16
navegar to sail 3
Navidad Christmas 5
necesitar to need 4
negocio business 15
negro black 1
nevar (ie) to snow 3
nieto(a) grandson (daughter) 5
nieve *f.* snow
ninguno *adj.* none 3; **ninguna parte** nowhere 3
niñez *f.* childhood 5
niño(a) child 2
no solo...sino también not only...but also 16
noche *f.* night 3
nombre *m.* name 1
nota grade, note 9
noticias *f. pl.* news 3
noviembre November 2

novio(a) groom (bride); fiance (fiancee) 5
nube *f.* cloud
nuestro our 2
nuevo new 6
nunca never 3

O

o sea that is, in other words 4
obra work (of art, hand) 9; **obra maestra** masterpiece 9
ocio *n.* leisure 3
octubre *m.* October 2
ocurrir to occur
odio hate 16
oferta sale, offer 9
oído ear (internal) 13
ojo eye 1
oler to smell 5
olor *m.* smell 9
oloroso smelly, fragrant 9
olvidarse (de) to forget (about) 6
onomástico saint's day, birthday 5
onza ounce 10
oración *f.* prayer
ordenar to organize 4; **ordenado** organized 1
oreja ear (external) 13
orgullo pride 15
oro gold 3
osado daring 15
oscuro dark 1
oso bear 13
ostra oyster 9
otro other, another 2
oveja sheep 12

P

padrastro stepfather 5
padre *m.* father
padres *m. pl.* parents 5
padrino godfather 5
país *m.* country, nation 2
paisaje *m.* countryside, landscape 16
pájaro bird 8
palabra word 1
palo stick 6; **palo de golf** golf club 6
palomitas de maíz *f. pl.* popcorn 10
palta avocado 12
pan *m.* bread 9; **panecillo** roll 10
panadería bread bakery 9
pandilla gang 15
pantalones *m. pl.* pants 11
pantalla television screen 5
pantimedias *f. pl.* pantyhose 11
papa *m.* potato 9
papagallo parrot 3
papel *m.* paper 6
papelería stationery store 6
paquete *m.* package 6

par *m.* pair 6
para for, in order to; **¿Para qué?** Why? 4; **para que** so that 12
parada stop (bus, taxi) 15
parar to stop 15
parecer (zc) to seem 5; **parecerse** to look alike 5; **parecido** similar 2
pared *f.* wall 7
pariente *m./f.* relative 5
parlante *m.* speaker (stereo) 2
parque *m.* park 3
párrafo paragraph 5
parrilla grill 6
participar to inform
partido game, match 2
pasado *adj.* last, past 5
pasaje *m.* passage 6
pasar to spend (time), happen, pass 3; **pasar la aspiradora** to vacuum 7; **pasarlo bien** to have a good time 5
pasatiempo pastime 1
Pascua Florida Easter 6
pasear to take a walk 2; **pasear el perro** to walk the dog 7
paseo walk 3
pastel *m.* cake, pastry 9
pastelería pastry shop 9
patata *f.* potato (Spain) 9
patinaje ice skating 12
patinar to skate 3
patria homeland 5
pavo turkey 9
paz *f.* peace 15
peatón (peatona) pedestrian 15
pecho chest 13
pechuga breast of chicken 10
pedir (i, i) to ask for, request 5
pelearse to fight 5
película movie, film 2
peligro danger 7
peligroso dangerous 3
pelirrojo redhead 1
pelo hair 1
pelota ball 8
pellejo skin, rind of fruit 12
pellizcar to pinch, take a nibble 9
pensamiento thought 4
peor *adj./adv.* worse, worst 6
pequeño small 3
pera pear 9
perder (ie) to lose 6
pérdida loss 5
perdido lost 14
periodista *m./f.* news reporter, journalist 1
permutar to trade, barter 7
pero but 1
perro dog 2
personaje character 2
pésame *m.* sympathy, regret 5
pesar *m.* grief 5
pesar to weigh 13

pescadería fish market 9
pescado fish (to eat) 9
pescar to fish 3
pésimo *adj.* terrible 13
peso weight 2
pez fish (alive) 13
picadura bite (insect) 14
picante spicy hot 9
picar to itch 14
pie *m.* foot 13
piedra stone 7
pierna leg 10
píldora pill 14
pileta swimming pool 4
pillar to catch, collect 8
pimienta black pepper 10
pimiento pepper 9
pintoresco picturesque 12
pintura painting 2
piña pineapple 9
piscina swimming pool 3
piso floor 7
pista trail, clue 3
pizarra chalkboard P
planchar to press, iron 12
planta baja ground floor, lobby 7
plata silver 6
plátano banana 9
plato plate, dish 7; **plato del día** daily special 9
playa beach 3
pluma pen 6
pobreza poverty 16
poco little; **pocos** few 1
poder (ue, u) to be able 3
poderoso powerful 14
politólogo political scientist 1
pollo chicken
polvo dust 14
poner *(irreg.)* to put, **ponerse** to put on
por by, through, for; **por cierto** of course 9; **por el otro lado** on the other hand 16; **por eso** because of that, therefore 1; **por lo general** generally 3; **por mi parte** as far as I am concerned 9; **¿Por qué?** Why? 2; **por si acaso** just in case 9; **por supuesto** of course 9; **por un lado** on the one hand 16
porción *f.* portion, serving 10
porque because 1
portátil portable 6
portero(a) doorman (woman) 7
postre *m.* dessert 9
postular to apply to 15
potable potable, drinkable 16
precioso precious, cute 7
presico: es preciso que it is necessary 14
predecir *(irreg.)* to predict 13
preferir (ie, i) to prefer 10

preguntar to ask 4; **preguntarse** to wonder 4
prenda article of clothing 11
preocuparse (por) to worry (about) 4; **preocupado** worried 4
preparar to prepare 4
presión *f.* pressure 14
prestar to lend, pay (attention) 5
presupuesto budget 16
primavera spring 3
primero first 2; **primer piso** first floor above ground 7
primo(a) cousin 5
probar (ue) to try, taste; **probarse** to try on 9
profesor (profesora) professor 3
promover (ue) to promote 16
propiciar to help 13
propiedad *f.* property 7
propina tip (money) 10
propio *adj.* own 8
proporcionar to supply, provide 5; to proportion 1
proteger to protect 5
proteínas *f. pl.* protein 10
prueba test, quiz P
próximo next 4
puente *m.* bridge 4
puerta door 7
puesto stall, booth 9
pulgar *m.* thumb 13
pulmón *m.* lung 13
pulpo octopus 9

Q

¿Qué? What? 1; **Qué lastima!** Too bad!; What a shame! 10
quebrar (ie) to break 14
quedarse to stay 4; **quedar (bien)** to look (good), fit (well) 11
quehacer *m.* chore 4
queja complaint 4
quejarse to complain 4
quemado *adj.* burnt 9
quemadura *n.* burn 14
querer *(irreg.)* to want 2; **quererse** to love each other 5
querido(a) dear, beloved 6
queso cheese 7
¿Quién? Who?; **quien**, who 1
quimbombó okra 9
química chemistry P
quitar to remove 4
quizás perhaps 5

R

ramo bouquet 6
rana frog 8
rascacielo skyscraper 15

rato length of time 5
ratón *m.* mouse 6
raya stripe 12; **de rayas** striped
realidad *f.* reality 4
rebajar to reduce 12
rebanada slice (of bread) 10
recargar to recharge 9
receta recipe 6
recibo receipt 7
reclamar to complain, make a claim 14
recoger to collect, pick up 10
recordar (ue) to remember 6
recorte clip 14
recto upright, moral, straight 5
recuadro square space 5
recuerdo memory, remembrance 8
rechazar to reject 14
reducir *(irreg.)* to reduce 13
reemplazar to substitute, replace 12
reflejar to reflect 2
refrán *m.* saying 6
refresco soft drink 9
refrigerador refrigerator 7
regalar to give (as gift) 6
regalo gift 5
regar (ie) to water 7
regatear to hagle 11
reírse (i, i) to laugh 4
relajarse to relax 4
reloj *m.* watch, clock 6
relleno *adj.* stuffed, filled 9
remar to row 13
remedio remedy, cure; **remedio casero** home remedy 14
reposar to rest 4
reprender to reprimand 13
resfrío cold (illness) 13
residencia dormitory P
resolver (ue) to resolve 11
respirar to breathe 13
responsable responsible 15
respuesta answer, response
resumen *m.* summary 5
retraso delay 15
retrato portrait 6
reunirse to get together 3
revista magazine 2
revolver (ue) to mix up, scramble 9
rico delicious 9, rich
riesgo risk 1
rincón *m.* corner (inside) 14
riñón *m.* kidney 13
río river 3
riqueza wealth 16; **riquezas** riches 4
rodaja round slice 10
rodear to surround 8
rodilla knee 13
rogar (ue) to beg 15
rojo red 1
romper to break 3
ron rum 14

roncar to snore 14
ronchas *f. pl.* rash 14
ronronear to purr 15
ropa clothes 3; **ropa interior** underwear 11
rosado pink 11
rosca donut 10
rostro face 4
roto broken, torn 3
rubio blonde 1
ruido noise 15
ruidoso noisy 15
rutinario routine

S

sábado Saturday 3
sábana sheet (bed linen) 11
saber to know 3; **saber a** to taste like 9
sabor *n.m.* taste 9
saborear to enjoy, relish 5
sabroso tasty 9
sacar to take out 5; **sacar notas** to get grades 2
saco sportscoat 12
sacudir to dust 7
sal *f.* salt 10
sala *f.* hall, classroom; **sala de estar** living room 7; **sala de juegos** playroom 7
salchicha hot dog 9
salir *(irreg.)* to go out 3; **salir con** to date
salón *m.* living room 6
saltamontes grasshopper 9
saltar to jump 8
salud *f.* health 1
saludar to greet 5
saludo greeting P
salvado bran 10
sandalia sandal 12
sano healthy 10
sarampión *m.* measles 14
sastre *m.* tailor 12
satisfecho satisfied 10
secadora dryer 7
secar to dry 7
seco dry 9
sed *f.* thirst 5
seda silk 6
sedante *m.* sedative 14
seguir (i, i) to follow, continue 5
según according to 4; **según mi parecer** in my opinion 16
segundo second P
seguridad *f.* security 7
selva jungle 3
semáforo traffic light 15
semilla seed 9
senador (senadora) senator 16
sencillo single, simple 7
senda path 15

sentarse (ie) to sit 13
sentido feeling, meaning 5
sentir (ie, i) to be sorry 14; **sentirse (ie, i)** to feel 4
señalar indicate 14
señoríos noblemen 16
separado separated 2
septiembre September 2
ser *(irreg.)* to be 1
servilleta napkin 10
servir (i, i) to serve 5
si if 4
Si mismo(a) himself (herself), **si mismos(as)** themselves
SIDA *m.* AIDS 14
siempre always 3
sierra mountain range 16
siglo century 1
significar to mean 5
silla chair 7
sillón easy chair 7
simpático nice 5
sin without; **sin embargo** nevertheless, however 9
sino except, but 14
sirope syrup 10
sitio site 3
sobrepasar surpass 1
sobrino(a) nephew (niece) 6
socio(a) member 6
sol *m.* sun 3
soleado *adj.* sunny 7
soler (ue) to tend to, be in the habit of 3
solicitud *f.* application (for employment 15
solo *adj.* alone 4
sólo *adv.* only
soltero(a) single person, not married 5
sombra shadow 4
sombrío shaded 15
sonarse (la nariz) to blow (the nose) 14
sonido *n.* sound 6
soñar (ue) con to dream (about) 5
soñoliento *adj.* sleepy 4
sopa soup 9
sordera deafness 14
sorpresa surprise 6
sospechoso suspicious 12
sostén *m.* bra 12
sótano basement 7
subir to climb 7
subrayar to underline 5
sucio dirty 12
sucursal *m.* branch office 15
sudadera sweatshirt 11
suela sole of shoe 12
sueldo pay, wages 15
suelo floor 7
suelto loose 12
sueño dream; sleepiness 5

suéter *m.* sweater 6
sugerir (ie, i) to suggest 13
sujetar to grasp, hold fast 13
suponer *(irreg.)* to suppose, assume P
susurrar to whisper 14

T

tablavela windsurfing 3
tacón *m.* heel 13
tal vez perhaps 2
talla size (of clothing) 8
taller *m.* repair shop 12
tamaño size (of object) 7
también too, also 1
tampoco neither, nor 1
tan *adv.* so 3; **tan** + *(adj./adv.)* **que** as + *(adj./adv.)* as 6; **tan...como** as...as 4
tanto so much 6; **tanto como** as much 6; **tanto(s)** + *(noun)* + **como** as many (much) + (noun) as 6
tapar to cover 14; **tapado** stuffy (as nose) 14
tarde *n.f.* afternoon 3; *adv.,* late
tarjeta card 2
tataranieto(a) great-great-grandchild 5
taza cup 10
té *m.* tea 9
techo roof, ceiling 7
tejer to knit, weave 12
telenovela soap opera 3
teleobjetivo: con teleobjetivo close-up 1
tema *m.* theme, subject P
temblar (ie) to tremble 2
temporada season, short time 6
tenedor fork 10
tener *(irreg.)* to have 2; **tener ganas de** to desire, want 4, **tener que** to have to 3
teñir (i) to dye, tint 12
terraza terrace 7
terreno land, square footage 7
tesoro treasure 4
tiempo weather, time 3; **todo el tiempo** always
tienda store 1; **tienda de campaña** tent 3
tierra, soil; **Tierra** Earth 14
tinto red (wine) 9
tintorería dry cleaners 11
tintura dye 14
tirantes *m. pl.* suspenders 12
tirar to pull; throw 8; **tirarse en el trineo** to sled 8
tisana medicinal drink, herb tea 13
titular *m.* headline 15
tobillo ankle 13
tocacintas *m.* tape player 6
tocadiscos *m.* record player 6
tocar to play (music); touch 5

todavía still, yet 7

todo all 1; **todo el tiempo** always 8; **todos los (días)** every (day) 3

tomar to take, drink 2; **tomar el sol** to sunbathe 3; **tomar en cuenta** keep in mind 16

tonto silly 6

torre *f.* tower 15

torta pie 9

tortillería tortilla bakery 9

tortuga turtle 8

tos *f.* cough 14

toser to cough 14

trabajador (trabajadora) worker 1

trabajar to work 2

trabajo work P

traer *(irreg.)* to bring 3

traje suit 11; **traje de baño** swimsuit 11

trastero attic, storage room 7

tren *m.* train 15

trenza braid 12

treparse to climb 8

trigo wheat 14

trigueño *adj.* light brown 1

trineo sled 3; **tirarse en el trineo** to sled

triste sad 4

trozo slice, piece 10

trucha trout 3

 U

ubicar to locate 6

último last

único only 5

unir to join 5

usuario(a) user 15

uva grape 9

 V

vaca cow 13

vacaciones vacation 3

vacuna vaccine 14

vacunado vaccinated 14

vainilla vanilla 9

valer to be worth 12

valor *m.* value 15

valle *m.* valley 16

vapor *m.* steam 9

vaso drinking glass 6; vein 13

vecino(a) neighbor 8

vejez *n.f.* old age 16

vela candle 2

velero sailboat 3

veloz *adj.* fast 1

venda bandage 14

vendedor (vendedora) seller 15

vender to sell 6

venir *(irreg.)* to come 3

ventaja advantage 10

ventana window 7

ver to see 3

verdad *f.* truth 6

verdadero true 5

verde green 11

verdulería vegetable store 9

verdura vegetable 9

vereda path 12

vergüenza shame 5

verja gate 8

verso line of poetry 15

verter to shed, spill 7

vestido dress 8

vestirse (i, i) to dress 4

vez *f.* time 3; **alguna vez** sometime 9; **muchas veces** often 3; **rara vez** rarely 16; **tal vez** perhaps; **una vez** once

viajar to travel 2

vida life 13

vidrio glass 16

viejo old

viento wind 8

viernes *m.* Friday 3

vinagre *m.* vinegar 10

violencia violence 16

visitar to visit 3

vista sight 6

vistazo glance

vitrina showcase 6

viudo(a) widower (widow) 2

vivir to live 3

vivo alive 9; lively 11

volver (ue) to return 9; **volver a** +*inf.* to (verb) again; **volverse loco** to go crazy 9

vómitos *m. pl.* vomiting 14

voz *f.* voice; **en voz alta** aloud

Y

ya already 9; **ya no** no longer 7; **ya que** since 16

Z

zanahoria carrot 9

zapallo calabash 9

zapatilla athletic shoe 8

zapato shoe 6

zoológico zoo 3

English-Spanish Glossary

A

abide by atener *(irreg.)*
able: be able poder *(irreg.)*
above arriba
accompany acompañar
according to según
accustomed habituado, acostumbrado
ache *n.* dolor *m.*
ache *v.* doler (ue)
actually en realidad
add agregar
address dirección *f.*
adhesive strip curita
adolescence adolescencia
advantage: take advantage aprovechar; *n.* ventaja
adventurous aventurero
advertisement anuncio
advice consejo(s)
aerobics aerobismo
affection afecto, cariño
after después de +inf.
afternoon tarde *f.*
afterwards después
again otra vez; volver a +*inf.*
age edad *f.*
agent corredor (corredora), agente *m./f.*
ago *v.* hace *(+ time)*
agree asentir (ie, i); estar de acuerdo
agreement acuerdo, compromiso, concordancia
aid: first aid primeros auxilios
AIDS SIDA *m.*
airplane avión *m.*
alive vivo
all todo
allergies alergias
allergy reliever antialérgico
alligator caimán *m.*
allow dejar, permitir
almost casi; **almost never** casi nunca
alone solo
aloud en voz alta
already ya
also también
although aunque
always siempre, todo el tiempo
amused entretenido
and y
angry: to become angry *v.* enojarse; *adj.*enojado

ankle tobillo
another otro
answer *v.* contestar, responder; *n.* respuesta
ant hormiga
antacid antiácido
apartment apartamento, departamento
apple manzana
appliance: home appliance electrodoméstico
application (for job) solicitud *f.*
apply postular
appointment cita
April abril
arm brazo; **arm chair** butaca
arrive llegar (a)
article artículo; **article of clothing** prenda (de ropa)
artistic artista *m./f.*
as *adv.* tan, como; **as if** como si; **as much/many +** *(noun)* **+ as** tanto(s) + *(noun)* + como
ask preguntar; **ask for** pedir (i, i); **ask a question** hacer una pregunta
asleep: to fall asleep dormirse (ue, u); *adj.*dormido
associate asociar; *n.* consocio(a)
at en; **at home** en casa; **at last** por fin; **at once** en seguida; **at the beginning** al principio
athletic shoe zapatilla
attend (class) asistir;**(customer, patient)** atender (ie)
attic trastero
August *m.* agosto
autumn otoño
avenue avenida
average promedio
avocado aguacate *m.* (palta)
avoid evitar

B

baby bebé (bebita)
back espalda
backpack mochila
backpacking: to go backpacking ir de mochilero
bacon tocino
bad *adj.* malo; **badly** *adv.* mal
bag bolsa
bakery panadería, pastelería

ball pelota
banana plátano
bandage venda
bank banco
baptism bautizo
bargain ganga
basement sótano
bath baño
bathe bañarse
bathing suit traje de baño
bathroom baño
battery batería
bay bahía
be ser *(irreg.)*; estar *(irreg.);* **be able** poder (ue, u); **be born** nacer (zc); **Be careful!** ¡Cuidado!; **be happy** alegrarse; **be (hot)** hacer, tener (calor); **be in style** estar de moda; **be sorry** sentir (ie, i); **be worth** valer *(irreg.)*
beach playa
bean frijol
bear oso
beautification hermoseamiento
beautiful hermoso
because porque; **because of** a causa de; **because of that** por eso
become hacerse, ponerse, llegar a ser; **become angry** enojarse; **become bored** aburrirse; **become scarce** escasear
bed cama, lecho (usually death bed)
bedroom dormitorio, habitación
beef carne de res
beer cerveza
before (time) antes (de + *inf.*); **(position)** delante
beg rogar (ue)
begin comenzar, empezar
behind (de) atrás
being ente *m.*, ser *m.*
beloved querido(a)
below abajo
belt cinturón *m.*
bend doblar
beneath debajo, bajo
besides además, además de
best el (la) mejor (de); **best friend** amigo(a) del alma
better (than) mejor (que)
bicycle bici(cleta) *f.*
bicyclist ciclista *m./f.*
big grande

bill cuenta
billfold billetera, cartera
bird pájaro, ave f. (but el ave)
birth nacimiento
birthday cumpleaños
bite (insect) picadura
black negro; black pepper pimienta
blackbird mirlo
blame culpa
bless bendecir (irreg.)
blonde rubio
blouse blusa
blow (one's nose) sonarse (la nariz)
blue (navy) azul (marino)
body cuerpo
boiled cocido
bone hueso
bookcase estante m.
bookstore librería
boot bota
bored: get bored v.aburrirse; adj.
    aburrido (with estar)
boredom aburrimiento
boring aburrido (with ser)
boss jefe (jefa)
bother molestar
bottle botella
bouquet ramo
box caja, estuche m.
boy chico, muchacho
boyfriend chico, muchacho
bra sostén
braces frenos
braid trenza
bran salvado
branch office m. sucursal
brand marca
bread pan m.
break romper; (body part) quebrar;
    (down) estropearse
breakdown avería
breakfast desayuno
breathe respirar
brick ladrillo
bride novia
bridge m. puente
briefcase m. maletín
bring traer (irreg.)
broken roto, estropeado
broth caldo
brother hermano
brother-in-law cuñado
brown marrón; light brown trigueño;
    brown-skinned mate
bruised morado
brunette moreno
buckle hebilla
budget presupuesto
building edificio
burn v. quemar, arder; n. quemadura
burnt quemado
bus n. autobús

business negocio, empresa
but pero, no...sino
butcher carnicero
butcher shop carnicería
butter mantequilla
buy comprar

C

cake pastel m., bizcocho
call llamar
calm down calmarse
calorie caloría
camera cámara, máquina fotográfica
camp acampar
can n. lata
can: be able to poder (ue, u)
candle vela
candy caramelo, bombón, dulce
candy store dulcería
canvas (fabric) lona
cap (hat) gorro
capsule cápsula
car coche m., carro, auto
card tarjeta; (index) ficha; (playing)
    naipe m., carta
cardboard cartón m.
care: care for v. cuidar; n. cuidado
career carrera
caring cariñoso
carrot zanahoria
carry llevar
cartoon dibujo animado
case estuche m.
cash register caja
cat gato
catch pillar
cautious cauto
cavity (dental) carie f.
ceiling techo
celebration festejo
center centro
century siglo
certificate acta f.(but el acta)
chair silla
chalkboard pizarra
chamois gamuza
change v. cambiar; n. cambio
channel canal
character personaje
charity n. caridad f.; charity adj. cari-
    tativo
cheap barato
check n. cuenta
cheese queso
chess ajedrez m.
chest (body part) pecho
chest of drawers cómoda
chestnut castaña; chestnut tree cas-
    taño
chicken pollo
chief jefe (jefa)

child niño(a)
childhood niñez f.
chill n. escalofrío
chilly fresco
chin barbilla
choose elegir (i, i), escoger
chore quehacer m.
Christmas Navidad f.
church iglesia
citizen ciudadano(a)
city ciudad f.
clam almeja
class curso, clase f.
class notes apuntes m. pl.
clean v. limpiar; adj.limpio
clear claro
clerk dependiente (dependienta)
climate clima m.
climb subir; climb mountain escalar,
    treparse
clip recorte m.
clock reloj m.
closed cerrado
closet armario, guardarropa
clothes ropa, prendas de ropa; clothes
    hanger colgador de ropa
clue clave f., pista
coast costa
coat abrigo
coffee café m.
coin moneda
cold adj. frío; n. frío; (illness) resfrío,
    catarro
collect recoger, pillar, coleccionar
collision choque m.
come venir (irreg.)
comfortable cómodo
command v. mandar; n. órden m.
communicate comunicar(se)
complain quejarse
complainer llorón (llorona)
complaint queja
compliment cumplir
computer computadora
concentrate (on) fijarse (en)
concert concierto
confuse confundir
confused confuso
congratulations felicitaciones f.pl.
construct construir
container envase m.
continue seguir, continuar
contract contraer, contratar
converse conversar, platicar
cook v. cocinar, cocer (boil); n.
    cocinero(a)
cookie galleta
cooking n. cocina
copy copia
corn maíz m.
corner esquina (outside); rincón
    (inside) m.

cost costar (ue)
cotton algodón *m.*
cough *v.* toser; *n.* tos *f.*
cough syrup jarabe *m.*
count contar
country país *m.*
countryside paisaje *m.*, campo
courteous cortés
courtesy cortesía
cousin primo(a)
cover tapar, cubrir
covered cubierto
cow vaca
cram atestar
crash choque *m.*
crazy loco
cream crema
create crear
crime delincuencia
crowded atestado
cruise *n.* crucero; **cruise in a car** dar
    una vuelta en coche
cry *v.* llorar; *n.* llanto
crystal cristal *m.*
cup taza
curiosity curiosidad *f.*
curious inquieto
current *adj.* actual *m./f.*
currently actualmente
custard flan *m.*
cut cortar; *n.* cortadura, lastimadura;
    cut the grass cortar el césped
cute precioso

▪ D

daily diario, cotidiano; **daily special**
    plato del día
dairy lechería
dance *v.* bailar; *n.* baile, danza
danger peligro
dangerous peligroso
daring osado
dark oscuro
date (go out with) *v.* salir con; *n.*
    fecha
daughter hija
day día *m.;* **day before yesterday**
    anteayer
dead muerto; **dead person** *n.* falleci-
    do(a)
deaf sordo
deafness sordera
dear querido(a), estimado(a)
death muerte *f.*
debt *n.* deuda
December diciembre
decrease disminuir, reducir
delay *n.* retraso, demora
delicious rico, delicioso
demand exigir
demanding *adj.* exigente *m./f.*

demonstration manifestación
department store almacén *m.*
depend (on) depender (de)
depressed deprimido
depth fondo
descend bajar
describe describir
desert desierto
desire querer, desear, tener *(irreg.)*
    ganas de
desk escritorio
dessert postre
destination destino
destroy destruir (y)
detail detalle *m.*
development desarrollo
diamond diamante *m.*
die morirse (ue, u)
different distinto
difficult difícil
digest digerir (ie, i)
diligent aplicado
dine cenar
dining room comedor *m.*
dinner cena
dirty sucio
disadvantage desventaja
discover descubrir
discuss discutir
dish plato
disorganized desordenado
displease desagradar
displeasure desagrado
disregard desprecio
do hacer; **do homework** hacer las ta-
    reas
dog perro
doll muñeca
door puerta
doorman (-woman) portero(a)
dormitory residencia
double doble
doubt *v.* dudar; *n.* duda
down: go down bajar
downtown centro
drag (oneself) arrastrar(se)
draw dibujar
drawing dibujo
dream (about) *v.* soñar (ue) con; *n.*
    dream, sueño
dress *v.* vestirse (i, i); *n.* vestido
dressing (salad) aderezo
dressmaker modista *f.*
drink tomar, beber; *n.* bebida
drinkable potable
drinking glass vaso
drive conducir, manejar
driver conductor (conductora)
drug droga
drum set batería
drunk *adj.* borracho
dry *v.* secar; *adj.* seco

dryer *n.* secadora
dump *v.* botar; *n.* botadero de basura
dust *v.* sacudir; *n.* polvo
dye *v.* teñir; *n.* tintura

▪ E

ear (internal) oído; (external) oreja
earnings ingresos
earring arete *m.*
Earth Tierra
ease soltura
Easter Pascua Florida
easy fácil; **easy chair** sillón *m.*
eat comer; **eat breakfast** desayunar;
    eat dinner, supper cenar; **eat**
    lunch almorzar (ue)
egg huevo
elbow codo
elevator ascensor *m.*, elevador *m.*
eliminate eliminar
employee empleado(a)
engaged comprometido
engineer ingeniero(a)
engineering ingeniería
enjoy disfrutar; **enjoy oneself** diver-
    tirse (ie), pasarlo bien
enough bastante
entertain oneself entretenerse
entertaining *adj.* entretenido
environment ambiente *m.*, medio
equipment equipo
erase borrar
ever alguna vez
every (day) todos los (días)
everyday *adj.* diario, cotidiano
except sino, menos
exchange *v.* permutar; **exchange**
    (rate) *n.* cambio
exclaim *v.* exclamar
executive empresario(a), ejecutivo(a)
exercise *v.* hacer ejercicio; *n.* ejercicio
exhaust *v.* agotar; **(car)** *n.* escape *m.*
expenditure gasto
expensive caro
explode explotar, estallar
extend extender (ie)
eye ojo
eyebrow ceja
eyeglasses gafas

▪ F

face cara, rostro,
facility instalación
fact: in fact de hecho
factory fábrica
fall asleep dormirse (ue)
fall down caerse *(irreg.)*
fall (season) otoño
family member familiar *m.*
far lejos

fashion moda
fast *adj.* veloz; *adv.* rápido, rápidamente; **fast food** comida rápida,
   comida al paso
fault culpa
favorite preferido
fear miedo
feast festejo, banquete
February febrero
feel (touch) tocar
feel sentirse (ie), tocar (touch); **feel
   like, desire** tener ganas de
feeling sentido, sentimiento
fever reducer *m.* antifebril
fever fiebre *f.*
few pocos; **fewer** menos
fight combatir, pelearse
film cine *m.*
find encontrar (ue); **find out**
   averiguar
fine *adv.* bien; *n.* multa
finger dedo
finish terminar, acabarse
fire incendio, fuego
firefighter bombero(a)
fireplace chimenea
first primero
first floor planta baja, primer piso
fish *v.* pescar; *n.* **(as food)** pescado;
   (alive) pez
fish market pescadería
fit (a person) quedar; **fit (into)** caber
fix arreglar, reparar
fixed fijo
flee huir (u)
floor piso, suelo
flour harina
flower flor *f.*
flower shop florería
flowered floreado
follow seguir (i, i)
food comida, alimento
foot pie
For how long? ¿Cuánto rato?
foreign *adj.* extranjero; **foreign countries** países extranjeros
forest bosque *m.*
forget olvidarse
forgive perdonar
fork tenedor *m.*
fortunate dichoso
frame (picture) marco
fraternity hermandad *f.*
free libre
freeway autopista
fresh fresco
Friday viernes
fried frito
friend amigo(a)
friendly amistoso
fright espanto, susto
frighten asustar

from where? ¿De dónde?
front: in front of delante (de)
fruit store frutería
fry freír
fuel combustible
full lleno
funds fondos *m. pl.*
funny cómico, gracioso, divertido
furniture muebles; **furniture store**
   mueblería
furthermore además

G

gabardine gabardina
game partido, juego
gang pandilla
garbage basura
garden jardín *m.*
gardener jardinero
gargle gárgara
garlic ajo
gas station gasolinera
generally por lo general
gentleman caballero
get (effort implied) conseguir (i); **get
   along (with)** llevarse bien (con);
   get better mejorarse; **get grades**
   sacar notas; **get ready** arreglarse;
   get sick enfermarse;
   get together juntarse, reunirse; **get
   up** levantarse
gift regalo
ginger gengibre *m.*
girdle faja
girl chica, muchacha
girlfriend chica
give dar; **(a gift)** regalar
glass (drinking) vaso; **glass (for
   wine)** copa; **glass (material)**
   vidrio, cristal
glasses gafas, lentes
glove guante *m.*
go ir; **go around** andar, pasear; **go
   away** irse; **go crazy** volverse (ue)
   loco; **go out (of)** salir (de); **go out
   (with) date** salir (con); **go shopping** ir de compras; **go to bed**
   acostarse (ue); **go to sleep**
   dormirse; **go (well) with** hacer
   (buen) juego con
god dios (diosa)
godfather padrino
godmother madrina
gold oro
golf club palo de golf
good bueno
goodbye: to say goodbye *v.* despedirse; *n.* adios
gossip chisme *m.*
governor gobernador (gobernadora)
grade nota

gram gramo
granddaughter nieta
grandfather abuelo
grandmother abuela
grandson nieto
grape uva
grasp sujetar, coger
grass césped
grasshopper saltamontes *m.*
grease grasa
greasy grasoso
great gran, grande
great-grandchild bisnieto(a)
great-great-grandchild tataranieto(a)
green verde
green beans judías verdes
greet saludar
greeting saludo
grey gris
grief pesar
grill parrilla
groom novio
grow (up) crecer
growth crecimiento
guess adivinar; *n.* adivinanza
guide guía *m./f.*
gymnasium gimnasio
gymnastics gimnasio

H

hair pelo
half *n.* mitad *f.; adj.* medio
ham jamón *m.*
hand mano *f.*
handbag bolsa
handicapped (person) *n./adj.*
   minusválido(a)
handsome guapo
hang colgar (ue)
hanger (clothes) colgador de ropa
happen pasar
happiness alegría, felicidad
happy: to be happy alegrarse; *adj.*
   alegre, feliz
hard difícil, duro
hardware store ferretería
harmful dañino
hate *v.* odiar; *n.* odio
have tener *(irreg.)*; **have to** tener que;
   have fun (a good time) divertirse
   (ie, i)
head cabeza
headline titular *m.*
headphones audífonos
health salud *f.*
healthy sano
heart corazón *m.*
hearth hogar *m.*
heat *v.* calentar (ie); *n.* calor *m.*
heaven cielo
heavy set grueso

helmet casco
help v. ayudar; n. ayuda
Help! ¡Socorro!, ¡Auxilio!
helpful servicial
herb hierba
herbal tea tisana
here aquí
hiccups hipo
hide oneself esconderse
hide-and-seek escondite m.
high alto
highway carretera
hill colina
hip cadera
hit pegar, atropellar con
hold sujetar
home casa, hogar m.
homemade casero
homework tareas; **do homework**
    hacer las tareas
honey miel f.
hope esperar
horn bocina
horse caballo
hot: be hot v. hacer calor, tener calor;
    adj. caliente
hot dog salchicha
house casa
How much? ¿Cuánto?
How many? ¿Cuántos(as)?
How? ¿Cómo?
however sin embargo
humble humilde
hunger hambre f.
hungry: be hungry tener hambre
hunt cazar
hurry: be in a hurry v. tener prisa;
    n. prisa
hurt lastimar, doler
husband marido, esposo

■ I

I hope so ¡Ojalá!
ice hielo; **ice cream** helado; **ice cream**
    store heladería
if si
illiteracy analfabetismo
important importante, augusto
in en ; **in other words** o sea, es decir;
    in this day and age hoy en día
increase aumentar
indicate indicar
inexpensive barato
infancy infancia, niñez f.
influence influir (y) (en)
influenza gripe f.
inform participar
information datos, información
inside adentro
insomnia insomnio, desvelo
instead of en vez de

interview v. entrevistar; n. entrevista
intestines intestinos
invest invertir (ie, i)
investigate indagar
investment inversión
invite invitar
iron (material) hierro
iron planchar
irritate arder
itch picar
ivory marfil

■ J

jam mermelada
January enero
jar frasco
jewel joya
jewelry joyas f. pl.
jewelry store joyería
join unir
joint articulación
journalist periodista m./f.
judge v. juzgar n. juez m./f.
juice jugo
July julio
jump saltar
June junio
jungle selva
just in case por si acaso
justice justicia

■ K

keep guardar; **keep in mind** tomar en
    cuenta
key clave, llave
key ring llavero
kidney riñon m.
kill matar
killing matanza
kiss v. besar n. beso
kitchen cocina
kite cometa
knee rodilla
knife cuchillo
knit tejer
knot anudar
know (a fact) saber; **(meet)** conocer

■ L

lace encaje m.
lack faltar
lady dama
lake lago
land terreno
landscape pasaje
language idioma m.
large grande
last último, final; **last name** apellido;
    last night anoche; **last (month)**

(el mes) pasado, anterior
late tarde
later luego, entonces
latest (style) de última
laugh v. reírse (i, i); n. risa
launch lanzar
laundry lavandería
law ley f.
lawn césped m.; **lawnmower** cortado-
    ra de césped
lawyer abogado(a)
leaf hoja
lean inclinar; **lean (on)** apoyarse (en)
learn aprender
leather cuero
leave (from) irse, salir de; **leave**
    (behind) dejar
lefthand izquierda
leg pierna
leisure n. ocio
lend prestar
length of time rato
lenses, contact lentes de contacto
less menos
let dejar, permitir
letter carta
lettuce lechuga
liar mentiroso
library biblioteca
lie n. mentira
life vida
lift levantar; **lift up straight** erguir
light brown trigueño
lightweight delgado
like adv. como; v. (**to please**) gustar
line (waiting) cola; **(row)** fila
linen lino
lips labios
literally al pie de la letra
little (amount) poco; **little (size)**
    pequeño
live vivir
lively vivo
liver hígado
living room salón, sala de estar
lobby vestíbulo; **lobby floor** planta
    baja
lobster langosta
locate ubicar
lodge alojarse
lodging albergue m.
log leño
long largo
long: For how long? ¿Hace cuánto
    que (+ pres.)?; ¿Por cuánto rato?
look at mirar; **look alike** parecerse;
    look for buscar; **look (good)**
    quedar (bien); **look like** parecer
loose suelto
lose perder (ie)
loss pérdida
lost perdido

love *v.* encantar, amar, querer *(irreg.)*; **love each other** quererse, amarse; **love, to fall in** enamorarse de; **love** *n.* amor *m.;* **in love** *adj.* enamorado
lover amante, enamorado
lucky dichoso
luggage equipaje *m.;* **luggage store** maletería
lunch *v.* almorzar (ue); *n.* almuerzo
lung pulmón *m.*
luxurious lujoso
luxury lujo

 M

made hecho
madness frenesí, locura
magazine revista
magnifying glass lupa
mail carrier cartero(a)
mail correo
mailbox buzón *m.*
maintain mantener *(irreg.)*
major *adj.* mayor
majority mayoría
make hacer; **make the bed** hacer la cama
manager gerente *m./f.*
many muchos
March marzo
mark marcar
market mercado
marmalade mermelada
marriage matrimonio
married casado
marry casarse (con)
masterpiece obra maestra
match (fire) fósforo; **(between teams)** partido
matter importar
May mayo
maybe acaso, quizas
mayor alcalde (alcaldesa)
mean significar
meantime: in the meantime mientras tanto
measles sarampión *m.*
measure *v.* medir; *n.* medida
meat carne *f.*
meet conocer
member socio(a)
memory recuerdo
menu carta, menú
method modo, manera
microwave oven microondas *m.*
midnight medianoche *f.*
milk leche *f.*
mirror espejo
missing: be missing faltar
mix up revolver (ue)
molar muela

mold moho
Monday lunes *m.*
money dinero
monk monje *m.*
monkey mono
month mes *m.*
morning mañana
motorcycle moto(cicleta) *f.*
mountain montaña; **mountain climbing** montañismo; **mountain range** cordillera, sierra
mouth boca
move (location) desplazar; **(motion)** moverse; **(residence)** mudarse
movie theater cine *m.*
movie película, cine *m.*
much mucho
muscle músculo
mushroom champiñón *m.*
mustard mostaza

 N

name nombre *m.; v.* **be named** llamarse
nap *v.* dormir una siesta; *n.* siesta
napkin servilleta
narrow estrecho
nation país
nausea náuseas *f. pl.*
near cerca
necessary imprescindible, preciso, necesario; **it is necessary** hay que
neck cuello
necklace collar *m.*
need necesitar
neighbor vecino(a)
neighborhood barrio
neither tampoco, ni
nephew sobrino
never jamás, nunca,
nevertheless sin embargo
new nuevo
news noticias; **news reporter** periodista *m./f.*
next próximo, que viene
nice simpático
niece sobrina
night noche *f.;* **night before last** antenoche
no no; **no + *(noun)*** ningún (ninguna); **no longer** ya no
nobody nadie
noise ruido
noisy ruidoso
none ninguno
noodles fideos
noon mediodía *m.*
nose nariz *f.*
not only...but also no sólo...sino también
note *v.* anotar; **notes** *n. pl.* apuntes

notebook cuaderno
nothing nada
November noviembre
now ahora, ahora mismo
nowhere ninguna parte
nun monja
nurse enfermero(a)
nursery (day care) guardería infantil

O

oatmeal avena
obstruct atascar
October octubre
octopus pulpo
of course claro, cómo no, por cierto, por supuesto
office despacho, oficina
often muchas veces, a menudo
oil aceite *m.*
ointment crema
okra quimbombó
old age vejez *f.*
older (oldest) mayor (el/la mayor)
on en; **on the average** como promedio; **on the one hand** por un lado; **on the other hand** en cambio, por el otro lado; **on sale** en oferta
once una vez
one way (ticket) sencillo
onion cebolla
only único, sólo
open *v.* abrir; *adj.* abierto
opinion: in my opinion desde mi punto de vista, según mi parecer
optimistic optimista
orange *n.* naranja; *adj.* anaranjado
order mandar, pedir
ordinary común y corriente
organize ordenar, organizar
organized ordenado
other otro
ought to deber
ounce onza
our nuestro
outside afuera, fuera de
oven horno
overcoat abrigo
own *adj.* propio
owner dueño, propietario
oyster ostra

P

package paquete *m.*
pain killer analgésico
pain dolor *m.*
painting cuadro, pintura
pair par *m.*
pants pantalones *m. pl.*
pantyhose pantimedias
paper papel

paragraph párrafo
parents padres
park parque *m.*
parking lot estacionamiento
parrot papagallo
party fiesta
pass pasar
passage pasaje *m.*
pastime pasatiempo
pastry pastel *m.;* **pastry shop** pastelería
path senda
pay: pay (for) pagar; **pay attention
    to** hacer caso, prestar atención; *n.*
    sueldo
pea guisante *m.*
peace paz *f.*
peanut cacahuete *m.*
pear pera
pedestrian peatón (peatona)
pen pluma, bolígrafo
pencil lápiz *m.*
people gente *f.*
pepper pimiento; **black pepper**
    pimienta
perhaps quizás
person persona
pessimistic nefasto, pesimista
pet mascota
phonograph record disco
pick up recoger
pie torta
pill píldora
pillow almohada
pin alfiler *m.*
pineapple piña
pink rosado
place *v.* poner *(irreg.); n.* lugar, parte,
    sitio
plaid a cuadros
plaster (poultice) emplasto
plate plato
plateau meseta
play (a game) jugar; **play (music)**
    tocar
playroom sala de juegos
pleasant agradable
please gustar; **please very much**
    encantar
Please? ¿Por favor?
plug in enchufar
plush felpa
pocket bolsillo
polka dotted de lunares
pool (swimming) piscina
poor pobre
popcorn palomitas de maíz
pork carne de cerdo
portion porción, ración
potato papa, patata (Spain)
poultice emplasto
poultry ave *f.* (but *el ave*)
pour echar

poverty pobreza
precious precioso
predict predecir *(irreg.)*
prefer preferir (ie, i)
prepare preparar
press planchar
pressure presión *f.*
price precio
print *v.* imprimir; **print (fabric)** *adj.*
    estampado
printer impresora
professor profesor (profesora)
property propiedad *f.*
protect proteger
protein proteínas *f. pl.*
provide proporcionar; **provided that**
    con tal de que
prudent cauto
pudding budín *m.*
pull halar, arrastrar
pump bombear
pumpkin calabaza
puppy cachorro
pure casto, puro
purple morado
purr ronronear
purse bolso, cartera
push empujar
put poner *(irreg.);* **put on** ponerse

▦ R

rain *v.* llover (ue); **rain** *n.* lluvia
raincoat impermeable *m.*
rarely rara vez, casi nunca
rash ronchas *f. pl.*
raw crudo
razor navaja de afeitar
reach alcanzar
read leer (y)
ready: get ready *v.* prepararse,
    arreglarse; *adj.* listo
reality realidad *f.*
realize darse cuenta
receipt recibo
recipe receta
record player tocadiscos *m. sing.*
record (phonograph) disco
red rojo; **red wine** tinto; **redhead**
    pelirrojo(a)
reduce reducir *(irreg.),* disminuir (y),
    rebajar
refrigerator refrigerador
regarding en cuanto a
reject rechazar, descartar
relative pariente *m./f.*
relax relajarse, descansar
remain quedarse
remedy remedio; **home remedy**
    remedio casero
remember recordar (ue), acordarse
    (ue)

remove quitar
rent *v.* alquilar; *n.* alquiler *m.*
repair reparar, arreglar; **repair shop**
    taller *m.*
report on dar cuenta
reprimand reprender
resolve resolver (ue)
responsible responsable
rest reposar, descansar
restlessness desazón *m.*
restroom aseo
retire jubilarse
return volver (ue)
return something devolver(ue)
rice arroz *m.*
rich rico
riches riquezas
ride (a bike) andar en bici(cleta); **ride
    a horse** montar a caballo
right: be right tener *(irreg.)* razon; *adj.*
    derecho; *adv.* derecha; *n.* derecho
ring *n.* anillo
risk riesgo
road camino
roast asar
roasted asado
roll panecillo
roof techo
room habitación
rotate girar
round trip ida y vuelta
routine cotidiano, rutinario
row *v.* remar; *n.* fila
rubber caucho
rug alfombra
ruin estropear, destruir (y)
run correr, hacer footing

▦ S

sack bolsa
sad triste
sail navegar
sailboat velero
sailor marinero(a), marino(a)
saint's day santo, onomástico
salad (tossed) ensalada (mixta)
salary sueldo
sale oferta, liquidación
salt sal *f.*
same mismo, igual
sand arena
sandal sandalia
sandwich bocadillo
satisfied satisfecho
Saturday sábado
save ahorrar
savings ahorros
say decir *(irreg.);* **say good-bye** des-
    pedirse (i, i)
scarce: become scarce escasear
scarcity escasez *f.*

scarf bufanda
scarlet fever escarlatina
schedule horario
scholarship beca
school escuela; **secondary school** colegio, secundaria
scramble revolverse (ue)
scrape (wound) lastimadura
scream gritar
screen (as TV) pantalla
scuba dive bucear
sea mar *m./f.*
season (year) estación *f.*; (**short time**) temporada
sedative calmante *m.*, sedante *m.*
see ver
seed semilla
seem parecer (zc)
select elegir (i), escoger
selfish *adj.* egoísta *m./f.*
selfishness egoísmo
sell vender
seller vendedor (vendedora)
senator senador (senadora)
send mandar, enviar
sensible cuerdo
sensitive sensible
separated separado
September septiembre
serve servir (i, i)
serving porción, ración
set *n.* juego; **set the table** *v.* poner la mesa
shadow sombra
shame vergüenza
sharp agudo
shave afeitarse
sheep oveja
shelf estante *m.*
shell concha
shellfish marisco
shiny brillante
shirt camisa; **shirt store** camisería
shoe zapato; **athletic shoe** zapatilla
shop ir de compras
shopping center centro comercial
short corto, breve, (**person**) bajo
shoulder hombro
shout gritar
show mostrar (ue)
showcase vitrina
shower ducharse; *n.* ducha
shrimp camarón *m.*, gamba
sick enfermo; **sick and tired** harto; **get sick** enfermarse
side lado, (**of body**) costado
sidewalk acera
sight (view) visión, vista; **sight-seeing** excursionismo
sign *v.* firmar; *n.* letrero, cartel, señal
signature firma
silk seda

silly tonto
silver plata
similar parecido
simple sencillo
since como, ya que
singer cantante *m./f.*
singing canto
single soltero, sencillo
sister hermana; **sister-in-law** cuñada
sit (down) sentarse (ie)
site sitio
size (of clothing) talla; (**of object**) tamaño; (**of shoe**) número
skate patinar
ski *v.* esquiar; *n.* esquí *m.*
skin piel, (**of fruit**) pellejo
skirt falda
sky cielo
skyscraper rascacielo
sled *v.* tirarse en el trineo; *n.* trineo
sleep dormir (ue, u)
sleepy: be sleepy *v.* tener sueño; *adj.* soñoliento
sleeve manga
slice trozo; **slice (of bacon)** lasca, (**of bread**) rebanada, (**round**) rodaja
slogan lema *m.*
slow lento, despacio
small pequeño
smell (of, like) *v.* oler *(irreg.)* (a); *n.* olor *m.*; *adj.* **smelly** oloroso, maloliente
smoke *v.* fumar; *n.* humo
snack *v.* merendar (ie); *n.* merienda
snail caracol *m.*
sneeze *v.* estornudar; *n.* estornudo
snore roncar
snow *v.* nevar (ie); *n.* nieve *f.*
so así (que), tan; **so many** tantos; **so much** tanto; **so that** para que
soap opera telenovela
sock calcetín *m.*
soft drink gaseosa, refresco
soil tierra
sole (of shoe) suela
something algo
sometimes a veces
somewhat algo, bastante
song canción *f.*
sorority hermandad *f.*
sound sonido
soul alma *f.* (but *el alma*)
soup sopa
spacious espacioso
sparkle centellear
speak hablar, conversar
speaker (stereo) parlante
spend gastar; **spend (time)** pasar; *n.* **spending** gastos
spicy hot picante
spite: in spite of a pesar de
spoon cuchara

spring primavera
square *adj.* cuadrado; *n.* **town square** plaza
squash calabaza
squid calamar *m.*
stadium estadio
stain *v.* manchar; *n.* mancha
stairway escalera
stamp estampilla, sello
state estado
station estación
stationery store papelería
stature estatura
stay quedarse; (**in hotel**) alojarse
steak bistec *m.*
steam vapor *m.;* **steamed** cocido
steel acero
stepbrother hermanastro
stepchild hijastro(a)
stepfather padrastro
stepmother madrastra
stepsister hermanastra
stereo estereo
still *adv.* todavía
stockings medias *f./pl.*
stomach estómago
stone piedra
stop parar, dejar de; *n.* parada
storage room trastero
store tienda; **store window** vitrina
stove estufa
straight (ahead) derecho
strange extraño, raro
strawberry fresa
street calle *f.*
strengthen fortalecer (zc)
stretch estirar
strike (labor) huelga
strip (of bacon) lasca
stripe raya; **striped** a rayas
strong fuerte
stubborn cabeza dura
student alumno(a)
stuffed (as meat) relleno
stuffy (nose) tapado
style modelo, estilo, manera
suburbs las afueras *f. pl.*
subway metro
succeed (in) lograr (a)
suddenly de repente
suede gamuza, ante *m.*
sugar azúcar *m.*
suggest sugerir (ie, i)
suggestion sugerencia
suit traje *m.*
suitcase maleta
summary resumen *m.*
summer verano
summertime *adj.* estival
sun sol *m.*
sunbathe tomar el sol
Sunday domingo

sunny: be sunny hace sol; *adj.* soleado
supply proporcionar
support *v.* apoyarse; *n.* apoyo
surf hacer surfing
surpass sobrepasar
surprise *v.* sorprender; *n.*sorpresa
surround rodear; **surrounded by** rodeado de
survey encuesta; **those surveyed,** encuestados
suspenders tirantes *m. pl.*
sweater suéter *m.*
sweatshirt sudadera
sweet *n./adj.* dulce; **sweets** golosinas
swim nadar; **swimming** natación
swimsuit traje de baño
swimming pool piscina, pileta
sympathy pésame
syrup sirope *m.,* **cough syrup** *jarabe* m.

T

T-shirt camiseta
table mesa
tailor sastre *m.*
take tomar; **take a walk** pasear, dar una vuelta; **take a trip** hacer un viaje; **take notes** apuntar, tomar apuntes; **take out** sacar
tall alto
tape cinta, cassete; **tape player** toca-cintas *m.*
taste *v.* **(try)** probar (ue), **taste (like)** saber (a); *n.* **taste** gusto, sabor *m.*
tasty sabroso
tax impuesto
tea té *m.*
teach enseñar
teaspoon cucharita; **teaspoonful** cucharadita
tell decir *(irreg.),* contar (ue)
tend: tend to soler (ue) +*inf.*
tent tienda de campaña
tenth décimo
terrace terraza
terrible pésimo
thank agradecer (zc); *n.* **thanks** gracias, agradecimiento
that is o sea
that ese (esa), aquel (aquella)
then entonces, en aquel entonces
there allí , allá
there is, are hay; **there was, were** había
therefore por eso
these estos, estas
thick grueso
thigh muslo
thin delgado
thing cosa

thirst: be thirsty *v.* tener *(irreg.)* sed; *n.* sed *f.*
this este (a)
those esos (esas); aquellos (aquellas)
thought pensamiento
thread hilo
throat garganta
throw tirar
thumb pulgar *m.*
Thursday jueves *m.*
tie corbata
tight ajustado
time tiempo, hora, vez *f.;* **have a good time** divertirse (ie, i), pasarlo bien
tip propina
tire *v.* cansarse; *n.* **(car)** llanta
tired: be tired *v.* tener *(irreg.)* sueño; *adj.* cansado
today hoy
toe dedo del pie
tomorrow mañana
too también; **Too bad!** ¡Qué lástima!; **too much** demasiado
tool herramienta
tooth diente *m.*
toothache dolor de muela
torn estropeado, roto
towards hacia
tower torre *f.*
toy juguete *m.;* **toy store** juguetería
trade permutar
traffic light semáforo
trail pista, senda, vereda
train *v.* entrenar; *n.* tren *m.*
trainer entrenador (entrenadora)
trash basura
travel viajar
treasure tesoro
tree árbol *m.*
tremble temblar (ie)
trout trucha
truck camión *m.*
true cierto, verdadero
truth verdad *f.*
try (on) probar(se) (ue)
Tuesday martes *m.*
tuition matrícula
tuna atún *m.*
turkey pavo
turn doblar
turtle tortuga
twilight crepúsculo
twins mellizos, gemelos
twist doblar
typical común y corriente, típico

U

under debajo, bajo
underline subrayar
understand comprender, entender
underwear ropa interior

unexpected inesperado
unless a menos que
until hasta (que)
unusual fuera de lo común
upbringing crianza
upright recto
upside down invertido
use usar, **(take advantage of)** aprovechar; **use up** agotar
user usuario

V

vacation *v.* ir de vacaciones; *n.* vaca-ciones *f. pl.*
vacation home chalé *m.*
vaccinated vacunado
vaccine vacuna
vacuum *v.* pasar la aspiradora; *n.* **vac-uum cleaner** aspiradora
valley valle *m.*
value valor *m.*
van furgoneta
vegetable legumbre *f.,* verdura; **veg-etable store** verdulería
vein vaso
very muy; **very much (many)** muchísimo(s)
vinegar vinagre *m.*
violence violencia
visit *v.* visitar; *n.* visita, estancia
vomiting vómitos *m. pl.*

W

wages sueldo
waist cintura
wait esperar
waiter (waitress) mesero(a) , camarero(a)
wake up (oneself) despertar(se) (ie)
walk *v.* caminar, ir de pie; **walk the dog** pasear el perro; *n.* paseo
wall pared *f.*
wallet cartera, billetero
want querer (ie), tener ganas de
war guerra
warm *v.* calentar; *adj.* caliente *m./f.,* abrigado
warn advertir (i)
wash lavar; **washing machine** lava-dora
waste desperdicio
watch reloj *m.*
water agua *f.* (but *el agua); v.* **water** regar (ie)
way: this way así
wealth riqueza
wear llevar; **wear out** gastar; **wear a shoe size** calzar
weather tiempo
weave tejer

wedding boda
Wednesday miércoles
weigh pesar
weight peso; weights: lift weights
    levantar pesas
whale ballena
What? ¿Qué?; What (did you say)?
    ¿Cómo?
wheat trigo
When? ¿Cuándo?; when cuando
Where to? ¿Adónde?
Where from? ¿De dónde?
Where? ¿Dónde?; where donde
Which? ¿Cual?; which cual
while rato
whine lloriquear
whisper susurrar
white blanco
Who? ¿Quién(es)?; who quien(es)
whose cuyo
Whose? ¿De quién?
Why? ¿Por qué?, ¿Para qué?
wide ancho

widower (widow) viudo(a)
wife mujer, esposa
wind viento
window ventana; store window vitrina
windsurfing tablavela
windy: it is windy hace viento
winter invierno
wisdom juicio
wish deseo
with con; with me conmigo; with you
    contigo
woman mujer, dama
wonder preguntarse
wood madera
wool lana
word palabra
work v. trabajar, funcionar ; n. trabajo,
    (of art) obra
world mundo
worm gusano
worried preocupado
worry about preocuparse por
worse, worst peor, el (la) peor

wrestling lucha libre
wrinkle arrugar
wrist muñeca
write escribir
writer escritor (escritora)

 Y

yawn v. bostezar; n. bostezo
year año
yellow amarillo
yesterday ayer
yet todavía
young joven, chico

 Z

ZIP code código postal
zipper cremallera
zoo zoológico